论语

孔丘 / 著
陈典 / 译注

江西人民出版社
Jiangxi People's Publishing House
全国百佳出版社

图书在版编目（CIP）数据

论语 / 陈典译注. -- 南昌 : 江西人民出版社,
2016.12
ISBN 978-7-210-08814-1

Ⅰ. ①论… Ⅱ. ①陈… Ⅲ. ①儒家②《论语》—译文
③《论语》—注释 Ⅳ. ①B222.2

中国版本图书馆CIP数据核字(2016)第241030号

论语

孔丘/著　陈典/译注

责任编辑 / 吴艺文

出版发行 / 江西人民出版社

印刷 / 北京柯蓝博泰印务有限公司

版次 / 2016年12月第1版

2018年8月第2次印刷

880毫米×1280毫米　1/32　17.125印张

字数 / 370千字

ISBN 978-7-210-08814-1

定价 / 42.80元

赣版权登字-01-2016-651

前　言

《论语》与《大学》《中庸》《孟子》合称为“四书”，是一部儒家经典著作，也是研究孔子的主要资料。《论语》善于通过人物的神情语态展示人物的不同性格。书中不仅有关于孔子仪态举止的静态描写，而且还有关于他个性气质的传神刻画。围绕孔子，《论语》还成功地刻画了诸多孔门弟子的生动形象。如子路的鲁莽率直，颜回的仁厚贤良，子贡的聪颖善辩，曾皙的潇洒脱俗等，都给人留下了深刻印象。

《论语》作为儒家经典著作之一，内容涉及人类生活诸多方面，不仅谈到了做人、学习、教育，还谈到了为政、塑造君子人格、治国与安邦等重要问题。所以，北宋政治家赵普曾有“半部《论语》治天下”之说。《论语》蕴含的哲学思想可谓博大精深，对我们现代人仍然具有重要的借鉴意义。

本书的编撰体例包括原典、注释、名家注解、译文、解读五部分，旨在方便读者对照原文加深对《论语》的理解，并能联系实际，透彻领悟《论语》的精神内涵，切实达到提高自身修养的目的。《论语》的经典之处就在常读常新，任何人任何时候，只要开卷就会受益。

目　录

学而篇第一

子曰[1]：“学[2]而时习[3]之，不亦说[4]乎？有朋[5]自远方来，不亦乐[6]乎？人不知[7]而不愠[8]，不亦君子[9]乎？”

【注释】

[1] 子：中国古代对于有地位、有学问的男子的尊称，有时也泛称男子。《论语》书中“子曰”的子，都是指孔子而言。

[2] 学：孔子在这里所讲的“学”，主要是指学习西周的礼、乐、诗、书等传统文化典籍。

[3] 时习：在周秦时代，“时”字用作副词，意为“在一定的时候”或者“在适当的时候”。但朱熹在《论语集注》一书中把“时”解释为“时常”。“习”，指演习礼、乐；复习诗、书。也含有温习、实习、练习的意思。

[4] 说(yuè)：同“悦”，愉快、高兴的意思。

[5] 有朋：一本作“友朋”。旧注说，“同门曰朋”，即同在一位老师门下学习的叫朋，也就是志同道合的人。

[6] 乐：与“说”有所区别。旧注说，悦在内心，乐则见于外。

[7] 人不知：此句不完整，没有说出人不知道什么。缺少宾语。一般而言，知，是了解的意思。人不知，是说别人不了解自己。

宋·程颢、程颐：“习，重习也。时复思绎，浃洽于中，则说也。”

宋·朱熹：“学之为言效也。人性皆善，而觉有先后，后觉者必效先觉之所为，乃可以明善而复其初也。习，鸟数飞也。学之不已，如鸟数飞也。说，喜意也。既学而又时时习之，则所学者熟，而中心喜说，其进自不能已矣。”

[8] 愠（yùn）：恼怒，怨恨。
[9] 君子：《论语》书中的君子，有时指有德者，有时指有位者。此处指孔子理想中具有高尚人格的人。

【译文】

孔子说："学了又时常温习和练习，不是很愉快吗？有志同道合的人从远方来，不是很令人高兴的吗？人家不了解我，我也不怨恨、恼怒，不也是一个有德的君子吗？"

【解读】

宋代著名学者朱熹对此章评价极高，说它是"入道之门，积德之基"。这三句的意思是：自己的学说，要是没有被社会所采用，可是很多朋友赞同我的学说，纷纷到我这里来讨论问题，我也感到快乐；即使人们不理解我，我也不怨恨，这样做，不就是君子吗？这些思想主张在《论语》书中多处可见，有助于对第一章内容的深入了解。

有子[1]曰："其为人也孝弟[2]，而好犯上者[3]，鲜[4]矣；不好犯上，而好作乱者，未之有也[5]。君子务本[6]，本立而道生[7]。孝弟也者，其为仁之本与[8]？"

【注释】

[1] 有子：孔子的学生，姓有，名若，比孔子小 13 岁，一说小 33 岁。后一说较为可信。在《论语》书中，记载的孔子学生，一般都称字，只有曾参和有若称"子"。因此，许多人认为《论

语》即由曾参和有若所著述。

[2] 孝弟：孝，奴隶社会时期所认为的子女对待父母的正确态度；弟，读音和意义与“悌”（tì）相同，即弟弟对待兄长的正确态度。孝、弟是孔子和儒家特别提倡的两个基本道德规范。旧注说：“善事父母曰孝，善事兄长曰弟。”

[3] 犯上：犯，冒犯、干犯。上，指在上位的人。

[4] 鲜（xiǎn）：少的意思。《论语》书中的“鲜”字，都是如此用法。

[5] 未之有也：此为“未有之也”的倒装句型。古代汉语的句法有一条规律，否定句的宾语若为代词，一般置于动词之前。

[6] 务本：务，专心、致力于。本，根本。

[7] 道：在中国古代思想里，道有多种含义。此处的道，指孔子提倡的仁道，即以仁为核心的整个道德思想体系及其在实际生活的体现。简单讲，就是治国做人的基本原则。

[8] 为仁之本：仁是孔子哲学思想的最高范畴，又是伦理道德准则。为仁之本，即以孝悌作为仁的根本。还有一种解释，认为古代的“仁”就是“人”字，为仁之本即做人的根本。

宋·程颢、程颐：“孝弟，顺德也，故不好犯上，岂复有逆理乱常之事。德有本，本立则其道充大。孝弟行于家，而后仁爱及于物，所谓亲亲而仁民也。故为仁以孝弟为本。论性，则以仁为孝弟之本。”

宋·朱熹：“言君子凡事专用力于根本，根本既立，则其道自生。若上文所谓孝弟，乃是为仁之本，学者务此，则仁道自此而生也。”

【译文】

有子说：“孝顺父母，顺从兄长，而喜好触犯上层统治者，这样的人是很少见的。

不喜好触犯上层统治者，而喜好造反的人是没有的。君子专心致力于根本的事务，根本建立了，治国做人的原则也就有了。孝顺父母、顺从兄长，这就是仁的根本啊！”

【解读】

有若认为，人们如果能够在家中对父母尽孝，对兄长顺服，那么他在外就可以对国家尽忠，忠是以孝悌为前提，孝悌以忠为目的。孝悌与社会的安定有直接关系。孔子看到了这一点，所以他的全部思想主张都是由此出发的。我们应继承其合理的内容，充分发挥道德在社会安定方面所应有的作用。

宋·程颢、程颐：“知巧言令色之非仁，则知仁矣。”

宋·朱熹：“好其言，善其色，致饰于外，务以悦人，则人欲肆而本心之德亡矣。圣人辞不迫切，专言鲜，则绝无可知，学者所当深戒也。”

子曰：“巧言令色[1]，鲜[2]仁矣。”

【注释】

[1] 巧言令色：巧和令都是美好的意思。但此处应释为装出和颜悦色的样子。

[2] 鲜：少的意思。

【译文】

孔子说：“花言巧语，装出和颜悦色的样子，这种人的仁心就很少了。”

【解读】

孔子讲仁的反面，即为花言巧语，工于辞令。儒家崇尚质朴，反对花言巧语；主张说话应谨慎小心，说到做到，先做后说，反对说话办事随心所欲，只说不做，停留在口头上。这表明，孔子和儒家注重人的实际行动，特别强调人应当言行一致，力戒空谈浮言，心口不一。

曾子[1]曰："吾日三省[2]吾身。为人谋而不忠[3]乎？与朋友交而不信[4]乎？传不习乎？"

宋·朱熹："曾子，孔子弟子，名参，字子舆。尽己之谓忠。以实之谓信。传，谓受之于师。习，谓熟之于己。曾子以此三者日省其身，有则改之，无则加勉，其自治诚切如此，可谓得为学之本矣。而三者之序，则又以忠信为传习之本也。"

【注释】

[1] 曾子：曾子姓曾名参（shēn），字子舆，生于公元前505年，鲁国人，是被鲁国灭亡了的鄫国贵族的后代。曾参是孔子的得意门生，以孝出名。据说《孝经》就是他撰写的。

[2] 三省（xǐng）：检查、察看。三省有几种解释：一是三次检查；二是从三个方面检查；三是多次检查。其实，古代在有动作性的动词前加上数字，表示动作频率多，不必认定为三次。

[3] 忠：此处指对人应当尽心竭力。

[4] 信：旧注曰"信者，诚也。"以诚实之谓信。要求人们按照礼的规定相互守信，以调整人们之间的关系。

[5] 传不习：传，旧注曰："受之于师谓之传。老师传授给自己的。习，与"学而时习之"

的“习”字一样，指温习、实习、演习等。

【译文】

曾子说：“我每天多次反省自己，为别人办事是不是尽心竭力了呢？同朋友交往是不是做到诚实可信了呢？老师传授给我的学业是不是复习了呢？”

【解读】

《论语》书中多次谈到自省的问题，要求孔门弟子自觉地反省自己，进行自我批评，加强个人思想修养和道德修养，曾子还提出了“忠”和“信”的范畴。忠的特点是一个“尽”字，办事尽力，死而后已。如后来儒家所说的那样，“尽己之谓忠”。“为人谋而不忠乎”是泛指对一切人，并非专指君主。

子曰：“道[1]千乘之国[2]，敬事[3]而言，节用而爱人[4]，使民以时[5]。”

宋·程颢、程颐：“此言至浅，然当时诸侯果能此，亦足以治其国矣。圣人言虽至近，上下皆通。此三言者，若推其极，尧舜之治亦不过此。若常人之言近，则浅近而已矣。”

宋·朱熹：“敬者，主一无适之谓。敬事而信者，敬其事而信于民也。时，谓农隙之时。言治国之要，在此五者，亦务本之意也。”

【注释】

[1] 道：一本作“导”，作动词用。这里是治理的意思。

[2] 千乘（shèng）之国：乘，意为辆。这里指古代军队的基层单位。每乘拥有四匹马拉的兵车一辆，车上甲士3人，车下步卒72人，后勤人员25人，共计

100人。千乘之国，指拥有1000辆战车的国家，即诸侯国。春秋时代，战争频仍，所以国家的强弱都用车辆的数目来计算。在孔子时代，千乘之国已经不是大国。

[3] 敬事："敬"字一般用于表示个人的态度，尤其是对待所从事的事务要谨慎专一、兢兢业业。

[4] 爱人：古代"人"的含义有广义与狭义的区别。广义的"人"，指一切人群；狭义的"人"，仅指士大夫以上各个阶层的人。此处的"人"与"民"相对而言，可见其用法为狭义。

[5] 使民以时：时，指农时。古代百姓以农业为主，这是说要役使百姓按照农时耕作与收获。

【译文】

孔子说："治理一个拥有一千辆兵车的国家，就要严谨认真地办理国家大事而又恪守信用，诚实无欺，节约财政开支而又爱护官吏臣僚，役使百姓要不误农时。"

【解读】

孔子在此处所说的话，主要是对国家的执政者而言的，是关于治理国家的基本原则。他讲了三个方面的问题，即要求统治者严肃认真地办理国家各方面事务，恪守信用；节约用度，爱护官吏；役使百姓应注意不误农时等。这是治国安邦的基本点。"节用而爱人，使民以时"的思想是合理的，反映了孔子的社会思想。

子曰："弟子[1]入[2]则孝，出[3]则弟，谨[4]而信，泛[5]爱众，而亲仁[6]，行有余力[7]，则以学文[8]。"

宋·程颢、程颐曰：“为弟子之职，力有余则学文，不修其职而先文，非为己之学也。”

宋·朱熹：“信者，言之有实也。泛，广也。众，谓众人。亲，近也。仁，谓仁者。余力，犹言暇日。以，用也。文，谓诗书六艺之文。”

【注释】

[1] 弟子：一般有两种意义：一是年纪较小为人弟和为人子的人；二是指学生。这里是用一种意义上的“弟子”。

[2] 入：古代时父子分别住在不同的居处，学习则在外舍。《礼记·内则》：“由命士以上，父子皆异宫。”入是入父宫，指进到父亲住处，或说在家。

[3] 出：与“入”相对而言，指外出拜师学习。出则弟，是说要用悌道对待师长，也可泛指年长于自己的人。

[4] 谨：寡言少语称之为谨。

[5] 泛，广泛的意思。

[6] 仁：仁即仁人，有仁德之人。

[7] 行有余力：指有闲暇时间。

[8] 文：古代文献。主要有诗、书、礼、乐等文化知识。

【译文】

孔子说：“弟子们在父母跟前，就孝顺父母；出门在外，要顺从师长，言行要谨慎，要诚实可信，寡言少语，要广泛地去爱众人，亲近那些有仁德的人。这样躬行实践之后，还有余力的话，就再去学习文献知识。”

【解读】

本篇第二章中曾提到孝悌的问题，本章再次提及这个问题。孔子要求弟子们首先要致力于孝悌、谨信、爱众、亲仁，培养良好的道德观念和道德行为，如果还有闲暇时间和余力，则用以学习古代典籍，增长文化知识。这表明，孔子的教育是以道德教育为中心，重在培养学生的德行修养，而对于书本知识的学习，则摆在第二位。

子夏[1]曰："贤贤[2]易[3]色；事父母能竭其力；事君，能致其身[4]；与朋友交，言而有信。虽曰未学，吾必谓之学矣。"

宋·朱熹："四者皆人伦之大者，而行之必尽其诚，学求如是而已。故子夏言有能如是之人，苟非生质之美，必其务学之至。虽或以为未尝为学，我必谓之已学也。"

【注释】

[1] 子夏：姓卜，名商，字子夏，孔子的学生，比孔子小44岁，生于公元前507年。孔子死后，他在魏国宣传孔子的思想主张。

[2] 贤贤：第一个"贤"字作动词用，尊重的意思。贤贤即尊重贤者。

[3] 易：有两种解释；一是改变的意思，此句即为尊重贤者而改变好色之心；二是轻视的意思，即看重贤德而轻视女色。

[4] 致其身：致，意为"献纳""尽力"。这是说把生命奉献给君主。

【译文】

子夏说："一个人能够看重贤德而不以女色为重；侍奉父母，能够竭尽全力；服侍君主，能够献出自己的生命；同朋友交往，说话诚实恪守信用。这样的人，尽管他自己说没有学习过，我一定说他已经学习过了。"

【解读】

上一章有“行有余力，则以学文”一句。本章中子夏所说的这段话，实际是对上章的进一步发挥。子夏认为，一个人有没有学问，他的学问的好坏，主要不是看他的文化知识，而是要看他能不能实行“孝”“忠”“信”等传统伦理道德。只要做到了后面几点，即使他说自己没有学习过，但他已经是有道德修养的人了。所以，将这一章与前一章联系起来阅读分析，就更可以看到孔子教育重在德行的基本特点。

现代社会，享受义务教育成了我们每个公民的权利和义务。人们掌握的文化知识越来越丰富，但是衡量一个人如何不能只看文凭和学历，更应该看他的行为，看他的言谈举止。“有余力，则以学文”，先做好了人，再做学问。

宋·程颢、程颐：“人道惟在忠信，不诚则无物。且出入无时，莫知其乡者，人心也。若无忠信，岂复有物乎？”又曰：“学问之道无他也，知其不善，则速改以从善而已。”“君子自修之道当如是也。”

子曰：“君子[1]，不重[2]则不威；学则不固。主忠信[3]，无友不如己者；过则勿惮改。”

【注释】

[1] 君子：这个词贯穿于本段始终，因此这里应当有一个断句。

[2] 重：庄重、自持。

[3] 主忠信：以忠信为主。

【译文】

孔子说："君子如果不自重，就没有威严，而所学的东西也不会牢固。为人应该以忠厚诚信为主，不与忠信比不上自己的人交朋友；有了过错，要勇于改正不能畏怯。"

宋·朱熹："友所以辅仁，不如己，则无益而有损。"又曰："轻乎外，必懈怠于内，则所学不深，所知肤浅，所行虚浮，自然德威无所从树。"

【解读】

自尊自爱是我们每个人都必备的品格。陀思妥耶夫斯基也说过："如果你想受人尊敬，那么首要的一点就是你得尊敬你自己。只有尊重自己，才能赢得别人的尊重。"尊重自己才能赢得别人的尊重，这是我们耳熟能详的教导。每个人都必须自重，自重是自信的基础，而有了自信心才能在学业上有所成就，在事业上有所建树。做人只懂得尊重自己还不够，真正有修养的人还能时时刻刻做到尊重别人。日子久了，我们就一定会变得越来越完善。

曾子曰："慎终[1]追远[2]，民德归厚矣。"

宋·朱熹："盖终者，人之所易忽也，而能谨之；远者，人之所易忘也，而能追之；厚之道也。故以此自为，则己之德厚；下民化之，则其德亦归于厚也。"

【注释】

[1] 慎终："终"的意思是去世。这里指父母的去世。旧注曰："慎终者丧尽其哀。"

[2] 追远："远"指祖先。旧注曰："追远者祭尽其敬。"

明·张居正："丧也，尽其礼；祭也，尽其诚，而其德亦归于厚矣。此可见孝者，人心之所同。君者，下民之表率。欲化民成俗者，可不知所以自尽也哉。"

【译文】

曾子说："慎重对待父母的死亡，按时追思悼念先祖，百姓的道德自然就引归淳厚了。"

【解读】

"慎终追远"是孝道的体现，也是仁道的根本。今天我们可以这样理解：凡事开头难，任何事情在迈出第一步的时候都很艰难，但这第一步却又是最重要的。所谓有果必有因，所有的结果都可以追溯到源头找到原因。所以，我们在做出任何一个决定之前都必须慎之又慎，三思而后行。我们只有抱着慎重的态度用长远的眼光看待问题，才可能收到好的结果。

宋·朱熹："夫子未尝求之，但其德容如是，故时君敬信，自以其政就而问之耳，非若他人必求之而后得也。圣人过化存神之妙，未易窥测，然即此而观，则其德盛礼恭而不愿乎外，亦可见矣。学者所当潜心而勉学也。"

明·张居正："子贡之言，不惟足以破子禽之疑，而使万世之下，犹可以想见圣人之气象，此所以为善言德行也。"

子禽问于子贡曰："夫子至于是邦[1]也，必闻其政，求之与，抑[2]与之与？"子贡曰："夫子温、良、恭、俭、让以得之。夫子之求之也，其诸异乎人之求之与？"

【注释】

[1] 邦：指当时割据的诸侯国家。
[2] 抑：表示选择的文言连词，"还是"的意思。

【译文】

子禽向子贡问道："老师每到一个国家，一定听得到它的政事。是他自己求来的呢，还是别人主动跟他说的呢？”

子贡说：“老师是凭着温和、善良、恭敬、俭朴、谦让五者得到的。他老人家获闻各国政事的方法，与别人都不同吧？”

【解读】

人格的修养是学习做人的重中之重。君子的处世之道就在于温、良、恭、俭、让。人格道德修养都具备的人，他的所求就很容易实现，正如孟子所说的“万物皆备于我”。温、良、恭、俭、让，是一个人为人处世的态度，也是一个人的行为风范。而植根于内就是这个人的人格修养和文化积淀。如今，我们仍然愿意主动接近有人格魅力的人，愿意把自己知道的事情向有威望的人倾诉。所以，加强自身的人格修养和内在素质是我们应该重视的人生问题。

子曰：“父在，观其[1]志；父没，观其行[2]；三年无改于父之道，可谓孝矣。”

【注释】

[1] 其：他的，这里指儿子。
[2] 行：指行为举止等。

【译文】

孔子说：“他父亲活着时，要观察他的志向；他父亲去世后，要观察他的行为。

宋·朱熹：“父在，子不得自专，而志则可知。父没，然后其行可见，故观此足以知其人之善恶。然又必能三年无改于父之道，乃见其孝；不然，则所行虽善，亦不得为孝矣。”

明·张居正：“抑孔子所谓无改于父之道，亦自其合于道而可以未改者言之耳。若于道有未合焉，则虽速改可也，何待三年。故善述其事孝也，克盖前愆亦孝也。观圣人之言者，不可以执一求之。”

如果多年不改变他父亲的行为原则，就可称作孝子了。”

【解读】

孝，就是父母活着的时候尽心尽力地去赡养他们，他们去世之后要继承他们的遗志，完成他们没有完成的事业。这便是“三年无改于父之道”。“父母是孩子的第一任老师”，这句话一点不假。我们从小便接受父母的影响，学习他们的正当志向和言行举止，在他们的熏陶下树立自己远大的志向。由此可见，家庭教育对一个人的成长相当重要。

有子曰：“礼之用，和[1]为贵。先王之道[2]，斯[3]为美。小大由之，有所不行。知和而和，不以礼节之，亦不可行也。”

宋·程颢、程颐： 礼胜则离，故礼之用，和为贵，先王之道以斯为美，而小大由之。乐胜则流，故有所不行者，知和而和，不以礼节之，亦不可行。”

宋·朱熹： “严而泰，和而节，此理之自然，礼之全体也。毫厘有差，则失其中正，而各倚于一偏，其不可行均矣。”

【注释】

[1] 和：调和、和谐、协调。

[2] 先王之道：指尧、舜、禹、汤、文、武、周公等古代帝王的治世之道。

[3] 斯：意思为这、此等。这里指礼，也指和。

【译文】

有若说：“礼仪的效用，以和谐自然可贵。古代帝王治理国家之道，最可贵的也在这里。无论大事小事，都无一例外地遵循这一点。有行不通之处，为求得和谐而和谐，不用礼仪来加以节制，也是不可行的。”

【解读】

“礼”用在处世上，最重要的就在于调节各种关系。它对社会上的各种人都有很大的约束力。无论国家与国家之间，还是亲朋好友之间，一切行为都按照“礼”展开。遵循礼才能成事，而不注重礼则是行不通的。怎样做才能处理好人际关系呢？这就是礼与和的问题。也就是我们既要相互团结，做到家和万事兴，和气生财；又要坚持原则，不去搞虚假的一团和气。实际上就是要我们在礼节与自由之间找到一个合理的平衡点。

有子曰：“信近[1]于义，言可复也；恭近于礼，远[2]耻辱也；因不失其亲，亦可宗也。”

【注释】

[1] 近：意思是接近、符合。
[2] 远：作动词，使动用法，使之远离的意思，除此以外也可以翻译为避免的意思。

【译文】

孔子的弟子有若说：“信守的诺言符合道义准则，这样的诺言就会得以实现；恭敬的心符合礼仪准则，就可以避免遭受

宋·朱熹：“言约信而合其宜，则言必可践矣。致恭而中其节，则能远耻辱矣。所依者不失其可亲之人，则亦可以宗而主之矣。此言人之言行交际，皆当谨之于始而虑其所终，不然，则因仍苟且之间，将有不胜其自失之悔者矣。”

明·张居正：“如与人以言语相约，本是要践行其言，但其所言者，若不合于义理之宜，将来行不将去，则必至爽约失信矣！”

耻辱；所依靠的都是亲近的人，这样的人就有了依靠。”

【解读】

诚实守信是做人的重要原则之一，为了正义的事业、正当的要求去信守诺言是应该的，但是对于那些错误的行为甚至是犯罪行为是不能去信守承诺的。对于符合准则的诚信，我们则应该做到“君子一言，驷马难追”。很多人内心很想做到诚信，但是结果却往往事与愿违。原因可能在于答应别人的时候没有好好考虑，这也应了“凡轻诺者必寡信”那句话。生活中，对于合理的要求我们应该全力以赴兑现自己的诺言，而对于自己做不到或者不合理的要求一定要加以拒绝。

子曰：“君子食无求饱，居无求安，敏于事而慎于言，就[1]有道[2]而正[3]焉，可谓好学也已。”

宋·朱熹：“不求安饱者，志有在而不暇及也。敏于事者，勉其所不足。慎于言者，不敢尽其所有余也。然犹不敢自是，而必就有道之人，以正其是非，则可谓好学矣。凡言道者，皆谓事物当然之理，人之所共由者也。”

【注释】

[1] 就：靠近、看齐。
[2] 有道：指有道德的人。
[3] 正：匡正、端正。

【译文】

孔子说：“君子对于饮食没有过分的要求，只要能吃饱就行了；对于居处不求舒适，只要安全就可以了。做事勤劳敏捷，说话却小心谨慎，到有贤德的人那里去匡正自己，可以说是好学的了。”

明·张居正：“夫志向已是精专，功夫已是切实，而又加以谦抑之心，常存不足之虑，盖真见夫义理之无穷，学问之有趣，其心欣慕爱乐，有不能自已者，这才是好学的人，所以说可谓好学也已。学而至于能好，则聪明日开，闻见日广，进而为贤为圣，何难之有哉！”

【解读】

德行高尚的人不管经济情况多么优越，对于饮食也不会过分要求；对于居所也不要求过分舒适奢华。“慎言则自安”，这又是另外一个处世的大智慧。一个人的言行不能太草率，一国之君如果言行轻率一定会失去辅佐他的忠臣，一介平民如果言行轻率一定会失去可靠的朋友。经济发达、言论自由的今天，我们也不能忘记“知足常乐，慎言自安”，要做个有涵养的人。

子贡曰：“贫而无谄[1]，富而无骄，何如[2]？”子曰：“可也。未若贫而乐[3]，富而好礼者也。”子贡曰：“《诗》云，‘如切如磋！如琢如磨’，其斯之谓与？”子曰：“赐也！始可与言《诗》已矣，告诸往而知来者[4]。”

宋·朱熹：“此章问答，其浅深高下，固不待辨说而明矣。然不切则磋无所施，不琢则磨无所措。故学者虽不可安于小成而不求造道之极致，亦不可骛于虚远，而不察切己之实病也。”

明·张居正：“好礼，是喜好礼节，自然循理的意思。”又注：“夫子答子贡之问如此，善许其所已能，而勉其所未至也。”

【注释】

[1] 谄（chǎn）：意为巴结、奉承。
[2] 何如：《论语》书中的“何如”，都可以译为“怎么样”。

[3] 贫而乐：又作“贫而乐道”。

[4] 告诸往而知来者：诸，同之；往，指过去的事情；来，指未来的事情。

【译文】

子贡说：“贫穷而能不谄媚，富有而能不骄傲自大，怎么样？”孔子说：“这算可以了。但是还不如虽然贫穷却乐于道，虽然富裕而又好礼的人。”子贡说：“《诗经》上说，‘既像雕刻骨器，又像雕刻象牙；既像雕琢玉，又像雕刻石一样下功夫’，大概说的就是这个道理吧？”孔子说：“子贡呀，现在我可以同你谈论《诗经》了。从学过的知识里你能知道将来要学的知识，并有所发挥。”

【解读】

世界万物各有不同，道路有平坦崎岖之分，物体有高低大小之别。人虽然没有贵贱的区别，但是也存在着贫富的差距。一个人能做到“贫贱不移，富贵不淫”是难能可贵的。只有真正的圣贤之人，才能不受物质匮乏的影响，悠然自得地始终保持内心的安宁。即使处在困苦之中，也要建立自信，绝不沉沦；即使十分富有，也绝不骄傲无视礼节。

子曰：“不患[1]人[2]之不己知，患不知人也。”

明·张居正：“人才固未易知，知人最为难事，必居敬穷理，使此心至公至明，然后如镜之照物，好丑毕呈，如称之称物，低昂自定，欲知人者，尤当以清心为本也。”

【注释】

[1] 患：意为忧虑、怕。

[2] 人：指有教养、有知识的人。

【译文】

孔子说："不怕别人不了解自己，只怕自己不了解别人。"

【解读】

大多数人都能做到"人不知而不愠"，因为自己本身就是个普通人，不被人知道也很正常。遇到这种情况，也没必要生气动怒。因为别人不了解你，你也仍然是你，对你来说也并没有什么损失。一个人如果真有才能，早晚会脱颖而出，而怕的就是自己没有能力。把精力浪费在推销自己上，倒不如多多看书提高自己的学识修养。

为政篇第二

子曰："为政以德[1]，譬如北辰[2]，居其所[3]而众星共之。"

宋·程颢、程颐："为政以德，然后无为。"

宋·朱熹："政之为言正也，所以正人之不正也。"又曰："共，向也，言众星四面旋绕而归向之也。为政以德，则无为而天下归之，其象如此。"

【注释】

[1] 为政以德：以，用的意思。这句话的意思是统治者应该用道德进行统治，即"德治"。

[2] 北辰：北极星。

[3] 所：处所，位置。

【译文】

孔子说："用道德教化来治理国政，就会像北斗星一样，自己居于一定的方位，而群星都会环绕在它的周围。"

【解读】

建立德政在一定程度上对百姓生活的安定和社会的繁荣发展是有益的。从事政治的人应该用道德修养以身作则，用道德去教化普通大众，以此来弥补法律的不足之处。修养自己的道德品质是我们每个人都该做的事。以良好的德行来感化周围的人，靠拢我们的人便会慢慢多起来。人生再辉煌也总有终结的时刻，然而良好的德行却能够永垂不朽。"雁过留声，人过留名"，重要的是用自己高尚的品德证明自己。

子曰："诗三百[1]，一言以蔽[2]之，曰'思无邪'。"

宋·程颢、程颐："'思无邪'者，诚也。"

明·张居正："盖诗人之言有美有刺，善者美之，所以感发人之善心，恶者刺之，所以惩创人之恶念。"

【注释】

[1] 诗三百：诗，指《诗经》一书，《诗经》共有诗歌305篇，三百只是举其概数。

[2] 蔽：作概括讲。

【译文】

孔子说："《诗经》三百篇所蕴涵的思想大义，用一句话来概括，那就是'思想纯正'。"

【解读】

《诗经》是孔子深入研究的一部作品，其中无论是抒写忠孝之人的远大志向，还是抒写忧男怨女的相思情怀，都是至情流溢，直写衷曲，决没有虚托伪饰，扭捏作态。所以孔子用"思无邪"来概括它，并且发出由衷的感叹：这些诗都是发自真情而创作的呀，思想典雅且端正。书读对了，我们的内心才会没有杂质，才能去除邪恶的欲望，这样我们的思想也就归于纯正了。

宋·朱熹："政者为治之具，刑者辅治之法，德、礼则所以出治之本，而德又礼之本也。此其相为终始，虽不可以偏废，然政、刑能使民远罪而已，德、礼之效，则有以使民日迁善而不自知。故治民者不可徒恃其末，又当深探其本也。"

子曰："道之以政，齐[1]之以刑，民免[2]而无耻[3]。道之以德，齐之以礼，有耻且格[4]。"

【注释】

[1] 齐：整齐、约束。

[2] 免：避免、躲避。

[3] 耻：羞耻之心。
[4] 格：有两种解释：一为“至”；二为“正”。

明·张居正：“日用云为，都有个仪则。使贤者不得以太过，不肖者不得以不及，而皆协于一焉。”

【译文】

孔子说：“用法制去引导百姓，使用刑法来整顿他们，老百姓虽然免受刑法，却失去了廉耻之心；用道德教化引导百姓，使用礼制去整顿百姓，百姓不仅会有羞耻之心，而且也会使人心归正。”

【解读】

单纯地依法治国，百姓可能惧怕受刑罚而不去犯罪，但是并没有真正意识到犯罪可耻。并且凡事以法为定论，有些情况下难免缺少人情味。最合理最可行的办法就是法德兼行，用道德教化百姓的同时又用法律威慑他们，让他们从内心里明白犯罪是可耻的，从而具备廉耻之心。

子曰：“吾十有五而志于学，三十而立，四十而不惑，五十而知天命，六十而耳顺，七十而从心所欲不逾矩。”

宋·程颢、程颐：“立，能自立于斯道也。不惑，则无所疑矣。知天命，穷理尽性也。耳顺，所闻皆通也。从心所欲，不逾矩，则不勉而中矣。”

宋·朱熹：“天命，即天道之流行而赋于物者，乃事物所以当然之故也。知此则知极其精，而不惑又不足言矣。”

【译文】

孔子说：“我十五岁立志于学习；三十岁能够自立于社会；四十岁能掌握各种知识；五十岁懂得了顺应自然规律；六十岁能对各种言论融会贯通；七十岁能随心所欲又不越出礼的准则。”

【解读】

孔子将自己的一生作了一个简单的概括，不论周游四方去讲学还是出仕为官，他都以学为重，并且做到了善始善终。学习做人的根本在于修身养性，而德义的养成在于勤奋苦学。岁月向前推移，我们所需要的学问也不断地更新。而学问的真谛就是对人生不同阶段的深切体悟。学贵在持久，人生的大学问也是在循序渐进中求得的。伟大出自平凡，把对生活的体悟积累起来，从而透彻了人情世故所产生的哲学思想，总有一天你会成就一番大事业。

孟懿子[1]问孝。子曰："无违[2]。"樊迟御[3]，子告之曰："孟孙[4]问孝于我，我对曰无违。"樊迟曰："何谓也？"子曰："生，事之以礼；死，葬之以礼，祭之以礼。"

宋·朱熹："生事葬祭，事亲之始终具矣。礼，即理之节文也。人之事亲，自始至终，一于礼而不苟，其尊亲也至矣。是时三家僭礼，故夫子以是警之，然语意浑然，又若不专为三家发者，所以为圣人之言也。"

明·张居正："人子事亲，心虽无穷，而分则有限，随其尊卑上下，各有一定的礼节。如父母在生之时，凡朝夕定省，左右奉养，都依着这礼。"

【注释】

[1] 孟懿子：鲁国的大夫，姓仲孙，名何忌，"懿"是谥号。其父临终前要求他向孔子学礼。

[2] 无违：不要违背。

[3] 御：驾驭马车。

[4] 孟孙：指孟懿子。

【译文】

鲁国的大夫孟懿子问孔子什么是孝。孔子说："孝就是不要违背礼的准则。”后来樊迟给孔子驾车，孔子告诉他说：“孟懿子问我什么是孝，我回答他说‘不要违背礼的准则’。”樊迟说：“这是什么意思呢？”孔子说：“父母活着的时候，要按礼侍奉他们；父母去世后，要按礼埋葬他们、祭祀他们。”

【解读】

孔子很重视“孝道”，在他看来孝是做人的根本，也是从政的根本。孝道包含孝顺和孝敬两层意思，而孝顺就是说要顺从父母。作为孝子，首先就不该违背父母合理的意愿。如今社会，很多人父母健在的时候没有尽心尽力去尽孝道，父母去世的时候就大办丧事以此显示自己的孝顺。这并不是真正的孝顺，也违背了丧葬的礼节。孔子所谓的“礼”是既要恭敬虔诚，又不铺张浪费。

孟武伯[1]问孝。子曰：“父母唯其疾之忧[2]。”

宋·朱熹：“父母爱子之心，无所不至，唯恐其有疾病，常以为忧也。人子体此，而以父母之心为心，则凡所以守其身者，自不容于不谨矣，岂不可以为孝乎？旧说：人子能使父母不以其陷于不义为忧，而独以其疾为忧，乃可谓孝。亦通。”

【注释】

[1] 孟武伯：孟懿子的儿子，名彘。谥号为“武”。

[2] 父母唯其疾之忧：其，代词，这里指代父母。疾，病。

【译文】

孟懿子的儿子孟武伯向孔子请教孝道。孔子说：“做父母的最担心子女生病。”

明·张居正："孔子之意，盖以武伯生于富贵之家，长于逸乐之地，易以致疾而忧其亲，故因问而警之如此。至若天子以一身而为天地神人之主，其所以培养寿命，而昌延国祚者，又当万倍于此矣。孔子之言，岂特为孟武伯告哉！"

【解读】

处世为人应时刻谨慎，提醒自己做到自尊自重，这样父母便能少些担忧。身处何地，遭遇何事，都不能做出让人不齿的龌龊行为，更不可因为自己的不义之行让父母背负不教的恶名。也许我们一生都没有什么大成就，但是只要我们堂堂正正去做人，父母就会觉得很欣慰。

天底下只有父母对子女的爱不图回报，但是子女对父母的孝行却很少能做到这样的。孝敬父母，一定要体悟父母的心情，用这种心情反过来对待自己的父母，真正做到让他们安心才可以称得上是孝子。

宋·朱熹："犬马待人而食，亦若养然。言人畜犬马，皆能有以养之，若能养其亲而敬不至，则与养犬马者何异。甚言不敬之罪，所以深警之也。"

子游[1]问孝。子曰："今之孝者，是谓能养。至于犬马，皆能有养，不敬，何以别乎？"

【注释】

[1] 子游：姓言，名偃，字子游。吴人，比孔子小45岁。

【译文】

孔子的学生子游向孔子请教什么是孝道。孔子说："如今所谓的孝，只是说能够赡养父母就足够了。然而，就是犬马也能够得到饲养。如果对父母不恭敬的话，那么赡养父母与饲养犬马又有什么区别呢？"

明·张居正："夫子游圣门高弟，何至以犬马待其亲，而孔子犹告戒之如此者，盖凡父母之于子，怜悯姑息之情常胜，故子之于父母狎恩恃爱之意常多，其始虽无轻慢之心，其后渐成骄傲之习，遂至于无所忌惮，不顾父母者有之。"

【解读】

只是做到了以物质来赡养父母还不能说是尽到了孝道，因为孝道的根本在于有没有孝心、对父母是否恭敬。对父母不尊敬，只是无可奈何地尽赡养义务，这跟饲养家禽牲畜是没有什么区别的。孝敬父母关键就在于敬，实际上就是侍奉父母内心要有诚意，诚心诚意的孝不是形式上的孝顺。

孝，不是形式，而是一种发自内心的真挚情感，是一种爱的心情。我们应该谨记圣人的教导，孝敬父母，除了物质上满足他们之外，更要重视精神上的孝敬，这是人与动物最大的不同。

子夏问孝。子曰："色难[1]。有事，弟子服其劳[2]；有酒食，先生馔[3]，曾是以为孝乎？"

宋·程颢、程颐："告懿子，告众人者也。告武伯者，以其人多可忧之事。子游能养而或失于敬，子夏能直义而或少温润之色。各因其材之高下与其所失而告之，故不同也。"

【注释】

[1] 色难：色，指脸色。难，不容易的意思。

[2] 服劳：服，从事、担负。服劳就是服侍的意思。

宋·朱熹："盖孝子之有深爱者，必有和气；有和气者，必有愉色；有愉色者，必有婉容。故事亲之际，惟色为难耳，服劳奉养未足为孝也。旧说：承顺父母之色为难，亦通。"

[3] 馔（zhuàn）：意为饮食、吃喝。

【译文】

子夏向孔子问什么是孝道。孔子说："对父母总是和颜悦色是很难的。有了事情，儿女替父母去做；有了酒饭，让父母来享用，这样就算是孝了吗？"

【解读】

孝敬应该是表里如一的，对父母要由内而外地爱与尊敬。爱是表现在态度上的，我们应做到内心孝顺，态度恭敬，对父母要有耐心。古人有云"发乎内心，见之于辞色"，言辞温婉，面色和顺，父母才能身心愉快。真正孝顺的儿女，应该注意自己的一言一行，每句话里都有爱意，每个动作都带敬意，让父母在爱的氛围里颐养天年。

宋·朱熹："颜子深潜纯粹，其于圣人体段已具。其闻夫子之言，默识心融，触处洞然，自有条理。故终日言，但见其不违如愚人而已。及退省其私，则见其日用动静语默之间，皆足以发明夫子之道，坦然由之而无疑，然后知其不愚也。"

子曰："吾与回言，终日不违[1]，如愚。退而省其私[2]，亦足以发，回也不愚。"

【注释】

[1] 不违：不提相反的意见和问题。

[2] 退而省其私：考察颜回私下里与其他学生讨论学问的言行。

【译文】

孔子说："我整天和颜回讨论学问，他从来不提反对意见和不同见解，像个愚钝的人。等他回去自己研究，却常常对我所讲授的内容有所发挥，可见颜回其实并不愚钝。"

明·张居正："颜子既是上智，又能好学，故其悟道之妙，至于如此。若未及颜子者，必须能疑而知问；然后可以讲明义理，开发聪明，而进于圣贤之域也。"

【解读】

有大智慧的人表面上看起来很愚笨，其实却很聪明，正如苏东坡所说的"大勇若怯，大智若愚"。自我修养贵在学习前人的知识理论，在独处的时候能深入思考，默默去理解并能从中举一反三，这样的人便是聪明人。遇到不懂的问题就难免要向他人请教。在请教别人的时候能心存敬意，态度谦虚，不过度表现自己的意见以免令人难堪，这样的人便是大智若愚之人了。

子曰："视其所以[1]，观其所由[2]，察其所安[3]，人焉廋[4]哉？人焉廋哉？"

宋·程颢、程颐："在己者能知言穷理，则能以此察人如圣人也。"

宋·朱熹："事虽为善，而意之所从来者有未善焉，则亦不得为君子矣。或曰：'由，行也。谓所以行其所为者也。'"

【注释】

[1] 所以：所做的事情。
[2] 所由：所经过的道路。
[3] 所安：所安的心境。
[4] 廋（sōu）：隐藏、藏匿的意思。

【译文】

孔子说："要了解一个人，应看他做过的事，观察他做事的原因，考察他做事时的心情所在，安于什么，这样一来，这个人还能隐藏什么呢？又怎么隐藏得了呢？"

【解读】

关于"察人"自古以来就有很多方法，选拔人才的关键在于知人善任，任用一个德才兼备的人可以促进事业的发展；而任用一个无德无能的人，不仅耽误事业发展还会影响他人情绪。而知人的关键就是深入观察，其中最重要的就是要观察这个人安心于什么。一个人若能安于平淡，他就不会为了物质动摇，不会被纷杂的外界干扰，这样的人才能成就一番大事业。

子曰："温故而知新[1]，可以为师矣。"

【注释】

[1] 温故而知新：故，已经过去的。新，刚刚学到的知识。

【译文】

孔子说："在温习旧知识的时候，能有新体会和新发现，就可以当老师了。"

宋·朱熹："学能时习旧闻，而每有新得，则所学在我，而其应不穷，故可以为人师。若夫记问之学，则无得于心，而所知有限，故《学记》讥其'不足以为人师'，正与此意互相发也。"

明·张居正："君子之学，不以记诵为工，而在于能明乎理，不以闻见为博，而在于善反诸心，学者不可以不勉也。"

【解读】

不断温习所学过的知识，从而可以获得新知识。这个学习方法有着不可否认的适应性。人们的新知识、新学问往往都是在过去所学知识的基础上发展而来的。因此，温故而知新仍然是一个十分可行的学习方法。“温故”是学习的方法，要求我们在学习了新知识后要不断地复习巩固；“知新”是学习的目的，这要求我们要善于在旧知识里举一反三从中发现新思想。

子曰：“君子不器[1]。”

宋·朱熹：“器者，各适其用而不能相通。成德之士，体无不具，故用无不周，非特为一才一艺而已。”

【注释】

[1] 器：器具。

【译文】

孔子说：“君子不能像器具那样，只有某一方面的用途，而应该博学多识。”

【解读】

君子应当博学多识，具有多方面的才干，不能只局限于某一方面，这样他才能够通观全局、领导全局，成为合格的领导者。直到今天，这种思想仍然有可取之处。器具通常只有一种用途，打油的不能用来打醋，装醋的不能用来盛酒。但是君子修德养性，无论是做学问还是从事政治活动，都不能像器具一样用途单一，而应该博学多识，能博古通今。

明·张居正："孔子因子贡多言，故警之以此，其实躬行君子常少，言不顾行者常多。学者之省身固当敏于行而慎于言，人君之用人，亦当听其言观其行也。"

子贡问君子。子曰："先行[1]其言[2]而后从之。"

【注释】

[1] 行：做，实践。

[2] 言：这里指所说的话。

【译文】

子贡问孔子怎样才能成为一个君子。孔子说："对你要说的话先做后说，事情做了以后再说。"

【解读】

"行"与"言"的关系有多种，但是孔子历来主张先行后言，也就是常说的"敏于事而慎于言"。圣人认为，作为君子，不能只会嘴上说而不去行动，应该先做后说。只有先去做了再说出来，才能够取信于人。那些未行先言，说的多却做的少的人，一定会被别人厌恶。

宋·朱熹："周，普遍也。比，偏党也。皆与人亲厚之意，但周公而比私耳。君子小人所为不同，如阴阳昼夜，每每相反。然究其所以分，则在公私之际，毫厘之差耳。故圣人于周比、和同、骄泰之属，常对举而互言之。"

子曰："君子周[1]而不比[2]，小人[3]比而不周。"

【注释】

[1] 周：合群。

[2] 比（bì）：勾结的意思。

[3] 小人：指没有道德修养的凡人。

【译文】

孔子说："君子能普遍地团结人而不与人相互勾结；小人与人勾结而不能普遍地团结人。"

明·张居正："周与比其迹相似，而其实不同，只在此心公私之间而已，欲辨君子、小人者，可不慎察于此哉。"

【解读】

所谓"物以类聚，人以群分"，在人际交往中，人们往往从一个人身边的朋友来推知他的为人，他的朋友什么样他也八九不离十就是这个样。只有与人为善团结别人的人，才能被称作君子。君子应该以天下为己任，以普通大众的共同利益为利益，没有专门利己的私心，胸怀天下而不依附于任何集团，不去做结党营私的勾当。

子曰："学而不思则罔[1]，思而不学则殆[2]。"

宋·程颢、程颐："博学、审问、慎思、明辨、笃行五者，废其一，非学也。"宋·朱熹："不求诸心，故昏而无得。不习其事，故危而不安。"

【注释】

[1] 罔：意为迷惑、糊涂。
[2] 殆：是疑惑、危险的意思。

【译文】

孔子说："只读书而不深入地思考问题，就会茫然而没有收获；只空想而不读书，就会产生疑惑。"

【解读】

在学习的过程中，学和思两者不能偏废其一。孔子指出了学而不思的局限，也表明了思而不学的弊端。所以，圣人一向主张学与思相结合，甚至把学思结合看作是实现“仁”的重要途径。可见，只有将学与思结合在一起，才能使自己成为有道德、有学识的君子。只会照搬别人的经验而没有形成自己的思想是毫无意义的。当然，只是一味地苦思冥想而不去学习别人的思想成果，就会重蹈覆辙，浪费自己的宝贵年华。

子曰：“攻乎异端[1]，斯[2]害也已。”

【注释】

[1] 异端：不正确的言论。另外、不同的一端。
[2] 斯：代词，这。

【译文】

孔子说：“强烈抨击那些异端邪说，这些祸害就可以停止了。”

【解读】

在这个知识更新如此迅速的社会，我们要把有限的精力投入到真理的学习和研究中，不要把心思用在那些低俗的异端学说上。对于那些有悖真理的东西要及时抵制，以此净化我们的学习环境和生存环境。也只有这样，才能防止异端学说的危害不断扩散。

宋·程颢、程颐：“佛氏之言，比之杨、墨，尤为近理，所以其害为尤甚。学者当如淫声美色以远之，不尔，则骎骎然入于其中矣。”

明·张居正：“当时杨墨之道，犹未盛行，然孔子深恶而预绝之如此。至于后世道家之说，全似杨朱；佛家之说，全似墨翟，尤足以眩惑人心，而伤害世道。深信而笃好，如宋徽宗、梁武帝者，不免丧身亡国，为后世之所非笑。则异端之为害，岂非万世之所当深戒哉！”

子曰："由[1]，诲女[2]，知之乎！知之为知之，不知为不知，是知也。"

【注释】

[1] 由：姓仲，名由，字子路。生于公元前542年，是孔子的学生，长期追随孔子。

[2] 女：同"汝"，你的意思。

【译文】

孔子说："仲由，我教给你知或者不知的态度吧！知道的就是知道，不知道就是不知道，这就是真最明智的啊！"

宋·朱熹："子路好勇，盖有强其所不知以为知者，故夫子告之曰：我教女以知之之道乎！但所知者则以为知，所不知者则以为不知，如此则虽或不能尽知，而无自欺之蔽，亦不害其为知矣。况由此而求之，又有可知之理乎！"

明·张居正："可见天下之道理无穷，虽圣人亦有不能尽知者，但圣人之心，至虚至明，固不以不知者自强，亦不以已知者自是，故稽众从人，好问好察，此尧舜之知所以为大也。"

【解读】

对于一件事，无论你知不知道，知道多少，都应该客观从容，而不应凭着主观臆断装模作样。事情的真相往往隐藏在岁月的尘埃中不为人知，只有通过不断的学习求知才有可能接近真理。求知最忌自欺欺人，不懂装懂。明明不知道却偏要说自己知道。一切做到实事求是。只有这样，我们才能学到更多的知识。

子张学干禄，子曰："多闻阙[1]疑[2]，慎言其余，则寡尤；多见阙殆，慎行其余，则寡悔。言寡尤，行寡悔，禄在其中矣。"

【注释】

[1] 阙：缺。此处意为放置在一旁。

[2] 疑：怀疑。

【译文】

子张向孔子学习谋取官职的办法。孔子说："要多听，有疑问的地方先放在一旁不说，其余知道的部分要谨慎地说出来，这样就可以少犯错误；要多看，有疑问的地方先放在一旁不做，其余了解的部分要谨慎地去做，这样就能减少懊悔。说话少过失，做事少后悔，官职俸禄就在这里面了。"

【解读】

这是一条谋官从政的千古真理。话说多了难免不小心得罪人，事做多了犯错误的几率自然也多。所以身居官场，要多听别人怎么说，多看别人怎么做，有可怀疑的地方暂时保留，保持沉默。

宋·程颢、程颐："尤，罪自外至者也。悔，理自内出者也。"又注："修天爵则人爵至，君子言行能谨，得禄之道也。子张学干禄，故告之以此，使定其心而不为利禄动，若颜闵则无此问矣。或疑如此亦有不得禄者，孔子盖曰耕也馁在其中，惟理可为者为之而已矣。"

宋·朱熹："多闻见者学之博，阙疑殆者择之精，慎言行者守之约。凡言'在其中'者，皆不求而自至之辞。言此以救子张之失而进之也。"

哀公[1]问曰："何为则民服？"孔子对曰："举直错诸枉[2]，则民服；举枉错诸直，则民不服。"

宋·程颢、程颐："举错得宜，则人心服。"

明·张居正："夫民之服与不服，只在用舍之公与不公，然则人君于用人之际，可不慎哉。"

【注释】

[1] 哀公：姓姬，名蒋，他的谥号是哀。鲁国国君，公元前 494~前 468 年在位。

[2] 举直错诸枉：举，是选拔的意思。直，正直公平。错，同“措”，放置的意思。枉，不正直。

【译文】

鲁哀公问孔子说：“怎样做才能使百姓信服呢？”孔子回答说：“提拔正直无私的人放在邪恶不正的人之上，老百姓就会信服了。如果提拔邪恶不正的人放在正直无私的人之上，老百姓就不会信服了。”

【解读】

亲君子，远小人，这是孔子为人处世的一贯主张。引申到选用人才方面，就是荐举贤才、选贤用能。把正直贤德的人才安置在邪恶不正之人的职位之上，邪恶奸佞的人就无法施展，如此一来正义得以伸张，社会风气就会祥和端正，老百姓自然也就心悦诚服了。反之，把邪恶不正的人安置在正直贤德之人的职位之上，正义无法伸张，小人就会得志，社会风气每况愈下，百姓自然不能顺服。由此可见，能否正确选拔人才对于领导者来说至关重要。

季康子问：“使民敬、忠以[1]劝[2]，如之何？”子曰：“临[3]之以庄，则敬；孝慈，则忠；举善而教不能，则劝。”

宋·朱熹：“临民以庄，则民敬于己。孝于亲，慈于众，则民忠于己。善者举之而不能者教之，则民有所劝而乐于为善。”

明·张居正：“是则季康子之问，专求诸民。孔子之答，专求诸己。盖人同此理，吾能自尽其理，而人岂有不感化者哉。”

【注释】

[1] 以：连接词，与“而”同。

[2] 劝：勉励。这里是自勉努力的意思。

[3] 临：对待。

【译文】

季康子向孔子问道：“要使老百姓对当政的人恭敬忠诚又能相互勉励，该怎样去做呢？”孔子说：“要用庄重认真的态度对待老百姓，他们就会恭敬；你孝顺父母，抚爱幼小，百姓就会尽忠于你；选用好人而教育弱者，他们就会互相勉励努力上进了。”

【解读】

孔子向来主张“礼治”和“德治”，他认为当政者应当庄重严谨、孝顺慈祥，这样老百姓就会对当政的人尊敬爱戴，既尽忠又努力为社会做贡献。执政者只有以身作则，老百姓才会按执政者的意思办事。人生浮沉数十载，没有谁能永远站在时代的最前端，想要得到别人的敬重，自己就先要以身作则。所以，我们应该谨记：凡事要做到将心比心，你尊重别人，别人才会尊重你，片面要求别人只会事与愿违。

或[1]谓孔子曰：“子奚[2]不为政？”子曰：“《书》[3]云：‘孝乎惟孝，友于兄弟。’施于有政，是亦为政，奚其为为政？”

【注释】

[1] 或：有的人。不定代词。

[2] 奚：疑问词，相当于“为什么”。

[3]《书》：指《尚书》。

【译文】

有人对孔子说：“你为什么不从事政治呢？”孔子回答说：“《尚书》上说，‘孝，只有孝敬父母，友爱兄弟。’把这种孝悌的风气影响到政事上，这也是从事政治啊，为什么一定要做官才算是从政呢？”

宋·朱熹：“书云孝乎者，言书之言孝如此也。善兄弟曰友。书言君陈能孝于亲，友于兄弟，又能推广此心，以为一家之政。孔子引之，言如此，则是亦为政矣，何必居位乃为为政乎？盖孔子之不仕，有难以语或人者，故托此以告之，要之至理亦不外是。”

明·张居正：“盖所谓政者，只是正人之不正而已，施之于国，使一国的人，服从教化，固是为政，修之于家，使一家之人，遵守礼法，也是为政。”

【解读】

为政之道，在于孝义仁德。“齐家、治国、平天下”，管理好了家庭，才能治理国家平定天下，而治家的根本就在于行“孝悌”之道。子女孝顺，兄长友善，家庭和睦就是在为社会安定人民安康做贡献。如果全社会的人都能行“孝悌”之道，用这种孝悌的风气去影响政治，那么民风一定朴实醇厚。

子曰：“人而无信，不知其可也。大车无輗[1]，小车无軏[2]，其何以行之哉？”

【注释】

[1] 輗（ní）：古代大车车辕前面横木上的木销子。大车指的是用牛拉的车。

宋·朱熹：“輗，五兮反。軏，音月。大车，谓平地任载之车。輗，辕端横木，缚轭以驾牛者。小车，谓田车、兵车、乘车。軏，辕端上曲，钩衡以驾马者。车无此二者，则不可以行，人而无信，亦犹是也。”

明·张居正："孔子此言，只是要人言行相顾，事事着实，不可少有虚妄的意思。然信之一字，尤为人君之大宝，是以为治者，必使政教号令之出，皆信如四时，无或朝更而夕改，然后民信从，而天下治也。孔子之言，岂非万世之明训哉。"

[2] 軏（yuè）：古代小车车辕前面横木上的木销子。小车指的是用马拉的车。没有輗和軏，车就不能走。

【译文】

孔子说："如果一个人不讲信用，不知道他怎么可以做人。好比大车没有套横木的輗，小车没有套横木的軏，怎么能行走呢？"

【解读】

讲究诚信是立身为人的基本要求，也是成就事业的根本所在。人类社会能够发展至今，离不开大家的彼此信任相互帮扶。古人说，为政的人不讲信用，百姓就怨声载道，社会便不得安宁；朋友之间若言而无信，就会相互怨恨离散收场。所以，立身处世，没有比诚信更重要的了。

宋·朱熹："礼之大体，三代相继，皆因之而不能变。其所损益，不过文章制度小过不及之间，而其已然之迹，今皆可见。则自今以往，或有继周而王者，虽百世之远，所因所革，亦不过此，岂但十世而已乎！圣人所以知来者盖如此，非若后世谶纬术数之学也。"

子张问："十世[1]可知也？"子曰："殷因[2]于夏礼，所损益可知也；周因于殷礼，所损益可知也。其或继周者，虽百世，可知也。"

【注释】

[1] 世：古时称30年为一世。也有的把"世"解释为朝代。这里指代。

[2] 因：因袭，沿袭、继承的意思。

明·张居正："凡朝代更换，叫做一世。礼，是君臣、父子、夫妇之三纲。"

【译文】

子张向孔子问道："今后十代的礼仪制度你可以预先知道吗？"孔子回答说："商朝继承了夏朝的礼仪制度，所减少和所增加的是可以知道的；周朝又继承商朝的礼仪制度，所减少和增加的也是可以知道的。将来有谁来继承周朝的礼仪制度，就是一百代以后，也是可以预先知道的。"

【解读】

"告诸往而知来者"，历史总是在渐变中向前发展，循着历史的轨迹我们可以看到过去，同样，也可以知道未来。继承和发展是辩证统一的，发展要在旧事物中吸取精华而扬弃糟粕，有所继承才能获得发展，历史也正是在损益增减中一步一步向前迈进的。

子曰："非其鬼[1]而祭之，谄[2]也。见义不为，无勇也。"

宋·朱熹："非其鬼，谓非其所当祭之鬼。"又曰："知而不为，是无勇也。"

【注释】

[1] 鬼：有两种解释：一是指鬼神，二是指死去的祖先。这里指死去的祖先。

[2] 谄（chǎn）：谄媚、阿谀。

明·张居正："夫此二者，一则不当为而为，一则当为而不为。孔子并举而言之者，盖欲人不惑于鬼神之难知，而专用力于人道之所宜也。"

【译文】

孔子说："不是自己应该祭祀的鬼神

而去祭祀它，这就是献媚。需要见义勇为时却不能挺身而出，这是懦弱。”

【解读】

不是自己的祖先却忙着跑去跪拜祭祀，在古人看来，这叫“淫祀”。淫祀的目的是媚神求福，拍人家祖宗的马屁，实际上就是谄媚。路见不平的时候，本该挺身而出拔刀相助，然而你却没有这么去做，这样只能说你这个人懦弱无能。孔子把“勇”作为实行“仁”的条件之一，真正的勇必须符合“仁、义、礼、智”，否则就是“乱”。对人民有利的事情能做到勇往直前，不畏艰险；对百姓有害的事情坚决不做，也不向世俗和强势低头。“君子有所为，有所不为”说的就是这个道理。

八佾篇第三

孔子谓季氏[1]："八佾舞于庭，是可忍[2]也，孰不可忍也！"

宋·朱熹："季氏以大夫而僭用天子之礼乐，孔子言其此事尚忍为之，则何事不可忍为？或曰：'忍，容忍也。'盖深疾之之辞。"

明·张居正："盖鲁以相忍为国，凡事惟务姑息含忍，而其弊乃至于下陵其上，臣僭其君，礼法荡然，冠屦倒置如此。"

【注释】

[1] 季氏：鲁国正卿季孙氏，即季平子，是当时鲁国三大权门之一。

[2] 可忍：可以忍心，有的也译作可以容忍。

【译文】

孔子谈到季氏，说："他用八佾在宗庙的厅堂里奏乐舞蹈，如果这样的事情他都能够忍受，还有什么事情是他不能够忍受的呢？"

【解读】

孔子对于"八佾舞于庭"的违礼行为无法忍受，他对季氏的深恶痛绝之情是溢于言表的。等级，任何社会都是存在的。平等，是指人格上的平等，在等级制下的人格平等，是我们应该追求的理想，但是很多人都将制度上的等级和人格上的平等混淆了。

三家[1]者以《雍》[2]彻。子曰："'相维辟公，天子穆穆'[3]，奚取于三家之堂？"

宋·程颢、程颐："周公之功固大矣，皆臣子之分所当为，鲁安得独用天子礼乐哉？成王之赐，伯禽之受，皆非也。其因袭之弊，遂使季氏僭八佾，三家僭《雍》彻，故仲尼讥之。"

【注释】

[1] 三家：孟孙氏、叔孙氏、季孙氏，鲁国

宋·朱熹："三家之堂非有此事，亦何取于此义而歌之乎？讥其无知妄作，以取僭窃之罪。"

的三大夫，他们都是鲁桓公的后代，史称"三桓"，实际掌控着鲁国的政权。

[2]《雍》：《诗经·周颂》中的一篇。古代天子祭宗庙完毕撤去祭品时唱这首诗。

[3] 相（xiàng）维辟公，天子穆穆：《雍》诗中的两句。相，助的意思。维，语气词，无意义。辟公，指诸侯。穆穆：态度庄严肃穆。

【译文】

孟孙氏、叔孙氏、季孙氏三家，祭祀祖先时，他们唱着《诗经·周颂·雍》这篇诗来结束祭礼。孔子说："《雍》诗上有'诸侯助祭，天子庄严肃穆'这样的诗句，这首歌怎么能用于三家祭祀的厅堂上呢？"

【解读】

古代天子祭宗庙完毕撤去祭品时唱《雍》这首诗，《雍》诗中有"相维辟公，天子穆穆"的句子。天子是国家政权的代表，也是国家文化精神的代表，天子在祭祀的时候演奏《雍》这支乐曲，而如今孟孙氏、叔孙氏、季孙氏三家在祭祀祖先时也在家里演奏这支曲子，是明显的越礼行为。孔子对他们这种不合体制的行为很不赞成。

宋·程颢、程颐："仁者天下之正理。失正理，则无序而不和。"

子曰："人而不仁，如礼何？人而不仁，如乐何？"

【译文】

孔子说："作为一个人却没有仁德之心，怎样来对待礼仪制度呢？作为一个人却没有仁德之心，又怎样来对待音乐呢？"

明·张居正："是礼不虚行，必仁人而后可行也。人而不仁，则其心放逸而不能敬，礼之本先失了。那陈设的玉帛，升降的威仪，不过是虚文耳。"

【解读】

"仁"是儒家思想的核心，也是做人的核心，是人应该具有的基本品质。所谓"仁"，就是人要有仁爱之心。"礼"是人外在的行为规范，是对社会秩序的规范性规定。而仁德是礼乐的前提。一个人如果失去了仁德去掉了内心最本质的内容，那么礼仪再规范，音乐再雅正，对这个人还有什么意思呢？

林放[1]问礼之本。子曰："大哉问！礼，与其奢也，宁俭；丧，与其易也，宁戚[2]。"

【注释】

[1] 林放：鲁国人。
[2] 戚：内心悲痛的意思。

【译文】

鲁国人林放问礼的本质。孔子说："这个问题意义重大啊！礼，与其求形式的奢华，宁可节俭；丧礼，与其求得周全，宁可内心悲哀。"

宋·朱熹："礼贵得中，奢、易则过于文，俭、戚则不及而质，二者皆未合礼。然凡物之理，必先有质而后有文，则质乃礼之本也。"

明·张居正："夫曰宁俭，曰宁戚，皆孔子不得已而矫俗之意。盖天下事物，每自质而趋文。而世之将衰，必多文而灭质。故孔子他日赞易，又以用过乎俭，丧过乎哀为言，而其论礼乐，则曰吾从先进。皆厌周末文盛而欲矫之以合于中也。有维持世教之责者，尚鉴兹哉！"

【解读】

孔子十分重视礼仪，但却极力反对形式主义。礼之实质，重内容而轻形式，圣人强调内心和感情要符合礼仪要求。礼的本质在于俭和戚，在礼节上，宁可简朴也不要奢侈；在丧事上，宁可哀戚也不要铺张浪费只讲究排场。我们今天的社会风气与圣人的要求相比真是反其道而行之。

宋·程颢、程颐：“夷狄且有君长，不如诸夏之僭乱，反无上下之分也。”

明·张居正：“夫以中国同于夷狄，犹且不可，况反不如乎，可慨也已。孔子此言，其真轻中国而称夷狄哉！盖甚为之词，以见上下之分，不可一日不明于天下也。”

子曰：“夷狄之有君，不如诸夏[1]之亡[2]也。”

【注释】

[1] 诸夏：古代中原地区华夏族的自称。

[2] 亡（wú）：同“无”。古书中的“无”字多写作“亡”。

【译文】

孔子说：“夷狄这样文化落后的国家都有个君主，不像中原诸国却没有。”

【解读】

夷狄是指文化落后的边疆地区，这里孔子的意思是指没有文化的地方，中原是有文化的。春秋时代，华夏诸国礼崩乐坏，君不君臣不臣的行为时有发生。但是，没有文化的夷狄各族却上下有序。这是孔子对当时周天子势力衰微所表达的感慨：既然文明程度不高的夷狄各族尚且知道要有君主，文化历来发达的中原地区却目无天子，难道不让人觉得无地自容吗？

季氏旅于泰山，子谓冉有曰：“女[1]弗能救[2]与？”对曰：“不能。”子曰：“呜呼！曾谓泰山不如林放乎？”

明·张居正：“是季氏之祭泰山，非惟分不当为，而且神必不享，则亦何益之有哉！孔子此言，一则要使季氏知其无益，犹可中止。一则要使冉求以不如林放为耻，而知所以自励也。”

【注释】

[1] 女：同“汝”，你。

[2] 救：挽求、劝阻的意思。这里指谏止。

【译文】

季氏要去祭祀泰山。孔子对学生冉有说：“你不能阻止他吗？”冉有回答说：“不能。”孔子说：“唉！难道说泰山之神还不如林放懂得礼吗？”

【解读】

礼制规定，只有天子才有祭祀天地的资格，诸侯只能祭祀自己封内的名山大川。季氏作为臣子是没有资格祭祀大山的，然而他却要去祭祀泰山，可见他的不臣之心已昭然若揭。圣人的意思是，违背礼的事情不要去做，违背礼制的祭祀不但是对神的亵渎，更是得罪天子的行为。

子曰：“君子无所争，必也射[1]乎！揖[2]让而升，下而饮，其争也君子。”

宋·朱熹：“君子恭逊，不与人争，惟于射而后有争。然其争也，雍容揖逊乃如此，则其争也君子，而非若小人之争矣。”

【注释】

[1] 射：原意为射箭，这里指射箭比赛，是

古代的一种礼仪。

[2] 揖：拱手行礼，表示尊敬。

【译文】

孔子说："君子没有什么可争斗的事情。如果有，一定像射箭一样！先揖让行礼，然后登堂较量；射箭完毕，走下堂来饮酒。这样才是君子之争啊！"

【解读】

儒家文化强调竞争，但是反对不择手段的竞争，也反对不思进取没有竞争。君子之争，不逾礼，争在自己。就像射箭之礼，作揖谦让登台开弓，射完后下来握手致意互相敬酒，完全是"友谊第一，比赛第二"。谦谦君子，彬彬有礼，温文尔雅，因为通过射箭比赛这件事表现了"仁者"的君子之风。人都有好胜之心，但不论胜负如何，都要保持竞争双方之间的相互尊重，正所谓"其争也君子"。

明·张居正："按此章之旨，与前章林放问礼之意，大略相同。林放求礼之本，而子夏以礼为后，皆有反本尚质，挽回世道之意。故孔子于林放则以大哉称之，于子夏则以启予许之，此又圣贤未发之旨也。学者宜致思焉。"

子夏问曰："'巧笑倩兮，美目盼兮，素以为绚兮'。何谓也？"子曰："绘事后素[1]。"曰："礼后乎？"子曰："起予者商也[2]，始可与言《诗》已矣。"

【注释】

[1] 绘事后素：先有白底，后用色彩绘画。绘，画。素，白底。

[2] 起予者商也：启发我思想的是商呀！起，启发。予，我，孔子自指。商，子夏，子夏姓卜，名商，字子夏，孔子弟子，小孔子 44 岁。

【译文】

子夏问道："《诗经·卫风·硕人》篇中说'轻盈的笑脸带着酒窝，笑得多美呀。美丽的大眼睛黑白分明露着妩媚，洁白的质地上画着美丽的花纹。'这几句是什么意思？"孔子回答说："绘画先有白底，后用色彩绘画。"子夏说："那么礼是在仁德之后才产生的吧？"孔子说："能启发我思想的人就是你子夏了，现在我可以和你探讨《诗经》了。"

【解读】

"巧笑倩兮，美目盼兮，素以为绚兮"是描绘女子漂亮外貌的诗句，孔子告诉子夏人应该先有内心纯洁的修养，才会有真正的美丽外表。也就是说真正的美丽是一种由内而外的气质美。子夏不愧为孔子的爱徒，他能深思熟虑，由人的内在气质和外在美，很快联想到了"仁"与"礼"的先后和内外的关系。凡事先后有序，有本有末。

子曰："夏礼吾能言之，杞[1]不足征[2]也；殷礼吾能言之，宋[3]不足征也。文献[4]不足故也。足，则吾能征之矣。"

宋·朱熹："二代之礼，我能言之，而二国不足取以为证，以其文献不足故也。文献若足，则我能取之以证吾言矣。"

明·张居正："盖孔子当时，欲斟酌三代之礼，以立万世常行之法，而夏殷不可考，故为是叹息之词如此。然三纲五常古今不易，所损所益，百世可知，则二代之礼又不以杞宋无征而遂泯也。有仪礼制度之责者，宜究心焉。"

【注释】

[1] 杞（qǐ）：春秋时国名，是夏禹的后裔。在今河南杞县一带。

[2] 征：证明。

[3] 宋：春秋时国名，是商汤的后裔，在今河南商丘一带。

[4] 文献：文，指历史典籍；献，即"贤"，指通晓历史的贤才。

【译文】

孔子说："夏朝的礼仪制度，我能说出来，但是它的后代杞国不足以证明；宋国的礼仪制度，我能说出来，但是它的后代宋国不足以证明。这是因为杞国、宋国的文献不足啊！如果文献充足，那么我就能引用作证明了。"

【解读】

制度文化的研究考证是建立在翔实的史料之上的，如果史料典籍对当时的文化制度、社会风貌没有记载，或者记载得很粗陋，那么我们就很难真正考证历史的真相。对于典籍记载不详的内容，我们只能求证于民间流传的野史故事，但是流传过程中的演绎与变化导致很多史实异化，给人面目皆非的感觉，这样很多事情仍然无从考证，留给世人的也就只剩悬念了。所以，文献的翔实周全对后人了解历史特别重要。

子曰："禘[1]自既灌[2]而往者，吾不欲观之矣[3]。"

【注释】

[1] 禘（dì）：古代只有天子才可以举行的祭祀祖先的非常隆重的典礼。
[2] 灌：禘礼中第一次献酒。
[3] 吾不欲观之矣：我不愿意看了。

明·张居正：“夫鲁国本是诸侯，僭用王者之大祭祀，已是失礼，及举祭之时，又不诚敬，是失礼之中又失礼焉。故孔子叹之如此。”

【译文】

孔子说：“禘祭的大典自从第一次用酒洒地来降神之后，我就不想看了。”

【解读】

“禘”是古代的一种祭祀典礼，象征宗教精神，是祭天地祖宗的礼节。古代国家举行禘祭，仪式相当隆重。但是，当时的鲁国道德沦丧，对待禘祭相当懈怠，只是流于形式。任何事情都应当诚心为重，不应只是敷衍应对。形式的文饰要有内心虔诚的支撑，就是说，所有的形式都必须配合内心的诚敬。如果内心不虔诚，即使表面功夫做得再到位，也毫无意义。

或问禘之说[1]，子曰：“不知也。知其说者之于天下也，其如示诸斯[2]乎！”指其掌。

宋·朱熹：“先王报本追远之意，莫深于禘。非仁孝诚敬之至，不足以与此，非或人之所及也。而不王不禘之法，又鲁之所当讳者，故以‘不知’答之。”又曰：“盖知禘之说，则理无不明，诚无不格，而治天下不难矣。圣人于此，岂真有所不知也哉？”

【注释】

[1] 禘之说：“说”，理论、道理、规定。禘之说，意为关于禘祭的规定。

[2] 示诸斯："斯"指后面的"掌"字，指手掌。

明·张居正："幽明只是一理，神人本无二道，幽而知所以事神，则明而治人，亦何难之有哉！然非先王不能作，亦非圣人不能知，如或人者，何足以语此，此孔子所以不轻告之也。"

【译文】

有人向孔子问禘祭的学说。孔子说："我不知道。知道这个学说的人治理天下，就好像看这个一样容易吧！"他一边说，一边指了一下自己的手掌。

【解读】

有人向孔子讨教禘祭的学问，孔子回答说他不知道。那么，圣人到底知道不知道禘祭的学问呢？孔子说完不知道后，指着自己的手掌说，真正懂得禘祭学问的人看天下事的道理，就像是呈现在手掌心上那么清楚。由此可见，孔子不是不知道而是不屑于去回答提这种问题的人。

祭如在，祭神如神在。子曰："吾不与祭，如不祭。"

明·张居正："若天子一身，为天地宗庙百神之主，尤不可不致其诚。所以古之帝王，郊庙之祭，必躬必亲，致斋之日，或存或著，然后郊则天神恪，庙则人鬼享，而实受其福也。承大祭者，宜致谨焉。"

【译文】

祭祀祖先时，就好像祖先真的在那里，祭祀神时，就好像神真的在那里。孔子说："我不参加祭祀，就好像没有祭祀一样。"

【解读】

如果祭祀没有诚意，只有表面上的仪式，更或是让别人代劳，这样的祭祀怎么能沟通人与神的感应，怎么会达到天人合一呢？所以孔子说，如果自己不能亲自去参加祭祀，那就好像没有祭祀一样，别人替自己祭拜求福是没有用的。祭祀如此，做人又何尝不是这样？否则，表面一套，内心一套，对人对事都不诚不敬，相互欺蒙，这样的人生会有什么意义呢？

王孙贾[1]问曰："与其媚[2]于奥[3]，宁媚于灶[4]，何谓也？"子曰："不然。获罪于天[5]，无所祷也。"

明·张居正："盖奥以比君之势分崇高，难以自结；灶以比臣之专权用事，容易干求。时俗之见，浅陋如此。"又注："人当顺理以事天，非惟不当媚灶，亦不可媚于奥也。孔子此言，逊而不迫，正而不阿，世之欲以祷祀而求福者，视此可以为鉴矣！"

【注释】

[1] 王孙贾：卫灵公的大臣，时任卫国大夫。
[2] 媚：谄媚、巴结、奉承。
[3] 奥：这里指屋内位居西南角的神。
[4] 灶：这里指灶旁管烹饪做饭的神。
[5] 天：以天喻君，一说天即理。

【译文】

卫灵公的大臣王孙贾问孔子说："俗话说'与其讨好于房屋西南角的远神，不如讨好灶神'，这句话是什么意思？"孔子说："不能这样。如果违逆天理得罪于天，什么样的祈祷都没用了。"

【解读】

正直之人的祈祷是在诉说自己的苦难和困境，是将自己的愿望表达出来让神灵知晓，以此获得神灵的眷顾和帮助。这样的祈祷不同于乞求，只是人们在绝境中寻求慰藉，在苦难中澄净心灵的举动。但如果一个人做出违背伦理有逆天道的坏事，祈祷又有什么用呢？恶有恶报，丧心病狂之人又能跟谁去祈祷呢？

明·张居正："尝观孔子之在当时，礼乐则从先进，梦寐不忘周公，与夫修鲁史而尊天王，此其从周之志，有未尝一日忘者，所谓圣人之为下不倍也。然则生今之世而欲反古之道者，岂不谬哉！"

子曰："周监[1]于二代[2]，郁郁[3]乎文哉，吾从周。"

【注释】

[1] 监：同"鉴"，借鉴的意思。

[2] 二代：这里指夏代和商代两个朝代。

[3] 郁郁：文采盛貌。丰富、繁盛的意思。

【译文】

孔子说："周朝的礼仪制度是借鉴了夏、商二代的礼仪制度而建立起来的，文采是多么丰富华美啊！我遵从周朝的。"

【解读】

周代建立在夏、商二代之后，经过周公修改的周代礼仪形成了文采华丽丰富的盛况，所以孔子认为周朝的礼制更加完善，并且一贯主张遵从周礼。中国文化历经朝代更替，不断增益删减，以其自身的发展规律演进改良，渊源而流长。历史的车轮没有止步，文化的繁衍也不会休止，经过千年传承的中国文化必将越来越深厚。

子入太庙[1]，每事问。或曰："孰谓鄹[2]人之子知礼乎？入太庙，每事问。"子闻之，曰："是礼也。"

明·张居正："圣人之心极其谦虚，故每事问人，不厌详细，其与尧之钦明、舜之问察，一而已矣。学圣人者，当于此求之。"

【注释】

[1] 太庙：祭祀开国君主的庙。鲁国太庙，即周公旦的庙，供鲁国祭祀周公。

[2] 鄹（zòu）：春秋时鲁国地名，又写作"陬"，在今山东曲阜东南部。孔子的父亲叔梁纥曾在鄹作过大夫，所以"鄹人之子"指孔子。

【译文】

孔子到太庙里去，每件事情都要问一问。有的人说："谁说鄹大夫（孔子的父亲叔梁纥）的这个儿子懂得礼仪呀？到太庙里来，每件事情都要发问。"孔子听到了这话，说："这正是懂得礼仪的表现呀！"

【解读】

孔子是一位博学多识并且精通礼仪的人，他年轻时就已经很有名气了。所以当他到太庙里凡事必问时，就引起了很多人的疑惑。孔子回答说他的行为正是知礼的表现。谦虚好学就是做人的美德，就是礼的精神所在。

子曰："射不主皮[1]，为力不同科[2]，古之道也。"

宋·朱熹："周衰，礼废，列国兵争，复尚贯革，故孔子叹之。"

【注释】

[1] 皮：用兽皮做成的箭靶子。主皮：指穿透箭靶子。
[2] 为（wèi）：因为。同科：同等。科：等级。

【译文】

孔子说：“射箭，不一定都射穿箭靶子，因为每个人的力量大小不同，这是自古以来的规矩啊。”

【解读】

射箭比赛主要用来陶冶情操，并不以能否射穿箭靶子上的牛皮为标准，这是因为人的力量有大有小，这是与生俱来的差距。射箭如此，为人处事也是如此。如果我们总是对别人很苛刻，责怪别人没有做到这个没有做到那个，结果，搞得自己身心俱疲，人际关系十分紧张。对人对事都多一份理解才能为自己创造一个宽松舒适的生活环境，获得内心的宁静与愉快。

子贡欲去告朔[1]之饩羊[2]。子曰：“赐也！尔爱其羊，我爱其礼。”

明·张居正：“孔子之意在于存礼，而子贡之言，唯求省费，圣贤度量之广狭，用心之大小，区以别矣。”

【注释】

[1] 告朔：朔，指每月初一。告朔，指诸侯王每月初一到祖庙做祭祀活动。
[2] 饩（xì）羊：饩。指祭祀用的活羊。

【译文】

子贡要把鲁国每月初一举行告祭祖庙的那只活羊不用了。孔子说："赐呀！你爱惜的是那只羊，我爱惜的是周朝的礼制。"

【解读】

每个月的初一称作"朔"，告朔是古代非常慎重的一种祭祀制度。每月初一，诸侯都要到祖庙宰杀一只活羊用来祭祀。到子贡时，鲁国国君不再亲自去祖庙祭祀了，仅仅杀一只羊来做做样子。所以子贡主张废除宰杀活羊的仪式，想省下用于祭祀的活羊。然而在这个问题上，孔子却认为节约不是主要的，最关键在于废除宰杀活羊就等于废除了这个传统的礼仪。

子曰："事君尽礼，人以为谄也。"

【译文】

孔子说："事奉君主要尽到为臣的礼节，可别人却以为这是在谄媚。"

【解读】

"为君难，为臣不易"，孔子深知做臣子的不易之处。尤其是在礼崩乐坏的朝代，臣子不按礼仪侍奉君主，大家都不按照礼仪制度办事，一旦你做到了按礼办事，竭心尽力地为君主谋划反而被人当做是在谄媚讨好君主。处于世风日下的世道，不管你内心如

宋·程颢、程颐："圣人事君尽礼，当时以为谄。若他人言之，必曰'我事君尽礼，小人以为谄'。而孔子之言止于如此，圣人道大德弘，此亦可见。"

明·张居正："君子之事君，其礼固无不尽，然却不肯阿谀顺从，如责难以为恭，陈善以为敬，一心只要成就君上的美名，干办国家的大事，这便真是尽礼。"

何，初衷怎样，总会有人风言风语，对你指手画脚。当今社会，仍然有很多人自己不去做或做不到的事情也不希望别人做好，这些人常常将好说成坏，是非颠倒。时间久了，大家自然会知道你的为人，理解你的行为。

定公[1]问："君使臣，臣事君，如之何？"孔子对曰："君使臣以礼，臣事君以忠。"

明·张居正："君尽君道，固非有私于臣，而所以劝下之忠者，亦在是矣。臣尽臣道，固非有要于君，而所以报上之礼者，亦在是矣！上下交而德业成，天下其有不治者哉！"

【注释】

[1] 定公：姓姬，名宋，定是谥号。鲁国国君，鲁昭公的弟弟，继昭公之位，在位十五年（前509年—前495年）。

【译文】

鲁定公问道："君主任用臣下，臣下事奉君主，各应该怎么做呢？"孔子回答说："君主任用臣子要依照礼的规则办事，臣下事奉君主要忠心尽力。"

【解读】

上级对属下以礼相待，属下对上级必定尽忠尽力，以心换心是一种领导艺术。历朝历代，能礼贤下士的君主必定获得栋梁之才为他稳固江山献谋献策。君主重礼则国泰民安，君主无礼则亡国灭族。作为领导者，想要属下为自己尽心工作就应该发自内心地关心属下体谅属下，身体力行，以身作则。领导做到了以礼对待属下，属下必定会全身心地投入工作，为公司创造更大的效益。

子曰：“《关雎》[1]，乐而不淫[2]，哀而不伤。”

宋·朱熹：“《关雎》之诗，言后妃之德，宜配君子。求之未得，则不能无寤寐反侧之忧；求而得之，则宜其有琴瑟钟鼓之乐。盖其忧虽深而不害于和，其乐虽盛而不失其正，故夫子称之如此，欲学者玩其辞，审其音，而有以识其性情之正也。”

【注释】

[1]《关雎》：这是《诗经·周南》的第一篇，此篇描写了一个男子追求女子时的忧愁及想象的结婚的喜悦。

[2] 淫：过度，过分。

【译文】

孔子说：“《关雎》描写爱情，快乐而不淫邪，哀婉而不悲伤。”

【解读】

《诗》三百，语言含蓄优美，内容广泛丰富，意蕴深远悠长，但是不论描写什么故事，诗句言辞都中正平和，即“思无邪”。孔子表达了他对情感控制的看法。“乐而不淫，哀而不伤”，快乐不应该过度，不要过度狂欢；悲伤也不应该过度，免得伤害身心。现代人的生活也越来越丰富多样，过度狂欢透支体力几乎是每个人都有过的经历。很显然，这有违圣人提倡的“中和之美”。

宋·朱熹："孔子以宰我所对，非立社之本意，又启时君杀伐之心；而其言已出，不可复救，故历言此以深责之，欲使谨其后也。"

明·张居正："夫祭地以报其功，乃立社之本意，至于所栽的树木，则各因其土之所宜，而非有取义于其间也。宰我不知而对，谬妄甚矣。"

哀公问社[1]于宰我[2]，宰我对曰："夏后氏以松，殷人以柏，周人以栗，曰：使民战栗[3]。"子闻之，曰："成事不说，遂事不谏，既往不咎。"

【注释】

[1] 社：土地神，这里指的是神主，即用木头制成的土地神的牌位。此外，祭祀土神的庙也称社。

[2] 宰我：名予，字子我，孔子的学生，小孔子 29 岁。

[3] 战栗：恐惧，发抖。

【译文】

鲁哀公向孔子的学生宰我询问供奉土地神用什么木料做神主。宰我回答说："夏代用松木，殷代用柏木，周代用栗木，意思是说使百姓恐惧战栗。"孔子听说了这件事，说："已经做了的事就不要议论了，已经完成了的事不要谏阻了，已经过去的事就不要追究了。"

【解读】

孔子不满意宰我对鲁哀公关于神主的解释，但是这件事已经成了事实难以挽回了，所以孔子没有责备宰我。此外，孔子的话里还有更深一层的意思。孔子确实对周代君主用栗木做牌位感到不妥当，但是事情已经发生了并且又是前辈圣人，孔子也不能对此说些什么，所以他说既成事实的事情就不要再说了。

子曰："管仲之器小哉！"或曰："管仲俭乎？"曰："管氏有三归[1]，官事不摄[2]，焉得俭？""然则管仲知礼乎？"曰："邦君树塞门，管氏亦树塞门；邦君为两君之好有反坫[3]，管氏亦有反坫。管氏而知礼，孰不知礼？"

宋·朱熹："孔子讥管仲之器小，其旨深矣。或人不知而疑其俭，故斥其奢以明其非俭。或又疑其知礼，故又斥其僭，以明其不知礼。盖虽不复明言小器之所以然，而其所以小者，于此亦可见矣。故程子曰：'奢而犯礼，其器之小可知。盖器大，则自知礼而无此失矣。'此言当深味也。"

【注释】

[1] 三归：相传是三处藏钱币的府库。

[2] 摄：兼任。

[3] 反坫：反爵之坫，用土筑成的放酒杯的台子，筑在堂上东西两个柱子之间。古代君主招待别国国君时，放置献过酒的空杯子的土台。

【译文】

孔子说："管仲的器量狭小呀！"有人问道："是不是管仲太节俭了？"孔子说："管仲建有三个公馆，他手下办事的官员从不兼职，怎么能说节俭呢？"有人问道："那么管仲懂得礼的规则吗？"孔子说："国君在门前立了塞门，管仲也立塞门。国君设宴招待邻国之君，修建坫台放置酒杯，管仲也修筑了坫台放置酒杯。如果说管仲懂得礼的规则，那么还有谁不懂得礼的规则呢？"

【解读】

孔子也很佩服管仲，对他赞赏有加，但同时孔子又批评管仲器量狭小、不知节俭、不懂礼仪。圣人是持着一种客观公正的态度评价人的。不论一个人立下多少丰功伟绩，如果在品德修养上存在欠缺，他的人生就是不完美的。管仲是被人熟知的历史人物，他的伟绩可谓永垂不朽，但因为他不懂礼节不知节俭而被后人批判，这实在是一种莫大的遗憾。

明·张居正：“盖声音之道，与政相通，不但可以养人之性情，而亦可以移易天下之风俗，所系甚重。故孔子自卫反鲁，既汲汲于正乐，而其于太师，又谆谆以告诫之如此。”

子语[1]鲁大师[2]乐。曰：“乐其可知也：始作，翕[3]如也；从[4]之，纯[5]如也，皦如也，绎如也，以成。”

【注释】

[1] 语（yù）：作动词，谈论、告诉的意思。

[2] 大（tài）师：大师是主管音乐的官员。

[3] 翕（xī）：意为合、聚、协调。

[4] 从（zòng）：意为放纵、展开。

[5] 纯：美好、和谐。

【译文】

孔子告诉鲁国的太师关于音乐演奏的问题。孔子说：“音乐是可以掌握的：开始演奏时，翕翕然和谐；继续演奏展开之时，音调纯正，节奏分明清晰，抑扬不断，这样，一部乐章就完成了。”

【解读】

孔子很谦虚地跟鲁国主管音乐的官员谈论奏乐的问题，他希望我们能透过音乐来陶冶情操，提高自身的道德修养。音乐应该以中正平和为美，音乐教育旨在修身养性。而现代音乐，大多数只强调感官刺激，以至于现在我们听到的大多数都是靡靡之音，严重扭曲了大众的审美取向，这种现象实在值得我们深思。作为社会一员，我们不可能不受环境影响，但是我们可以极力抵制那些不唯美不健康的音乐，多听优美纯正的乐曲，以此陶冶良好的性情，做个纯真圣洁的现代人。

仪封人[1]请见，曰："君子之至于斯也，吾未尝不得见也。"从者见之[2]。出曰："二三子何患于丧[3]乎？天下之无道也久矣，天将以夫子为木铎。"

【注释】

[1] 仪封人：仪，地名，在今河南兰考县境内。封人，管理疆界的官吏。

[2] 从者见之：随行的人见了他。

[3] 丧：失去，这里指失去官职。

【译文】

在仪地守边的官吏请求会见孔子，他说："到这个地方来的有道德修养的人，我没有不和他见面的。"孔子的随行学生请求孔子接见他。他见过孔子出来以后，对孔子的学生说："你们这些人何必担心文化衰落呢？天下无道已经很久了，上天

宋·朱熹："乱极当治，天必将使夫子得位设教，不久失位也。封人一见夫子而遽以是称之，其所得于观感之间者深矣。或曰：木铎所以徇于道路，言天使夫子失位，周流四方以行其教，如木铎之徇于道路也。"

明·张居正："夫圣人盛德感人，能使封人尊敬而笃信之如此。然当时列国之君，不能委国而授之以政。至于辙环天下，卒老于行，此春秋之时，所以终不能挽而为唐虞之世也欤！"

将要用夫子来唤醒百姓。”

【解读】

镇守在卫国仪地的封人见过孔子之后，对孔子的学生们说，你们用不着再担心我们的文化会衰落了，因为上天降生了你们的老师孔子为我们敲响警钟，用他来唤醒黎民百姓。孔子是个有理想的人，并且他愿意将自己的心力学识用来为天下百姓服务。所以他周游列国，到各地讲学，以宣扬礼仪思想，唤醒沉醉的世人。正应了封人那句“天将以夫子为木铎”的预见。

子谓韶[1]：“尽美[2]矣，又尽善[3]也。”谓武[4]：“尽美矣，未尽善也。”

【注释】

[1] 韶：相传是古代歌颂虞舜的一种乐舞。
[2] 美：指乐曲的音调和舞蹈的优美形式。
[3] 善：好，指乐舞的思想内容而言的。
[4] 武：相传是歌颂周武王进军的一种乐舞。

【译文】

孔子谈到《韶》乐，说：“《韶》乐的曲调是完美的，内容又是完善的。”谈到《武》乐，说：“曲调是完美的，但是内容却不完善。”

宋·程颢、程颐：“成汤放桀，惟有惭德，武王亦然，故未尽善。尧、舜、汤、武，其揆一也。征伐非其所欲，所遇之时然尔。”

宋·朱熹：“舜绍尧致治，武王伐纣救民，其功一也，故其乐皆尽美。然舜之德，性之也，又以揖逊而有天下；武王之德，反之也，又以征诛而得天下；故其实有不同者。”

【解读】

音乐应该以“和谐”为美，除了曲调优美内容也应该积极高尚。只有尽善尽美的音乐才能使听者陶醉，唤醒听者追求真善美的心灵。《武》乐是表现周武王进军讨伐商纣的乐曲，尽管形式是正义的，但却没有做到“尽善”。真正的艺术是“真、善、美”三位高度一体的，评价一件艺术作品是好是坏，要看它是否同时具备了这三个要素。现代歌舞，很多都是只讲究形式美而忽略了内容的善，这是一种文化的退步。一味地求新求异，却不从内容的真善美上下功夫，创作出来的东西只能称作作品，而不是艺术。这点是值得我们现代人警戒深思的。

子曰：“居上不宽，为礼不敬，临丧不哀，吾何以观之哉？”

宋·朱熹：“居上主于爱人，故以宽为本。为礼以敬为本，临丧以哀为本。既无其本，则以何者而观其所行之得失哉？”

明·张居正：“盖甚言其不足取也。盖当时王道不举，而苛政至于残民，古礼不复，而繁文至于灭质。故孔子矫时之敝如此。”

【译文】

孔子说：“居于执政地位的人，不能宽厚待人，行礼的时候不庄重肃穆，参加丧礼时也不感到悲哀难过，这种情况我怎么能看得下去呢？”

【解读】

孔子所处的时代社会风气已相当败坏，道德沦丧，不恭不敬的事情时有发生，面对文化衰落的现状孔子发出了如此感慨。在圣人眼中，宽厚待人、为礼要敬、临丧哀戚都是做人的必备素质，更是为官的重要前提。宽容对于普通大众来说都十分重要，对于居于上位的领导者而言，就更加重要了。居于上位的人，对待部下能够多些仁爱宽容，就能得到群众的爱戴拥护。

里仁篇第四

子曰："里仁为美[1]，择不处仁[2]，焉得知[3]？"

宋·朱熹："里有仁厚之俗为美。择里而不居于是焉，则失其是非之本心，而不得为知矣。"

明·张居正："若卜居者，不能拣择仁厚之里而居处之，则不知美恶，不辨是非，起心昏昧而不明甚矣，岂得谓之智乎！

【注释】

[1] 里仁为美：里，古代百姓聚居的地方，《周礼》记载二十五家为一里。这里指住处，借作动词用。里仁为美，意思是住在有仁者的地方才好。

[2] 处：居住。

[3] 知：同"智"，聪明。

【译文】

孔子说："居住在有仁德的地方才好。选择的住处没有仁德，怎么能算是明智的呢？"

【解读】

居住环境虽然不能完全决定我们的身心成长，但不可否认确实会对我们产生很大影响。"孟母三迁"的故事广为流传，孟母为了孟子能有一个良好的成长环境不惜一切代价三次搬家，最终选取了一个具有仁义风俗的地方安定下来。如果邻居是不讲究仁义道德的人，偷抢成性，为非作歹，你的日子怎么能安稳得了呢？反之，邻居是仁义之人，道德修养良好，彼此之间相亲相爱、互帮互助，这样的生活是多么美好啊！

宋·朱熹："不仁之人，失其本心，久约必滥，久乐必淫。"

明·张居正："惟仁者之人，纯乎天理，无一毫私欲，其于这仁道，不待勉强，而心与之相安。处约处乐皆相忘而不自知也。所以说仁者安仁。知者之人，中有定见，无一毫昏昧，其于这仁道，深知笃好，而求必欲得之，处乐、处约皆确然不易其所守也。所以说，知者利仁。

子曰："不仁者不可以久处约[1]，不可以长处乐。仁者安仁，知者利仁[2]。"

【注释】

[1] 约：穷困、困窘。

[2] 安仁、利仁：安仁是安于仁道；利仁，认为仁有利自己才去行仁。

【译文】

孔子说："不仁义的人不可能长久地处于贫困中，也不可能长久地处于安乐中。仁德的人安于仁，聪明的人利用仁。"

【解读】

不仁之人面对贫穷，不能处之泰然，没法长时间忍受物质的匮乏，时间久了必然为非作歹为所欲为；不仁之人面对安乐享受，不能戒骄戒躁，没法长时间做到安分守己，日子一久便奢侈淫逸扰乱社会。只有仁者安于仁，智者会行仁。当今时代，应该做到内外兼修。只有具备了仁德之心，才不会失意时怨天尤人，得意时得意忘形。

宋·朱熹："盖无私心，然后好恶当于理，程子所谓'得其公正'是也。"

子曰："惟仁者能好[1]人，能恶[2]人。"

【注释】

[1] 好：这里作动词用，喜爱的意思。
[2] 恶：作动词，憎恶、讨厌的意思。

明·张居正：“好人恶人惟仁者能之，可见人当以仁为务，克去己私而后可。”

【译文】

孔子说：“只有仁德的人才能够真正知道喜爱什么人，厌恶什么人。”

【解读】

有仁德修养的人，既能够正确地爱人，也能够正确地厌恶人。言外之意，圣人是要求我们修养“仁”德，客观正确地对待人，克服一己私见。大家都说他坏，他不见得一点不好；同样，一个人大家都说他好，他也不见得真有那么好。

当今高度发达的网络不仅提高了信息的传播速度，还扩大了信息的受众面，评价某人某事似乎变得更加容易。但是，在褒贬别人之前，我们似乎都忘记了应该先做自我反省。如果我们自己都不具备良好的道德修养，又有什么资格去评判别人的言行呢？

子曰：“苟[1]志于仁矣，无恶也。”

宋·朱熹：“恶，如字。苟，诚也。志者，心之所之也。其心诚在于仁，则必无为恶之事矣。”

明·张居正：“盖天理人欲，不容并立，心既专于天理，又岂有纵欲灭理之为乎？孔子勉人为仁之意如此。”

【注释】

[1] 苟：假若，如果。

【译文】

孔子说：“如果一个人具备了仁的修养，

就不会有特别讨厌看不惯的人和事了。”

【解读】

人只有养成了仁爱之德，才不会去做坏事，既不会犯上作乱、为非作恶，也不会骄奢淫逸、随心所欲；而是可以去做有益于国家、有利于百姓的善事了。仁德之心的修养在于中正平和，对人对事不能感情用事，更不能偏执于爱或者恨。

子曰：“富与贵，是人之所欲也，不以其道得之，不处[1]也；贫与贱，是人之所恶也，不以其道得之，不去[2]也。君子去仁，恶乎成名？君子无终食之间违仁，造次必于是，颠沛必于是。”

【注释】

[1] 不处：指仁者不处，不能接受的意思。
[2] 去：摆脱。

【译文】

孔子说：“富有与尊贵，是人们所向往的，但是不用正当的方法得到它，君子是不能接受的；贫穷与低贱，是人们所厌恶的，但是不用正当的方法去抛弃它，君子是不能摆脱的。君子离开了仁德的准则，怎么可以成就他的名声？君子不能离开仁

宋·朱熹：“君子之不去乎仁如此，不但富贵、贫贱取舍之间而已也。言君子为仁，自富贵、贫贱取舍之间，以至于终食、造次、颠沛之顷，无时无处而不用其力也。举取舍之分明，然后存养之功密；存养之功密，则其取舍之分益明矣。”

明·张居正：“君子之为仁，不但处富贵贫贱而不去也。自至静之中，以至应物之处，自一时之近，以至终身之远，其心常在于仁，未尝有一顿饭的时候，敢背而去之。”

德，哪怕是一顿饭的工夫，在最匆忙的时候要与仁德同在，在最颠沛的时候也要与仁德同在。”

【解读】

从古至今，富贵是每个人所向往追求的，而贫贱是每个人都厌恶鄙弃的。然而，“君子爱财，取之有道”，不管是富有还是贫穷，取舍都要做到合理合法。换句话说，发家致富要通过自己的劳动、通过合法的途径来实现，摆脱贫贱也应循序渐进、不能想歪点子走歪路。

仁的修养来自内心，无论富贵与贫贱，哪怕是仓促之间或者颠沛流离之时，都不能违背仁的原则、放弃仁的修行。一个人要想生活幸福，事业成功，离不开“仁”。身处人生低谷之时，无论多不顺心多不如意都不感到抑郁愤懑，要靠的也是“仁”的支撑。可见，修养仁德是多么重要啊！身处经济发展转型期的我们，更应该明白什么可以做什么不能去做，我们不能为了追求富贵名利就走旁门左道，危害社会。

子曰：“我未见好仁者，恶不仁者。好仁者，无以尚[1]之；恶不仁者，其为仁矣，不使不仁者加乎其身。有能一日用其力于仁矣乎？我未见力不足者。盖有之矣，我未之见也[2]。”

宋·朱熹：“夫子自言未见好仁者、恶不仁者。盖好仁者真知仁之可好，故天下之物无以加之；恶不仁者真知不仁之可恶，故其所以为仁者，必能绝去不仁之事，而不使少有及于其身。此皆成德之事，故难得而见之也。”

【注释】

[1] 尚：上也，言性好仁者，为德之最上，他行无以更上之。

[2] 盖有之矣，我未之见也：未之见，即“未见之”。没有见过这种人。这里是孔子自谦。

【译文】

孔子说：“我没有见过爱好仁德的人和厌恶不仁德的人。爱好仁德的人，那是再好不过了；厌恶不仁德的人，那他是在实行仁德，不让不仁德的东西影响自己。有谁能在一天之内尽全力去实行仁德的吗？我没有见过力量不足的。大概有这样的人吧，不过我没有见到过。”

【解读】

如果有人做到了喜欢仁义的人而讨厌不仁义的人，我们会认为这个人很正直，但在孔子看来，这样的人还不能够称得上是仁者。因为真正有仁德的人，看到一个不仁之人，不是想着如何厌恶他，而是极力同情他、感化他。用我们现在的话说就是，如果我们是讲道德的人，遇见了不讲道德的人就觉得这个人特别讨厌，那么我们就没有用仁者之心对待这个人，从而我们也就是没有道德的人了。

仁，离我们并不遥远，只要立志向善，注重仁的修养，没有人会因为力量不够而达不到“仁”的境界。所以，仁并不是当权者和圣贤人的专利，我们普通百姓也能做一个有仁德之心的人。只要我们自觉努力，时时刻刻以“仁”的标准要求自己，就一定能不断接近仁的最高境界。

子曰：“人之过也，各于其党[1]。观过，斯知仁矣[2]。”

宋·程颢、程颐：“人之过也，各于其类。君子常失于厚，小人常失于薄；君子过于爱，小人过于忍。”

宋·朱熹：“但言人虽有过，犹可即此而知其厚薄，非谓比俟其有过而后贤否可知也。”

【注释】

[1] 党：类别。
[2] 斯知仁矣：从这里就可以知道是否仁德。

【译文】

孔子说：“人们犯错误，是根源于各自不同的利益。看一个人所犯的错误，就可以知道这个人是仁还是不仁了。”

【解读】

通过考察一个人以前犯的过错来判断这个人是善是恶，不失为一种观察人的方法。但是人非圣贤孰能无过，每个人不可避免的都会犯各种各样的错误。所以，我们从过失错误中观察别人的时候也要考虑这个人犯错的原因与动机，从根源上分析他的人品究竟是仁还是不仁。

孔子认为一个人犯错跟他的社会关系脱不了干系，也就是说“物以类聚，人以群分”，由此我们不可小视了朋友好坏对一个人的影响程度。我们应该在自己的社会关系中反省自己，朋友犯过的错误，我们要引以为戒。也就是说，多看看大家的过失，同样可以提升我们自身仁的修养。同时，犯了错误不要过度紧张，既成事实就该勇敢承认及时补救，隐瞒逃避可不是聪明的处世办法。只有我们坦然接受自己犯错的现实，从中找到犯错的原因，才能杜绝日后再犯同类错误。

子曰："朝闻道，夕死可矣[1]。"

宋·程颢、程颐："言人不可以不知道，苟得闻道，虽死可也。"又曰："皆实理也，人知而信者为难。死生亦大矣！非诚有所得，岂以夕死为可乎？"

宋·朱熹："道者，事物当然之理。苟得闻之，则生顺死安，无复遗恨矣。朝夕，所以甚言其时之近。"

【注释】

[1] 朝闻道，夕死可矣：这里是说世之无道。设若朝闻世有道，死而无恨。

【译文】

孔子说："早上知道了真理，晚上死去也不觉得遗憾了。"

【解读】

道为仁之体，仁是道之用。如果在早晨悟知了道，就算当天晚上就死去都没什么遗憾了。道，这里理解为事物的客观规律。闻道也就是去了解事物的内在奥妙，把握事物的内在规律。

不惜用生命去换取真理，实际上是一种伟大的探索精神，更是一种追求真理的献身精神。

生老病死是自然规律，任何人都无法回避无法摆脱，我们能做的就是好好把握这短暂的人生。只要我们在有生之年，积极努力，有所成就，如果早上感知了长期不解的疑惑，即使真的在晚上死去又何妨？面对浩瀚无边的宇宙，我们能够孜孜不倦地努力学习，不断探索其中未知的真理，在撒手西去的那天我们就不会有那么多遗憾。所谓"死有重于泰山，有轻于鸿毛"，我们为真理而献身就是死得伟大，死得其所。

子曰："士[1]志于道，而耻恶衣恶食者，未足与议也。"

【注释】

[1] 士："士"在古代有多种含义，指一种特殊的阶层。总的来说，多指有知识修养，有一定社会地位的人。此处言人当乐道固穷。

宋·程颢、程颐："志于道而心役乎外，何足与议也？"

宋·朱熹："心欲求道，而以口体之奉不若人为耻，其识趣之卑陋甚矣，何足与议于道哉？"

【译文】

孔子说："读书人有志于真理，但是以穿破衣、吃粗食为耻的人，不值得与他谈论真理。"

【解读】

一个人想要修身养性，立志在追求真理上，但是却日日担心自己会穿破旧的衣服吃粗劣的食物，这种人便不可能真正得道。因为真正有仁德的人，不以穿着好坏和饮食水平取人，自己更不会以恶衣恶食为耻；真正的君子应该做到"食无求饱，居无求安"。也就是说，立志于道的人是不应该贪图享乐的。

有信仰的人生才会精彩，做人最可怕的不是贫穷困窘，而是内心缺乏一个有力的支撑、少一个坚定的信念。立志于追求真理的人，就是内心有坚定信仰的人。如果一个人说他立志高远，却又不安于贫困，那么他就无法专心修道。做不到心无旁骛的人怎么能够成就一番大事业呢？所以，对于这种重物质享受、无法宁静自守的人，我们就没必要跟他谈论什么真理了。

商品经济大潮中的新一代读书人，真正能分清精神追求和物质享乐的还有多少呢？所谓的高雅、情调、小资……究竟是追求精神层面多一些，还是追求物质层面多一些呢？这些都是值得我们现代人深思的问题。虽然时代不同了，但是圣人的教导依然受用，人类应该永远将精神追求放在首位。

明·张居正："适，是必行的意思。莫，是必不行的意思。"

子曰："君子之于天下也，无适[1]也，无莫[2]也，义[3]之与比[4]。"

【注释】

[1] 适（dī）：意为必行。

[2] 莫：疏远、冷淡，引申为必不行。

[3] 义：适宜、妥当、合适。

[4] 比：亲近、接近、靠近。

【译文】

孔子说："君子对于天下的事，无所谓必行，无所谓必不行，只要符合道义就可以了。"

【解读】

孔子一直强调个人的道德修养问题，他认为有高尚人格的君子一定要为人公正、友善，处世严肃灵活，不会厚此薄彼。世界上的万事万物，没有什么是必须这样、必须不这样的，只要符合道义就可以。为政的人不应该有固执的成见，要按照道德规范的规定待人待物。推及个人也一样，为人处世不能单凭一己私见，这是道德修养的重要条件。堂堂正正的君子，为人应该公平友善，以道义为准则，有所为有所不为；对待世上万物不能绝对肯定也不能绝对否定。

换个角度来理解，只要不违背道义原则，对人对事就没必要过于追究，这一点似乎更符合我们现代人的行为方式和生活态度。生活中，凡事持一种洒脱大方的态度，对于无关紧要、不违背原则的行为适当宽容，我们就会拥有良好的人际关系，我们的生活也会越来越轻松愉快。

子曰："君子怀[1]德，小人怀土[2]；君子怀刑[3]，小人怀惠。"

宋·朱熹："君子小人趣向不同，公私之间而已矣。"

明·张居正："夫君子小人之所怀不同，如此观人者，但看其意思何如，便可以知其为人之实矣。"

【注释】

[1] 怀：思念。
[2] 土：乡土。
[3] 刑：法制惩罚，法度。

【译文】

孔子说："君子思念仁德，小人思念乡土；君子关心法度，小人关心恩惠。"

【解读】

本章中的君子和小人是以仁德的高下区分的，君子就是有仁德的人，而小人指的是没有仁德的人。君子为人处世讲究礼仪准则，违背道德的事情不做；而小人做事没有道德准则，只要对他有利，他不会在意是否违背道德。所以，君子和小人的志趣不同。君子不计较自己是否拥有显赫的地位、富足的财产，他们关心的是法度，他们的行动源自心灵；小人一心想要的就是那几亩田几两银子，他们只关心自己有没有得到恩惠。

其实，想拥有属于自己的财富并没有错，多为自己考虑也并非罪不可赦。实现自己的心愿，最重要的就是不要损人利己，不要去违背道德触犯法律，在行动上处理得当了，便也不失为君子之举。形色匆匆的现代人，谁不是为了生存为了养家糊口在奔波劳累？但"君子爱财，取之有道"，无论什么情况下，我们都要谨记，不是我的东西我不要，违背良心危害社会的事情我不做。

宋·程颢、程颐：“欲利于己，必害于人，故多怨。”

明·张居正：“放利而行，本欲为身谋、为家计也。至于多怨，又岂保身全家之道哉！故君子不以利为利，以义为利也。”

子曰：“放[1]于利而行，多怨[2]。”

【注释】

[1] 放（fǎng）：同“仿”，效法，引申为依据。

[2] 怨：别人的怨恨。

【译文】

孔子说：“依据自己的私利而行动，会招来很多怨恨。”

【解读】

常人趋利，君子重义。一般人只重视个人利益，看不到他人利益更看不到社会利益；但是人格高尚的君子却很少考虑自己的利益得失，心里想的多数是道义准则，并且处处以社会利益为重。

一个人如果处理任何事情都以自己能否获得利益为依据，只考虑自身得失，一心追逐一己私利，必然会遭受各方指责乃至怨恨。所谓“先义而后利者荣，先利而后义者辱”，聪明人懂得共同富裕，懂得让利于人；反之，目光短浅的愚笨之人才会损人利己、先利后义。

“多行不义必自毙”，对我们现代人来说这句话可谓是警世名言。很多人精于算计别人，为了一点小恩小惠就置“义”于不顾，不惜损害他人利益。所谓有得必有失，在获益的同时害处也随之而来，你会算计别人，别人也同样会算计你，最终受害的还是我们自己。大家彼此之间算计来算计去，结果都是以怨恨告终，这样的人生有什么意义呢？何不把道义放首位，大家和平相处，其乐融融，这番景象是何等美好啊！

子曰：“能以礼让为国乎，何有[1]？不能以礼让为国，如礼何[2]？”

【注释】

[1] 何有：“何难之有”的省略，意为有什么困难呢，即不难的意思。

[2] 如礼何：把礼怎么办？

【译文】

孔子说：“能够以礼让来治理国家吗？这有什么难的呢？不能够用礼让来治理国家，那要礼仪有什么用呢？”

宋·朱熹：“让者，礼之实也。何有，言不难也。言有礼之实以为国，则何难之有？不然，则其礼文虽具，亦且无如之何矣，而况于为国乎？”

明·张居正：“礼，是尊卑上下的礼节。让，是逊让，即礼之实处。何有，是不难的意思。如礼何，譬如说没奈他何。言礼不为之用也。”

【解读】

礼是与法相对的概念，属于道德范畴。法律是各种条文规定，明白无误地告诉人们什么可以做什么不可以去做；而道德渗透在社会生活的各个方面，它所影响的范围远远大于法律的条文规定。所以，礼对法起着举足轻重的补充作用。中华民族上下五千年，向来重视礼仪制度的治国效用，以礼治国，治国则易，不以礼治国，礼再多又有什么用呢？

传统文化中的礼，引申到如今最重要的一点就是谦虚礼让。安邦治国，最基本也最重要的就是要建立以谦虚礼让为原则的社会秩序。谦虚礼让是人们立身处世的一种美德，也是我们中国人从古至今都非常重视的一种民族精神。从政之人懂得把权位让给有能力为人民造福的人，黎民百姓便有福了；普通大众懂得相互礼让、遵守秩序，社会就安定有序了。凡事多替别人考虑考虑，不争不抢，百姓就能安居乐业，社会就会文明和谐。

宋·程颢、程颐："君子求其在己者而已矣。"

宋·朱熹："所以立，谓所以立乎其位者。可知，谓可以见知之实。"

子曰："不患无位，患所以立[1]；不患莫己知，求为可知也。"

【注释】

[1] 患所以立：意思是担心没有可以立身的学问。立，立足。

【译文】

孔子说："不担心没有职位，担心的是没有立足的能力；不怕没有人知道自己，只要力求使自己成为能够被人知道的具有才德的人就行了。"

【解读】

不怕自己得不到职位，怕的是有了不错的职位自己却没有足够的能力去胜任。不怕别人不知道自己，只要自己不断学习不断充实自己，才德具备了别人自然就知道你了。孔子多次提到"不怕别人不知道自己，怕的是自己没有才能"这个话题，意在告诉我们：怀才不遇不必抱怨，扎扎实实去学习，具备了能使自己立足的才德了，别人必定重视你任用你。

现代社会，经济发展之迅速颇有迅雷不及掩耳之势，由此催生出来的职业门类也越来越多，极大地扩展了人们的求职空间。很多人看到别人在新生职位上做得很出色，收益也不错，自己就去盲目争取。结果到任之后才发现，自己根本不具备这个职位所需的能力，不仅耽误公司工作的进展，还害得自己苦恼抑郁。忽视了充实提高自己，就算机会临到你身上你也把握不住啊！由此可见，积累渊博的知识，不断地修身养性，才是我们该重视的事情。

子曰："参乎，吾道一以贯[1]之。"曾子曰："唯。"子出，门人[2]问曰："何谓也？"曾子曰："夫子之道，忠恕而已矣。"

【注释】

[1] 贯：贯穿、贯通。
[2] 门人：曾子弟子。

【译文】

孔子说："曾参啊，我的学说贯穿了一个基本思想。"曾子说："是。"孔子出去后，别的学生问曾子说："这是什么意思呢？"曾子说："他老人家的学说，就是忠恕之道罢了。"

【解读】

忠恕是为人的基本准则，忠于自己的人懂得爱惜自己，忠于职守的人能尽心尽力做好分内之事；有宽恕之心的人，懂得换位思考，能设身处地去体谅别人、包容别人。忠恕之道实际上就是将心比己，推己及人，这也正是仁的基本精神所在，是孔子所有学说中贯穿始终的要素。

由于人们所处的环境不同，性格秉性不同，文化素养、生活阅历都不同，所以对同

宋·朱熹："夫子之一理浑然而泛应曲当，譬则天地之至诚无息，而万物各得其所也。自此之外，固无余法，而亦无待于推矣。曾子有见于此而难言之，故借学者尽己、推己之目以著明之，欲人之易晓也。盖至诚无息者，道之体也，万殊之所以一本也；万物各得其所者，道之用也，一本之所以万殊也。以此观之，'一以贯之'之实可见矣。"

明·张居正："盖一人的心，就是千万人的心，我心里要尽的去处，就是人心所欲得的去处。若真实自尽，念念都出于忠，便能推以及人，事事都出于恕，可见千万人的心，只是这一个心，便都通得，所谓一以贯之者，其意不过如此，岂复有他说哉！

一事物的认知、理解可能会产生差异甚至持完全相反的意见。没有忠厚宽恕之心的人，往往将自己的思想强加到他人身上，这是一种极其愚蠢的行为。懂得宽容的人却能够坦然对待差异，能够尊重别人的想法，对别人做到理解宽恕。所谓“己所不欲，勿施于人”，做个聪明人就不要把自己不愿意的事情强加给别人。

宋·程颢、程颐：“君子之于义，犹小人之于利也。唯其深喻，是以笃好。”

宋·朱熹：“喻，犹晓也。义者，天理之所宜。利者，人情之所欲。”

子曰：“君子喻[1]于义[2]，小人喻于利[3]。”

【注释】

[1] 喻：明白，懂得。

[2] 义：仁义，合乎伦理道德的行为准则。

[3] 利：财利，个人欲望。

【译文】

孔子说：“君子通晓的是义，小人只知道利。”

【解读】

儒家认为，利要服从义，要重义轻利，孔子所说的义指服从等级秩序的道德，一味追求个人利益，就会犯上作乱，破坏等级秩序。所以，孔子把追求个人利益的人视为小人。君子和小人的区别在于对待道义和利益的态度，君子重义，而小人重利。同一件事，君子考虑的是符不符合道义，在道德上该不该去做；小人考虑的却是这件事对我来说有没有利可图。

君子往往以社会利益为重，将道德规范置于个人利益之上，也就是说，“君子羞于言利”。

然而，随着社会的发展、时代的进步，我们对“君子羞于言利”要作新的理解了。利益分为两种，一种是符合道义的利益，另一种便是不符合道义的利益。在今天看来，无论是君子还是小人，争取正当利益都无可非议。每个人的心里都有追求物质的欲望，只要心存仁义，这种欲望就合情合理。所以，君子也不能再羞于言利，该争取的一定要积极争取。一言以蔽之，我们既要争取和维护自己的正当利益，又要与唯利是图的小人行为划清界限。只要用内心的仁义道德来规范自己的行为，不至于因利害义，就是君子所为了。

子曰：“见贤[1]思齐焉，见不贤而内自省也。”

宋·朱熹：“思齐者，冀己亦有是善；内自省者，恐己亦有是恶。”

明·张居正：“夫见贤思齐，则日进于高明，见不贤内省，则不流于污下，此君子之所以成其德也。然是道也，通乎上下者也，人君若能以古之圣哲自期，而务踵其芳规，以古之狂愚为鉴，而毋蹈其覆辙，则为圣君不难矣。”

【注释】

[1] 贤：有贤德的人。

【译文】

孔子说：“看见贤德的人就要想着向他看齐，看见不贤德的人就要对照他反省自己(看看自己是否有和他一样的行为)。”

【解读】

三人行，必有我师焉，择其善者而从之，其不善者而改之。遇见有贤德的人，要以他为榜样，积极学习他的优点；而遇见没有贤德的人，要从他身上的不足之处反思自己，有则改之无则加勉。这也正对应了老子所说的“善人者不善人之师，不善人者善人之资”。这是一种理性主义的学习态度，直到今天依然有它独特的精辟之处。

见贤思齐，对我们行色匆匆的现代人来说，可谓是一种省时高效的学习方法。身处经济高速发展新时期的人们，既忙于自己的事业又想不断地给自己充电，从而寻求一种理想的修身养性之道成了人们最期望的事。经常与品行高尚、学识渊博的人交往，从他们身上汲取可以完善自己的能量；遇到品行低下的人，想想自己身上是否有跟他一样的缺点，没有就引以为戒，有就赶快改正。如此一来，我们的思想道德就会得到很好的完善。

值得注意的是，见贤思齐，不是说事事都做到跟贤哲之人一样。人的天性禀赋不同，能力必然会存在差异，所以也不必过于强求自己。只要我们立志于思想品德的修养，循序渐进地进步，日积月累，终究有一天会像贤德之人一样具备高尚的仁德。

宋·朱熹：“此章与内则之言相表里。所谓‘父母有过，下气怡色，柔声以谏’也。见志不从，又敬不违，所谓‘谏若不入，起敬起孝，悦则复谏’也。劳而不怨，所谓‘与其得罪于乡、党、州、闾，宁熟谏。父母怒不悦，而挞之流血，不敢疾怨，起敬起孝’也。”

子曰：“事父母几[1]谏，见志不从，又敬不违，劳[2]而不怨。”

【注释】

[1] 几（jī）：轻微、婉转的意思。
[2] 劳：忧愁、烦劳的意思。

【译文】

孔子说：“侍奉父母，对他们的过失

要婉言劝阻；如果父母不听从自己的心意，仍然要恭敬父母不要违背他们，虽然忧愁但不能有怨气。”

【解读】

“人非圣贤，孰能无过”，父母是人，他们也会有犯错误的时候。身为子女，如果明明知道父母有过错却不去劝阻，这是陷父母于不义之中，也是不孝的行为。所以，当父母有了过错，作为孝子就一定要加以劝阻，但是，劝阻父母的时候一定要注意言辞方式。子女应该做到态度恭敬、语言委婉，如果父母不听从劝阻，也不能大吼大叫去冒犯父母，更不能心生怨恨。简言之，劝阻要恰到好处，情理兼顾。能处理好情理适度很不容易，尤其对于如今社会的独生子女来说，更是难上加难。

现如今很多家庭只有一个孩子，父母长辈对孩子十分溺爱，这在一定程度上导致了很多孩子事事以自我为中心，毫不顾及父母感受。不孝不敬的行为时有发生，对待父母轻则吼骂，重则甚至粗鲁地动手，这真是大逆不道，让人寒心！

好好想想，父母费尽艰辛养育了我们，不厌其烦地教导我们，我们怎么能够不孝敬他们，怎么就不能对他们多些耐心呢？对待父母的过错，耐心地将道理讲给他们听，如果老人一时半会儿明白不了，也要恭恭敬敬地侍奉他们，心里再多委屈也不要表现在脸上。这是我们现代人应该牢记的一点。

子曰：“父母在，不远游[1]，游必有方[2]。”

宋·朱熹："远游，则去亲远而为日久，定省旷而音问疏；不惟己之思亲不置，亦恐亲之念我不忘也。游必有方，如已告云之东，即不敢更适西，欲亲必知己之所在而无忧，召己则必至而无失也。"

【注释】

[1] 游：远离家乡去游学、游宦、经商等外出活动。

[2] 方：一定的地方。

【译文】

孔子说："父母健在时，不要远离家门，如果非远行不可，也要有一定的方向。"

【解读】

中国是个崇尚孝道的国家，衡量一个人的品质如何，孝是一个很重要的标准。古代交通通信都相当不发达，外出游学经商的人离家太远，与父母联系很不方便，要想回家也得一年半载。如果父母患急病或紧急有事，很难迅速赶回家，有的甚至错过了给父母送终而留下终生遗憾。并且，子女远游，做父母的也必定无时无刻挂念着子女是否安康。所以，做子女的最好不要离家太远，假使必须外出，也一定要告诉父母自己所去的方向位置，以便听候父母的随时招呼。

现代社会，通信交通都很发达。即使远在天涯海角，一通电话便可知道彼此现状；如果遇到紧急情况，乘坐飞机也可及时赶到父母身边。但是，我们仍然应该时时不忘孝敬父母的义务，在安排自己的活动时想一想父母在家的实际情况，然后再加以合理的调整。

子曰："三年无改于父之道，可谓孝矣。"[1]

宋·朱熹："父在，子不得自专，而志则可知。父没，然后其行可见，故观此足以知其人之善恶。然又必能三年无改于父之道，乃见其孝；不然，则所行虽善，亦不得为孝矣。"

明·张居正："抑孔子所谓无改于父之道，亦自其合于道而可以未改者言之耳。若于道有未合焉，则虽速改可也，何待三年。故善述其事孝也，克盖前愆亦孝也。观圣人之言者，不可以执一求之。"

【注释】

[1] 本章系重出，请参见学而篇第十一章。

【译文】

孔子说："如果他父亲死后的三年内，没有改变父亲的思想主张，可以称得上孝敬了。"

【解读】

本章系重出，请参见学而篇第十一章。

子曰："父母之年[1]，不可不知也。一则以喜，一则以惧[2]。"

宋·朱熹："常知父母之年，则既喜其寿，又惧其衰，而于爱日之诚，自有不能已者。"

明·张居正："若知道这一件可喜，又有这一件可惧，时常记念在心，则爱日之诚，自不能已。而所以奉事之者，不敢有一毫之不尽矣！所以说父母之年，不可不知也。"

【注释】

[1] 年：年龄。
[2] 惧：忧惧，恐惧。

【译文】

孔子说："父母的年纪不可以不知道。一方面因为他们长寿而感到欣喜，一方面为他们衰老而感到恐惧担忧。"

【解读】

百善孝为先，为人处世任何时候都不能不讲究一个“孝”字。能做到“老吾老以及人之老”的人，不但能用一颗纯正的爱心对待自己的父母，还能用同样的礼节对待别人的父母，对这样的人才能委以重任。而身为人子，连自己的父母都不知道感激的人，我们还能指望他去感恩谁呢？

孝敬父母，首先就要记住父母的年龄生辰。父母的年龄每增加一岁，做子女的都会有两种心理，即喜忧参半。喜的是父母又平安度过一岁，长寿了一年；而忧的是，父母的年岁越来越高，越来越衰老，离人生的终点又近了一步。这就是孝子之心的体现。

子曰：“古者言之不出[1]，耻躬之不逮[2]也。”

宋·朱熹：“言古者，以见今之不然。逮，及也。行不及言，可耻之甚。古者所以不出其言，为此故也。”

明·张居正：“古之人惟其尚行，故笃实之风行，今之人只是空言，故浮华之习胜，学术既异，而世道人心亦迥然不同，孔子之言，盖伤之也。”

【注释】

[1] 不出：不妄然出口，指不轻易说。
[2] 逮：及，赶上。

【译文】

孔子说：“古代的人话不轻易说出来，因为他们以自己的行为跟不上为耻辱。”

【解读】

做人要谨言慎行，对任何人不要轻易许诺，对任何事情不要轻易表态，因为如果你一旦做不到，就会失信于人，这样你的威信就降低了。所以，古人不轻易说话，更不说随心所欲的话，因为他们以不能兑现自己的允诺而感到耻辱。这就要求我们言行一致，多做少说。

夸夸其谈、言过其实的人，十有八九成事不足、败事有余。只说空话不会给人带来任何发展机会，说话算话的人才受人尊敬。所以，我们任何时候说到了就要去做到，做不到就是自己食言，以后无论我们再说什么别人都不敢相信了。“轻诺则寡信”，任何事情答应得太快了就不容易兑现，而最可靠的办法就是先做后说，这样才能保证自己不在说话上失信于人。

子曰：“以约[1]失之者鲜[2]矣。”

明·张居正：“盖人情才放肆，则日就旷荡；自检束，则日就规矩。故成汤制事制心，只是一个懋敬；太甲败度败礼，只是一个纵欲。圣哲狂愚之判，实系于此，可不慎哉！”

【注释】

[1] 约：约束，严于律己。这里指“约之以礼”。
[2] 鲜：少的意思。

【译文】

孔子说：“因为约束自己而犯过失的人是很少的。”

【解读】

虽然说人非圣贤孰能无过，但是尽量减少犯错却是相当必要的。如何才能减少犯错呢？最主要的方法莫过于谨言慎行，时时做到自我约束。自古以来，谨慎的人，很少有犯过失的；而放荡的人，则容易犯错误。有仁德的人凡事都能做到严于律己，他们时时刻刻自我节制，能做到谨言慎行，不任意妄为，甚至能做到一日三省。

严于律己，宽以待人是为人处世的至理名言。对待自己，极力约束，不该说的话一定不说，不该做的事也必定不做；而对待他人，则要学会宽容忍让，不要事事挑剔。然而，对于现代人来说，能真正做到这点的人可以说是凤毛麟角了。

明·张居正：“欲讷于言，则言必能顾行，欲敏于行，则行必能顾言，岂非慥慥笃实之君子乎！”

子曰：“君子欲讷[1]于言而敏[2]于行。”

【注释】

[1] 讷（nè）：迟钝的意思，这里指说话要谨慎。
[2] 敏：敏捷、快速的意思。

【译文】

孔子说：“君子说话要谨慎，而行动要敏捷勤快。”

【解读】

真正有仁德的君子，说话总是很谨慎，但是做起事情来，行动却很敏捷。这跟前面提到的先做后说，不要光说不练一个意思。很多人嘴巴笨拙、反应也很迟钝，但是一旦说到了什么事情就会立即去行动，赶快实践。也有很多人想到什么说什么，说得很随便，可是半天不见他行动。后者相比前者，我们当然更喜欢前者。

我们一定要时时检讨自己，对任何事情不要轻易下结论、轻易去承诺，而一旦话说出来了，就要竭尽全力去做到。

子曰："德不孤，必有邻[1]。"

宋·朱熹："德不孤立，必以类应。故有德者必有其类从之，如居之有邻也。"

明·张居正："人君修德于上，则百姓归心，四夷向化，而天下为一家，不然，则众叛亲离，不免于孤立而已。可不慎哉！"

【注释】

[1] 邻：同志相求，与之为邻，指亲近。

【译文】

孔子说："有德行的不会孤单，一定会有思想一致的人与他相处。"

【解读】

"有德乃有人"，有道德的人会用自己的修养和风范影响周围的人、吸引周围的人并使其成为自己的朋友。此外，有道德的人必定是耐得住孤单和寂寞的人，他们即便暂时没有得到周围的人的理解，也会在道德学问的思想和人格中找到与之神交的朋友。如此说来，仁德之人是不会孤立的。

现代社会，很多人看上去朋友很多，你来我往甚是热闹，但是内心却常常感到孤单冷清。这是因为朋友虽多，但是知心的却没有几个。相反，有的人平时往来的朋友不是很多，但是为数不多的几个朋友却都是心心相通默契十足，由此内心也不感到孤独寂寞。可见，前者重物质而后者重精神，酒肉朋友不相与谋，而君子之交自得其乐。所以说，我们现代人要重视自己的道德修养，交朋友要重视精神层面的相互契合。朋友不在多，知心足矣。

宋·程颢、程颐："数，烦数也。"

明·张居正："若夫为君为友者，又当思良药苦口利于病，忠言逆耳利于行，优容褒奖，以求乐告之诚，虚心受善，以求切磋之益，庶德日进而过日寡，与圣贤同归矣！"

子游曰："事君数[1]，斯[2]辱矣；朋友数，斯疏矣。"

【注释】

[1] 数（shuò）：屡次、多次的意思，引申为烦琐的意思。

[2] 斯：则，就。

【译文】

子游说："事奉君主劝谏过于烦琐，就会遭到侮辱；对待朋友规劝过于烦琐，就会被疏远。"

【解读】

"距离产生美"，侍奉君主，交往朋友，都应该保持一定的距离。对待君主过于亲近烦琐，会招致侮辱；对待朋友过分亲昵而不保持距离，就会遭受疏远。由此可见，人与人之间要和谐相处就必须保持一定的距离。

任何人都有独立的人格，并且由于大家所处的环境、所受的教育、所经历的生活都存在差异，所以彼此对待同一事物有着各自的见解与需要是在所难免的，所以我们不能代替别人去考虑事情，更不能替别人做任何抉择。对于君主也好，朋友也好，我们能做到的只有将自己的想法告诉他们，听还是不听由他们自己决定。并且，事不过三，凡事只要说一遍就够了，不必反反复复一遍又一遍地去告诫，那样只能招来侮辱与疏远。

如今社会，如何与上司和朋友保持距离，维系恰如其分的关系更成了一门艺术。谁都想得到上司的赏识，但如果说话做事过于烦琐，必定招来上司厌恶。与朋友相处也是一样的道理，事事想要朋友采取你的意见，恨不能朋友的任何事情都按照你的想法去做，时间久了再亲密的朋友也会对你敬而远之。人与人之间，是相互接受相互理解的关系，所以说，保持适当的距离，大家才能和谐共处。

公冶长篇第五

子谓公冶长[1]，“可妻也。虽在缧绁[2]之中，非其罪也。”以其子[3]妻之。

明·张居正：“可见圣人之于婚嫁，不论门族，而惟其人；不拘形迹，而惟其行。非独谨于婚姻，亦可谓明于知人者矣！”

【注释】

[1] 公冶长：姓公冶，名长，齐国人，孔子的弟子。生卒年不详。

[2] 缧绁（léi xiè）：捆绑犯人用的绳索，这里借指牢狱。

[3] 子：古时无论儿、女均称子。这里指女儿。

【译文】

孔子谈到公冶长，说：“可以把女儿嫁给他做妻子。他虽然被关在监狱里，但那不是他的罪过。”于是就把自己的女儿嫁给他了。

【解读】

本章讲孔子将自己的女儿嫁给了受冤坐牢的公冶长，可见，圣人嫁女看重的不是对方的钱财和地位，只是以人品论婚姻。由此我们不难看出，孔子最重视的是人的内在品德修养。

俗话说“人往高处走水往低处流”，这是人之常情，但是，这并不是一些人理解的不顾道义也要去攀龙附凤。任何年代，做人都不能太势利，看待事情对待他人，我们应该持一颗纯正客观的心，将一个人的内在修养视为最重要最基本的评判标准。在任何情况下，都能坚持正义坚持做人的基本原则，不做恶事不落井下石，能够相信别人，做到与人荣辱与共，这样的人便是有道德的人。不管他是贫穷还是富贵，都值得我们尊重。

如今社会，很多人选择结婚对象首先看重的不再是对方的人品如何，有房吗？有车吗？漂亮吗？有地位吗？……这些成了择偶首要的也是必要的条件，这不能不说是社会的可悲。一个人可以没有家财万贯，可以没有权势地位，但是做人必须要有高尚的德行。英雄不论出身，真正有本事有前途的人必定重情重义，品德高尚。

子谓南容[1]，“邦有道，不废[2]；邦无道，免于刑戮。”以其兄之子妻之。

【注释】

[1] 南容：姓南宫，名适（kuò），字子容。孔子的学生，通称他为南容。

[2] 废：废置，废弃不任用。

【译文】

孔子谈到南容，说：“在国家政治清明时，做官不被废弃；在国家政治黑暗时，能免于遭受刑罚。”于是就把侄女嫁了给他。

宋·程颢、程颐：“此以己之私心窥圣人也。凡人避嫌者，皆内不足也。圣人自至公，何避嫌之有？况嫁女必量其才而求配，尤不当有所避也。若孔子之事，则其年之长幼、时之先后皆不可知，惟以为避嫌，则大不可。避嫌之事，贤者且不为，况圣人乎？”

明·张居正：“以兄女妻南容，皆择贤而配，圣人致谨于婚配之礼如此。”

【解读】

在太平盛世能施展抱负，世道黑暗时能明哲保身，这是为官处世的必备素质。“有道则干，无道则走”，南容能够做到这一点，所以孔子把自己的侄女嫁给了他，以保证侄女儿无论在盛世还是乱世都能生活安定。

社会的发展总是瞬息万变，不以人的主观意识为转移。每个人的能力都是有限的，单凭个人谁都不能改变历史，即便是圣贤之人也不例外。所以，学会进退自如，保全自身显得尤为重要。国家政治清明、国泰民安的时候，有才能有仁德的人能够出人头地，为百姓服务为社会做贡献；国家政治黑暗、奸佞当道的时候，才德之人能够明哲保身，不仅能保住自己的生命，还能保住做人的人格尊严。这样的人进退自如，世道平顺，能够让自己的才能不被埋没；而乱世之中，又能够及时抽身，做到安身立命。这种大智慧不是一般人所能具备的。

子谓子贱[1]，“君子哉若人[2]，鲁无君子者，斯焉取斯[3]。”

明·张居正：“此可见自修之功固不可废，而师友之益，又不可无也。然师友之益，不但学者为然，古之圣帝明王屈己下贤，虚心访道，尊崇师保，而资其启沃，慎择左右，而责之箴规，无非欲严惮切磋，养成君德而已。古语说：‘师臣者帝，宾臣者王。’然则人君欲成其德者，当以好学亲贤为急。”

【注释】

[1] 子贱：姓宓（fú），名不齐，字子贱。春秋末鲁国人，孔子的学生。生于公元前 521 年，比孔子小 49 岁。

[2] 若人：这个人，此人。

【译文】

孔子谈到子贱，说：“这个人真是君子啊！假如鲁国没有君子，他从哪里取得这样好的品质呢？”

【解读】

孔子说子贱是个有品德的君子，但是如果鲁国没有君子，像子贱这样的德行又是从哪里学来的呢？其实这是在赞扬子贱具有见贤思齐、勤于实践的优秀品质。此外，孔子这句话里还包含着另外一层意思。即鲁国有很多仁义之人，他们有良好的个人修养，子贱接近这些人，从他们身上学到很多为人处世的道理，所以自己也成了贤德之人。这就从侧面说明了环境对一个人的成长也有着举足轻重的影响力。

“近朱者赤，近墨者黑”，亲近有贤德的人，才能时时激励自己不断向善，不断提高自身的品德修养。“孟母三迁”的故事，就是父母尽力为子女选择良好的居住环境，让子女接触学习良好的生活习惯。

子贡问曰：“赐也何如？”子曰：“女，器也。”曰：“何器也？”曰：“瑚琏[1]也。”

宋·朱熹：“子贡见孔子以君子许子贱，故以己为问，而孔子告之以此。然则子贡虽未至于‘不器’，其亦器之贵者欤？”

明·张居正：“赐，是子贡的名。器，是器皿。瑚琏，是宗庙中盛黍稷的器，以玉为之，夏时叫做瑚，商时叫作琏。然则子贡虽未能如君子之不器，其亦器之贵者矣。”

【注释】

[1] 瑚琏（hú liǎn）：古代祭祀时盛粮食用的器具，上面镶嵌着玉，华美而贵重。这里孔子以瑚琏比喻子贡。

【译文】

子贡问道：“我这个人怎么样？”孔子说：“你，是一种器皿。”子贡说：“是什么器皿呢？”孔子说：“是祭祀时才用的尊贵的瑚琏。”

【解读】

瑚琏是一种高贵的玉器，普通百姓是不能用的，只有国家大典时才拿出来供于庙堂之上，平时都要珍藏起来保护好。所以，瑚琏这种庄严高洁的玉器就成了高贵的象征。子贡是个豪迈慷慨的人，他口齿伶俐，充满智慧。孔子以瑚琏作比来评价他，充分肯定了他的才能。但是，瑚琏因为太高贵而只有在祭祀时才拿出来用一下，又说明圣人认为子贡只是一个专才，而非通才。也就是说，在圣人眼里，子贡仍然没有达到“君子不器”的程度，只是仅仅拥有某一方面的才干而已。

精通一门专业知识固然重要，但是如果能德才兼备，不断扩展自己的知识面则更加可贵。做学问贵在先通后专，而后由专转通。这样不断深化自己所学的知识，循序渐进地扩展自己的视野，日积月累，必然会成为一个无所不知的通才。

或曰：“雍也仁而不佞[1]。”子曰：“焉用佞？御人以口给[2]，屡憎于人，不知其仁[3]。焉用佞？”

【注释】

[1] 佞：能言善辩，巧言之才。

[2] 口给：言词不穷，嘴快话多。给：足。

[3] 不知其仁：指有口才的人有没有仁不可知。

宋·朱熹：“仲弓为人重厚简默，而时人以佞为贤，故美其优于德，而病其短于才也。”又曰：“何用佞乎？佞人所以应答人者，但以口取辩而无情实，徒多为人所憎恶尔。”

明·张居正：“可见出仕者，固不可不自审其所长，而用人者尤不可不深考其所蕴也。”

【译文】

有人说："冉雍这个人有仁德却缺乏口才。"孔子说："为什么要有口才呢？强词夺理与人辩论，常常会遭到人痛恨。我不知道这样的人是否真的有仁德，哪里用得上能言善辩呢？"

【解读】

冉雍是孔子的学生，他性格仁笃厚道，不善言辞，所以有人以他没有口才来责难他，孔子对此很不高兴。圣人认为，有没有仁德跟有没有口才没有必然的联系，有仁德的人不需要巧言巧语，而没有仁德的人就算有好口才又有什么用？仁德的修养关键在于躬行，而言语表达是次要的。

巧言善辩的人很可怕，这种人说话往往尖酸刻薄，嘴不饶人便也容易得罪人。"气死人不偿命"，有时候语言给人的伤害比刀子还厉害，所以，用嘴巴去对抗别人，常常会遭到人们的厌恶憎恨。这样的人哪里还有什么仁德修养可言？由此可见，人格修养的标准不在于说而在于行，一个踏踏实实的行动抵过万句滔滔不绝的话语。夸夸其谈、能言善辩，对于仁德的修养有百害而无一利，这只能破坏自己诚恳忠厚的良好形象。

拥有好口才是值得庆幸的一件事，但是要把它用到正道上。该说的时候说，不该说的时候不说，做个安分守己、志于修身的人。用优秀的口才为自己的人生加分添彩，而不应用来数落别人伤害别人。

子使漆雕开[1]仕。对曰："吾斯之未能信。"子说[2]。

宋·程颢、程颐："漆雕开已见大意，故夫子说之。"又曰："古人见道分明，故其言如此。"

明·张居正："观开此言足征他所见者大、所期者远，其一念求道之心必欲至于精微之极，而不以小成自安。"

【注释】

[1] 漆雕开：姓漆雕，名开，字子开，又称子若。孔子的学生，小孔子11岁，春秋鲁国人。

[2] 说：同"悦"，高兴、愉快的意思。

【译文】

孔子让他的学生漆雕开去做官。漆雕开对孔子说："我对这个还没有信心。"孔子听了很高兴。

【解读】

孔子一直秉持"学而优则仕"的教育方针，他认为学到了为人处世的道理，拥有了渊博的文化知识，就要去做官，以便为百姓服务、为国家做贡献。所以，他经常鼓励和推荐他的学生们去各地做官。当圣人让学生漆雕开去做官时，漆雕开却回答说他对做官还没有把握，想继续求学，晚点再去做官。孔子对这个刚正不阿，有自知之明的弟子很是欣赏。

所谓"人贵有自知之明"。漆雕开能够清楚地认识自己，认为自己对于做官还没有十足的把握，他不像一般读书人那样急功近利，一味追求功名富贵。这一点是我们很多人难以做到的。我们说做人应该自信，这点不假，但是我们要明白自信是建立在自己拥有足够的才能基础之上的。很多人对自己认识不清楚，以为自己无所不能、德才兼备，以至盲目自信，直到受挫才幡然醒悟，原来自己根本没有想象的那么优秀。

宋·程颢、程颐："浮海之叹，伤天下之无贤君也。子路勇于义，故谓其能从己。皆假设之言耳。子路以为实然，而喜夫子之与己，故夫子美其用，而讥其不能裁度事理以适于义也。"

明·张居正："盖仲由勇于为义，是个临难不避的人，故孔子许其从己。然这说话也只是孔子自伤其不遇而假设之词，非真有浮海之意也。"

子曰："道不行，乘桴[1]浮于海。从[2]我者，其由与！"子路闻之喜。子曰："由也好勇过我，无所取材。"

【注释】

[1] 桴（fú）：用来过河的木筏子。
[2] 从：跟随、随从的意思。

【译文】

孔子说："礼乐之道如果不能实施，我就乘竹筏漂浮到海外去。能跟从我的人，就只有子路了吧？"子路听了很高兴。孔子又说："子路的勇猛超过了我，这就没什么可取的了。"

【解读】

面对当时文化衰落、世风日下的情况，孔子感叹说，如果仁道不能推行的话，他要乘着木桴出海，找一个远离尘嚣的地方隐居来了此一生。并且圣人说，能够跟从他的人恐怕只有子路了。子路生性耿直好勇，刚强好战，所以圣人一向喜欢他的坦诚率直，但是又因为他经常有暴躁粗鲁的野蛮之态而批评他。子路听了圣人的这番话很是开心，圣人见他手舞足蹈的样子，当即给他泼了一头冷水，说子路的武功和勇气都超过了我，但是他对于事情不懂得判断仲裁，凡事太偏激太明断了。可见圣人教育学生，既循循善诱、蔼然可亲又刚正弘毅、不徇私情。

世道清明，就借势出力施展才华；世道昏暗，就一走了之明哲保身；这便是君子所为。得其时则行其道，仁道不能推行就转身离开吧！现代人面对各种不公平的待遇，有的可能已心如死灰了，其实完全没必要。换个角度换个环境，只要我们保持一颗纯正不阿的心灵，生活就会在期望中继续美好！

孟武伯问："子路仁乎？"子曰："不知也。"又问。子曰："由也，千乘之国，可使治其赋[1]也，不知其仁也。""求也何如？"子曰："求也，千室之邑，百乘之家，可使为之宰[2]也，不知其仁也。""赤[3]也何如？"子曰："赤也，束带立于朝[4]，可使与宾客言也，不知其仁也。"

宋·朱熹："子路之于仁，盖'日月至焉'者。或在或亡，不能必其有无，故以'不知'告之。"

明·张居正："盖以发于外者易见，而蕴于心者难知也。有志于求仁者，当省察于吾心独知之地而后可。"

【注释】

[1] 赋：兵赋，指向居民征收的军事费用。
[2] 宰：家臣、总管。指大夫家的总管，一个城邑的长官也叫"宰"。
[3] 赤：姓公西，名赤，字子华。生于公元前509年，孔子的学生。
[4] 束带立于朝：指穿着礼服立于朝廷，束带，是束紧衣带。

【译文】

孟武伯问孔子："子路真的仁德吗？"孔子说："我不知道。"孟武伯又问。孔子说："仲由啊，在一个有一千辆兵车的国家，可以让他管理兵役的事，但不知道他是否仁德。"孟武伯又问：

“冉求怎么样呢？”孔子说：“冉求啊，在拥有千户人家的城镇里，或者在有百辆兵车的封地里，他可以做总管。但我不知道他是否有仁德。”孟武伯又问：“公西赤又怎么样呢？”孔子说：“公西赤啊，穿上官服，立在朝廷之中，让他接待宾客，和他们交谈应对还可以。我不知道他是否仁德。”

【解读】

子路、冉求、公西赤三个人都是孔子的弟子，孔子对他们的评价都以“仁”为标准。他说，子路可以管理军事，冉求可以负责内政，公西赤可以主持外交，但是对于他们是否达到了“仁”的标准，圣人却“王顾左右而言他”，回答说他不知道他们是否仁德。在孔子看来，这些弟子们虽然各有自己的专长，但所有这些专长都必须服务于礼制、德治的政治需要，必须以具备仁德情操为前提。实际上说明，圣人把“仁”看作是最重要的品德。

每个人都有自己的长处，在某一方面都可能成就一番事业，但是评价这个人是否仁德，则需要天长日久的观察。有才华的人不一定有仁德，而有仁德的人为人处世则一定会尽其才能。所以，人无论具备多高的才能，没有良好的德行也必定是个失败者。我们能在这个世界上立足，重要的不是我们有何等功名，而是我们是否拥有了良好的品德。在这个讲求实际的年代里，人们事事以功利为准则，但是真正能够让我们立足社会的却是拥有良好的品德，所以，我们要努力不懈地修养自己的德行。

子谓子贡曰：“女与回也孰愈[1]？”对曰：“赐也何敢望回？回也闻一以知十[2]，赐也闻一以知二[3]。”子曰：“弗如也。吾与[4]女弗如也。”

宋·朱熹：“颜子明睿所照，即始而见终；子贡推测而知，因此而识彼。‘无所不悦，告往知来’，是其验矣。”

明·张居正：“然这弗如之一念不但是学者上进的机栝，若使为人君者能以古之帝王为法，而自视以为不如，必欲仰慕思齐而后已，则其进于圣帝明王也不难矣！”

【注释】

[1] 愈：胜过、超过。指更好、更强。
[2] 十：指数的全体，旧注云：“一，数之数；十，数之终。”
[3] 二：旧注云：“二者，一之对也。”
[4] 与：赞同、同意的意思。

【译文】

孔子对子贡说：“你和颜回谁更好呢？”子贡回答说：“我怎么敢和颜回相比呢？颜回听到一件事可以推知十件，我听到一件事只能推知两件。”孔子说：“不如啊！我同意你的话，是不如颜回啊！”

【解读】

子贡和颜回都是孔子的学生，颜回勤于学习，而且能够独立思考，凡事都能做到闻一知十，推知全体，融汇贯通。所以，孔子对他大加赞扬并且十分喜爱。子贡是一个什么都讲的人，所以圣人在他面前说话也比较随便。一天，圣人让子贡与颜回做对比，问他们两个谁更聪明谁更强，子贡很谦虚地说自己比不上颜回。子贡认为颜回学习刻苦，懂得举一反三，由此及彼，在学业上常常是事半功倍；而自己却只能是老师讲了一步，他只能知道两步而已。由此可见，子贡是一个很坦诚也很谦虚的人。

有自知之明的人既能全面认识自己，又能很好地了解别人，这样的人才是有智慧的人。现实生活中，人们总是很少注视自己，一双眼睛紧盯着别人，自以为自己比别人都高明。实际上，以己之长比人之短，这样的做法是可悲的。

宋·朱熹：“宰予能言而行不逮，故孔子自言于予之事而改此失，亦以重警之也。”

明·张居正：“孔子此言，所以深警宰予，使之惕然而悔悟也。”

宰予昼寝。子曰：“朽木不可雕也，粪土[1]之墙不可杇[2]也。于予与何诛[3]！”子曰：“始吾于人也，听其言而信其行；今吾于人也，听其言而观其行。于予与[4]改是。”

【注释】

[1] 粪土：腐土、脏土。
[2] 杇（wū）：抹墙用的抹子。这里指用抹子粉刷墙壁。
[3] 诛：责备、批评的意思。
[4] 与：语气词，无实际意思。

【译文】

宰予白天睡觉。孔子说：“腐朽了的木头不能雕刻，粪土一样的墙壁不能再粉刷了。对于宰予这样的人还责备他有什么用呢？”孔子又说：“起初我对人，听他怎么说，我就相信他会怎么做；现在我对人，听他说的话，还要考察他的行为。是宰予让我改变了这个态度。”

【解读】

宰予是孔子的学生，他能言善辩，常常用语朴实，却能切中要害。但是他这个人不拘礼节，具有大胆思考、勇于责难的敢作敢当精神，影响到行为上就造成了他对传统礼制的不满。孔子把“仁”“礼”作为人一生追求的最高目标，宰予白天睡觉显然有违礼节，他这种行为不能不让温文尔雅的圣人大为恼火。并且，在圣人看来这一行为看似违背小礼小节，实际上影响重大，甚至可以同治国安邦联系起来。所以圣人用“朽木不可雕，粪土之墙不可杇”这样严重的言辞来责骂他。

人都有惰性，但是一味地贪图享乐，好逸恶劳，只能消磨自己的锐气、浪费自己的生命。人生的成就需要自己的努力，除了自己谁都不能给我们美好的生活。人生是短暂的，努力就要及时，不能蹉跎度日，也不能只说不做。

子曰：“吾未见刚者。”或对曰：“申枨[1]。”子曰：“枨也欲，焉得刚？”

【注释】

[1] 申枨（chéng）：姓申，名枨，字周。是孔子的学生，春秋末年鲁国人。

【译文】

孔子说：“我还没有见过刚毅不屈的人。”有人回答说：“申枨就是这样的人。”

宋·程颢、程颐：“人有欲则无刚，刚则不屈于欲。”

明·张居正：“先儒有言，君德以刚为主。盖人君若无刚德，则见声色必喜，闻谀佞必悦，虽知其为小人，或姑息而不能去，虽知其为弊政，或因循而不能革，至于优游不断，威福下移，其害有不可胜言者，欲求致治，岂可得哉！然则寡欲养气之功，在人君当知所务矣。”

孔子说："申枨啊，欲望太强，怎么能称得上刚毅不屈呢？"

【解读】

孔子一直认为，一个人的欲望多了，不仅做不到"义"，甚至也做不到"刚"。无欲就无生，欲望本身无可非议，圣人也没有普遍地反对人们的欲望。人的一生都纠结苦恼于各种欲望之中，最重要的是我们用哪种态度对待它。有的人为了满足内心欲望，肆意妄为不顾道义与法律，这样的欲望就会给我们带来麻烦甚至是杀身之祸；而有的人能很好地控制自己的欲望，懂得自律而不贪婪，这样的人就是有仁德之心的人。简言之，人都有欲望，但是如果想成为有崇高理想的君子，就必须舍弃各种欲望，一心向道。

子贡曰："我不欲[1]人[2]之加诸我也，吾亦欲无加诸人。"子曰："赐也，非尔所及[3]也。"

【注释】

[1] 欲：想。
[2] 人：别人，其他人。
[3] 及：达到，做到。

【译文】

子贡说："我不愿意别人强加给我的事，我也不想强加给别人。"孔子说："子贡啊，这不是你所能做到的。"

宋·程颢、程颐："我不欲人之加诸我，吾亦欲无加诸人'，仁也；'施诸己而不愿，亦勿施于人'，恕也。恕则子贡或能勉之，仁则非所及矣。"

宋·朱熹："子贡言我所不欲人加于我之事，我亦不欲以此加之于人。此仁者之事，不待勉强，故夫子以为非子贡所及。"又曰："'无'者自然而然，'勿'者禁止之谓，此所以为仁、恕之别。"

【解读】

自己不愿意别人强加给自己的事，自己也不要强加给别人。这实际上就是“己所不欲，勿施于人”的“恕道”。子贡是孔子十分喜欢的一个学生，听了子贡的这番话后，圣人认为他做不到。由此可见，就是在圣人自己的心目中，“恕”也是非常难以做到的。这种事情，道理听起来简单，说起来容易，但是真正实践起来却十分困难。

生活在社会中的我们，无法控制别人的想法，也不能忽视别人的感受。大多时候我们总是“人在江湖，身不由己”，也许我们能做到“己所不欲，勿施于人”，但别人未必能做到，这不是我们的主观愿望能左右的。并不是一切美好的愿望都能实现，也不是所有的罪恶都能被惩罚，面对这样的现实，我们无奈但却无法避免。对于历史、对于社会，一个人的力量毕竟是有限的，我们不能改变环境和他人，就只有改变自己了。

子贡曰：“夫子之文章[1]，可得而闻也；夫子之言性[2]与天道[3]，不可得而闻也。”

【注释】

[1] 文章：这里指孔子传授的诗、书、礼、乐等典籍的学问。

[2] 性：人的本性。《阳货篇》第十七中谈到性。

[3] 天道：天命，主宰人类命运的各种规律。

宋·程颢、程颐：“此子贡闻夫子之至论而叹美之言也。”

宋·朱熹：“夫子之文章，日见乎外，固学者所共闻；至于性与天道，则夫子罕言之，而学者有不得闻者。盖圣门教不躐等，子贡至是始得闻之，而叹其美也。”

《论语》书中孔子多处讲到天和命，但不见有孔子关于天道的言论。

【译文】

子贡说："老师关于诗、书、礼、乐等典籍的学问学说，我们可以听到的；老师谈论人的本性与天道的理论，我们是听不到的。"

【解读】

子贡说孔子关于诗、书、礼、乐等典籍的学问学说以及他的思想行为是可以常常听到的，但是关于人性的本源和宇宙中的各种规律，却很少能听到老师提及。这也正道出了圣人的伟大之处。圣人所讲的礼、乐、诗、书以及他的一言一行都是具体的有形的，只靠耳闻就可以学到了；而人的本性和宇宙中的客观规律都是无形的，深奥而又神秘，并不是能通过耳闻就可以学到的，这些必须要从内心深处去感知去体悟，才有可能把握得住。

孔子心目中的人性就是他一贯倡导的"仁"，仁原本在我们的内心之中，求仁便能得仁。人性与天道两者是结合在一起的，而礼就是其外在形式。有仁德的人体现天道，仁厚慈爱便能恩泽万物。天道就是仁，以礼行仁就可以认识到人性的本源以及宇宙间的客观规律。对于人性和天道的学习要用心，别人讲是讲不清楚的，即便讲得清楚你也未必听得明白。所以，用心悟道必须具备渊博的知识，并且要深谙仁与礼的本质。

子路有闻，未之能行，唯恐有闻。

宋·朱熹：“前所闻者既未及行，故恐复有所闻而行之不给也。”

明·张居正：“惟恐有闻者，非不欲后闻之至也，乃其惟日不足之心，欲急行其所已闻，而预待其所未闻耳。观未行而惟恐有闻，则既行而惟恐不闻可知矣！子路之勇于体道如此。”

【译文】

子路听到的新知，还没有能够去实行，只怕又听到新的事情。

【解读】

子路闻道而行，勇于践行，他具有率真直爽的性格，也有积极追求真理的精神。知而不行非真知，行而未果非有德。子路善于实践，凡事能做到实事求是的态度实在值得我们学习。

古今中外，能言善辩、夸夸其谈的人数不胜数。这些人一般都是说的多做的少，他们往往不等人说完就已经明白了，并且一概保证肯定做到。事实上，他们的话永远都只是空话而已，这种人的承诺很少有兑现的。能够听别人说话比那些连听都不听的好，但是听了之后却不去行动，这跟没有听到有什么区别呢？听了，也去做了，才叫真的知道了。道理听明白了，行动上就要配合好，做不到事理合一就是自欺欺人。

子贡问曰：“孔文子[1]何以谓之文也？”子曰：“敏[2]而好学，不耻下问，是以谓之文也。”

宋·朱熹：“凡人性敏者多不好学，位高者多耻下问。故谥法有以‘勤学好问’为‘文’者，盖亦人所难也。孔圉得谥为文，以此而已。”

明·张居正：“然勤学好问，不但是卿大夫之美行，虽古帝王之盛节亦不外此。”

【注释】

[1] 孔文子：卫国大夫孔圉，“文”是他的谥号，“子”是尊称。

[2] 敏：敏捷、勤勉的意思。

【译文】

子贡问道：“卫国的大夫孔文子为什么谥号为‘文’呢？”孔子说：“因为他聪敏而又虚心好学，不以请教别人为耻辱，所以才称他为‘文’呀。”

【解读】

敏而好学，就是勤勉而兴趣浓厚地发奋学习。不耻下问，就是不仅听老师、长辈的教导，向老师、长辈求教，而且还向知识见闻不如自己的人请教，并且不以这样做为耻辱。孔子认为“不耻下问”是求学必备的美德，他自己也一直恪守这一原则，所以这一观点对后世影响极其深远。

对一般人来说，敏而好学似乎还比较容易做到一些，而做到不耻下问就非常困难了。因为敏而好学，只要聪明点再加上刻苦勤奋就行了；而不耻下问则是要向不如自己的人请教，这不仅仅是个好不好学的问题了，而且还牵涉到了自尊心、虚荣心的问题。人的天性很奇怪，如果自己地位低下，能力微弱，向地位尊贵、见多识广的人请教似乎理所应当，并不感到羞耻，反而会显得自己很上进。然而，一旦反过来，如果我们自己地位尊贵、能力很强，让我们求教于地位不如我们的人，我们就会觉得没有面子，羞于开口。所以，尽管我们常常将“不耻下问”挂在嘴边，但要真正实行起来，还是有些困难。

子谓子产[1]有君子之道四焉："其行己也恭，其事上也敬，其养民也惠，其使民也义。"

宋·朱熹："恭，谦逊也。敬，谨恪也。惠，爱利也。使民义，如都鄙有章、上下有服、田有封洫、庐井有伍之类。"

明·张居正："子产备这四美于上下人己之间，是以能尊主庇民，而郑国赖之，岂非春秋之贤大夫欤！"

【注释】

[1] 子产：姓公孙，侨，字子产，是郑穆公的孙子，郑简公、郑定公的宰相，执政二十二年，春秋时杰出的政治家。

【译文】

孔子评论郑国贤相子产有四种行为符合君子之道："自己的言行谨重；侍奉君主恭敬；对人民施以恩惠；使用人民合乎情义。

【解读】

子产是著名的政治家，郑国的贤宰相。在郑简公、郑定公之时执政22年。他执政期间，正是晋国和楚国战乱不息的时候，郑国正处在这两个大国之间。子产既能不低声下气，也不妄自尊大，使郑国得到了尊敬和安全。他确实是中国古代一位出色的政治家和外交家。所以，孔子对子产的评价很高，认为治国安邦的政治家就应该具有子产的这四种道德。

这四种道德就是：严于律己；忠于君主；以恩惠教养人民；以道义役使百姓。四方面既包含了对人对己，又包含了对上对下，是一个比较全面的评价和要求。圣人认为正因为子产做到了这四方面，郑国在当时才能自立于强国之间而兴盛起来；也正因为子产能够做到这四方面，才能够使他自己保持相位22年而得到人民的爱戴拥护，同僚的仰慕支持，国君的信任重用。

君子执政，社稷有福，君主有福，百姓也有福。君子从政把君子作风运用到政治上，那么国家就会繁荣昌盛，百姓就会安居乐业。所以，任何时代，想要国泰民安，都需要行君子之道的人执政。

宋·程颢、程颐：“人交久则敬衰。久而能敬，所以为善。”

明·张居正：“善于人交，是说能尽交友之道。”

子曰：“晏平仲[1]善与人交，久而敬之[2]。”

【注释】

[1] 晏平仲：名婴，春秋时期齐国著名贤大夫，齐灵公、齐庄公、齐景公时执政。事迹见于《晏子春秋》和《史记·管晏列传》。《史记》卷六十二有他的传。“平”是他的谥号。

[2] 久而敬之：“之”在这里指代晏平仲。

【译文】

孔子说：“齐国大夫晏平仲善于与别人交朋友，时间越久，人们越是敬重他。”

【解读】

孔子称赞齐国大夫晏婴，认为他与人为善，能够获得别人对他的尊敬，很不容易。晏婴这个人善于与人交朋友。日子越久，交情越深，他对人越恭敬有礼，而朋友们自然也越敬重他。

人类是群居动物，大家共同生活在这个地球上，单独依靠自己的力量很难完成事情。所以，与人交往，认识朋友，十分重要。我们都有朋友，但是能够全始全终的却没有几个，所以我们常常感叹："相识满天下，知己能几人？"生活中我们经常看到，许多朋友之间刚开始亲密无间，可是日子久了，就渐渐疏远，甚至反目成仇。这其中的关键就是没有做到持之以恒的"敬"。两个人刚认识的时候，彼此之间都十分客气，就怕自己哪句话哪个举动让对方不高兴；而交往了一段时间之后，就以为双方之间很亲密了，不必再计较那些礼节，说话办事都开始随便起来，久而久之，两个人必定厌烦彼此，以至最终分道扬镳。

子曰："臧文仲[1]居蔡，山节藻棁，何如其知也！"

【注释】

[1] 臧文仲：姓臧孙，名辰，鲁国的大夫。"文"是他的谥号。因不遵守周礼，被孔子指责为"不仁""不智"。

【译文】

孔子说："鲁国大夫臧文仲为保藏大龟建造了一间房屋，屋中的柱子上雕刻了山一样的形状，梁上短柱画着水藻样的花纹，这样的人怎么可以说是明智的呢？"

宋·朱熹："当时以文仲为知，孔子言其不务名义，而谄渎鬼神如此，安得为知？《春秋传》所谓作虚器，即此事也。"

明·张居正："盖人有人之理，神有神之理。人之理所当尽，而神之理，则幽昧而不可知。"

【解读】

臧文仲是鲁国的大夫，在当时被人们称为“智者”，但是他对礼制却很不在意。“山节藻棁，天子之庙饰也”，收藏蔡龟以及在屋上装饰山形的斗栱、绘有藻草的短柱，都是只有诸侯或天子才能这样做的事情，所以他的行为是僭越。一贯维护周礼的孔子对他的越礼行为自然很不满意，并且认为他把心思和智慧都用在了不该用的地方，所以批评他既“不仁”又“不智”。

子张问曰：“令尹子文[1]三仕为令尹，无喜色；三已[2]之，无愠色。旧令尹之政，必以告新令尹。何如？”子曰：“忠矣。”曰：“仁矣乎？”曰：“未知。焉得仁？”“崔子弑[3]齐君，陈文子有马十乘，弃而违之，至于他邦，则曰：‘犹吾大夫崔子也。’违之。之一邦，则又曰：‘犹吾大夫崔子也。’违之，何如？”子曰：“清矣。”曰：“仁矣乎？”曰：“未知，焉得仁？”

宋·朱熹：“文子洁身去乱，可谓清矣，然未知其心果见义理之当然，而能脱然无所累乎？抑不得已于利害之私，而犹未免于怨悔也？故夫子特许其清，而不许其仁。”

明·张居正：“大抵人之行事易见，而心术难知。其念虑之纯与不纯，存主之实与不实，有非他人所能尽察者，故虽以文子之忠、文子之清，而夫子犹未肯以仁许之。”

【注释】

[1] 令尹子文：令尹，楚国的官名，相当于宰相。子文：姓鬬（dòu），名穀於菟（gòu wū tú），字子文。是楚国的著名宰相。

[2] 三已：三，指多次。已，罢免。

[3] 弑：地位在下的人杀了地位在上的人。

【译文】

子张问道："楚国的令尹子文三次做令尹这样的官，没有欣喜；三次被罢官，也没有怨气。自己做令尹所制定的政令，全部都告诉新令尹。这个人怎么样呢？"孔子说："这可以说是忠于国家了。"子张又问："算得上仁德吗？""不知道，怎么能说他是仁德的呢？"子张又问道："齐国大夫崔杼杀了齐庄公，齐国的大夫陈文子有四十匹马，全舍弃不要了，离开齐国，到了别的国家，就说：'这里的人和我国的崔大夫一样啊。'便离开了。到了另一个国家，又说：'这里的人好像我国的崔大夫啊。'就又离开了。这个人怎么样呢？"孔子说："他清白得很呀。"子张又问："他仁德吗？"孔子说："不知道，怎么能说是仁德呢？"

【解读】

令尹子文是楚国的贤相，他经历了三次上台又三次下台的官场沉浮。可贵的是，他三次上台都没有感觉欣喜若狂，没有觉得自己相当了不起；更可贵的是，三次下台时他也不觉得自己有什么委屈，没有官场失意的沮丧感，反而将自己在位时的政令一一交代给继任的新令尹。这可真不是等闲之辈所能具有的风度啊！所以孔子认为他是一位忠于君主、忠于职守的人。

陈文子与崔杼同是齐国大夫，同朝辅佐齐庄公，崔子杀了齐庄公。陈文子面对这种礼崩乐坏，以下犯上的局面，无可奈何，抛弃了自己的全部家产——四十匹马，愤然出走。谁知到了其他国家，所见的情况跟齐国相差无几，连走数国。可见陈文子这个人是如此清廉自守，耿介高洁。所以，孔子认为他是一位不与逆臣共事，清高自保的人。

但是，子张问孔子这两个人是否仁德时，圣人却回答说他不知道。他认为不了解这两个人的其他方面，不能下是否仁德这样的结论。可见，仁的要求很高。即便像令尹子文、陈文子那样的行为，也不能轻易给予仁的评价。令尹子文和陈文子，一个忠于君主，为国尽忠；一个不与逆臣共事，清廉自守；一般人都认为他们已经很仁德了。可是在孔子看来，“忠”和“清”都只是仁的一个方面，所以，仅有忠和清高还是远远达不到“仁”的。

宋·程颢、程颐：“为恶之人，未尝知有思，有思则为善矣。然至于再则已审，三则私意起而反惑矣，故夫子讥之。”

宋·朱熹：“季文子虑事如此，可谓详审，而宜无过举矣。而宣公篡立，文子乃不能讨，反为之使齐而纳赂焉，岂非程子所谓‘私意起而反惑’之验欤？是以君子务穷理而贵果断，不徒多思之为尚。”

季文子[1]三思而后行。子闻之，曰：“再，斯[2]可矣。”

【注释】

[1] 季文子：鲁国大夫季孙行父，“文”是他的谥号。他是鲁桓公少子季友的孙子，曾在鲁宣公、鲁成公、鲁襄公时任正卿。

[2] 斯：就。

【译文】

季文子每做什么事情之前都要斟酌再三、反复考虑。孔子听到了，说：“想两次就可以了。”

【解读】

凡事不想一想就行动叫做莽撞，往往会后患无穷；三思而后行，则是慎重负责的表现，应该给予肯定。然而，如果遇事总是想得太多，瞻前顾后，反反复复，就容易陷入犹豫不决的境地，导致优柔寡断，错过处理事情的最佳时机。所以，处事多思是好的，但过分了也不尽善，这也正吻合了孔子“过犹不及”的思想。

做人做事应该小心谨慎，遇到事情不可惊慌失措，急于行动；但是过分小心，考虑得过多则会贻误时机。世界上的任何事情都不是绝对的，是非、善恶都是相对的。所以一旦思考得太多，就会发现处处是矛盾，让人头绪混乱，更理不清事情的脉络。正所谓“当断不断，反被其乱”。一件事情考虑一下，再考虑一下就足够了，没必要反反复复做不了决定。如果第三次再考虑一下，就很可能会自相矛盾，最后放弃这件事。由此可见，凡事都有度，小心谨慎也要有个限度。

子曰：“宁武子[1]，邦有道则知，邦无道则愚[2]，其知可及也，其愚不可及也。”

【注释】

[1] 宁武子：姓宁，名俞，卫国大夫，“武”是他的谥号。

[2] 愚：这里是装傻的意思。

【译文】

孔子说：“宁武子这个人，在国家

宋·程颢、程颐：“邦无道，能沈晦以免患，故曰不可及也。亦有不当愚者，比干是也。”

宋·朱熹：“文公有道，而武子无事可见，此其知之可及也。成公无道，至于失国，而武子周旋其间，尽心竭力，不避艰险。凡其所处，皆智巧之士所深避而不肯为者，而能卒保其身以济其君，此其愚之不可及也。”

政治清明时，就显出聪明；在国家政治混乱时，就显得愚笨。他的聪明是人们所能做到的，但是他的愚笨别人却很难做到。”

【解读】

宁武子是一个处世为官很有方的大夫。卫国在卫文公时，政治清明，国泰民安，当时他充分发挥自己的聪明智慧，为卫国竭力尽忠并有所建树；而到卫成公时，卫国政局动乱，形势恶化，宁武子就处处装傻，无声无息地韬光养晦。孔子很赞赏“舍身取义，杀身成仁”的仁者风范，同时也强调“危邦不入，乱邦不居”，“天下有道则见，无道则隐”的处世策略。所以，他对宁武子“邦有道”就贡献自己的聪明才智，“邦无道”就装疯卖傻的行为，表示极大的赞赏。

大智若愚是一种处世态度，乱世之中能够保住身家安全，同时又能同政治黑暗的现实进行无声地抗争。郑板桥说：“由糊涂到聪明难，由聪明到糊涂更难，难得糊涂。”可见，能够做到大智若愚并不容易。所以，圣人认为大智若愚是大智慧的表现，像宁武子这样的人，他的聪明他人可及，但是他装糊涂的本领却不是一般人能够做到的。

做人难，做到为人处世事事周全更难。很多人往往认不清身处的环境和形势，盲目表现自己，结果害得自己有口难言。真正聪明的人能够看清现实，该表现的时候勇于表现，不该表现的时候懂得以假装糊涂来远离祸端。职场也好，官场也好，懂得假装糊涂才能处事周全。

子在陈曰："归与！归与！吾党之小子[1]狂简[2]，斐然[3]成章，不知所以裁[4]之。"

宋·朱熹："孔子周流四方，道不行而思归之叹也。"

明·张居正："可见圣人为当时计，固欲其道之行，为后世计，又欲其道之传，其心真有视天下为一家，通古今为一息者。此所以继往圣开来学，而教万世无穷也欤！"

【注释】

[1] 吾党之小子：古代以500家为一党。吾党意思是我的故乡。小子，指孔子在鲁国的学生。

[2] 狂简：志向远大但行为粗率简单。

[3] 斐然：有文彩的样子。

[4] 裁：裁制，节制。

【译文】

孔子在陈国时，说："回去吧！回去吧！我在鲁国的那些学生都志向远大却行为粗率，写文章文辞华美，却不知道如何自我节制。"

【解读】

圣人的仁政理想在当时无法实行，所以他把希望寄托在弟子们身上，以此把理想传承下去。远在故乡的弟子们，大都是年轻人，他们虽然拥有远大的志向但是行为却常常轻率狂放，虽然才华横溢但是却不懂得自我节制。

子曰："伯夷叔齐不念旧恶，怨是用希。"

宋·程颢、程颐："不念旧恶，此清者之量。"又曰："二子之心，非夫子孰能知之？"

明·张居正："若人君以此待下，尤为盛德。盖凡中材之人，孰能无过，惟事出故为，怙终不悛者，虽摈斥之，亦不足惜，然或一事偶失，而大节无亏，初时有过，而终能迁改，以至迹虽可议，而情有可原，皆当舍短取长，优容爱惜，则人人乐于效用，而天下无弃才矣。"

【译文】

孔子说："伯夷、叔齐两个人不记旧怨，所以怨恨他们的人也很少。"

【解读】

伯夷和叔齐，是商朝末年孤竹君的两个儿子。他们的父亲死后，两人因为互相让位而逃离国家。后来周朝灭了商，他们认为吃周朝的粮食可耻，就隐居到首阳山上靠采野菜度日，最后饿死在首阳山。本章是孔子赞扬伯夷、叔齐"不念旧恶"的良好德行。所谓"不念旧恶"，讲的就是心胸宽广，能够宽容饶恕别人。

俗话说："退一步海阔天空。"别人冒犯了自己，做了对不起自己的事，谁心里都不会好受，难免有怨气。但是过去的事情毕竟已经过去了，与其斤斤计较让自己不开心，还不如潇洒一点，忘记恩怨。不去怀恨别人，以前的所有仇怨也就渐渐消失了。大人不记小人过，对别人多些宽容和理解，就算对方是再坏的人，也总有一天会被你的博大胸怀感化。不然，冤冤相报何时了？你怨恨别人，别人可能也怨恨你，大家都处处设防，整日伺机"报仇雪恨"，那么大家就永远没有安宁的一天。不记旧怨，大度一些，洒脱一些，生活就会到处都充满阳光。所以，对他人宽容一点吧，不要老是一副苦大仇深的样子。

子曰："孰谓微生高[1]直？或乞醯[2]焉，乞诸其邻而与之。"

宋·程颢、程颐："微生高所枉虽小，害直为大。"

明·张居正："夫微生高之直，人皆信其行，而孔子独断其非，所谓众好之必察焉者如此。然当时似是而非，虚名无实者，不止一事，利口之人乱信，乡愿之人乱德，孔子皆深恶而痛绝之。"

【注释】

[1] 微生高：姓微生，名高，鲁国人。当时人认为他为人直率。

[2] 醯（xī）：即醋。

【译文】

孔子说："谁说微生高这个人直爽？有人向他要一点醋，他却向邻居家要了一点给那人，而不直接告诉那人他没有。"

【解读】

有人向微生高讨醋，他家里没有，但是他却不跟人直接说自己也没有，而是从邻居家讨了一点来给那个人。所以，孔子认为这个以正直闻名的微生高并不直率。生活中这类事情很多，没有却装作有，空虚却装着充实，穷困却装成富足，打肿脸也要充胖子。这样的人怎么可以说他是正直之人呢？

正直首先应该实事求是，直话直说。圣人认为微生高向邻居乞醋，再给向他讨醋的人，这有"借花献佛"之嫌，说明他并没有实事求是，不是一个正直的人。正直应该发自内心，而不是为了博取虚名去伪装。有就是有，没有就是没有，没有必要以假充真。

中国人要面子，这是众所周知的事情。说自己没有生怕别人看不起自己，往往没有也说成有，就是借也不能承认我没有，这实在是一件可悲的事情。做人做事都应该实事求是，是就是，非就非，只要真诚，别人一定能够理解。打肿脸充胖子，假使别人知道了事情的真相，谁还能认为你是个正直的人呢？所以，生活中，我们务必实事求是，不能为了赢得好名声去刻意伪饰自己。

宋·程颢、程颐：“左丘明，古之闻人也。”

明·张居正：“盖谄媚之人，阿谀逢迎，非道取既，人情易为其所惑。奸险之人，内怀狡诈，外示恭谨，人情易为其所欺。”

子曰：“巧言，令色，足恭[1]，左丘明[2]耻之，丘亦耻之。匿怨而友其人，左丘明耻之，丘亦耻之。”

【注释】

[1] 足恭：一说是两只脚做出恭敬逢迎的姿态来讨好别人；另一说是过分恭敬。这里采用后说。

[2] 左丘明：姓左丘，名明，鲁国人。相传是《左传》一书的作者。

【译文】

孔子说：“花言巧语，装模作样，过分恭敬，左丘明认为可耻，孔丘也认为可耻。心里藏着怨恨，表面却与人交朋友，左丘明认为可耻，孔丘也认为可耻。”

【解读】

在《学而》篇里，孔子已经说过：“巧言令色，鲜矣仁。”善于花言巧语，总是一副讨好人的面孔，这样的人是很少有仁德的。本章里，又加上了“足恭”，进一步刻画了那种表里不一的伪君子的丑恶嘴脸。过度恭敬，一定是暗藏杀机、口蜜腹剑。对于这样的人、这样的行为，左丘明认为可耻，圣人也以之为羞耻。还有一种人，将怨恨埋藏在心底，而表面却又和你十分友好，这是典型的伪君子。对于这样的人，左丘明认为很可耻，圣人也认为可耻。

“巧言，令色，足恭”讲的是人的外表，“匿怨”讲的是人的内心，像这样表里不一，口是心非的人，我们不得不小心提防。当面奉承，背后插刀的人是可耻的，也是可怕的。很多人喜欢别人赞美自己，爱听动听的话，看好看的脸色，所以经常会吃亏上当。看人不能只看表面，“路遥知马力，日久见人心”，要善于观察懂得分析，才能真正认识一个人。就我们个人而言，我们要时刻提醒自己，不能只做表面功夫，不要阳奉阴违，而要做一个诚恳正直，表里如一，言行一致的人。

颜渊、季路侍[1]。子曰：“盍[2]各言尔志。”子路曰：“愿车马，衣轻裘，与朋友共，敝之而无憾。”颜渊曰：“愿无伐[3]善，无施劳[4]。”子路曰：“愿闻子之志。”子曰：“老者安之，朋友信之，少者怀之[5]。”

宋·程颢、程颐：“先观二子之言，后观圣人之言，分明天地气象。凡看《论语》，非但欲理会文字，须要识得圣贤气象。”

明·张居正：“合而观之，子路公其物于人，而有难于兼济。颜子忘其善于己，而犹出于有心。惟夫子之志兼利万物而不知其功，仁覆天下而不见其迹，真与天地之量一般，又岂二子之所能及哉！”

【注释】

[1] 侍：服侍，站在旁边陪着尊贵者叫侍。

[2] 盍（hé）：意思是何不，为什么不。

[3] 伐：夸耀的意思。

[4] 施劳：施，表白。劳，功劳。表白自己的功劳。

[5] 少者怀之：让少者得到关怀。

【译文】

颜渊、子路侍立在孔子身旁。孔子说："你们为什么不谈一谈自己的志向呢？"子路说："我愿把我的车马，好的衣服，都拿出来和朋友一起使用。即使坏了也没什么遗憾。"颜渊说："我愿意不夸饰自己的长处，不宣扬自己的功劳。"子路问孔子说："我们想听听老师的志向。"孔子说："我愿意使老人生活得安逸，让朋友之间相互信任，让年少的人得到关怀。"

【解读】

仁德是有境界的，树立志向是修养仁德的第一步。孔子将立志分为树立个人理想和树立社会理想两个方面，其个人理想是做一个道德高尚的人；社会理想则是追求一个和谐的社会；并且他对弟子们关于志向的培养问题也非常重视。

子路的志向很豪迈，十分讲义气。颜渊的志向很有仁者风范，非常谦逊，不愿意夸耀自己，四处宣扬自己的功劳。圣人在谈到自己的志向时说，希望老年人无论在精神上和物质上都得到安顿，能够颐养天年；希望人与人之间都能够互相理解，互相信任，再没有欺诈，没有仇怨；希望社会能够关心下一代的成长，永远爱护下一代。显然，圣人的志向是实现一个充满仁德，十分和谐的社会。

宋·朱熹："人有过而能自知者鲜矣，知过而能内自讼者为尤鲜。能内自讼，则其悔悟深切而能改，必矣。夫子自恐终不得见而叹之，其警学者深矣！"

子曰："已矣乎！吾未见能见其过[1]而内自讼[2]者也。"

【注释】

[1] 过：过失，错误。

[2] 讼：批评，责备。

【译文】

孔子说："算了吧！我还没有见过能发现自己的过失，并且在心里自我批评的人啊！"

明·张居正："太甲悔过，自怨自艾，故终为有商之令主。然能居敬穷理以预养此心，则自然邪念不萌，动无过举。圣人所以能立无过之地者，其要在此。若待有过而后悔之，不亦晚乎？孔子之言，盖为中人以下者发也。"

【解读】

古往今来，人们往往能够一眼看到别人的错误与缺点，却总是看不到自己的错误。即使有人明明知道自己犯了过错，也因顾及面子或其他原因而拒绝承认错误，更谈不上从内心去反省自己、责备自己了。更有甚者，自己犯了错误，不但不认真反思自己，反而把责任全都推到别人身上。所以，圣人说他没有见过能认识到自己的错误并能做自我批评的人。

我们大多数人只看到自己好的一方面，而看不到自己的缺点和错误。即使偶尔有能看到自己错误的人，也很少有愿意正视错误，能够做严肃认真的自我批评的。这实际上牵涉到了感情与理智两方面的问题，就理智方面而言，人们一般认为应该做自我批评，有了错误应该及时改正才好；但就感情倾向而言，人们又总是习惯于自己原谅自己，为自己找出各种各样的借口宽容自己。结果往往是感性战胜理性。所以，总有很多人安于自己的错误以及各种坏习惯而不加改正。

勤于自我反省，是完善自己、修身养性的好方法。我们的双眼不要只盯着别人，而要多观察自己，及时发现自己身上的错误与不足。犯错误在所难免，但是有了错误就要好好检讨自己，不能编造理由原谅自己，更不应该把责任推卸到别人身上。要做一个有修养的人，就应该勇于承认错误，敢于改正错误。

子曰："十室之邑[1]，必有忠信如丘[2]者焉，不如丘之好学也。"

【注释】

[1] 邑：小城。

[2] 丘：孔子自称。

【译文】

孔子说："就是在有十户人家的小城中，也一定会有像我这样讲究忠信的人，只是不会像我这样好学罢了。"

宋·朱熹："忠信如圣人，生质之美者也。夫子生知而未尝不好学，故言此以勉人。美质易得，至道难闻，学之至则可以为圣人，不学则不免为乡人而已。可不勉哉！"

明·张居正："夫人乃不咎其学之不至，而徒倭于资之不美，岂不过哉！盖美质易得，至道难闻，故君如尧舜，必孳孳于精一，圣如孔子，犹汲汲于敏求，况其他乎。欲法尧舜孔子者当知所以自勉也。"

【解读】

孔子认为自己的忠信并不是最突出的品质，因为哪怕是在只有十户人家的小城里，也会有像他那样讲求忠信的人，他认为自己跟别人的最大不同之处在于自己非常好学。这就说明圣人的美好德行和渊博学识并不是生来就有的，而都是后天勤学取得的。圣人强调"好学"，是在勉励我们不要太看重先天的资质，而要重视后天的学习，勤奋努力，使自己成为一个学有所成，有所作为的人。

"好学"是种难能可贵的精神，很多人求学之初往往计划做得很好，但多数半途而废，不能持久。由此可见，"好学"说起来平平常常，真正做起来却很不容易。然而，我们却不能因为难以坚持就不去学习放弃求知。"玉不琢，不成器；人不学，不知义"，无论多么博学多识的人，一旦停止学习也将失去活力。尤其对我们现代人来说，想要跟上时代发展的脚步，不落于人后，就必须坚持不懈地学习新知识，理解新道理。正所谓"学无止境，贵在坚持。"

雍也篇第六

子曰："雍也可使南面[1]。"

【注释】

[1] 南面："南面者，天子也"，治国之诸侯也。指治理国家。

【译文】

孔子说："冉雍这个人可以让他担任一个地方的长官。"

【解读】

汉代刘向《说苑·修文篇》中有"当孔子之时，上无明天子也。故言雍可使南面。南面者，天子也"的记载。就是说，古代以面向南为尊位，天子、诸侯和官员听政都是面向南面而坐。所以这里孔子是说可以让冉雍去从政做官治理国家，肯定了冉雍有君王之才。

仲弓问子桑伯子[1]。子曰："可也，简[2]。"仲弓曰："居敬[3]而行简，以临其民，不亦可乎？居简而行简，无乃[4]大[5]简乎？"子曰："雍之言然。"

宋·程颢、程颐："子桑伯子之简，虽可取而未尽善，故夫子云'可'也。仲弓因言内主于敬而简，则为要直；内存乎简而简，则为疏略。可谓得其旨矣。"又曰："居敬则心中无物，故所行自简。居简则先有心于简，而多一'简'字矣，故曰'大简'。"

【注释】

[1] 桑伯子：人名，此人生平不可考。有人认为是《庄子》中的子桑户。

宋·朱熹："自处以敬，则中有主而自治严，如是而行简以临民，则事不烦而民不扰，所以为可。若先自处以简，则中无主而自治疏矣，而所行又简，岂不失之太简，而无法度之可守乎？"

明·张居正："盖仲弓为人宽洪简重，惟宽洪则不失之苛刻，而有容物之量，惟简重则不失之琐碎，而得临下之体，故孔子称之。昔皋陶称帝舜临下以简，御众以宽，文王罔兼知于庶狱庶慎，亦是此意，读者合而观之，可以知君德矣！"

[2] 简：简约，简洁，不烦琐。

[3] 居敬：为人严肃认真，依礼严格要求自己。

[4] 无乃：岂不是。

[5] 大：同"太"。

【译文】

仲弓问孔子桑伯子这个人怎么样。孔子说："他很简约。"仲弓说："居心严肃慎重而行为简约，这样来面对百姓，不是可以吗？如果是居心简约而行为也简约，那不是太简单了吗？"孔子说："冉雍说得很对。"

【解读】

本章承接上一章，通过冉雍和孔子的对话证明了冉雍可以从政做官治理国家。冉雍认为做官应该居心严肃慎重而行为简约，而不能居心简约同时行为也简约。居敬而行简，就是为官治国要从大体着眼，抓关键而去除不必要的繁琐枝节；居简而行简，讲的是当官执政的人自己很散漫，好逸恶劳，管理上总是简单粗略。前者是管理中的最高层次，而后者则是管理中的最低层次。

政治是否清明，关键就在于统治者管理者对自己管辖区域的基本情况了解多少。执政者能够掌握辖区内的实际情况，充分了解民意，便能够制定出合乎民情顺乎民意的政策法规。政简不繁，以最快速最有效的方式为百姓服务，才是理想的政治体制。这也是黎民百姓最欣赏最需要的统治方式。冉雍认识到了这个治理国家的好方法，所以，就连圣人也要夸赞他。

哀公问："弟子孰为好学？"孔子对曰："有颜回者好学，不迁怒[1]，不贰过，不幸短命死矣[2]。今也则亡[3]，未闻好学者也。"

宋·程颢、程颐："颜子之怒，在物不在己，故不迁。有不善，未尝不知，知之未尝复行，不贰过也。"

明·张居正："惟能居敬穷理涵养此心，使方寸之内，如秤常平，自然轻重不差，如镜常明，自然尘垢不深，何有迁怒贰过之失哉！"

【注释】

[1] 不迁怒：不把对此人的怒气迁移发泄到他人身上。

[2] 短命死矣：颜回死时年仅 31 岁。

[3] 亡：同"无"，没有的意思。

【译文】

鲁哀公问孔子："你的弟子中谁是最好学的呢？"孔子回答说："有一个叫颜回的人很好学，他从不迁怒于别人，也不两次犯同样的错误，不幸他短命已经死了，现在再也找不到这样的人了，我还没听说再有好学的人。"

【解读】

这里的"好学"不是指一般的学习文化知识，而是指学习做人的道理，学习如何修养仁德。颜回是孔子很欣赏的学生，他执著忘我，甘于清贫并且自得其乐，他的好学在很大程度是学习如何做一个有仁德修养的人。在圣人眼里颜回好学的最典型的表现就是不迁怒于人，不两次犯同样的错误。"不迁怒，不贰过"，这六个字看上去很简单，实际上却不是我们一般人能企及的。

所谓不迁怒，就是自己遇到什么不顺心的事，有什么烦恼和愤怒不随便发泄到别人身上去。简言之，就是不拿别人做自己的出气筒。听起来道理很简单，可是仔细想想我们有几个人能够真正做到啊？不迁怒可真是难以修成的涵养。不贰过，就是说知错就改，不两次犯同样的错误，能够做到这一点的人恐怕更是少上加少了吧？

生命的长度是有限的，但宽度却可以无限。颜回短命而亡，但是他的人生因为“好学”而充实，因为美好的德行而被后世奉为做人的楷模。所以，在这有限的生命里，我们应该积极学习如何做人，努力修养仁德，将自己的生活过得充实，让自己的人生绽放异彩！

明·张居正：“冉有犹未达，而终以为少，遂自以其粟与之五秉。一秉十六斛，五秉共为八十斛，则与之过多而伤惠矣！”

子华使于齐，冉子为其母请粟。子曰：“与之釜[1]。”请益。曰：“与之庾[2]。”冉子与之粟五秉。子曰：“赤之适齐也，乘肥马，衣轻裘。吾闻之也：君子周[3]急不继富。”

【注释】

[1] 釜（fǔ）：古代量名，一釜约等于六斗四升。
[2] 庾（yǔ）：古代量名，一庾等于十六斗。
[3] 周：周济、救济的意思。

【译文】

公西赤出使齐国，冉有替他母亲请求一些粮食。孔子说：“给他一釜（六斗四升）吧。”冉有请求增加一点。孔子说：

“给他一庾（十六斗）吧。”冉有给了五秉（八十斛）的粮食。孔子说：“公西赤到齐国去，骑着膘肥的马，穿着轻暖的皮裘，我听说：‘君子只救济急难的人而不周济富裕的人。’”

【解读】

公西赤出使齐国，冉有替他的母亲请粮，并且不顾老师的意思自己擅作主张给了公西赤母亲五秉粮食。然而，公西赤骑的是膘肥体壮的大马，穿的是轻薄暖和的皮裘，这足以说明公西赤家里并不贫困，他有足够的能力赡养自己的母亲。按照圣人的意思，应该救济急难之人，而不是去增益富人。弥补不足是雪中送炭，而像冉有那样只不过是锦上添花。

凡事都有轻重缓急，我们在日常生活当中，与其替人锦上添花，不如为人雪中送炭。然而，现实社会里，很多人十分现实也相当势利，他们总是忙着攀附富人，而对急难之中的穷人总是冷眼旁观。锦上添花无异于阿谀奉承，显露的不过是卑鄙低下的媚态，能做出这种事的人即便不是小人，也绝不能称其为君子。在别人最需要帮助的时候能无私地献出自己的爱心和力量，并且不图回报，这样的人必定是品德高尚的君子。所以，有能力就多帮助那些真正需要帮助的人们吧，不要再打着“帮忙”的旗帜去做些锦上添花的多余事了。

原思为之宰[1]，与之粟九百[2]，辞。子曰：“毋，以与尔邻里乡党乎！”

宋·程颢、程颐：“原思为宰，则有常禄。思辞其多，故又教以分诸邻里之贫者，盖亦莫非义也。”

明·张居正："大抵人之取与辞受，都有个当然的道理。当与而不与，固失之吝；不当与而与，则失之滥；当辞而不辞，固失之贪；不当辞而辞，则失之矫。夫惟圣人，一酌之于义理之中，而自不致有四者之失，视世之私恩小惠，小廉曲谨者，只见其陋而已。善用财者，当一以圣人为准可也。"

【注释】

[1] 宰：家臣，管家。

[2] 九百：此处没有说明计量单位是什么，有的说是斛。

【译文】

原思任孔子的管家，孔子给他九百粮食的酬劳，他不要。孔子说："不要推辞，可以把多余的送给你乡里的穷人啊！"

【解读】

上一章讲冉有替公西赤的母亲多要一点粮食，孔子不愿意给；现在他的管家原思不想要那么多报酬，孔子却劝他收下；这说明圣人处理事情能够具体问题具体分析。公西赤出使齐国骑强壮的高头大马，穿轻便暖和的皮裘，说明他家底殷实并不需要粮食救济，所以圣人不愿意给他家粮食，做锦上添花的事情。而管家原思不要那么多报酬，觉得自己用不了，但是圣人非让他收下不可，并指点他如果自己用不了就把多余的送给乡里的穷人，这无疑是为急难中的穷人们雪中送炭。这也足以看出，圣人在辞受和取予之间绝不随便，总是按照规定行事。

子谓仲弓，曰："犁牛为之骍且角[1]。虽欲勿用[2]，山川其舍诸[3]？"

【注释】

[1] 骍（xīng）且角：骍，红色。周朝以红色为贵重，祭祀用红色毛皮的牛。角：这里指两角长得端正。

[2] 用：用于祭祀。

[3] 其舍诸：其，有“怎么会”的意思。舍，舍弃。诸，“之于”二字的合音。

【译文】

孔子谈到仲弓，说：“耕牛能产下毛色纯赤而且两角周正的牛犊，即使不想用它来作祭祀用，山川之神舍得放弃它吗？”

宋·朱熹：“仲弓父贱而行恶，故夫子以此譬之。言父之恶，不能废其子之善，如仲弓之贤，自当见用于世也。然此论仲弓云尔，非与仲弓言也。”

明·张居正：“圣贤之生，不系乎世类，用人者但当取其才德，而不必问其世类之何如。古之帝王，立贤无方，盖为此也。”

【解读】

据《史记·仲尼弟子列传》记载，冉雍的父亲“贱而行恶”，不但地位低下，品德也很不好。冉雍本人却被孔子视为“可使南面”，即具有帝王之相，能够做官治理国家的人。然而，在当时那个等级分化严重的社会里，人们很看重家庭出身，因而像冉雍这样的人虽然自身有很高的德行，却一直得不到承认。孔子就用犁牛之子作比喻，说明它虽然是杂毛的耕牛所生，却天生全身红毛，双角端正，符合祭祀的要求。这说明圣人评价一个人不看重其出身，而只重视这个人本身是否具备才德。

出身没有高低贵贱之分，能否有所作为关键还在自己。人的出身并不是最重要的，重要的在于自己应该不断拼搏不断进步，依靠自己的勤奋努力拥有高尚的道德和突出的才干。只要具备了这样的条件，一样会得到重用。这从另一方面也说明，作为上层的统治者，选拔人才时，不能只看出身而错过贤才。

宋·程颢、程颐：“三月，天道小变之节，言其久也，过此则圣人矣。不违仁，只是无纤毫私欲。少有私欲，便是不仁。”

明·张居正：“盖仁具于心，故欲之而即至，心惟易放，故舍之而即失，欲求仁者先收放心可也。”

子曰：“回也其心三月[1]不违仁，其余则日月[2]至焉而已矣。”

【注释】

[1] 三月：指较长的时间。
[2] 日月：指较短的时间。

【译文】

孔子说：“颜回呀，他的心可以长时间不违背仁德的原则，别人则只能在短时间内做到仁罢了。”

【解读】

颜回对孔子以“仁”为核心的思想有深刻的认识，并且能将“仁”长期贯穿于自己的行动与言论当中。圣人从不轻易肯定别人的德行已经达到了仁德境界，却认为只有颜回能长时间心明如镜，不为世俗私欲所累。其他学生虽然也能做到仁德，但能够坚持的时间却很短，心灵还难以真正摆脱私欲。所以，圣人赞扬颜回“三月不违仁”，而别的学生“则日月至焉而已。”

仁德的修养要有毅力，有恒心，不能有片刻的放松懈怠。能够做到“仁”很难，而能时时刻刻将“仁”放在心里，事事以“仁”为准则更是难上加难。但是，只要有恒心铁杵磨成针。只要我们坚持不懈，用毕生的精力来修养仁德，那么做一个仁德高尚的人也并非遥不可及。

季康子问："仲由可使从政也与？"子曰："由也果[1]，于从政乎何有？"曰："赐也可使从政也与？"曰："赐也达[2]，于从政乎何有？"曰："求也可使从政也与？"曰："求也艺[3]，于从政乎何有？"

宋·程颢、程颐："季康子问三子之才可以从政乎，夫子答以各有所长。非惟三子，人各有所长，能取其长，皆可用也。"

明·张居正："夫三子之才，各有所长而皆适于用如此。"

【注释】

[1] 果：果断、决断。
[2] 达：通达，顺畅，通情达理。
[3] 艺：有才能技艺，多才多艺。

【译文】

季康子问："仲由这个人可以让他治理政事吗？"孔子说："仲由办事果断，让他治理政事有什么困难的呢？"季康子又问："端木赐这个人可以让他治理政事吗？"孔子回答说："端木赐通达事理，让他治理政事有什么困难的呢？"季康子又问："冉求也可以让他治理政事吗？"孔子说："冉求多才多艺，让他治理政事有什么困难的呢？"

【解读】

季康子在鲁哀公时期是政治上最有权势的人，他向孔子询问仲由、端木赐和冉求这三个人能否从政，治理国事。这三个人都是孔子的学生，孔子对他们相当了解并且熟知他们各自的特长。孔子告诉季康子，仲由性格率直、办事果断，端木赐善于言辞、通达事理，冉求才华横溢，技艺超群，他们三个各有所长，都可以治理政事。

圣人对他的三个学生评价都很高，认为他们已经具备了担任重要职务的能力。也充分说明，圣人不仅能因材施教，还能因材用人。

尺有所短寸有所长，每个人都有各自的优点长处，所以，每个人都是可用之材。并不是只有样样精通的人才叫人才，也不是只有一个长处的人就不能任用，关键在于用才之人的德才。领导能够知人善任，我们就有机会施展自己的才华，展现自己的长处。所以，遇到有眼光、能够看到我们可用之处的领导，是我们莫大的福气。

人各不相同，所走的路不同，经历的事情不同，处理问题的方法也不同；但是，条条大路通罗马。任何决定任何行为都会引出与之对应的结果，说白了，谁都可以用自己的方法、自己的优势来取得自己想要的结果。所谓能力大小，水平高低，选择参照物不同，得出的结论便不同。只要我们发掘出自己的过人之处，加以发挥，竭心尽力去做事，就一定能获得异曲同工的成功。

宋·程颢、程颐：“仲尼之门，能不仕大夫之家者，闵子、曾子数人而已。”

明·张居正：“以闵子之贤，鲁君不能用之以匡公室，而使季氏欲引之以为私人，此鲁之所以微而不振也。”

季氏使闵子骞[1]为费宰，闵子骞曰：“善为我辞焉！如有复我[2]者，则吾必在汶上[3]矣。”

【注释】

[1] 闵子骞：姓闵，名损，字子骞，春秋时期鲁国人。孔子的学生，比孔子小 15 岁。

[2] 复我：再来召我。

[3] 汶（wèn）上：水名，即今山东大汶河，当时流经齐、鲁两国之间。在汶上，是说要离开鲁国到齐国去。

【译文】

季氏叫闵子骞任费邑的邑长。闵子骞说："委婉地替我辞掉了吧！如果再来找我，那我一定要逃到齐国的汶水北岸去了。"

【解读】

季康子在当时政治权力很大，他祭泰山，僭礼乐，逐昭公，屡次显露出不臣之心。他知道闵子骞是个德才兼备的难得人才，就想召他来为自己效力，所以打算让他做费邑的邑长。闵子骞是孔子的弟子，品德高尚，怎么可能依附僭礼越轨的季康子？所以，他很坚决地谢绝了季康子的好意，并且明确表示：如果再去请他，他就要越过汶水逃到齐国去隐居了。

身处乱世，遇到恶人当政，强硬着头皮去得罪权臣一定会受到迫害；而容忍妥协，委身屈服同样也要受害；只有又刚又柔，刚柔相济，才能应付自如，保存实力。像闵子骞那样，才能处乱世而不惊，遇恶人而不辱，这是极富智慧的处世哲学。

遇到自己不想做的事情，一定要学会拒绝。一般人碍于面子或有其他顾虑，总是不好意思跟别人说不，以至于自己做着违背心愿的事情，痛苦不堪。如果自己真的不能接受别人的请求，拒绝时言辞要委婉但态度一定要坚定，这样既不得罪他人又能合理拒绝对方的不情之请。如果自己也不确定接受还是不接受，需要考虑，那拒绝的话就不能说得太肯定，以免自己想接受想去做这件事情的时候已经没有机会了。由此可见，拒绝是一门艺术，我们应该针对具体的事情，按照自己的内心想法来选择拒绝的方式和态度。

伯牛[1]有疾，子问之，自牖[2]执其手，曰："亡之[3]，命矣夫[4]，斯人也而有斯疾也！斯人也而有斯疾也！"

【注释】

[1] 伯牛：姓冉，名耕，字伯牛，鲁国人。孔子的学生，小孔子7岁。孔子认为他的"德行"较好。

[2] 牖：窗户。

[3] 亡之：一作丧夫解，一作死亡解。

[4] 夫：语气词，相当于"吧"。

【译文】

伯牛得了病，孔子去探望他，从窗户握着他的手说："怕是要死了，这是命啊！这样的人竟会有这样的病！这样的人竟会有这样的病！"

宋·朱熹："君视之，则迁于南牖下，使君得以南面视己。时伯牛家以此礼尊孔子，孔子不敢当，故不入其室，而自牖执其手，盖与之永诀也。命，谓天命。言此人不应有此疾，而今乃有之，是乃天之所命也。然则非其不能谨疾而有以致之，亦可见矣。"

明·张居正："今以如此之贤人，而何乃有如此之恶疾也。岂非莫之致而至者耶！信乎其为命也已！盖夫子痛惜之深，故重言以叹之如此！"

【解读】

这里需要解释一下为什么孔子不进冉伯牛家，而是在窗户外面握他的手。有两种说法，一说：古时候的窗口向南，得病的人应该卧在房间的北侧，如果国君去看望，就把病人移到南侧。因为孔子是冉伯牛的老师，冉伯牛就用接待国君的方式来接待孔子，孔子不愿意失礼，所以就不进房间，从窗口握着他的手安慰他。另一种说法是：冉伯牛得的是容易传染的恶疾，怕传染了孔子所以坚决不让其进家门。不管这两种说法哪种是事实，都说明了师徒情深，无论什么情况下都能笃守礼制。

子曰："贤哉回也，一箪[1]食，一瓢饮，在陋巷[2]，人不堪其忧，回也不改其乐[3]。贤哉回也。"

宋·程颢、程颐："箪瓢陋巷非可乐，盖自有其乐尔。'其'字当玩味，自有深意。"又曰："昔受学于周茂叔，每令寻仲尼、颜子乐处，所乐何事。"

明·张居正："大抵处富贵而佚乐，居贫贱而忧戚，乃人情之常。圣贤之所乐，盖有超于贫富之外者，舜禹有天下而不与，孔子饭蔬饮水，乐在其中；颜子箪瓢陋巷，不改其乐：其心一也。善学者当自得之。"

【注释】

[1] 箪（dān）：古代盛饭用的圆形竹器。
[2] 巷：此处指颜回的住处。
[3] 乐：乐于学。

【译文】

孔子说："贤德啊，颜回！一个竹筐盛饭，一个瓜瓢喝水，住在小巷子里。别人都忍受不了贫困的烦忧，颜回却不改变他自身的快乐。贤德啊，颜回。"

【解读】

君子不会因为物质条件低劣就忧虑烦心，哪怕深处困境也能依然自得其乐。颜回就是这样的君子，他家里很穷，缺衣少食，居所也十分破旧简陋。在别人眼里，这么艰苦的生活实在无法忍受，但是，颜回却能安于这种清贫，并且十分乐观。

人都有追求物质、贪图安逸的欲望，面对贫穷，常常感觉生活艰辛难以忍受，更别说有什么乐趣可言了。圣人赞赏颜回有贤德，不仅仅因为颜回能够忍受如此艰苦的生活，而是因为他对待生活对待人生的积极态度。君子不该被物质生活所牵绊，有贤德的人，能够始终保持一颗安宁恬淡之心。

宋·朱熹："力不足者，欲进而不能。画者，能进而不欲。谓之画者，如画地以自限也。"

明·张居正："若冉有者，还是不曾真知道中之味而悦之。使其果悦之深，则必如颜子之欲罢不能矣，而岂以力不足为患哉！学者不可不勉也。"

冉求曰："非不说[1]子之道，力不足也。"子曰："力不足者，中道而废。今女画[2]。"

【注释】

[1] 说（yuè）：同"悦"，指高兴、喜欢的意思。

[2] 画：划定界限，停止前进。

【译文】

冉求说："不是我不喜欢老师您的学说，是我的能力不够呀！"孔子说："能力不够的人，是半途而废，而你现在根本还没有开始就给自己划定了界限。"

【解读】

画地为牢，裹足不前，这是知难而退，自甘堕落。正所谓"世上无难事，只要肯登攀"，凡事能不能做好是能力的问题，而去不去做则是态度的问题了。所以，对于冉求的说辞，圣人当面就给予了驳斥。

有积极的进取心才能有不断前进的动力，不管做什么事情，只要敢于争取，努力拼搏，总会有所收获。如果做事太注重结果，还没开始就给自己限定了范围，做出了结论，往往会产生畏惧心理，这样本来可以做到的事情也可能还没开始就已经失败了。只问耕耘，不问收获，最终反而会有意料不到的收获。

子谓子夏曰："女为君子儒，无为小人儒。"

【译文】

孔子对子夏说："你应该做一个君子式的儒者，不要做一个小人式的儒者。"

【解读】

孔子按照道德人格的标准将学者区分为君子型和小人型两大类型，也就是君子儒和小人儒。"君子儒"是指地位高贵，通晓礼法，思想高尚，具有理想人格的读书人；"小人儒"则指地位低贱，不通礼仪，品格平庸的读书人。君子博爱众生，大公无私，在学业上一心修德，不求功名不为利禄。小人关心的只是自己，唯利是图，在学业上旁门左道，只知道追求权力和地位。

儒者，应该是衣冠整齐，谨言慎行，言必诚友必信的知书达理之人。君子型的儒者，精忠报国，心里想的全是君主、社稷和百姓。小人型的儒者，奸佞逢迎，轻则兴风作浪，重则祸国殃民。所以，圣人告诫子夏，要做一个君子儒，而不能做小人儒。

现在的读书人被称作知识分子，评判他们的标准也有了新的内容。现代社会，君子

宋·程颢、程颐："君子儒为己，小人儒为人。"

明·张居正："人君若得君子之儒而用之，则必能守正奉公，实心为国，而社稷苍生皆受其赐，若用了小人之儒，则背公营私，附下罔上，而蠹国殃民之祸，有不可胜言者。故用人者，既观其行事，而又察其心术，斯得之矣。"

儒应该具有美好的道德情操和行为规范，崇尚法治精神，并且充满人文关怀。真正高尚睿智的人不光拥有渊博的学识，更应该具备仁厚的内在涵养。所以，我们在学习文化知识、不断充实自己的同时，也不能放松了道德品质的修养，应该时时刻刻将道德修养放在首位。

子游为武城[1]宰。子曰："女得人焉尔乎[2]？"曰："有澹台灭明者，行不由径，非公事，未尝至于偃[3]之室也。"

宋·朱熹："持身以灭明为法，则无苟贱之羞；取人以子游为法，则无邪媚之惑。"

明·张居正："夫子游以一邑宰，其取人犹若是，等而上之，宰相为天子择百僚，人主为天下择宰相，必以此类观焉，则刚方正大之士进，而奔竞谄谀之风息矣。"

【注释】

[1] 武城：鲁国的小城邑，在今山东费县境内。

[2] 焉尔乎：这三个字都是语气助词。

[3] 偃：言偃，即子游，这是他自称其名。

【译文】

子游任武城邑的邑长。孔子说："你在那里得到有用的人才了吗？"子游说："有一个叫澹台灭明的人，他从不走捷径小路，没有公事，从来不到我的房间里。"

【解读】

孔子十分重视发掘人才，任用人才。子游到武城做邑长，他很关心子游有没有得到可以任用的人才，这说明圣人对举贤才的重视。子游介绍的可用之人是澹台灭明，他认为澹台灭明不走捷径，没有公事从不到他的房间去，是个正派的君子。这说明子游察人，不以亲疏远近为标准，反映出子游是个公正廉洁之人。澹台灭明走路从来不走捷径小路，行就一定走正道，引申意思就是我们所说的凡事不走后门。没有公事，他也从不到子游的房间里去，就是说他这个人不巴结领导，不阿谀奉承，和领导始终保持正常的工作关系。这样的人行为端正，自然是不可多得的可用之才。

如今社会，“走后门”之风盛行，很多人为了巴结领导可谓绞尽脑汁。领导也好，下属也好，大家都应该好好反思一下自己，重新树立自己的人生观和价值观。居上位的人要做一个知人善任的好领导，选拔人才要重点观察这个人的思想品质、能力水平，而不能因为没有跟你联络感情，没有拉关系就将贤德之才放弃。居下位的人也要做一个正直廉洁的好下属，用自己的真才实学证明自己的能力，不要整天想着如何奉承领导如何拍领导马屁。只有做到了这两个方面，社会才能真正祛除不正之风，政治才能真正清明廉洁。

子曰：“孟之反[1]不伐[2]，奔[3]而殿[4]，将入门，策其马，曰：非敢后也，马不进也。”

【注释】

[1] 孟之反：名侧，鲁国大夫。
[2] 伐：夸耀的意思。
[3] 奔：败走，打败仗溃退。

宋·朱熹：“战败而还，以后为功。反奔而殿，故以此言自掩其功也。”

明·张居正：“大抵不伐二字最为美德，盖谦虚乃能受益，盈满必然招损。颜渊无伐善、无施劳，故孔子许之。大禹不矜不伐，故帝舜称之。读者所宜深玩也。”

[4] 殿：殿压于后，这里指在最后掩护全军撤退。

【译文】

孔子说："鲁国的大夫孟之反从不夸耀自己，在齐国和鲁国交战中，鲁国的军队溃败撤退了，他走在最后做掩护，将要进入城门时，他鞭打着马说：'不是我敢于走在最后，是马不愿意快走呀！'"

【解读】

鲁哀公十一年（公元前 484 年），齐国和鲁国交战。鲁国的大夫孟之反随军作战，鲁国被齐国军队打得溃不成军。大军在撤退中孟之反自愿殿后，掩护军队后撤，使大军免于覆没。快进城门的时候，他没有骄傲邀功，而是抽了战马一鞭，谦虚地说："不是我胆敢在后面掩护，是我的战马跑不动啊！"对于一般人来说，能够做到不争功就不错了，哪里还能把本就是自己的功劳推到一边去呢？孟之反有这样高深的修养，所以就连圣人也对他大加赞赏。

谦逊是一种美德，更是一种修养。能够做到不矜其功的人已经很不容易了，还能做到自掩其德则实属难能可贵。生活中，很多人做事之前都很功利，做一点小事也要表现给别人看，别人没看见就主动邀功请赏，生怕自己的功劳被埋没了。事实上，越是内心空虚，没有能力的人越喜欢夸大自己的功劳，真正有实力、内心丰盛的人根本无需这样。其实，夸大自己的功劳就等于贬低别人，必然会让别人感到不舒服，甚至以你为敌。

子曰："不有祝鮀[1]之佞，而有宋朝之美，难乎免于今之世矣。"

宋·朱熹："衰世好谀悦色，非此难免，盖伤之也。"

明·张居正："夫巧言令色本尧舜之世所深恶者，而春秋之时，乃以为好，则习俗之浇漓可知，圣人所以伤叹之也。有世道之责者，可不谨其所好尚哉！"

【注释】

[1] 祝鮀：字子鱼，卫国大夫，口才极好，以能言善辩受到卫灵公重用。

【译文】

孔子说："如果没有卫国大夫祝鮀的口才，只有宋国公子宋朝的美貌，在当今社会中恐怕难于免除灾祸吧！"

【解读】

祝鮀是卫国大夫，他的口才特别好，能言善辩。宋朝是宋国的公子，相貌十分漂亮。孔子说如果没有祝鮀的口才，只有宋朝的美貌，在当时的社会中恐怕不能免除灾祸。这里谈到了口才和相貌的问题，从圣人的话中不难看出好口才在当时社会的重要性。

人们都喜欢美好的事物，看到外表美丽的人或物心里会莫名地开心喜悦，正所谓"爱美之心，人皆有之"。但是，如果一个人相貌端庄，然而道德败坏，这种缺乏修养的美貌却只能让人感到轻浮厌恶。所以，秀外慧中才是人们的积极追求。好口才是能够帮助自己免除灾祸的，常言说"祸从口出"，但是祸也可以免于口，优秀的口才就是内在修养的具体表现。所以，拥有美貌又能言善辩，充满智慧，这样的人才算真正美好。

子曰："谁能出不由户[1]，何莫由斯[2]道也？"

宋·朱熹："言人不能出不由户，何故乃不由此道邪？怪而叹之之辞。"

明·张居正："为人之道，各在当人之身，既非有所禁而不得由，又非有所难而不能由，则夫人独何为而不由乎？是诚可怪也已。圣人警人之意莫切于此，人能反而求之，道岂远乎哉！"

【注释】

[1] 户：门户，指房门。

[2] 斯：这个。

【译文】

孔子说："谁能走出屋外而不经过房门呢？为什么没有人从我指出的这条路上走呢？"

【解读】

圣人以"谁能出不由户"作比，比喻他所宣扬的"德治""礼制"，在当时有许多人不予重视，不去按照仁德的道去为人处世。圣人对此很不理解，所以，他发出了这样的疑问。在圣人心目中，礼义仁德是人生出入和行走的必由之道。他提醒人们，要自觉循礼而行，循道而行。

"出必由户，行必由道"，事物固有的规律不会改变，人们为人处世的原则也永恒不变。进出房屋必须经过房门，不从房门出入的人必定会引起大家的怀疑，这样的人要么是小偷，要么是在做什么见不得人的勾当。"出必由户"是指示我们做事要有正当的途径。做人更是如此，为人处世应该有正当的道理。做人要按照仁义道德行事，否则必定是走歪门邪道，是一个不正当的人。

子曰：“质[1]胜文[2]则野[3]，文胜质则史。文质彬彬，然后君子。”

【注释】

[1] 质：朴实、自然，无修饰的，朴实的内容。
[2] 文：文采，经过修饰的，辞藻华丽的形式。
[3] 野：此处指粗鲁、鄙野，缺乏文采。

【译文】

孔子说：“质朴多于文采就会显得粗野，文采多于质朴就会流于浮华。文采与质朴搭配适中，才能成为君子。”

【解读】

“质”是质朴的品质，“文”则是指文化的修养。“质胜文则野”就是说一个人没有文化修养就会很粗俗；“文胜质则史”就是指一个人过于文雅就会显得像个书呆子，只注重言辞华丽而不切实际。“文质彬彬”，则是说做人既要有文化修养，又不要迷失了本性，忘记做人的根本，只有这样，才能够称得上是真正的君子。

从哲学角度分析，这是一个内容与形式的关系问题。“质”与“文”相互依存，相互配合，才能符合中正之道，双方不可偏废其一。圣人的这个观点对后世文艺理论研究也产生了深远的影响。“质”指文艺作品的内容，而“文”是文艺作品的形式，内容依靠形式加以表达，形式要根据内容的需要加以变化。

世上的万事万物，都是在对立统一的矛盾中存在发展的，偏废其一都难以永立。质与文都是美德，但是无文则野，无质则史，

宋·朱熹：“野，野人，言鄙略也。史，掌文书，多闻习事，而诚或不足也。彬彬，犹班班，物相杂而适均之貌。言学者当损有余，补不足，至于成德，则不期然而然矣。”

明·张居正：“德至于君子，则岂有野与史之弊乎？盖周末文胜古道尽亡，孔子欲矫其偏而归之正，故其言如此。但当时之君，安于弊政，而不能变更，公卿大夫习于流俗，而不知救正，此周道之所以日衰也。有挽回世道之责者，其念之哉。”

德才兼备才能成为君子。现代社会，有的人滔滔不绝、口若悬河，看上去很有知识，口才了得，实际上却言之无物；也有些人学识渊博，一肚子墨水，却不懂得怎样表达。所以，文采与实质要配合适当，内外兼修才算是真正的君子。

子曰："人之生也直，罔[1]之生也幸而免。"

宋·程颢、程颐："生理本直。罔，不直也，而亦生者，幸而免尔。"

明·张居正："人之不直，何以异于是哉！孔子深恶不直之人如此。故圣王在上，举用正直之士，斥远憸邪之徒，则举措当而人心服矣。"

【注释】

[1] 罔（wǎng）：诬罔不直的人。

【译文】

孔子说："人活在世上应该是正直的，不正直的人也能生存，那只是他侥幸地避免了灾祸。"

【解读】

正直是人立身处世的根本，是一种可贵的道德品质。正直的人耿直坦率，具有仁的品德，这样的人能够与虚伪狡诈做斗争。不正直的人也能存活于世，他们能够生存只是因为他们侥幸地避免了灾祸。但是，多行不义必自毙，不正直的人迟早会得到应有的惩罚。

人之初，性本善。人在出生的时候，十分洁净毫无掩饰，然而，随着年龄的增大，我们渐渐学会了虚伪与诡诈。很多人为了利益，用虚伪做面具，以正直为代价，就这样在现实的强大压力下偏离了坦诚的本性，成了一个不正直的人。但是，无论多么美丽的谎言，在事实面前终会被击得粉碎，所有的罪恶最终都将得到报应。生活中，有很多奸佞小人，并且他们生活得往往比正直之人美好，这只不过是报应的时候未到罢了。谁都不可能一辈子倒霉，谁也不会一生幸运。所以，我们不应为眼前的一己私利忘了做人的本质，保持美好的天性，幸福自然属于我们。

人与人相处，最重要的莫过于以诚相待，而正直便是诚信的先决条件。只有一个正直的人才会凡事注重公平，不欺骗自己也不会欺骗别人。一般人都认为自己很正直，是因为别人不正直，这个社会才存在欺诈行为。我们冷静地想一下，果真如此吗？其实，我们往往对自己比较宽容，我们的双眼只能看到自己的“直”，而看不到别人的“直”，所以才会有这样的思想论断。可见，我们需要改变自己的评判标准，对自己对别人应该一视同仁，彼此坦诚彼此信任。

子曰：“知[1]之者不如好[2]之者，好之者不如乐之者。”

明·张居正：“非知则见道不明，非好则求道不切，非乐则体道不深。其节次亦有不可紊者。学者诚能逐渐用功，而又深造不已，则斯道之极，可驯至矣。此圣人勉人之意也。”

【注释】

[1] 知：了解，懂得。

[2] 好（hào）：以……为喜好。

【译文】

孔子说：“对于任何事情，了解它的人不如喜爱它的人，喜爱它的人不如以它为乐的人。”

【解读】

无论学习还是做其他事情，兴趣都是最大的内在动力。我们对事物的认知程度，与兴趣成正比。了解知道，只是浅层次的认识，偏重于理性；但是，我们懂得了道理，未必就能身体力行去实践。喜好热爱，这就进了一步，触及到感情；但是，这仍然没有进入到"乐之者"的境界。乐在其中，全身心地陶醉在里面，达到物我两忘，合而为一，这才是最理想最美好的学知境界。

兴趣是最好的导师。对一个事物没有兴趣，就不可能认真投入地去了解它；对一件事情没有兴趣，就不可能身体力行地去践行它。做人的修养达到什么样的境界，人生的成就达到什么样的高度，都取决于兴趣两个字。勉强自己或者仅仅因为需要才去读书，这样最多成为一个懂学问的人，其对知识的了解运用一定比不上以读书为乐的人。我们的工作也一样，只有兴趣浓厚，乐在其中，才能全身心地投入，取得更优异的成绩。所以，培养兴趣很关键。有了兴趣，陶醉于爱好之中，才能快乐地学习，快乐地工作，快乐地生活，这样的人生多么美好！

子曰："中人[1]以上，可以语上[2]也；中人以下，不可以语上也。"

宋·朱熹："言教人者，当随其高下而告语之，则其言易入而无躐等之弊也。"

明·张居正："若学者之学，又当自加勉励，盖奋发勇往，则下学者皆可以上达。因循怠惰，则中人亦流于下愚，是在人立志何如耳。"

【注释】

[1] 中人：天赋平平，智力中等的人才。

[2] 上：指高深的学问。

【译文】

孔子说："天赋在中等以上的人，可以和他谈论高深的学问；天赋在中等以下的人，不可以和他谈论高深的学问。"

【解读】

在孔子看来，人的智力天生存在聪明和愚笨的差别，他将人的智力分为上、中、下三等。正因为存在这样的差距，圣人在教学过程中就提出了"因材施教"的教育方法。根据学生智力水平的高低来决定教学的内容和教学的方式，这对我国的教育事业作出了积极贡献。圣人以智力中等的人为界，主张可以和智力在中等以上的人谈论比较高深的学问，而对智力在中等以下的人就不要谈论高深的学问了。可见，当老师的要深刻理解因材施教的道理，对不同的学生采取不同的教育方式。做领导的也要懂得用材之道，对不同的员工委以不同的工作。

樊迟问知[1]，子曰："务[2]民之义[3]，敬鬼神而远之，可谓知矣。"问仁，曰："仁者先难而后获，可谓仁矣。"

【注释】

[1] 知（zhì）：同"智"，聪明，智慧。
[2] 务：从事、致力于。
[3] 义：专用力于人道之所宜。

宋·程颢、程颐："人多信鬼神，惑也。而不信者又不能敬，能敬能远，可谓知矣。"又曰："先难，克己也。以所难为先，而不计所获，仁也。"

宋·朱熹："专用力于人道之所宜，而不惑于鬼神之不可知，知者之事也。先其事之所难，而后其效之所得，仁者之心也。此必因樊迟之失而告之。"

明·张居正:“按夫子此言，虽是分言仁智，其实只是一理，盖媚神之念，即是望效之心。先难之功，即是务民之义，人能用力于人道之所难，而祸福得失，皆置之于不计，则仁智之道，兼体而不遗矣。此又学者之所当知。”

【译文】

樊迟问怎样才算智慧，孔子说：“对人民尽心专一，合乎道义；对鬼神恭敬而远离它，这样可以称得上智慧了。”樊迟又问怎样才能叫仁德。孔子说：“仁德的人先付出而后收获，可以称得上仁德了。”

【解读】

孔子认为明智的人应该“尽人事，听天命”，仁德的人应该先付出后收获。有智慧的人专心做理应做的事，为维护人民利益义无反顾，为国家民族大义奔赴急难；对待神明持有敬而远之的态度，以虔诚的心信仰神明，不做亵渎神灵的事，但决不一味祈求神明护佑而放弃自身努力。简言之，真正明智的人凡事从眼前做起，从身边做起，不好高骛远，不异想天开。有仁德的人以天下为己任，知难而进，不求虚名，不争功名，只问耕耘不问收获。

仁德的人无论遇到什么艰难，从不惧怕，勇于担当。凡事先解决难题，因为只有将最困难的处理妥当了，容易的才好入手。没有耕耘哪有收获？竭心尽力付出了，勇敢渡过难关了，收获水到渠成也就来了。智和仁是品德修养的两个方面，为人处世不可不明智，也不可不仁德。敬神明而远之就是大智；求仁得仁，先付出后收获就是大仁。

宋·程颢、程颐：“非体仁、知之深者，不能如此形容之。”

子曰：“知者乐水，仁者乐山[1]；知者动，仁者静；知者乐，仁者寿。”

【注释】

[1] 知（zhì）者乐（yuè）水，仁者乐山：知，同“智”；乐，喜爱的意思。

【译文】

孔子说：“明智的人喜欢水，仁德的人喜欢山；明智的人喜欢动，仁德的人喜好静；明智的人乐观，仁德的人长寿。”

宋·朱熹：“知者达于事理而周流无滞，有似于水，故乐水；仁者安于义理而厚重不迁，有似于山，故乐山。动、静以体言，乐、寿以效言也。动而不括故乐，静而有常故寿。”

【解读】

孔子以山水的不同特性及动静的不同状态来概括“智者”与“仁者”的不同特征与内心世界，实在很巧妙。水，婉转流动象征着通达事理，所以，有智慧的人反应敏捷、思想活跃、通情达理，就像水不停地流动一样，源远流长，永不停息。山，稳固不移象征着义理永恒，所以，道德仁厚的人安于义理、宽容仁慈、不易冲动，就像山一样稳重不迁，亘古不变，毅然坚定。有智慧的人，喜欢在运动发展过程中把握时机；有仁德的人，喜欢在平静沉默中探索真理。有智慧的人，在活动中得到快乐；有仁德的人，在宁静中得以长寿。知识的更新从不中断，因此聪明的人需要不断学习，积极进取。品德的修养亘古不变，因此仁德的人需要不停思索，坚定不移。

子曰：“齐一变，至[1]于鲁；鲁一变，至于道[2]。”

宋·程颢、程颐：“夫子之时，齐强鲁弱，孰不以为齐胜鲁也？然鲁犹存周公之法制。齐由桓公之霸，为从简尚功之治，太公之遗法变易尽矣，故一变乃能至鲁。鲁则修举废坠而已，一变则至于先王之道也。”

宋·朱熹：“孔子之时，齐俗急功利，喜夸诈，乃霸政之余习。鲁则重礼教，崇信义，犹有先王之遗风焉；但人亡政息，不能无废坠尔。”

【注释】

[1] 至：赶上，到达。
[2] 道：正道，真理。

【译文】

孔子说：“齐国的政治一有改革，就赶上鲁国；鲁国的政治一改革，就合乎仁道了。”

【解读】

春秋时期的齐国和鲁国是邻国，齐国的开创者是姜太公，鲁国的开创者是周公，因此，齐、鲁的政教都有先王的遗风。但是，这两个国家的具体情况又有区别。齐国因为有山海的丰富资源，封建经济发展较早，并且在经济政治上实行了一系列的改革措施。所以，齐国百姓十分富裕，国力也相当强盛，曾称霸一时；而鲁国的封建经济发展比较缓慢，但意识形态和上层建筑保存得却比齐国完备。

孔子十分崇尚周礼，一心推行仁道。所以，他认为如果齐国在政教上做一些改革就可以达到鲁国的样子了，而鲁国在现在基础上加以改变，就能达到周朝的礼制了，这样就能达到他梦寐以求的理想境地了。

历史从来没有停止前进的脚步，每个时代都有每个时代的主流思想和意识形态，但源远流长的文化精神却深深根植于民族的血液之中。文化是社会思想的反映，社会的每一次变革，都透过文化来表达展现。然而，社会形态可以改变，文化精神却永不消失。如今社会，中外文化的交流与沟通中，我们应珍惜中华民族几千年传承下来的精神财富。

子曰：“觚[1]不觚，觚哉！觚哉！”

【注释】

[1] 觚（gū）：古代盛酒的器具，上圆下方，有棱，容量约有二升。后来觚被改变了，所以孔子认为觚不像觚。

【译文】

孔子说：“酒杯已经不像酒杯了，酒杯啊！酒杯啊！”

宋·程颢、程颐：“觚而失其形制，则非觚也。举一器，而天下之物莫不皆然。故君而失其君之道，则为不君；臣而失其臣之职，则为虚位。”

宋·朱熹：“不觚者，盖当时失其制而不为棱也。觚哉觚哉，言不得为觚也。”

【解读】

觚本来是一种上圆下方、有棱有角的酒杯，但是到了孔子的那个时代有了一些改变，觚不再是以前的样子了，所以孔子就感叹：“这是什么酒杯啊！这是什么酒杯啊！”实际上，孔子是在感叹，这是什么时代啊，怎么一切都变了！

在圣人的思想里，周朝的礼制是不可撼动的，周礼规定的一切都神圣不可侵犯。春秋时期，觚仍然叫觚，但形状却做了改变，其名与实已经不相符合了。圣人认为“名不正，则言不顺；言不顺，则事不成；事不成，则礼乐不兴；礼乐不兴，则刑罚不中”。所以，面对当时世风日下、礼乐不兴的状况，圣人不得不发出如此感叹。

没有规矩不成方圆，做事不按规矩往往一事无成。国有国法，家有家规，失去礼仪法制的约束，难免天下大乱。所以，做人做事都应该有理可循。世上万物都有自己的形状样貌，失去其形体也就失去了其规矩，也就失去了其依据和意义。除此之外，凡事还要讲究名正言顺，表里一致。名不符实，名存实亡，往往令人缺乏安全感，也很难让人信任接受。所以，我们为人处世凡事要按规矩来，讲求名实相符，表里一致。

宋·朱熹：“身在井上，乃可以救井中之人；若从之于井，则不复能救之矣。此理甚明，人所易晓，仁者虽切于救人而不私其身，然不应如此之愚也。”

明·张居正：“有智以行仁，而后仁为无蔽，宰我忧为仁之陷害，其不智可知，故孔子晓之如此。”

宰我问曰：“仁者虽告之曰井有仁焉，其从之也？”子曰：“何为其然也？君子可逝[1]也，不可陷[2]也；可欺也，不可罔也。”

【注释】

[1] 逝：往。这里指到井边去看并设法救之。
[2] 陷：陷入的意思。

【译文】

宰我问孔子说：“有仁德的人，如果告诉他说，‘井里掉进去一个仁德的人’。他会跟着下去吗？”孔子说：“为什么这样做呢？君子可以到井边去救人，却不可以陷入井中；君子可以被欺骗，但不可以被愚弄。”

【解读】

宰我是孔子的弟子，曾因白天睡懒觉，被孔子骂作“朽木不可雕也”；但是他聪明伶俐，能言善辩，又很受孔子赏识。本章是讲宰我对施行仁德有怀疑，认为仁和愚很难区分，所以就假设了一个难题来问孔子。井里掉进去一个有仁德的人，作为一个有仁德的人是否也该随之跳进去救助他呢？孔子一贯主张“明哲保身”，认为不能保存自己的人，不是真正的仁者；但同时孔子也主张仁者“杀身以成仁”“舍身以取义”，不去救助落井之人，也非仁者所为。所以，这是个两难的问题。但圣人毕竟是圣人，他执两用中回答了宰我的难题：君子既要救助有难之人，又要保全自己，不要使自己陷入险境。并且，针对生活中的其他方面，圣人又接着引申出：君子可以被欺骗但是不可以被愚弄。

现实生活中，我们要做个好人，但千万不能做愚人。君子为人正直，善于打抱不平，见义勇为，且很轻易相信别人；所以，有很多人就利用君子的善良热情来欺骗他们。这一点必须引起我们的高度警惕。做个好人是我们坚定不移的追求，但是做好人要懂得辨别是非真伪，不能被别人利用愚弄。秉性正直的君子被人欺骗在所难免，但如果一而再再而三地被无良之人利用，被骗多次仍然不能觉悟，这样的好人就变成蠢人了。所以，真正的君子只做合情合理的事，对于不合理的虚假蒙骗应该持有警觉之心。

子曰：“君子博学于文，约之以礼，亦可以弗畔矣夫[1]。”

宋·程颢、程颐：“博学于文而不约之以礼，必至于汗漫。博学矣，又能守礼而由于规矩，则亦可以不畔道矣。”

宋·朱熹：“君子学欲其博，故于文无不考；守欲其要，故其动必以礼。如此，则可以不背于道矣。”

【注释】

[1] 矣夫：语气词，表示较强烈的感叹。

【译文】

孔子说：“君子如果能广博地学习文献，并且以礼来约束自己，也就可以不违背正道了吧！”

【解读】

孔子的教育目的是培养懂“礼”的仁德君子。他当然不主张离经叛道，那么应该怎么做呢？他认为广泛学习古代典籍，而且要用礼制来约束自己。因为君子只有广泛地学习文化典籍才能深刻理解“道”，而道的核心是“仁”，仁的具体体现形式就是“礼”。有了广博的学识，再用礼制来约束自己，自然就不会离经叛道了。

文化素质和品德修养的高低与遵纪守法的觉悟程度是成正比的。我们要广泛地学习文化知识，从学习中唤醒自己的良知，以广博的学识提高自身的道德素质。但是，只学习文化典籍是不够的，如果没有礼法的约束，恐怕知识越渊博的人对社会的危害越大。所以更重要的是，我们还要遵纪守法，以道德法律规范自己的行为。简而言之，要成为一个仁德的君子，不但要学习文化知识，还要提高思想修养。

我们提倡知行合一，只有将“文”与“礼”两者结合起来，先知而后行，才能行正道。一个人的内在文化知识和品德修养不容易被觉察，但是外在行为是否合乎礼法却很容易被看到。只有做到表里一致，知行合一，才能获得大家的信任，才算是一个真正的君子。

子见南子，子路不说[1]。夫子矢之曰："予所否[2]者，天厌之！天厌之！"

【注释】

[1] 说（yuè）：同"悦"。
[2] 否：不对，不是，指做了什么不正当的事。

【译文】

孔子去见南子，子路不高兴了。孔子发誓说："如果我做了什么不正当的事，天厌弃我吧！天厌弃我吧！"

宋·朱熹："圣人道大德全，无可不可。其见恶人，固谓在我有可见之礼，则彼之不善，我何与焉？然此岂子路所能测哉？故重言以誓之，欲其姑信此而深思以得之也。"

明·张居正："盖孔子道大德宏，不为自己甚，故其待南子者如此。至于灵公问陈，则明日遂行。孔子岂屈己以徇人者哉！合而观之，可以知圣人之心矣！"

【解读】

南子是卫灵公的夫人，卫灵公是个无道的君王，南子的品行也不端正，她把持当时卫国的朝政，作风淫乱，名声很不好。在这种背景下，孔子去见南子，着实让人迷惑不解。所以性情莽撞的子路就很不高兴，无法理解老师的行为。面对弟子的不满，孔子情急之下对天发誓，说如果做了任何不正当的事情，让上天谴责他。这番情景，足以看出孔子和蔼可亲，与学生之间关系亲密融洽，是学生真正的良师益友。

所谓"大道载物"，大仁大德之人胸怀坦荡，凡事只求问心无愧。只要我们行得正坐得直，无愧于天地良心，就不害怕别人的流言蜚言恶意中伤。人言可畏，众口铄金，所以我们也不要恶意毁坏别人的声誉，凡事坚持自己的主见，不能随波逐流、人与亦云。

"流言止于智者"，面对他人口中的毁誉，我们要做一个有智慧有判断能力的人，坚决不对谣言起推波助澜的作用。评价别人不能存有偏见，对任何一个人都要全面客观地给予评价。不能不去观察调查只一味听信他人的传言，也不要过分苛求别人，对待任何人都要持一颗善良宽容的心。

宋·程颢、程颐：“不偏之谓中，不易之谓庸。中者天下之正道，庸者天下之定理。自世教衰，民不兴于行，少有此德久矣。”

子曰：“中庸[1]之为德也，其至矣乎！民鲜久矣。”

【注释】

[1] 中庸：中，谓之无过无不及。庸，平常，处事不偏不倚，不走极端。

【译文】

孔子说：“中庸之道作为道德标准，该是最高的了！人们缺乏这种道德已经很久了。”

【解读】

“中庸”即“执两用中”，无过亦无不及。孔子把“中庸”视为最高的美德，因为中庸之道是道德修养和处理事物的基本原则和方法，是识别真、善、美及人生价值、道德价值的根本方法。

中庸之道，告诉人们凡事应该把握住保持事物质的那个“度”，不偏于对立双方的任何一方，使双方保持均衡状态，追求对立中的统一。

中庸之道是我们为人处世的准则。修身养性要使自己的性情温和，既不乖张也不自闭，言行举止保持平和中正；处理事情要恰到好处，既不过分也无不及。

很多现代人不懂得如何处理人际关系，亲人朋友之间要么过于亲密，爱到窒息；要么就形同陌路，仇敌相待，这都是因为没有秉持中庸的处事原则。在人际关系的处理中，要避免两极化的思维模式，不偏袒一方，也不鄙弃一方，综合考虑各方面的利益，不能激化矛盾。与任何人相处，既不太近也不太远，既不太热也不太冷，要时时提醒自己保持距离把握分寸。

子贡曰："如有博施于民而能济众，何如？可谓仁乎？"子曰："何事于仁？必也圣乎！尧舜[1]其犹病诸[2]。夫[3]仁者，己欲立而立人，己欲达而达人。能近取譬[4]，可谓仁之方也已。"

【注释】

[1] 尧舜：传说中上古时代的两位圣贤帝王，是孔子心目中的榜样。儒家认为此二者是"圣人"。

[2] 病诸：病，担忧，忧虑。诸，"之于"的合音。

[3] 夫：句首发语词。

[4] 能近取譬：能够从切身的生活中选取例子，就自身打比方。即推己及人的意思。

【译文】

子贡说："如果有人能广泛地施爱于

宋·程颢、程颐："医书以手足痿痹为不仁，此言最善名状。仁者以天地万物为一体，莫非己也。认得为己，何所不至？若不属己，自与己不相干，如手足之不仁，气已不贯，皆不属己。故博施济众，乃圣人之功用。仁至难言，故止曰：'己欲立而立人，己欲达而达人。能近取譬，可谓仁之方也已。'欲令如是观仁，可以得仁之体。"

宋·朱熹："近取诸身，以己所欲譬之他人，知其所欲亦犹是也。然后推其所欲以及于人，则恕之事而仁之术也。于此勉焉，则有以胜其人欲之私，而全其天理之公矣。"

人民而又能救济人民，怎么样呢？可以称得上仁德吗？”孔子说：“何止于仁呢？那是圣德了！尧舜都恐怕难以做到！仁德的人，自己想站得住首先使别人也能站得住，自己做到通达事理首先要使别人也通达事理。凡事都能从切近的生活中将心比心，推己及人，这可以称为是实行仁道的办法了。”

【解读】

儒家道德修养中的核心标准是“仁”，是一切美好的道德行为的总和，博大而精深，但是只要立志于道，即便是普通人也能接近“仁”的境界。作为社会一员的我们自然有义务有责任为和谐社会贡献力量。成全别人就是在成全自己，服务人民就是在奉献社会。所以，我们不能只想着自己的利益得失，凡事要心怀爱意，懂得成全别人。可见，达到“仁”的境界并非遥不可及，一切就让我们从生活的细微处入手吧！

述而篇第七

子曰："述而不作[1]，信而好古，窃[2]比于我老彭。"

【注释】

[1] 述而不作：述，传述。作，创造。
[2] 窃：私，私自，私下。

【译文】

孔子说："阐述先王之道而不自己创作，相信并且喜好古代典籍，我自以为可以和殷时的贤大夫老彭相比了。"

宋·朱熹："孔子删《诗》《书》，定《礼》《乐》，赞《周易》，修《春秋》，皆传先王之旧，而未尝有所作也，故其自言如此。盖不惟不敢当作者之圣，而亦不敢显然自附于古之贤人；盖其德愈盛而心愈下，不自知其辞之谦也。然当是时，作者略备，夫子盖集群圣之大成而折衷之。其事虽述，而功则倍于作矣，此又不可不知也。"

【解读】

"述而不作，信而好古"，是孔子对自己著作和教学思想的概括。孔子喜好古代文献并且加以证信，他能够仔细观察人生百态，深切体悟人情世故，选择民间轶闻中符合人性伦理的部分加以整理。简言之，就是孔子能在继承古代典籍的基础上，将文化思想更好地传承下去。

子曰："默而识[1]之，学而不厌，诲[2]人不倦，何有于我哉[3]？"

【注释】

[1] 识：记住的意思。

宋·朱熹："默识，谓不言而存诸心也。一说：识，知也，不言而心解也。前说近是。何有于我，言何者能有于我也。三者已非圣人之极至，而犹不敢当，则谦而又谦之辞也。"

[2] 诲：教诲。

[3] 何有于我哉：对我有什么难呢？

【译文】

孔子说："把所学的东西默默地记下来，不断学习而不厌烦，教导别人而不感到疲倦，这对我有什么难呢？"

【解读】

为人师表的人则应该认真教诲而永不疲倦，老师应当敬业，对学生以诚相待，以身作则，教学相长。在浩瀚的知识海洋里，我们所学到的永远只是九牛一毛。要想获得更多的学问知识，就要随时随地将自己的所闻所见，默默记在心里，抓住一切能够获取知识的机会。人生因为学习而充实，生活因为博识而美好。

子曰："德之不修，学之不讲，闻义不能徙[1]，不善不能改，是吾忧也。"

【注释】

[1] 徙：迁移。此处指靠近义、做到义。

明·张居正："盖其好学无已之心，自视常若有不能耳。然此四者，在人君尤为切要。古之帝王或懋敬厥德，终始典学，或取人为善，改过不吝皆是道也。欲法古帝王者，宜三复孔子之言。"

【译文】

孔子说："品德不去修养，学问不去讲求，听到义却不能身体力行，有缺点不能改正，这些都是我忧虑的事。"

【解读】

孔子忧虑的这些事情并不是发生在他自己身上，而是他所处的那个时代的社会写照。人们不修养仁德，不讲求学习知识，听到正义的呼声不能及时前去伸张，不好的行为也不能自觉地加以改正，作为平凡的百姓，我们没有足够的力量影响整个社会；但是我们可以为自己负责，鞭策自己建立完美的人格，能做到完善自己也是非常难能可贵的。

子之燕居[1]，申申[2]如也；夭夭[3]如也。

【注释】

[1] 燕居：安居、家居、闲居。
[2] 申申：衣冠整洁。
[3] 夭夭：行动迟缓、斯文舒和的样子。

【译文】

孔子在家闲居，衣着整齐大方，面色和悦舒展。

宋·程颢、程颐：“此弟子善形容圣人处也，为申申字说不尽，故更着夭夭字。今人燕居之时，不怠惰放肆，必太严厉。严厉时着此四字不得，怠惰放肆时亦着此四字不得，惟圣人便自有中和之气。”

明·张居正：“德性极其纯粹，故容貌合于中和者如此。门人此言可谓善形容有道气象者矣。”

【解读】

孔子在家闲居时，衣冠整洁，面色和悦。可见其内心安详自在，外表舒坦自适。一般人闲居在家时，不用与人交往，很少注重自己的仪态，往往松懈懒散。很多人平时匆匆忙忙，一旦有了节假日，便不知如何合理安排了。人生不管遭遇什么，我们都应以平常心对待，潜心修德以保持心灵的平衡与美好。

子曰："甚矣吾衰也！久矣吾不复梦见周公[1]。"

宋·朱熹："孔子盛时，志欲行周公之道，故梦寐之间，如或见之。至其老而不能行也，则无复是心，而亦无复是梦矣，故因此而自叹其衰之甚也。"

明·张居正："盖孔子生于周时，一心要做周公的事业。方其精力壮盛，寤寐不忘，故常形之于梦。及其既老，则自谅其力不能为，无复是心，而亦无复是梦矣，故其发叹如此。可见贤才之生于世，其可以有为者，每在其强壮之时。"

【注释】

[1] 周公：姓姬，名旦，周文王的儿子，周武王的弟弟，成王的叔父，鲁国国君的始祖，传说是西周典章制度的制定者，他是孔子所崇拜的所谓"圣人"之一。

【译文】

孔子说："我衰老得厉害呀！我好久没有再梦见周公了。"

【解读】

孔子晚年感叹自己没有再梦见周公，表明了他对周公的怀念之情，也是在深深地感叹他文化传承的使命尚未完成。其实，所谓梦见周公，未必是真的说做梦，而是指未能推行大道的隐语。周公是周文王的第四个儿子，是周武王姬发的同母弟弟。他多才多艺，文武双全，摄政七年，平定天下，分封诸侯，制礼作乐。其历史功绩尤其集中在制作礼乐方面，他把夏、商、周三代的礼乐文化推向了发展的顶峰，孔子由衷地赞叹敬佩他。所以，孔子一心想把以周公为代表的西周文化传承下来并发扬光大，可是如今自己年事已高、身体渐衰，大道却仍未能施行，他难免要为此感伤慨叹。

子曰：“志于道，据于德[1]，依于仁，游于艺[2]。”

宋·朱熹：“人之为学当如是也。盖学莫先于立志，志道，则心存于正而不他；据德，则道得于心而不失；依仁，则德性常用而物欲不行；游艺，则小物不遗而动息有养。学者于此，有以不失其先后之序、轻重之伦焉，则本末兼该，内外交养，日用之间，无少间隙，而涵泳从容，忽不自知其入于圣贤之域矣。”

明·张居正：“盖道、德、仁，乃人君修身治天下之本，必当深造其极，方可无歉，而凡游心于艺文者，又须务求实用，始为有益。”

【注释】

[1] 德：旧注云：德者，得也。能把道贯彻到自己心中而不失掉就叫德。

[2] 艺：指孔子教授学生的礼、乐、射、御、书、数等六艺，都是日常所用。

【译文】

孔子说：“要立志求道，立足于德，行事靠仁，游乐于礼、乐、射、御、书、数六艺之中。”

【解读】

孔子认为做人应该立志高远，以美好的德行作为处事的依据，以一颗仁爱之心对待大众，还要博古通今，精通礼、乐、射、御、书、数等各种技艺。这些足以显示出孔子教育学生，以德育为主，并辅以智、体、美等教育要素。任何人要想成就一番事业，都要树立坚定而远大的志向。志向高远，心存仁厚，品德高尚，闲暇之余，我们还应该多参加文娱活动，更多地接受美育和体育。

宋·朱熹："盖人之有生，同具此理，故圣人之于人，无不欲其入于善。但不知来学，则无往教之礼，故苟以礼来，则无不有以教之也。"

明·张居正："盖天生圣人，非徒使自圣而已，正欲其先知觉后知，以先觉觉后觉，而为时人之耳目也。"

子曰："自行束脩以上，吾未尝无诲焉。"

【译文】

孔子说："自己主动带一束肉干这样微薄的礼品来见我求教的人，我没有不教他的。"

【解读】

春秋之前，"学在官府"，能够接受教育的人都是有权有势的贵族子弟。当时的教育只面向统治阶层本身，教育目的仅仅是为了给统治者培养接班人。孔子打破了贵族垄断教育的这种局面，凡是年满十五岁的人，不管其出身如何，他都愿意视作学生加以教诲。他认为无论什么人都应该接受教育，受教育的权利不能因为出身贵贱而受限制。事实上，圣人也是这么做的，他的学生很多都是贫民子弟，像"可使南面"，被认为有帝王之相的冉雍就出自贫贱的下层家庭。

宋·朱熹："圣人诲人不倦之意，因并记此，欲学者勉于用力，以为受教之地也。"

子曰："不愤[1]不启，不悱[2]不发。举一隅[3]不以三隅反，则不复也。"

【注释】

[1] 愤：苦思冥想而仍然领会不了的样子。

[2] 悱：想说又不能明确说出来的样子。

[3] 隅：角落。

【译文】

孔子说："教导学生，不到他自己百思不解时，不要开导他；不到他想说而又说不出来时，不要启发他。举出一个问题他不能因此而推举出其他三个问题，那就不要再教他了。"

【解读】

不愤不启，不悱不发，举一反三，学习时善于思考，才能够不断深入去学习。老师讲课时，能够恰当地把握火候，激发学生学习的主动性和积极性，就能收到事半功倍的教学效果。不管教育事业怎样发展，不愤不启，不悱不发，举一反三的启发式教学方法和精神并不会因此而过时，现代的老师依然应该将其发挥运用到实际的教学工作中去。

子食于有丧者之侧，未尝饱也。

明·张居正："此乃是不忍之心，古之帝王见百姓之饥寒困苦流离死亡，则必为之减膳、撤乐，急急救恤，即是此心。有天下者能推此心以仁民，则无一夫不得其所，而仁覆天下矣。"

【译文】

孔子在居丧的人旁边吃饭，没有吃饱过。

【解读】

孔子在有丧事的人旁边吃饭，因为同情其失去亲人，自己就会动恻隐之心而食欲不振，食不甘味，所以从来没有吃饱饭过。我国古代对于丧礼非常重视，它能够直接体现孝道，所以制度规定得严格。孔子在有丧事的人旁边吃不下饭去，便是礼的一种表现；同时也表明孔子胸怀博大，普爱众生。

子于是日[1]哭，则不歌[2]。

【注释】

[1] 日：这一天，作状语。

[2] 歌：唱歌。

【译文】

孔子在这一天哭泣，就不再唱歌了。

【解读】

在古代，唱歌是士大夫阶层生活的一部分，孔子十分喜欢唱歌。但当他因参加丧礼凭吊死者而哭泣过，心理余哀尚存，所以一天之内就不再歌唱了，这是孔子具有仁爱道德的表现。同时也能看出，孔子为人处事都合于礼，处处按照礼仪规范行事。

子谓颜渊曰："用之则行，舍之则藏[1]，惟我与尔有是夫[2]！"子路曰："子行三军，则谁与[3]？"子曰："暴虎冯河，死而无悔者，吾不与也。必也临事而惧，好谋而成者也。"

宋·朱熹："万二千五百人为军，大国三军。子路见孔子独美颜渊，自负其勇，意夫子若行三军，必与己同。"又曰："言此皆以抑其勇而教之，然行师之要实不外此，子路盖不知也。"

【注释】

明·张居正："子路好勇而无所取材，故孔子以是抑而教之。其实行军之道，亦不外此。"

[1] 舍之则藏：舍，舍弃，不用。藏，隐藏。
[2] 夫：语气词，相当于"吧"。
[3] 与：在一起的意思。

【译文】

孔子对颜渊说："被任用就推行自己的主张，不被任用就收起自己的主张，只有我和你能做到这样！"子路说："您若统率三军，找谁共事呢？"孔子说："赤手空拳和老虎搏斗，不用船而自己赤足过河，这样死了也不后悔的人，我不和他共事。一定要用遇事稳重谨慎，好用谋略而成功的人。"

【解读】

纵观古今中外的历史，大凡成大事者，无不是自始自终都遇事慎重，先谋略再执行。如果遇事慌张不动脑筋就鲁莽行事，没有谋略而单凭匹夫之勇，则一定是成事不足败事有余。行军打仗如此，我们日常生活中很多事情也是如此。我们想要达到什么愿望，遇到什么困难挫折，大到人生理想，小至生活琐碎，都需要我们冷静行事，周密部署，"谋定而后动"。切勿三分钟热度，也别东一榔头西一棒子，只有踏踏实实地做好我们的每一个计划，我们成功的几率才会大大增加。

子曰："富[1]而可求[2]也，虽执鞭之士[3]，吾亦为之。如不可求，从吾所好。"

宋·朱熹："设言富若可求，则虽身为贱役以求之，亦所不辞。然有命焉，非求之可得也，则安于义理而已矣，何必徒取辱哉？"

明·张居正："夫孔子之圣，非真屑为执鞭之士也，特见当世之人，多自决其礼义之防，而甘心于苟贱之羞，故甚言以警人之妄求耳。"

【注释】

[1] 富：指升官发财。

[2] 求：指合于道，可以去求。

[3] 执鞭之士：古代为天子、诸侯和官员出入时手执皮鞭开路的人。意思指地位低下的行业。

【译文】

孔子说："财富如果是可以求得的话，就是当车夫，我也愿意干。如果不能求得，那还是干我喜欢的事。"

【解读】

孔子主张凡事都要符合道义，在对待贫与富这个人生的重大问题上更是如此。这段话清晰地表明了孔子的财富观：钱财应该取之有道。挣钱的方式没有高低贵贱之分，只是君子敛财应该走正确的道路，那种不合道义而得到的富贵，但凡能够称之为"君子"的人，都是不应该去获得的，这也是他对那些唯利是图，为富不仁者的批判。

宋·朱熹："齐之为言齐也，将祭而齐其思虑之不齐者，以交于神明也。诚之至与不至，神之飨与不飨，皆决于此。战则众之死生、国之存亡系焉，疾又吾身之所以死生存亡者，皆不可以不谨也。"

子之所慎：齐[1]、战、疾。

【注释】

[1] 齐：同"斋"，斋戒。古人在祭祀前要沐浴更衣，不吃荤，不饮酒，不与妻妾同寝，整洁身心，表示虔诚之心，这叫做斋戒。

【译文】

孔子所小心的事是：斋戒、战争、疾病。

【解读】

孔子所在的时代，社会动荡，大大小小的战争层出不穷，人民的生活动荡不安，很多诸侯国都是在战争中风雨飘摇甚至灰飞烟灭。孔子在战争的问题上总的观点是“和为贵”，对于今天的我们也有一定的教育指导作用。大到国家间的纷争，小到个人之间的纠纷，我们都应该做到“以和为贵”，退一步海阔天空，这样世界才会更加和谐美好。

子在齐闻《韶》，三月不知肉味，曰：“不图为乐之至于斯也。”

【译文】

孔子在齐国听了《韶》乐，竟然三个月不知道肉的滋味，他说：“没想到《韶》乐达到了这样的境界。”

【解读】

孔子非常重视“诗乐”教育对培养人们德育品行的重要作用。音乐对于一个人审美品位的形成，乃至道德情操的陶冶，都有着极为重要的作用。如今这个地球村的时代，

宋·朱熹：“不意舜之作乐至于如此之美，则有以极其情文之备，而不觉其叹息之深也，盖非圣人不足以及此。”

明·张居正：“夫子周流至齐，得闻其音，乃从而学之，至于三月之久，一心只在乐上，虽当食之时，有不知肉味之为甘者。”

人们的审美品位自然相应提高。音乐能开阔人的心境，陶冶人的情操，放松都市繁忙中紧绷的神经，舒缓人的情绪，提高人的审美和品位。所以，我们要多听尽善尽美的音乐，以此来提高自己的道德修养。

冉有曰："夫子为[1]卫君乎？"子贡曰："诺[2]，吾将问之。"入，曰："伯夷、叔齐何人也？"曰："古之贤人也。"曰："怨乎？"曰："求仁而得仁，又何怨？"出，曰："夫子不为也。"

宋·程颢、程颐："伯夷、叔齐逊国而逃，谏伐而饿，终无怨悔，夫子以为贤，故知其不与辄也。"

宋·朱熹："君子居是邦，不非其大夫，况其君乎？故子贡不斥卫君，而以夷、齐为问。夫子告之如此，则其不为卫君可知矣。"

【注释】

[1] 为：这里是帮助的意思。
[2] 诺：答应的说法。

【译文】

冉有说："老师赞同卫君吗？"子贡说："好吧，我进去问问。"子贡进去，说："伯夷、叔齐是什么人？"孔子说："古代的圣贤呀！"子贡说："他们有怨悔吗？"孔子说："他们求仁德便得到了仁德，有什么怨悔的呢？"子贡出来，说："老师不赞同卫君。"

【解读】

孔子以"求仁而得仁，又何怨？"的反问方式高度赞扬了伯夷和叔齐。卫国父子争位与伯夷、叔齐两兄弟互相让位的行为截然相反，孔子赞成伯夷和叔齐，自然就不会帮助卫君。可见，孔子判断是非的标准就是是否符合礼。这也表现了子贡懂得运用语言的艺术。任何语言，都应该用最简洁的方式来表达最丰富的内容。有时候话虽然浅显，但是往往能给我们带来深远的启发。

子曰："饭疏食[1]饮水，曲肱[2]而枕之，乐亦在其中矣。不义而富且贵，于我如浮云。"

宋·程颢、程颐："非乐疏食饮水也，虽疏食饮水，不能改其乐也。不义之富贵，视之轻如浮云然。"又曰："须知所乐者何事。"

宋·朱熹："圣人之心，浑然天理，虽处困极，而乐亦无不在焉。其视不义之富贵，如浮云之无有，漠然无所动于其中也。"

【注释】

[1] 饭疏食：饭，这里是"吃"的意思，作动词用。疏食，即粗粮。饭疏食就是吃粗粮的意思。

[2] 曲肱：肱，胳膊，由肩至肘的部位。曲肱，即弯着胳膊。

【译文】

孔子说："吃粗粮喝清水，弯起胳膊当枕头，快乐就在其中了。干不义的事得到了财富和地位，对我来说，就好像浮云一样。"

【解读】

孔子极力提倡"安贫乐道"，安贫并不等于乐贫，如果有机会发财致富，当然也不必拒绝反对。只要是符合道义的钱财，君子也可以争取获得。就是说，我们对富贵钱财应该持有的态度是：

君子爱财，取之以道，我们不能以自己的信仰和节操去换取不义之财。对于不义之财，则应该视之如浮云。用仁义道德建立人格。这是值得我们现代人学习而躬行的教诲。

宋·朱熹:“此章之言,《史记》作为‘假我数年，若是我于《易》则彬彬矣。’加正作假，而无五十字。盖是时，孔子年已几七十矣，五十字误无疑也。学“易”，则明乎吉凶消长之理，进退存亡之道，故可以无大过。盖圣人深见《易》道之无穷，而言此以教人，使知其不可不学，而又不可以易而学也。”

明·张居正：“夫圣人全体易道，行不逾矩，岂待假以数年而学《易》，亦岂待学《易》而后能免过?正谓易理无穷，欲人当及时以勉学耳。欲寡过者当以讲学穷理为先。”

子曰：“加[1]我数年，五十以学《易》[2]，可以无大过矣。”

【注释】

[1] 加：这里通“假”字，给予的意思。

[2] 易：指《周易》，古代占卜用的一部书。

【译文】

孔子说：“增加我几年岁数，到五十岁时去学习《易经》，就可以没有大的过失了。”

【解读】

《易》就是《易经》，是我国最早的一部哲学著作，内容深奥难懂。孔子认为《易经》是一部穷理尽命之书。如果一个人能把《易经》学好，就能够知晓吉凶消长和进退存亡的道理，人生就可以没有大的过失了。由此我们可以看出，孔子十分注重通过学习来加强自己的道德修养，避免犯错误。《易经》正是一部研究事物变易、守易、不易的运动规律的著作。之所以五十岁才去学习《易经》，是因为《易经》的内容十分深奥，必须具有了丰富的人生阅历之后才能读懂。

子所雅言，《诗》《书》、执礼，皆雅言也。

【译文】

孔子讲规范的语言，讲《诗》《书》、行礼，都用规范的语言。

【解读】

雅言就是周王朝的正音，是周朝京都地区通用的官话。孔子为了方便传播自己的学术观点，平时带头使用雅言。在诵读讲授《诗》《书》，以及执行祭祀和外交礼宾活动时，他更是必须使用雅言。

宋·程颢、程颐："孔子雅素之言，止于如此。若性与天道，则有不可得而闻者，要在默而识之也。"

宋·朱熹："《诗》以理情性，《书》以道政事，礼以谨节文，皆切于日用之实，故常言之。礼独言执者，以人所执守而言，非徒诵说而已也。"

叶公[1]问孔子于子路，子路不对。子曰："女奚不曰，其为人也，发愤忘食，乐以忘忧，不知老之将至云尔[2]。"

【注释】

[1] 叶公：姓沈，名诸梁，楚国的大夫，封地在叶城（今河南叶县南），所以叫叶公。

宋·朱熹："叶公不知孔子，必有非所问而问者，故子路不对。抑亦以圣人之德，实有未易名言者与？未得，则发愤而忘食；已得，则乐之而忘忧。以是二者俛焉日有孳孳，而不知年数之不足，但自言其好学之笃耳。然深味之，则见其全体至极，纯亦不已之妙，有非圣人不能及者。盖凡夫子之自言类如此，学者宜致思焉。"

[2] 云尔：云，代词，如此的意思。尔同"耳"，而已、罢了的意思。

【译文】

叶公向子路问孔子怎么样，子路不回答。孔子对子路说："你为什么不这样说：他这个人，发愤读书时就忘了吃饭，高兴起来就忘了忧愁，而且不知道衰老即将到来了。"

【解读】

孔子能够从读书学习、修养仁德以及各种活动中体味到无穷的乐趣，是一个典型的乐天派；他还能够不为身旁的琐事而烦恼，表现出了积极向上的精神面貌。孔子的一生确实像他自己说的那样，十分刻苦，为了追求理想常常废寝忘食。学而不厌，安贫乐道，自强不息，这些都是我们现代人应该学习的美德。

宋·朱熹："生而知之者，气质清明，义理昭著，不待学而知也。"

子曰："我非生而知之者，好古[1]，敏[2]以求之者也。"

【注释】

[1] 古：古代典籍。
[2] 敏：勤奋敏捷。

【译文】

孔子说："我不是生来就有知识的人，而是喜欢古代典籍，并且勤奋敏捷地去探求的人。"

明·张居正："此虽孔子自谦之辞，其实学问之功，虽圣人亦不能废。故尧舜舍己从人，大禹不自满假，成汤之得师，武王之访道，皆不敢自恃其聪明，而必从事于学问也。"

【解读】

"生而知之"的人是不存在的，要想获得渊博的知识除了后天勤奋刻苦别无他法。人的智慧来自好古敏求，而不是依赖别人；敏而好学，废寝忘食，才能成就大学问。在求学方面，任何人都不能自恃聪明而松懈懒惰，学习离不开独立思考和亲身实践，不容许有丝毫的懈怠。今天这个科技飞速发展的时代，知识更新的速度也大大超出了我们的想象。我们只有坚持不懈地学习，才不会被社会淘汰，才能在激烈的竞争之中崭露头角。

子不语怪、力[1]、乱[2]、神。

宋·朱熹："怪异、勇力、悖乱之事，非理之正，固圣人所不语。鬼神，造化之迹，虽非不正，然非穷理之至，有未易明者，故亦不轻以语人也。"

【注释】

[1] 力：暴力，勇力。
[2] 乱：变乱，叛乱。

明·张居正："其所雅言者不过《诗》《书》、执礼，其所立教者不过文、行、忠、信而已。"

【译文】

孔子不谈论怪异、暴力、叛乱、鬼神。

【解读】

人的所有言行都受思想的控制，每个人都应该有自己的信仰。如果没有坚定的思想信仰，为人处世就会没有原则；而缺乏思想指导的人，必定会内心空虚。所以，只有树立正确而坚定的思想信仰，才能不被封建迷信思想控制，才能找到做人处事的准则。作为新时代的建设者，我们理应崇尚科学，远离迷信。

子曰："三人行，必有我师[1]焉。择其善者而从之，其不善者而改之。"

宋·朱熹："三人同行，其一我也。彼二人者，一善一恶，则我从其善而改其恶焉，是二人者皆我师也。"

明·张居正："人君之学，尤须广求博采，凡臣下之忠言嘉谟，古今之治乱得失，盖无非身心治理之助者，诚能以圣哲为芳规而思与之齐，狂愚为覆辙而深用为戒，是谓能自得师，而德修于罔觉矣。"

【注释】

[1] 师：指值得我作为老师去学习的人。

【译文】

孔子说："三个人一起走路，其中一定有可以为师值得我学习的人。我选择其中好的并且学习，看到其中不好的就改正过来。"

【解读】

圣人无常师，即使与少数几个人一同行走，也能在其中找到可以做自己老师的人。有些人喜欢以年长自居，以位高自居，骄傲自大，不愿向别人学习，这样的人很少能成就伟大的事业。人无完人，是人就会有缺点，所以我们要谦虚谨慎，善于学习。对别人的长处抱着欣赏的态度，不能嫉妒，而应主动效仿。看到别人的短处，就拿来反省自己，有则改之无则加勉。

子曰："天生德于予，桓魋[1]其如予何？"

宋·朱熹："魋欲害孔子，孔子言天既赋我以如是之德，则桓魋其奈我何？言必不能违天害己。"

明·张居正："孔子虽知天意之有在，而犹必微服过宋以避之，则可见天命固不可以不安，而人事亦不可以不尽。故知祸而避，则为保身之哲，以义安命，则为乐天之仁。"

【注释】

[1] 桓魋：担任宋国主管军事行政的官——司马，是宋桓公的后代。

【译文】

孔子说："天给予了我这样的品德，宋国的桓魋能把我怎么样？"

【解读】

公元前492年，孔子从卫国去陈国时经过宋国。宋国的司马桓魋听说以后，就带兵去害孔子。当时孔子正与弟子们在大树下演习周礼的仪式，桓魋带人砍倒大树，想要杀孔子。孔子在学生保护下，匆忙离开了宋国，在逃跑途中，他说了这句话。一个人具备了仁义、智慧和勇敢就会充满自信，临危不惧。圣人说上天赐予他仁德，就算是司马也不能对他怎样，表现了他自信的一面。自信，是值得我们学习的品德；但是自信不能过了头，否则那就变成了自大。

宋·程颢、程颐："圣人之道犹天然，门弟子亲炙而冀及之，然后知其高且远也。使诚以为不可及，则趋向之心不几于怠乎？故圣人之教，常俯而就之如此，非独使资质庸下者勉思企及，而才气高迈者亦不敢躐易而进也。"

宋·朱熹："诸弟子以夫子之道高深不可几及，故疑其有隐，而不知圣人作、止、语、默无非教也，故夫子以此言晓之。与，犹示也。"

子曰："二三子[1]以我为隐乎？吾无隐乎尔。吾无行而不与二三子者，是丘也。"

【注释】

[1] 二三子：这里指孔子的学生们。

【译文】

孔子说："你们这些学生认为我有所隐瞒吗？我对你们没有任何隐瞒。我没有什么行为不告诉你们的，这就是我孔丘的为人。"

【解读】

从孔子讲给弟子们的话中，我们可以看出孔子在教育学生方面胸怀坦荡，不仅重视言教还重视身教。孔子为人坦诚，在教学过程中毫无私心，即便对待自己的儿子伯鱼也绝不格外教诲，而是与其他弟子一样同等对待。孔子特意对学生们的疑问做了解释。他在弟子们面前毫无掩饰，为的也是让学生们能从他的言行举止当中，获得知识学会做人的道理。

宋·程颢、程颐："教人以学文修行而存忠信也。忠信，本也。"

子以四教：文[1]、行[2]、忠[3]、信[4]。

【注释】

[1] 文：文献、古籍等。

[2] 行：指德行，也指社会实践方面的内容。
[3] 忠：尽己之谓忠，是对人尽心竭力的意思。
[4] 信：以实之谓信。诚实的意思。

明·张居正："盖天下之义理无穷，皆载于《诗》《书》六艺之文，使不有以讲明之，则无以为闻见之资，而广聪明之益，故夫子每教人以学文也。然道本于身，使徒讲明，而不一一见之于躬行，则所学者不过口耳之虚，而非践履之实，故夫子每教人以修行也。"

【译文】

孔子用四个方面的内容教育学生：知识、德行、忠诚、信誉。

【解读】

孔子十分注重历代古籍、文献资料的学习，但只有书本上的知识还不够，还要重视社会实践活动，所以他经常带着学生周游列国，让学生在实践中增长知识和才干。学会了书本上的知识，懂得了实践活动的意义，还要养成忠、信的美好德行。我们应该学习书本上的知识来丰富自己的学识；积极参加实践活动来开阔视野；同时不能放松道德方面的修养，努力做一个待人诚挚、讲究诚信的君子。

子曰："圣人吾不得而见之矣！得见君子者，斯[1]可矣。"子曰："善人吾不得而见之矣！得见有恒[2]者，斯可矣。亡而为有，虚而为盈，约[3]而为泰[4]，难乎有恒矣。"

明·张居正："先儒说：'诚者圣人之本'。孔子此言，岂徒以引进学者哉？要其极则参赞位育之化，亦不过自有恒之实心以充之耳。欲学二帝三王者，宜体验于此。"

【注释】

[1] 斯：就。

[2] 恒：指恒心。
[3] 约：穷困。
[4] 泰：这里是奢侈的意思。

【译文】

孔子说："圣人，我不可能看见了；能看见君子，就可以了。"又说："完美的人，我不能看见了；能看见有操行的人，也就可以了。本来没有的说成是有，虚空的说成盈实，简约的说成豪华的，这样的人是很难有美好品德的。"

【解读】

圣人和善人都是完美而高尚的人，我们不可能达到这种境界，大部分人都很难成为全智全能的圣人或者尽善尽美的善人。然而德行贵在修持，也许我们达不到极致，但是我们可以从细微处努力，日积月累，达到我们所能达到的地步。道德境界的提高不是一蹴而就的事情，目标越高需要付出的努力就越多，我们必须坚持不懈地长久学习。

明·张居正："古之圣王网罟之目，必以四寸，田猎之法，止于三驱，皆以养其不忍之心，而使万物各得其所也。人君能举斯心以加诸民，则人人各遂其生而天下治矣。"

子钓而不纲[1]，弋不射宿。

【注释】

[1] 纲：大绳。这里作动词用，指在水面上拉一根大绳，在大绳上系许多鱼钩来钓鱼。

【译文】

孔子钓鱼但不拉大网，射鸟但不射归巢栖息的鸟。

【解读】

由于受自身的认识能力和社会条件的限制，人类在改造自然的过程中造成了人与自然之间各种各样的矛盾冲突。面对这种情况，人类应该树立正确的生态观，调节自身行为，积极寻找协调人与自然和谐相处的方法和途径。人类的未来，取决于人类自身的选择，走可持续发展的道路才是解决矛盾的最佳办法。在调节人与自然的关系上，道德起着不可忽视的重要作用。我们要注重道德的修养，以自己的精神实践来促进人与自然的和谐发展，使自然界能够长久地、充分地为人类社会服务。

子曰："盖有不知而作之者，我无是也。多闻，择其善者而从之，多见而识之，知之次也。"

宋·朱熹："孔子自言未尝妄作，盖亦谦辞，然亦可见其无所不知也。"

明·张居正："圣人本生知安行，而其自谦之词如此。则知学为圣人者，必先造其理，而后可以履其事。此讲学穷理之功，不可一日而不勉也。"

【译文】

孔子说："大概有一种人自己不懂却喜欢凭空创作，我不是这样的人。多听，选择其中好的吸取；多见而且记住，这样，就仅次于生下来就知道的人了。"

【解读】

"多闻，择其善者而从之。"这个"闻"

字，包括了多读书、多听、多问。所谓学问，一边学还要一边问，多向别人请教，多听取别人的意见。在现代浮躁的社会风气下，有一部分人自己不懂而又硬撑，处处冒充内行。这种人做事，小则贻笑大方，大则害己害人，甚至祸害人民，是不可取的。我们在平时的学习和工作中，面对那些不了解的领域，需要虚心对待，多读多看多了解，选取好的消化吸收，让它们变成自己的东西。世界无穷大，浩瀚的宇宙有很多我们未知的东西。所以我们需要多看多想多出去走走，扩大自己的眼界，你会发现不一样的世界。

互乡[1]难与言，童子见，门人惑。子曰：“与[2]其进也，不与其退[3]也，唯何甚？人洁己[4]以进，与其洁也，不保其往[5]也。”

宋·程颢、程颐：“圣人待物之洪如此。”

宋·朱熹：“人洁己而来，但许其能自洁耳，固不能保其前日所为之善恶也；但许其进而来见耳，非许其既退而为不善也。盖不追其既往，不逆其将来，以是心至，斯受之耳。唯字上下，疑又有阙文，大抵亦不为已甚之意。”

【注释】

[1] 互乡：地名，具体所在已无可考。

[2] 与：赞许。

[3] 进、退：一说进步、退步；一说进见请教，退出以后的作为。

[4] 洁己：洁身自好，努力修养，成为有德之人。

[5] 不保其往：保，一说担保，一说保守。往，一说过去，一说将来。

【译文】

互乡这地方的人难以交流，一个童子得到孔子的接见，弟子们都很疑惑。孔子说："我们应该鼓励他的进步，不赞成他退步，何必做得太过分呢？人家把自己的污点洗干净要求进步，我们应该鼓励他自洁，不追究他已往的行动如何。"

【解读】

孔子时常向各地的人们宣传他的思想主张。但在互乡这个地方，就有些行不通了。所以他说，"与其进也，不与其退也"，"人洁已以进，与其洁也，不保其往也"。这从一个侧面体现出孔子"诲人不倦"的态度，而且他认为不应死抓着过去的错误不放。我们面对他人一时的错误，不能揪住不放手，宽容别人就是给自己恩惠。

子曰："仁远乎哉？我欲仁，斯仁至矣。"

宋·程颢、程颐："为仁由己，欲之则至，何远之有？"

【译文】

孔子说："仁德难道离我们很远吗？我需要仁德，那仁德就来了。"

宋·朱熹："仁者，心之德，非在外也。放而不求，故有以为远者；反而求之，则即此而在矣，夫岂远哉？"

【解读】

孔子的理论系统里，"仁"具有两重性，第一种是博大精深、广远无垠的，这是从宏大的角度来看；第二种是具体而微、琐碎细小的事情。古往今来有很多人都认为，高尚的德行离自己很远，难以求得。其实，高尚的德行离我们很近，关键在于我们是否追求它。

宋·朱熹：“孔子不可自谓讳君之恶，又不可以娶同姓为知礼，故受以为过而不辞。”

明·张居正：“夫善则称君，过则归己，本理之当然。然孔子既自任以为过，则昭公之不知礼亦自有不可讳者。一则不昧天下是非之公，一则不失臣子忠厚之至。圣人一问答之间，真可以为万世法矣。”

陈司败问：“昭公知礼乎？”孔子曰：“知礼。”孔子退，揖[1]巫马期[2]而进之曰：“吾闻君子不党[3]，君子亦党乎？君取[4]于吴，为同姓，谓之吴孟子。君而知礼，孰不知礼？”巫马期以告。子曰：“丘也幸，苟有过，人必知之。”

【注释】

[1] 揖：作揖，行拱手礼。

[2] 巫马期：姓巫马名施，字子期，孔子的学生，比孔子小 30 岁。

[3] 党：偏袒、包庇的意思。

[4] 取：同娶。

【译文】

陈司败问孔子：“鲁昭公懂得礼吗？”孔子说：“懂礼。”孔子走出来，陈司败向孔子的学生巫马期行了个礼，并走近他说：“我听说君子不偏袒别人，难道孔子偏袒别人吗？鲁昭公从吴国娶了位夫人，吴与鲁是同姓，于是称她为吴孟子。鲁昭公如果懂得礼，那么谁不懂礼呢？”巫马期把这话告诉了孔子。孔子说：“我真幸运啊，一旦有错误，人家就给我指出来了。”

【解读】

对于我们一般人来说，听到别人说自己的缺点错误，不愤怒生气就不错了。哪里还会有什么“有幸”的感觉呢？不过，仔细想想孔子所说的话，的确也有一定的道理。因为，自己有了错误别人能指出来，总比自己有了错误没人愿意或没人敢给你指出来好。当别人为我们指出过错时，我们一定不要恼羞成怒，暴跳如雷，而要学习圣人的涵养，闻过则喜，把它当作一件“幸事”接受下来。有则改之，无则加勉，使自己成为一个受人尊敬的人，而不是一个可怕的人，一个没有人愿意或没有人敢给你提意见的人。

子与人歌而善，必使反[1]之，而后和[2]之。

宋·朱熹：“此见圣人气象从容，诚意恳至，而其谦逊审密，不掩人善又如此。盖一事之微，而众善之集，有不可胜既者焉，读者宜详味之。”

明·张居正：“孔子一咏歌之间，而气象从容，诚意恳至如此。其心与舜之取人为善，汤之用人惟己一般。此其所以为至圣也。”

【注释】

[1] 反：重复，使重唱一遍。
[2] 和：唱和，跟着唱的意思。

【译文】

孔子和别人一同唱歌，如果别人唱得好，一定让人家重唱一遍，然后他再跟着唱。

【解读】

古代知识分子对于文艺的修养非常重视，可见孔子十分重视诗教和乐教，同时也表明孔子虚心好学，而且不掩人之善。现代人多数自负，只懂得自我欣赏，很少能看到别人的长处。大家一起去唱歌，很多人只想抓住机会表现自我，唱了一首又一首，完全不顾别人的感受，这就是我们常说的“麦霸”。而等到别人唱歌时，这种人就在私底下与朋友谈天说笑，根本不听别人在唱什么，更谈不上懂得欣赏了。这样的行为很令人厌恶，这样的人自然也不受大家欢迎。做人应该懂得欣赏别人，不掩人之善，不能只看到自己的优点而无视别人的长处。

子曰：“文，莫[1]吾犹[2]人也。躬行君子，则吾未之有得。”

宋·朱熹：“未之有得，则全未有得，皆自谦之辞。而足以见言行之难易缓急，欲人之勉其实也。”

明·张居正：“观孔子此言，可见言易而行难，文在所缓，而行在所急。进德者固当先行而后言，用人者尤当听言而观行也。”

【注释】

[1] 莫：约摸、大概、差不多。

[2] 犹：犹如，与……一样。

【译文】

孔子说：“做学问，我和别人一样。但身体力行做个君子，我还没有做到。”

【解读】

孔子联系自身谈知易行难的问题，他说在做学问方面他和大家一样，但是在身体力行做君子方面，他还没有做到。显然这是孔子的自谦之词，但同时确实向我们阐述了“知易行难”的道理。道德修养的关键在于身体力行。然而，学习书本知识比起躬行实践来，要容易很多；形成好的道德习惯，时时事事都按照道德规范去做，就更难了。想要成为一个君子，就必须严格要求自己，做到知行一致，将获得的为人处世的道理运用到自己的生活和工作之中。

子曰："若圣与仁，则吾岂敢？抑[1]为之[2]不厌，诲人不倦，则可谓云尔[3]已矣。"公西华曰："正唯弟子不能学也。"

宋·朱熹："圣者，大而化之。仁，则心德之全而人道之备也。为之，谓为仁圣之道。诲人，亦谓以此教人也。然不厌不倦，非已有之则不能，所以弟子不能学也。"

明·张居正："盖为之可能也，使非全体仁圣，而至诚无息者，孰能无厌乎？诲人可能也，使非全体仁圣，而善与人同者，孰能无倦乎？然则夫子虽欲辞仁圣之名，而其实自有不容掩者矣。"

【注释】

[1] 抑：转折的语气词，"只不过是"的意思。
[2] 为之：指圣与仁。
[3] 云尔：这样说。

【译文】

孔子说："如果谈圣和仁，那我怎么敢呢？但是如果说做起事来不知厌烦，教导别人不知疲倦，那可以说是这样了。"公西华说："这正是我们大家不能学到的。"

【解读】

孔子认为自己不是至高无上的圣人，也不是仁德美好的君子，只是做起事情来不感到厌烦，教导别人不知道疲倦而已。为之不厌是智者的表现，诲人不倦是仁者的风范。如今社会，傲慢自大的人处处可见，这些人总是自以为自己是最棒的，像王婆卖瓜那样处处自夸。这样的人很难得到别人的信任，也常常不受别人欢迎。做人一定要谦虚谨慎，有真才实学也不必四处夸耀。所谓“酒香不怕巷子深”，人们与你相处久了自然就会发现你的优点和能力。

子疾病[1]，子路请祷[2]。子曰：“有诸？”子路对曰：“有之。《诔》[3]曰：‘祷尔于上下神祇[4]。’”子曰：“丘之祷久矣。”

【注释】

[1] 疾病：疾指有病，病指病情严重。
[2] 请祷：向鬼神请求和祷告，即祈祷。
[3]《诔》：祈祷文。
[4] 神祇：古代称天神为神，地神为祇。

【译文】

孔子病重，子路为他祈祷。孔子说：“有这样做的吗？”子路回答说：“有，《诔》文上说：‘替你向天神和地神祈祷。’”孔子说：“我已经祈祷很久了。”

【解读】

孔子患了重病，弟子子路为他向鬼神祈祷，想使老师的病好起来；可是孔子说他

宋·朱熹：“祷者，悔过迁善，以祈神之佑也。无其理则不必祷，既曰有之，则圣人未尝有过，无善可迁。其素行固已合于神明，故曰：“丘之祷久矣。”又士丧礼，疾病行祷五祀，盖臣子迫切之至情，有不能自已者，初不请于病者而后祷也。故孔子之于子路，不直拒之，而但告以无所事祷之意。”

明·张居正：“盖圣人德于天合，虽鬼神不能违，岂待于祷？至于死生修短，则有命存焉，虽圣人亦准安之而已，祷祀亦奚益乎？观孔子晓子路之言，可见当修德以事天，不必祷祀以求福。当用力于人道之所当务，不必谄渎于鬼神之不可知矣。”

自己已经祈祷很久了。这句话的言外之意就是，你不必临时为我祈祷，我平时为人处世全都符合大道，其效果与祈祷是相同的。大多数人只有身处危机的时候才想到神的存在，这个时候才想起应该为自己做过的有愧于心的事进行忏悔，以祈求得到神灵的保佑，并不是从平时就注意仁德的修养。平时不注重仁德的修养，随心所欲地说话办事，等到事情临到头上了才想起祈求神灵，可是自己都不努力，神灵又怎么能佑护得了呢?

子曰："奢则不孙[1]，俭则固[2]。与其不孙也，宁固。"

宋·朱熹："奢俭俱失中，而奢之害大。"

明·张居正："盖奢而不孙，则越礼犯分，将至于乱国家之纪纲，坏天下之风俗，为害甚大。若俭而固，则不过鄙陋朴野而已。原其意犹有尚质之风，究其弊亦无僭越之罪，不犹愈于不孙者乎？"

【注释】

[1] 孙：同"逊"，恭顺。不孙，即为不恭顺，这里的意思是"越礼"。

[2] 固：简陋、鄙陋。这里是寒酸的意思。

【译文】

孔子说："奢华就会傲慢，俭朴就会寒酸。与其傲慢，不如寒酸。"

【解读】

春秋时代诸侯、大夫等都过着极为奢侈豪华的生活，他们的享乐标准和礼仪规模都与周天子没有区别。在推崇周礼的孔子看来，这些都是越礼、违礼的行为。孔子认为尽管生活简朴会让人感到寒酸，但与越礼犯上相比，宁可寒酸以维护礼的尊严，也不能像那些诸侯大夫那样过着奢华的生活。这便是圣人对奢侈和俭朴的看法。现代社会的先进技术，为我们创造了越来越丰富的生活资料，人们很容易陷入生活的安逸中而不能自拔。

宋·程颢、程颐：“君子循理，故常舒泰；小人役于物，故多忧戚。”程子曰：“君子坦荡荡，心广体胖。”

明·张居正：“夫坦荡荡者，作德心逸日休也；长戚戚者，作伪心劳日拙也。一年既差，而人品遂顿殊矣。可不慎辨之哉。”

子曰：“君子坦荡荡[1]，小人长戚戚[2]。”

【注释】

[1] 坦荡荡：指心胸宽广、开阔。

[2] 长戚戚：经常忧愁、烦恼的样子。

【译文】

孔子说：“君子胸怀宽广坦荡，小人永远烦恼忧愁。”

【解读】

孔子认为，君子是有道德、有修养的人，心胸宽阔坦然，不以物喜，不以已悲。君子与小人的这种差别，归根到底体现的是他们具有截然相反的人生观和价值观。面对人生道路上的荆棘障碍，我们应该以宽阔坦荡的心态面对，而不要步入患得患失的夹缝之中。无论成功还是失意，无论富贵还是贫困，只要我们胸襟开阔，保持乐观积极的精神，就能够一样生活得充实开心。

子温而厉，威而不猛，恭而安。

【译文】

孔子温和而又严厉，威严却不凶狠，恭敬而又安宁。

【解读】

态度温和不代表处事马虎，平时为人慈祥可亲，做起事情来则应该严肃认真。温和之中隐含着严肃，大家才不敢轻易冒犯而又喜欢接近。君子要注重自己的仪表，待人要恭敬，言行都要符合礼仪的要求。值得注意的是，恭敬不等于谄媚讨好，与人相处应做到不卑不亢，既尊重别人又尊重自己。而要做到以上几个方面，就需要修养气质，建立美好的品德。

宋·朱熹：“人之德性本无不备，而气质所赋，鲜有不偏，惟圣人全体浑然，阴阳合德，故其中和之气见于容貌之间者如此。门人熟察而详记之，亦可见其用心之密矣。抑非知足以知圣人而善言德行者不能也，故程子以为曾子之言。学者所宜反复而玩心也。”

明·张居正：“盖圣人全体浑然，阴阳合德，故其中和之气见于容貌之间者如此。欲取法其盛德之容者，当先涵养其中和之蕴可也。”

泰伯篇第八

子曰："泰伯[1]，其可谓至德也已矣。三[2]以天下让，民无得而称焉[3]。"

【注释】

[1] 泰伯：周代始祖古公亶父的长子。

[2] 三：多次的意思。

[3] 民无得而称焉：百姓找不到合适的词句来赞扬他。

【译文】

孔子说："泰伯可以称得上品德极高尚的了，他多次把天子的地位让给弟弟季历，百姓不知道怎么称赞他了。"

【解读】

周朝的祖先古公亶父有三个儿子：泰伯、仲雍、季历。传说古公预见到季历的儿子姬昌有圣德，就想打破长子继位的惯例把君位通过季历传给姬昌。作为长子的泰伯为实现父亲的愿望，便与二弟仲雍一起出走到荆蛮之地，自号为勾吴，立为吴泰伯，成为后来吴国的始祖。周太王死后，季历继承王位，后来传给了姬昌，姬昌便是周文王。他继位后增强了周的国势，他的儿子姬发，也就是周武王灭了殷商，统一了天下。泰伯作为长子，为了实现父亲的心愿离家出走放弃王位，所以就连圣人也称赞他品德极其高尚。

宋·朱熹："夫以泰伯之德，当商周之际，固足以朝诸侯有天下矣，乃弃不取而又泯其迹焉，则其德之至极为何如哉！盖其心即夷齐扣马之心，而事之难处有甚焉者，宜夫子之叹息而赞美之也。泰伯不从，事见春秋传。"

明·张居正："然要之太王之欲立贤子圣孙，为其道足以济天下，非有爱憎利欲之私也，是以泰伯去之不为狷，王季受之不为贪。亲终不赴，毁伤肢体不为不孝。盖处君臣父子之变，而不失乎中庸，此所以为至德也。"

子曰："恭而无礼则劳[1]，慎而无礼则葸[2]，勇而无礼则乱，直而无礼则绞[3]。君子笃[4]于亲，则民兴于仁，故旧不遗，则民不偷。"

宋·朱熹："此一节与上文不相蒙，而与首篇慎终追远之意相类，吴说近是。"

明·张居正："夫恭、慎、勇、直，四者皆人之所难，而无礼则各有其弊如此。可见君子当动必以礼，而不可须臾离也。"又注："夫一处亲故之间，而上行下效，其应如响如此。为人君者可不正心修身，以为化导斯民之本哉。"

【注释】

[1] 劳：辛劳、劳苦的意思。

[2] 葸：拘谨、畏惧的样子。

[3] 绞：说话尖刻，出口伤人。

[4] 笃：厚待、真诚。

【译文】

孔子说："恭敬却没有礼的节制就会劳苦，谨慎却没有礼的节制就会胆怯，勇敢却没有礼的节制就会闯祸，直率却没有礼的节制就会变得尖刻。君子对待亲人感情深厚，人民就会兴起仁德之风，所以君主不遗弃老朋友，百姓就不会人情淡漠。"

【解读】

对人恭敬是美德，但如果缺乏礼的制约，一味恭敬就会逢人打拱作揖，显得唯唯诺诺，使自己劳累。谨言慎行是孔子一直倡导我们的，可是缺乏礼的制约，凡事都要谨慎就会变成畏首畏尾，结果导致一事无成。同样只有勇敢而不讲礼法，就会鲁莽闯祸；直来直去，直率得过了头，就会让人下不了台。所以，无论是哪种美德，都要用礼来加以节制中和，这样人们才会言行合度，符合社会规范。

曾子有疾，召门弟子曰："启[1]予足！启予手！诗云：'战战兢兢，如临深渊，如履薄冰。'而今而后，吾知免[2]夫，小子[3]！"

宋·程颢、程颐："君子曰终，小人曰死。君子保其身以没，为终其事也，故曾子以全归为免矣。"

明·张居正："盖所以致丁宁之意，亦欲其如己之戒谨恐惧，一举足而不敢忘亲也。夫以曾子之保身如此。则凡纵欲以伤其本，亏行以辱其亲者，固在所必无矣。为人子者，宜以曾子为法，庶可以体亲心而尽子道也。"

【注释】

[1] 启：开启，曾子让学生掀开被子看自己的手脚。

[2] 免：指身体免于损伤。

[3] 小子：对弟子的称呼。

【译文】

曾参得病了，把他的弟子叫来说："你们看看我的脚，看看我的手！《诗经》上说：'战战兢兢，好像面临着深渊，好像走在薄薄的冰上。'从今以后，我知道我可以免除灾祸了，学生们啊！"

【解读】

今天的我们，要面临的灾祸远远多于古人。我们除了要承担生活和事业等方面的压力外，还要面临各种疾病和各种事故的威胁，能平平安安地度过一生是每个人的心愿。我们活着不只是为了自己，还要担负起对家庭对亲人的责任。不论我们遭遇什么困难，为了关心爱护我们的亲人也应该坚持住，积极乐观地好好生活。千万不能一时想不开而寻短见，"身体发肤，受之父母，不敢毁伤"，所以，我们伤害自己的时候也是在伤害最爱我们的父母，这就是大不孝的行为。

宋·程颢、程颐：“动容貌，举一身而言也。周旋中礼，暴慢斯远矣。正颜色则不妄，斯近信矣。出辞气，正由中出，斯远鄙倍。三者正身而不外求，故曰笾豆之事则有司存。”

明·张居正：“人之为学，贵识其大，大行既无不善，而小节亦无所遗，固为全德。若舍其大而务其小，则大本既失，小者亦不足观矣。况于帝王之学，又与士庶人不同，则凡正心修身以立天下之极者，又岂在于仪文度数之末哉？有志于圣贤者，当知所务矣。”

曾子有疾，孟敬子[1]问[2]之。曾子言曰：“鸟之将死，其鸣也哀；人之将死，其言也善。君子所贵乎道者三：动容貌[3]，斯远暴慢[4]矣；正颜色[5]，斯近信矣；出辞气，斯远鄙倍矣。笾豆之事，则有司存。”

【注释】

[1] 孟敬子：即鲁国大夫孟孙捷。

[2] 问：探望、探视的意思。

[3] 动容貌：使自己的内心感情表现于面容。

[4] 暴慢：粗暴、放肆的意思。

[5] 正颜色：使自己的脸色庄重严肃。

【译文】

曾参得病了，孟敬子去探望他。曾参说：“鸟要死时，鸣叫的声音是悲哀的；人要死时，说出的话都是善意的。君子所看重的道有三点：举止容貌端庄，就会远离粗暴和怠慢；严肃自己的面色，就接近了诚信；说话言辞和悦，就会避免鄙俗和错误。至于礼仪的细节琐碎之事，那是主管小吏的事情。”

【解读】

人的生命到了尽头，反省自己的一生，回归生命的本质，其说出来的话都是善良的。生命即将终结之时，一切的钩心斗角，一切的成就失败，一切的荣耀耻辱，都已成为过去，而对于生命的亲切留恋油然而生。我们不要等到行将就木时才良心发现，才看透功名利禄。想要人生不留遗憾，就要从眼下开始，时时反省自己，常常忏悔以求改进，做一个完善的正人君子。

曾子曰："以能问于不能，以多问于寡，有若无，实若虚；犯而不校[1]，昔者吾友[2]尝从事于斯矣。"

宋·朱熹："颜子之心，惟知义理之无穷，不见物我之有间，故能如此。"

明·张居正："夫孔门传授心法，颜子独得其宗，而其平日用功，不过如此。盖谦虚以受人，则闻见多而学问日广，宽恕以容物，则私意泯而德性益纯。凡为贤为圣，皆不出此二者。盖学者当致力于斯。"

【注释】

[1] 校：同较，计较的意思。
[2] 吾友：我的朋友，一般都认为这里指颜渊。

【译文】

曾子说："有才能的向没有才能的人求教，知识多的人向知识少的人求教；有学问像没有学问一样，满腹知识和没有一样空虚，受到别人侵犯也不计较——以前我的朋友就能够做到这样。"

【解读】

人都应该抱持谦虚的态度，这样才会不断提升自己。我们往往不屑于向所谓"无能寡知"的人请教，可是"寸有所长，尺有所短"，可能他们在某方面正好有我们缺少的才能和知识。正所谓"君子无常师"，我们应该向一切人学习，而不能毫不谦虚，固步自封。而如果我们以正直公平的态度对待冒犯我们的人，既能得到别人的尊敬，又能令他们自己反思，自觉改正，这才是两全其美的方法。

宋·程颢、程颐：“节操如是，可谓君子矣。”

宋·朱熹：“其才可以辅幼君、摄国政，其节至于死生之际而不可夺，可谓君子矣。”

曾子曰：“可以托六尺之孤，可以寄百里之命[1]，临大节而不可夺也。君子人与？君子人也。”

【注释】

[1] 寄百里之命：寄，寄托、委托的意思。百里之命，指掌握国家政权和命运。

【译文】

曾子说：“可以把未成年的幼儿托付给他，可以把国家的政务托付给他，面临生死存亡的紧要关头而不动摇屈服——这样的人是君子吗？是君子啊！”

【解读】

曾子认为能托孤寄命、大节不夺的人是真正的君子。曾子所说的君子能临危受命，君主临终时可以放心地托孤于他，将国家政事全都交给他也不必忧心，在生死存亡的紧急关头他能坚持立场为国保节。这同样也是孔子推崇的君子形象，孔子认为君子应该具备两种人格，既要自我完善，终生修养道德，堂堂正正做人；又要具备社会责任感，为国忧虑为国尽忠。三国时期的诸葛亮就是这样的君子，而这样的君子既是人们的榜样也是民族的脊梁。

曾子曰：“士不可以不弘毅[1]，任重而道远。仁以为己任，不亦重乎？死而后已，不亦远乎？”

【注释】

[1] 弘毅：弘，广大。毅，强毅。

【译文】

曾子说："知识分子不能没有宽阔的胸怀和刚强的毅力，因为他担负着重大的历史使命而且道路遥远。以实现仁德作为自己的历史使命，不是很重大吗？对这一理想的追求到死才可以停止，不是道路遥远吗？"

【解读】

弘扬仁道是毕生都做不完的事业，有良知的读书人都应为此奋斗终身，死而后已。以仁道为中心，不但自己有仁爱之心，还要弘扬这种精神，引导全社会的人都心存仁爱，读书人应以身作则，坚定不移地承担起这份历史责任，努力提高对重任远道的认识程度，积极加入这支朝着理想社会行进的队伍。

宋·程颢、程颐："弘而不毅，则无规矩而难立；毅而不弘，则隘陋而无以居之。"又曰："弘大刚毅，然后能胜重任而远到。"

宋·朱熹："仁者，人心之全德，而必欲以身体而力行之，可谓重矣。一息尚存，此志不容少懈，可谓远矣。"又曰："弘，宽广也。毅，强忍也。非弘不能胜其重，非毅无以致其远。"

子曰："兴[1]于诗，立于礼，成于乐[2]。"

【注释】

[1] 兴：开始。
[2] 乐：音乐。

宋·程颢、程颐："天下之英才不为少矣，特以道学不明，故不得有所成就。夫古人之诗，如今之歌曲，虽闾里童稚，皆习闻之而知其说，故能兴起。今虽老师宿儒，尚不能晓其义，况学者乎？是不得兴于诗也。古人自洒埽应对，以至冠、昏、丧、祭，莫不有礼。今皆废坏，是以人伦不明，治家无法，是不得立于礼也。古人之乐：声音所以养其耳，采色所以养其目，歌咏所以养其性情，舞蹈所以养其血脉。今皆无之，是不得成于乐也。是以古之成材也易，今之成材也难。”

明·张居正：“然古人诗、礼、乐之教，皆发于性情之正，本于中和之德，故能成就人才如此，若后世以吟咏声韵为诗，而无关于性情，以虚饰仪文为礼，而不本于恭敬，以嬉戏淫哇为乐，而反乖于中和，则于诗、礼、乐之本然者失之远矣，亦何足务哉？善学者辨之。”

【译文】

孔子说：“修身养性起于《诗经》，立身之道在于礼，性情所成在于音乐。”

【解读】

诗歌里包含着丰富的思想感情，能够向人们展现真善美，所以读诗可以激发人的情感，振奋人的精神，从而达到修身养性、激励志向的目的。中正优美的诗歌有很强的感染力，人们多读这样的好诗，全社会就能收到民心向善、移风易俗的效果。音乐注重“思无邪”，和谐为主，尽善尽美，使人们的心灵充满喜悦，行为表现公正无私。所以，我们的生活中要注重诗歌和音乐的重要作用，用艺术陶冶情操，成就高尚的人格；也要一言一行谨遵法律制度，做一个完美的正人君子。

子曰：“民可[1]使由之，不可使知之。”

【注释】

[1] 可：可以。

宋·程颢、程颐：“圣人设教，非不欲人家喻而户晓也，然不能使之知，但能使之由之尔。若曰圣人不使民知，则是后世朝四暮三之术也，岂圣人之心乎？”

【译文】

孔子说："老百姓可以让他们遵从我们的意志去做事，却不能让他们知道为什么要这样做。"

宋·朱熹："民可使之由于是理之当然，而不能使之知其所以然也。"

【解读】

孔子的这句话有很多争议。有人认为这句话表现了孔子是站在当时统治阶级的立场上，主张愚民政策。而实际上，本章所说的不是统治者与民众的关系，而是民众与大道的关系。孔子认为，大道无处不在，但由于老百姓的文化程度不能普遍提高，他们对大道能不自觉地遵循使用，却不能自发地理解；一件事情，尤其是涉及政治层面的事务，想要让所有的人都理解其中的道理，确实很难。这就要求统治阶级按照孔子"有教无类"的思想，对所有人加以教育，让普通的民众也能掌握知识懂得礼仪。

子曰："好勇疾[1]贫，乱也。人而不仁[2]，疾之已甚[3]，乱也。"

宋·朱熹："好勇而不安分，则必作乱。恶不仁之人而使之无所容，则必致乱。二者之心，善恶虽殊，然其生乱则一也。"

明·张居正："夫好勇疾贫者，是身自为乱，固为天下之首恶，至于恶不仁者，本为正理，特以处之不善，乃亦足以致乱，而徒为祸阶。则君子之待小人，岂可以轻发而不审处哉。"

【注释】

[1] 疾：恨、憎恨的意思。
[2] 不仁：不符合仁德的人或事。
[3] 已甚：已，太。已甚，是太过分的意思。

【译文】

孔子说："喜好勇敢却厌恶贫穷的人，

会作乱。对于不仁德的人或事逼迫得太厉害，也会出乱子。”

【解读】

如果对于不仁德的人或事过于逼迫，会导致社会不稳定。嫉恶如仇是对的，但是也要注意给予改正的机会，不能得理不饶人。如果人犯了过错就永无翻身之日，没有丝毫的改过机会，这样势必激发起逆反心理，更加胡作非为。统治阶级应该注重百姓的犯罪心理，找到源头加以教化；而我们普通人也要对别人怀有仁爱大度的包容心，对有错的人不能太绝情，最好对之加以感化。

子曰：“如有周公之才之美，使[1]骄且吝，其余不足[2]观也已。”

【注释】

[1] 使：假使，如果。
[2] 足：值得。

【译文】

孔子说：“即使有周公那样美好的才华，如果骄傲并且吝啬，那么其他方面也不值得一看了。”

【解读】

周公定制礼乐，德才兼备，是孔子很推崇的一位伟大的政治家。在孔子看来，周公

宋·程颢、程颐：“此甚言骄吝之不可也。盖有周公之德，则自无骄吝；若但有周公之才而骄吝焉，亦不足观矣。”又曰：“骄，气盈。吝，气歉。”

宋·朱熹：“骄吝虽有盈歉之殊，然其势常相因。盖骄者吝之枝叶，吝者骄之本根。故尝验之天下之人，未有骄而不吝，吝而不骄者也。”

不但不骄不吝，而且是谦逊大度的典范。孔子很重视仁德的修养，认为君子似的人物，不仅应该才高八斗，更重要的应该具备良好的德行。所以，他说即便拥有周公那样美好的才能技艺，如果为人骄傲又吝啬的话，就算其他方面再好也不值得称道了。其实，圣人是在告诫我们做人要谦虚、慷慨。

子曰："三年学，不至于谷[1]，不易得也。"

宋·朱熹："为学之久，而不求禄，如此之人，不易得也。"

明·张居正："人君用人，于那有实学的必录用而尊显之，使得以展尽底蕴。若夫假学以沽名干进者，则摈抑而不用。庶乎贪位慕禄之徒，不至于滥窃名器，而无补于国家也。"

【注释】

[1] 谷：古代以谷作为官吏的俸禄，这里用"谷"字代表做官。不至于谷，即做不了官的意思。

【译文】

孔子说："读书三年而没有产生做官的愿望，这样的人是很难得到的。"

【解读】

孔子提倡"学而优则仕"，但是他更赞赏笃志于道的学习态度。认为读书人开始学习就立志为官，是不可取的。读书人应该立志于道，学问充足了，高尚品德修成了，再考虑做官为国为民出力。圣人赞美努力学习而不想做官之人的高尚品德，鼓励人们专心向学，提高仁德的修养，求学三年，仍然不为功名利禄而动心，实在是难能可贵的人才。现代社会，早已废除了科举考试制度，读书并不一定要为官，但不管从事什么行业，我们都应该潜心学习。

子曰："笃信好学，守死善道，危邦[1]不入，乱邦不居。天下有道则见[2]，无道则隐。邦有道，贫且贱焉，耻也；邦无道，富且贵焉，耻也。"

【注释】

[1] 危邦：濒临危亡的国家。

[2] 见：同"现"。

【译文】

孔子说："坚定信念并努力学习，一生不离善道。濒临危亡的国家不去，动乱的国家不去居住。天下政治清明就出来做事，政治混乱就归隐。政治清明而自己贫贱，是耻辱；国家混乱而自己富贵，也是耻辱。"

【解读】

君子处世应该遵循原则，树立坚定的信念，并且持之以恒地勤奋好学，誓死守卫并完善治国与为人的大道。国家有道、政治清明，就出仕为官；天下无道、政治黑暗，就归隐山林。如果天下有道而你贫穷卑贱，那就

宋·朱熹："不笃信，则不能好学；然笃信而不好学，则所信或非其正。不守死，则不能以善其道；然守死而不足以善其道，则亦徒死而已。盖守死者笃信之效，善道者好学之功。""君子见危授命，则仕危邦者无可去之义，在外则不入可也。乱邦未危，而刑政纪纲紊矣，故洁其身而去之。天下，举一世而言。无道，则隐其身而不见也。此惟笃信好学、守死善道者能之。"又注："世治而无可行之道，世乱而无能守之节，碌碌庸人，不足以为士矣，可耻之甚也。"

明·张居正："盖惟其不能笃信好学，守死善道，故世治而无可行之道，世乱而无能守之节，乃碌碌庸人而已，何足取哉？士之不可以无养也如是夫。"

是你的耻辱；同样，天下无道而你富裕显贵，也是你的耻辱。君子的出与入、贫与富，都应该取决于国家大局的变动，并且都要坚定信念。

子曰："不在其位，不谋其政。"

【译文】

孔子说："不在那个职位上，就不参与它的政事。"

【解读】

当政为官的人要安于本分，做好自己的分内之事，不要插手干预别人的事务。这既是尊重别人，又是在很好地维护自己的尊严。上到国家，下至单位，其内部都有严格的职位设置，人们各有所司，各负其责，谁也不能越俎代庖。要给自己找准位置，定好名分。乐于助人是美德，但是要把握度。先搞清楚自己所处的位置，再考虑与别人相互协调，相互帮助，而不是逾越职权，随意干涉别人的工作。

宋·程颢、程颐："不在其位，则不任其事也，若君大夫问而告者则有矣。"

明·张居正："盖所以安本然之分，而远侵越之嫌，人之自处当如是也。然士人之学期于用世，则匹夫而怀天下之忧，穷居而抱当世之虑，亦有所不容已者。要之，潜心讲究，则为豫养非分干涉，则为出位。豫养者待用于不穷，出位者轻冒以取咎，此又不可不辨也。"

子曰："师挚之始[1]，《关雎》之乱，洋洋乎盈耳哉！"

宋·朱熹："孔子自卫反鲁而正乐，适师挚在官之初，故乐之美盛如此。"

明·张居正："以孔子之圣而正乐，以师挚之贤而掌乐，故一时音节美盛如此。自师挚适齐，继者皆不能及，圣人所以追思而叹美之也。"

【注释】

[1] 师挚之始：师挚是鲁国的太师。"始"是乐曲的开端，即序曲。古代奏乐，开端叫"升歌"，一般由太师演奏，师挚是太师，所以这里说是"师挚之始"。

【译文】

孔子说："从鲁国的太师演奏音乐开始，到最后演奏《关雎》的结尾，满耳都是美妙的音乐。"

【解读】

孔子曾向师襄子学习弹琴，他刻苦练习，精益求精，对乐曲《文王操》神韵的理解，使师襄子深感惊讶。可见，孔子很喜欢音乐，并且对音乐很有造诣。在欣赏鲁国太师的演奏时，孔子说从太师演奏序曲开始一直到最后演奏《关雎》的结尾，他的双耳都是美妙的音乐。对太师的演奏发出了其源自内心的赞美之情！

宋·朱熹："吾不知之者，甚绝之之辞，亦不屑之教诲也。"

明·张居正："盖狂而直，侗而愿，悾悾而信，虽是气质有偏，然犹不失其本然之真，尚可以陶镕。若不直、不愿、不信，则本真已失，而习染愈蔽，终不可以化诲者也，故孔子绝之。"

子曰："狂[1]而不直，侗[2]而不愿[3]，悾悾[4]而不信，吾不知之矣。"

【注释】

[1] 狂：急躁、急进。

[2] 侗：幼稚无知。

[3] 愿：谨慎、小心、朴实。

[4] 悾（kōng）悾：同“空”，诚恳的样子。

【译文】

孔子说：“狂妄而不直率，幼稚而不老实，表面装诚恳而又不讲信用，这种人我不知道该怎么办呀！”

【解读】

狂而不直的人，狂傲不羁，狂妄自大，最要命的是还不干脆直率，总是斤斤计较于那些蝇头小利。侗而不愿的人，本来因为幼稚、单纯有着些许可爱之处，但一不老实就不可称道了。表面纯真，内心里却阴险狡诈，这样的人最容易蒙蔽别人。表面诚恳，暗地里却不守诺言不讲信誉的人，同样可恶。这些人的共同点就是缺乏伦理道德，不懂修养自己的品德。生活中，我们一面要防范以上三种人，又要时刻反省自己，不断修养道德学习做人的道理，避免沦为这样的人。

子曰：“学如不及[1]，犹[2]恐失之。”

宋·程颢、程颐：“学如不及，犹恐失之，不得放过。才说姑待明日，便不可也。”

宋·朱熹：“人之为学，既如有所不及矣，而其心犹竦然，惟恐其或失之，警学者当如是也。”

【注释】

[1] 不及：指来不及的心情和紧迫感。
[2] 犹：还。

【译文】

孔子说：“学习要有怕来不及的紧迫感，学到了的又总害怕再失去。”

【解读】

真正好学的求学者，应该具有学习的紧迫感和担心忘记所学知识的忧虑感。害怕来不及学习才能不断下苦功夫去钻研学问，担心失去已经学的知识才能经常温习不断巩固。我们学习到的知识并不能完全都掌握，因为人的记忆有遗忘的特性，可见学习不是一劳永逸的事情。明白了这一点，我们不仅要时时刻刻努力学习新知识，还要毫不放松地及时复习旧知识。

子曰：“巍巍[1]乎，舜禹之有天下也而不与[2]焉！”

宋·朱熹：“巍巍，高大之貌。不与，犹言不相关，言其不以位为乐也。”

明·张居正：“盖舜、禹之心只知天位之难居，虑四海之不治，日惟兢业万机，忧劳百姓而已。若夫有天下之可乐，奚暇计哉？此万世颂圣明者，必归之也。后世人君，诚能以其不与天下之心，而尽其忧勤天下之实，则二圣人之巍巍不难既矣。”

【注释】

[1] 巍巍：崇高、高大的样子。

[2] 与：参与、相关的意思。

【译文】

孔子说：“崇高啊，舜和禹拥有天下却不为自己享受。”

【解读】

舜、禹两位远古时代的君王，是孔子十分敬佩的人物。舜禅让于禹，禹治大水三次经过家门而不入，他们都是有大功于天下的仁德君主。孔子认为二者公而忘私，具有“天下为公”的仁爱精神，所以用“巍巍”来赞美他们崇高、伟大的人格。舜、禹身体力行，全心全意为百姓办事，虽然贵为帝王而不为拥有高贵的地位为乐，更不利用那至高无上的皇权奢华享乐。像他们这样宅心仁厚、德行美好的帝王真是值得拥戴称颂！

子曰："大哉尧[1]之为君也！巍巍乎，唯天为大，唯尧则[2]之。荡荡[3]乎，民无能名[4]焉。巍巍乎其有成功也，焕[5]乎其有文章！"

宋·朱熹："言物之高大，莫有过于天者，而独尧之德能与之准。故其德之广远，亦如天之不可以言语形容也。"又注："尧之德不可名，其可见者此尔。"

【注释】

[1] 尧：中国古代传说中的圣君。
[2] 则：效法、为准。
[3] 荡荡：广大的样子。
[4] 名：形容、称说、称赞。
[5] 焕：光辉。

【译文】

孔子说："伟大啊，尧帝！真是崇高啊！只有天最高大，只有尧能够效法天的高大。他的恩德真是广博啊，百姓不知道该怎样称赞他。他的功绩太崇高了，他的礼乐制度也焕发着光彩。"

【解读】

尧是黄帝的后代，他聪慧过人，又谦虚淳厚，他所定制的礼乐法度对后世影响很大，闪耀着恒久的光芒。尧帝的盛德一直被后人称颂，他的功绩也成为历代统治者孜孜以求的目标。古人推重天道，认为天沉默无言，却能让四季运行，使万物生生不息。而能够效法上天的只有尧帝，他无为而治，以德治国，使得天下归心，万民拥戴。

舜有臣五人[1]而天下治。武王曰："予有乱臣十人[2]。"孔子曰："才难，不其然乎？唐虞之际，于斯为盛，有妇人焉，九人而已。三分天下有其二，以服事殷。周之德，其可谓至德也已矣。"

宋·朱熹："周室人才之多，惟唐虞之际，乃盛于此。降自夏商，皆不能及，然犹但有此数人尔，是才之难得也。"

明·张居正："然则，才难之一言，信乎其不诬矣。大抵得人固难，而知人与用人尤难，虞舜、武王惟其知之明而用之当，故能成天下之治如此。若知有未真，则取舍犹有所眩惑，用之未尽，则底蕴无由以展布，何以收得人之效乎？故知人善任，尤人君治天下之本，不可不慎也。"

【注释】

[1] 舜有臣五人：传说是禹、稷、契、皋陶、伯益等人。

[2] 乱臣：据《说文》："乱，治也。"此处所说的"乱臣"，应为"治国之臣"。

【译文】

舜有五位贤臣就把天下治理好了。武王说："我有能治理天下的臣子十人。"孔子说："人才难得呀，不是这样吗？唐尧和虞舜时期，比武王时人才更兴盛。武王说的十人中还有一个妇人，实际上只有九人罢了。当初周文王得到天下的三分之二，却仍然服侍殷王。周朝的仁德，可以称得上是最高的仁德了。"

【解读】

传说上古时代，舜的执政时期是后世百姓心中的黄金时代，但是那样繁盛的时代才有五个贤臣。周武王时代也只不过才得十个人才，其中还有一个妇人。可见，贤良的人才很难得啊！

子曰："禹，吾无间然矣。菲[1]饮食而致[2]孝乎鬼神，恶衣服而致美乎黻冕[3]；卑[4]宫室而尽力乎沟洫[5]。禹，吾无间然矣。"

【注释】

[1] 菲：指菲薄，不丰厚。

[2] 致：致力、努力。

[3] 黻（fú）冕：黻，祭祀时穿的礼服叫黻；祭祀时戴的帽子叫冕。

[4] 卑：低矮。

[5] 沟洫：沟渠。

【译文】

孔子说："禹，我没什么可指责他的了。他自己吃粗茶淡饭，却很丰厚地孝敬鬼神，他穿得很简朴，却把祭服做得很华美，他住着矮小的房屋却全力去疏通沟渠修治水利。禹，我对他没什么可指责的了。"

宋·朱熹："或丰或俭，各适其宜，所以无罅隙之可议也，故再言以深美之。"

明·张居正："盖人之常情，奉身之念每厚于事神为民。而人君富有四海，其势又得以自遂其欲。故致孝鬼神可能也，菲饮食不可能也；致美黻冕可能也，恶衣服不可能也；尽力沟洫可能也，卑宫室不可能也。书称禹克勤于邦，克俭于家，盖必俭而后能勤。若一有奉身之念，则虽以天下奉一人而犹恐不足，又焉能勤民而致力于神哉？欲法大禹者，尤当师其俭德可也。"

【解读】

禹大公无私的精神很值得我们现代人学习，有些人只讲究自身享乐，对公众事务十分冷漠吝啬。我们应当像禹那样，对于自己的日常消费要有所节制，不能随心所欲，俭朴节约地过日子；而公共事业是为大家提供便利，是我们的共同事业，在这方面我们要大方捐赠，付出自己的微薄之力。

子罕篇第九

子罕[1]言利与命与[2]仁。

宋·程颢、程颐："计利则害义，命之理微，仁之道大，皆夫子所罕言也。"

明·张居正："仁具于心，乃四端万善之统体，其道至大而难尽，若强以示人，则未免有躐等之患矣。故夫子亦罕言之，欲人之渐进也。夫观圣人之所罕言，则吾人之所当务者可知矣。"

【注释】

[1] 罕：稀少，很少。
[2] 与：赞同、肯定的意思。

【译文】

孔子很少谈到功利和天命，却赞许仁德。

【解读】

孔子很少谈到"利"，因为他曾说过"君子喻于义，小人喻于利"，认为只有小人才会谈论关心自身利益如何；而君子心怀天下，是不注重个人得失的。孔子赞同"命"和"仁"，表明他对此十分重视。发展商品经济的今天，人们的观念发生了重大变化，君子已不再羞于言利。但是，君子跟小人仍然有着本质的区别，君子不取不义之财，小人取财从不管是否符合道义。

达巷党人[1]曰："大哉孔子！博学而无所成名[2]。"子闻之，谓门弟子曰："吾何执？执御乎？执射乎？吾执御矣。"

宋·朱熹："达巷，党名。其人姓名不传。博学无所成名，盖美其学之博而惜其不成一艺之名也。执，专执也。射御皆一艺，而御为人仆，所执尤卑。言欲使我何所执以成名乎？然则吾将执御矣。闻人誉己，承之以谦也。"

【注释】

[1] 达巷党人：古代五百家为一党，达巷是党名。这是说达巷党这个地方的人。

明·张居正：“盖闻人誉己，承之以谦也。夫孔子之圣，生而知之，其道以一贯之。固不待于博学，而亦非有意于求名者，惜乎党人不足以语此！若夫观人之法，则不可以概求，或全德之士可以大受，或偏长之士可以小知。随才善用，此又为治者之先务也。”

[2] 博学而无所成名：学问渊博，因而不能以某一方面来称道他。

【译文】

达巷党中的一个人说：“伟大啊，孔子！他学问广博，不仅仅是某一方面的专家。”孔子听了这话，对他的学生们说：“我能干什么呢？赶车吗？当射手吗？我还是赶车吧。”

【解读】

达巷党中有个人特别敬佩孔子，认为孔子什么都精通，不仅仅是某一方面的专家。孔子得知后很幽默地调侃自嘲道：“我会做什么呢？赶车还是射箭呢？那我还是赶车吧！”可见孔子既谦逊又好学。能够精通一门技艺很好，但是如果能够做一个事事都懂的通才更好。人的命运掌握在自己手里，我们常说“知识改变命运”，事实也是这样。所以，我们要持之以恒地学习知识，努力掌握各门技艺，将自己培养成一个多才多艺的人才。

宋·程颢、程颐：“君子处世，事之无害于义者，从俗可也；害于义，则不可从也。”

子曰：“麻冕[1]，礼也；今也纯[2]，俭[3]，吾从众。拜下，礼也；今拜乎上，泰也。虽违众，吾从下。”

【注释】

[1] 麻冕：麻布制成的礼帽。

[2] 纯：丝绸，黑色的丝。

[3] 俭：俭省，麻冕费工，用丝则俭省。

宋·朱熹：“麻冕，缁布冠也。纯，丝也。俭，谓省约。缁布冠，以三十升布为之，升八十缕，则其经二千四百缕矣。细密难成，不如用丝之省约。臣与君行礼，当拜于堂下。君辞之，乃升成拜。泰，骄慢也。”

【译文】

孔子说：“用麻料做帽子，符合礼仪；现在大家都用丝料，这样节俭，我服从大家。在堂下叩头拜见君主，合乎礼仪；如今人们都在堂上拜见，这是傲慢。虽然违背大家的意愿，我还是主张在堂下拜见君主。”

【解读】

孔子赞同用比较俭省的黑丝做礼帽代替用麻织的帽子，但是反对拜见君主时，以在堂上跪拜代替在堂下跪拜的做法。孔子认为礼帽从俭，能够显出俭朴，所以他对此表示赞同。然而礼仪如果从简，就会显出骄慢，所以他对此不赞同。这表明孔子不是偏执地坚持一切都要合乎周礼的规定，而是在一定的原则上坚持己见。在大是大非上，一定要坚持自己的原则，凭自己的良心做事。即便与大多数人的意愿相背，也要坚持到底，义无反顾也在所不惜。

子绝四——毋意[1]，毋必[2]，毋固[3]，毋我[4]。

宋·程颢、程颐：“此毋字，非禁止之辞。圣人绝此四者，何用禁止。”

宋·朱熹：“盖意必常在事前，固我常在事后，至于我又生意，则物欲牵引，循环不穷矣。”

【注释】

[1] 意：同“臆”，猜想、猜疑的意思。
[2] 必：必定。
[3] 固：固执己见。

[4] 我：这里指自私之心。

【译文】

孔子杜绝了四种毛病——不主观臆测，不绝对肯定，不固执己见，不自以为是。

【解读】

凭主观猜测臆断，缺乏真实依据，往往是自私自利的结果。人立身处世，首先要实事求是，对事情的真相做出正确的判断。不能为了满足自己的愿望就妄自推测，加以绝对肯定。听取别人的意见也非常重要，不愿意接受别人意见、常常自以为是的人容易走进封闭的小胡同，很难取得更大的发展。如今社会，创新无处不在。面对琳琅满目的新事物，我们要时刻保持头脑清醒，不能凭主观臆测来做判断，而要虚心听取各方意见，实事求是地认识新事物。

子畏于匡，曰："文王既没，文不在兹[1]乎？天之将丧斯文也，后死者[2]不得与[3]于斯文也；天之未丧斯文也，匡人其如予何[4]？"

【注释】

[1] 兹：这里，指孔子自己。

[2] 后死者：孔子这里指自己。

宋·朱熹："畏者，有戒心之谓。匡，地名。道之显者谓之文，盖礼乐制度之谓。不曰道而曰文，亦谦辞也。"

明·张居正："夫圣人当不测之变，而处之泰然如此。真所谓卒然临之而不惊，无故加之而不慑者。学者观此，不惟可征其见理之明、任道之勇、而亦足为养心不动气之法矣。"

[3] 与：同“举”，这里是掌握的意思。
[4] 如予何：奈我何，把我怎么样。

【译文】

孔子被匡地的人囚禁了，他说：“周文王死了以后，文化典籍不都在我这儿吗？天如果要消灭周的文化，那么我也就不会掌握这些文化了；既然天不想丧失这些文化，那匡地的人又能把我怎么样呢？”

【解读】

鲁定公十五年，孔子从卫国前往陈国途中经过匡邑，匡地的人遭受过鲁国阳虎的暴虐，而孔子的相貌与阳虎相似，所以孔子受到匡人的误解而被拘禁五天。弟子们为此都很着急，孔子便说了这番话。这段话表现了孔子临危不惧、乐天知命的胸襟。人生会遭遇什么，我们无法预料，但是只要我们有坚定的信念和伟大的理想做支撑，无论面对什么都会从容淡定，不畏惧也不忧愁。

太宰问于子贡曰：“夫子圣者与？何其多能也？”子贡曰：“固天纵[1]之将圣，又多能也。”子闻之，曰：“太宰知我乎？吾少也贱，故多能鄙事[2]。君子多乎哉？不多也。”

宋·朱熹：“纵，犹肆也，言不为限量也。将，殆也，谦若不敢知之辞。圣无不通，多能乃其余事，故言又以兼之。”又注：“言由少贱故多能，而所能者鄙事尔，非以圣而无不通也。且多能非所以率人，故又言君子不必多能以晓之。”

【注释】

[1] 纵：让，使，不加限量。

明·张居正：“德既造于至圣，则其才自无所不通，所以又兼乎多能耳。然则多能乃圣之余事，而岂足以尽夫子之圣哉？子贡之言，盖智，足以知圣人者也。”

[2] 鄙事：卑贱的事情。

【译文】

太宰向子贡问道：“孔夫子是圣人吗？他为什么这样多才多艺呢？”子贡回答说：“这固然是天使他成为圣人，而且又多才多艺。”孔子听到后，说：“太宰了解我吗？我小时候很贫贱，所以学会了很多低级的技能。君子会有这么多的技能吗？不会有这么多的。”

【解读】

子贡认为自己的老师孔子是圣人，上天赋予他多才多艺。但孔子坦言说自己的多才多艺是由于年轻时社会地位低下，为了谋生才学会了在君子们看来是低贱的而且是不屑于做的一些技艺。

宋·朱熹：“牢，孔子弟子，姓琴，字子开，一字子张。试，用也。言由不为世用，故得以习于艺而通之。”

牢曰：“子云：‘吾不试，故艺。’”

【译文】

孔子的弟子牢说：“孔子说：‘我没有被国家重用，所以多学一点技艺。’”

【解读】

自己的才华不被欣赏，一身的能力无处发挥，一般人会感觉这样的人生暗淡而又无望。但是，圣人并不因此而失望，而是将精力用在学习技艺方面。人生起起伏伏是很正常的事情，人应当在得意时不忘形，本本分分，踏踏实实，做好自己应做的事；失意时不灰心，在人生低谷中更应该努力学习，尽力多掌握些技艺，以备东山再起之时用。所以，我们要经受住生活的考验，在平凡中坚守理想。练就一身本领，就不用担心没有伯乐。

明·张居正：“按此章太宰之言与达巷党人之言相似。孔子一则以执御自居，一则以多能为鄙，固皆自谦之词。其实圣学之要，不在于此。盖修己有大本大原，治天下有大经大法，自尧舜以至于孔子皆然，不以博学多能为急也。学圣人者宜详味乎斯言。”

子曰：“吾有知乎哉？无知也。有鄙夫[1]问于我，空空如也[2]。我叩[3]其两端[4]而竭焉。”

【注释】

[1] 鄙夫：孔子称乡下人、社会下层的人。
[2] 空空如也：指孔子自己心中空空无知。
[3] 叩：叩问、询问。
[4] 两端：两头，指正反、始终、上下方面。

【译文】

孔子说：“我有知识吗？没有知识。有一个农民向我提问，我什么也不知道。我从他问的事情的始末两端推究而尽量地回答他。”

宋·程颢、程颐：“圣人之教人，俯就之若此，犹恐众人以为高远而不亲也。圣人之道，必降而自卑，不如此则人不亲，贤人之言，则引而自高，不如此则道不尊。观于孔子、孟子，则可见矣。”

宋·朱熹：“孔子谦言己无知识，但其告人，虽于至愚，不敢不尽耳。叩，发动也。两端，犹言两头。言终始、本末、上下、精粗，无所不尽。”

【解读】

孔子自谦说他自己没有知识，事实上他只不过是想告诉我们：因为人的精力是有限的，所以不可能对世间所有事情都十分精通，对于许多问题，往往是茫茫然，空空如也。但同时他又教给我们一个分析问题、解决问题的基本方法，那就是从正反、前后、始末等两端加以考察，抓住问题的两个极端，就能求得问题的解决。

宋·朱熹：“凤，灵鸟，舜时来仪，文王时鸣于岐山。河图，河中龙马负图，伏羲时出，皆圣王之瑞也。”

明·张居正：“盖圣王在上，则和气充溢于天地之间，故其祥瑞之应如此！已矣夫是绝望之词。”

子曰：“凤鸟不至，河不出图[1]，吾已矣夫！”

【注释】

[1] 河不出图：传说在上古伏羲氏时代，黄河中有龙马背负八卦图而出。它的出现象征着“圣王”将要出世。

【译文】

孔子说：“神鸟凤凰没有飞来，黄河也没有图画出来，我这一生也将要完了吧！”

【解读】

本章与“久矣，吾不复梦见周公”含义一样，是孔子到了晚年面对自己年老力衰，而道之不行的感叹。孔子为恢复周礼，周游列国，四处游说，可是辛苦奔波了一生大道仍然无法推行。此句感叹中流露出了圣人面对天下无道而又无可奈何的深深哀怨。

当时，孔子已是 71 岁高龄，要实现“老者安之，朋友信之，少者怀之”的理想已不可能了。所以，孔子十分失望，觉得自己的时间已很少了。

子见齐衰[1]者、冕衣裳者与瞽[2]者，见之，虽少，必作[3]；过之，必趋[4]。

明·张居正：“盖有丧的人方抱悲痛之意，于情可哀，有爵的人既受朝廷之命，于礼当尊。夫子但见其可哀可尊，即为之改容致敬，却不因其少与瞽而遂忽之也。然有爵之当尊，有丧之可矜，人皆知之。惟少者人之所易忽，瞽者人之所易欺，而夫子哀敬之容不为之少异。此所以为圣德之至也。”

【注释】

[1] 齐衰（zī cuī）：丧服，古时用麻布制成。

[2] 瞽（gǔ）：盲。

[3] 作：站起来，表示敬意。

[4] 趋：快步走，表示敬意。

【译文】

孔子看见穿丧服的人、戴着礼帽穿着礼服的人和瞎了眼睛的人时，他们虽然年轻，孔子也一定站起来；从他们前面过，也一定快步走过去。

【解读】

本章记载了孔子对居丧者、居官者和盲人乐官的礼敬方式。孔子之所以这样做，说明了他极其尊崇周“礼”，并且身体力行，以期带动大家达到恢复礼治的理想社会。所以，我们也要像圣人那样礼敬这三种人。同时，我们还要把以礼待人的做法推及平时的生活中，时时处处与人为便，做到尊敬礼让。

颜渊喟[1]然叹曰："仰之弥[2]高，钻[3]之弥坚，瞻[4]之在前，忽焉在后。夫子循循然善诱人[5]，博我以文，约我以礼，欲罢不能。即竭吾才，如有所立卓尔。虽欲从之，末由也已。"

宋·程颢、程颐："此颜子称圣人最切当处，圣人教人，惟此二事而已。""到此地位，功夫尤难，直是峻绝，又大段著力不得。"又注："此颜子所以为深知孔子而善学之者也。"

明·张居正："这篇中博文约礼正是圣学切实下手处，盖学不外于知行二者。尧舜以来，所谓惟精以察之，即是博文的工夫，惟一以守之，即是约礼的工夫。此孔子得统于尧舜，而颜子为善发圣人之蕴者也。学者真能从事于此，而加竭才之功焉，则何帝王之不可为，圣贤之不可及哉？"

【注释】

[1] 喟：叹息的样子。
[2] 弥：更加，越发。
[3] 钻：钻研。
[4] 瞻：视、看的意思。
[5] 循循然善诱人：循循然，有次序地。诱，劝导，引导。

【译文】

颜渊感慨地叹息说："老师的学问和仁德，仰望它越发觉得高深莫测，钻研它越发觉得坚不可破。看看似乎在前面，忽然又觉得在后面。老师善于一步步地引导我们，用文化典籍开阔我们，用礼仪制度来约束我们，想停止不学都不可能。我已经竭尽了我的能力，好像有所成就了。虽然想像老师那样去做，可是又不知道从哪儿入手了。"

【解读】

颜渊十分敬佩自己的老师孔子，他认为孔子的学问与仁德高不可攀，对老师的学说特别神往。此外，颜渊还谈到了老师的教育方法，对老师循循善诱的教学方法非常佩服。颜渊跟从孔子多年，仍然感叹自己虽然想学习老师那样去做，可是因为老师的学问高深无边，根本不可企及。这是一种教学的艺术，也是我们今天的老师们需要掌握的教学方法。

子疾病，子路使门人为臣。病间[1]，曰："久矣哉，由之行诈也。无臣而为有臣。吾谁欺？欺天乎？且予与其死于臣之手也，无宁[2]死于二三子之手乎？且予纵不得大葬[3]，予死于道路乎？"

宋·朱熹："子路欲以家臣治其丧，其意实尊圣人，而未知所以尊也。病时不知，既差乃知其事，故言我之不当有家臣，人皆知之，不可欺也。而为有臣，则是欺天而已。人而欺天，莫大之罪。引以自归，其责子路深矣。"

明·张居正："盖古时为大夫者皆有家臣治其家事，死则为之治丧，如以臣事君之礼，故子路以此尊孔子。然孔子时以去位，实不当有家臣，是未知所以尊之之道也。"

【注释】

[1] 病间：指病情减轻。

[2] 无宁：宁可。"无"是发语词，没有实际意义。

[3] 大葬：指大夫的葬礼。

【译文】

孔子得了重病，子路让孔子的学生做家臣，准备办理丧事。过了一段时间，病渐渐好了，孔子说："仲由这种行为是欺骗呀！我没家臣变为有家臣来治丧。我欺骗谁呢？欺骗上天吗？我与其在家臣料理下死去，还不如在你们学生料理下死去！我即使得不到隆重厚葬，却会死在道路旁吗？"

【解读】

儒家对于丧葬文化十分重视，尤其重视葬礼的等级规定。办丧事时要严格地按照周礼的等级规定操持。不同等级的人有不同的安葬仪式，如果违反了周礼的规定，就是大逆不道。摆架子做样子，崇尚虚荣，只不过是小人的作为罢了。天地不可欺，君子理应坦荡诚实，事实怎样就是怎样，不应该也没必要虚伪遮掩。追求虚名浮誉，骗不了别人，骗的只是自己而已。所以，我们要做务实的人，凡事讲求实事求是。

子贡曰："有美玉于斯，韫匵[1]而藏诸？求善贾[2]而沽[3]诸？"子曰："沽之哉，沽之哉！我待贾者也。"

【注释】

[1] 韫匵：收藏物件的柜子。
[2] 善贾：指识货的商人。
[3] 沽：卖出去。

【译文】

子贡说："有一块美玉在这里，是把它放在匣子里藏起来，还是找一个识货的商人卖一个好价钱呢？"孔子说："卖了它！卖了它！我等待着卖个好价钱。"

宋·朱熹："子贡以孔子有道不仕，故设此二端以问也。孔子言固当卖之，但当待贾，而不当求之耳。"

明·张居正："盖天下之宝，当为天下惜之，尤不可以自轻也。知玉之当沽，则知夫子之当仕。知玉之待价，则知夫子之待礼。如无礼而自往者，是衔玉而求售也，圣人岂为之乎？"

【解读】

孔子确实很想做官，他做官的目的是为了推行自己的政治主张，实现自己的政治理想。但他不是毫无原则地去求官职，所以，他说“等待着卖个好价钱”，要找一个识货的商人来买。人生就是一场交易，我们渴望自己的才能被人赏识，但是我们不能为了实现自己的理想而不顾道义准则，坚决不能以枉道事人。那我们就期望有一个伯乐似的人物，能够看到我们的能力并给予我们合适的职位吧！

子欲居九夷[1]。或曰：“陋[2]，如之何？”子曰：“君子居之，何陋之有？”

宋·朱熹：“东方之夷有九种。欲居之者，亦乘桴浮海之意。”

明·张居正：“此可见圣人道大德宏，存神过化，如帝舜耕于历山，而田者让畔。泰伯、端委以化荆蛮，感应之妙，有不约而同者，使孔子得邦家而治之，则绥来动和之化，其功效岂小补哉？惜乎春秋之不能用也。”

【注释】

[1] 九夷：中国古代对于东方少数民族的通称。
[2] 陋：鄙野，指文化闭塞，不开化。

【译文】

孔子要到九夷居住。有人说：“这个地方风俗鄙陋，怎么居住呢？”孔子说：“君子住在那里，还有什么鄙陋的呢？”

【解读】

孔子见仁道无法推行于天下而抒发的感叹，表示自己想去九夷之地居住。所以本章的意思类似于公冶长篇里的“乘桴浮于海”。有人说九夷之地文化闭塞，风俗鄙陋，无法居住。孔子在回答这个人的问题时说，只要有君子去这些地方居住，传播文化知识，开化人们的愚昧思想，那么这些地方就不会再闭塞落后了。这表现了孔子积极改造环境，使陋变泰，使不知礼而知礼的态度和信心。现代人喜欢迁移到繁华之地生活，顶着巨大的生存压力也在所不惜，其实只要德馨，不论生活在哪个城市哪座村庄，内心都是充实而幸福的。

宋·朱熹：“鲁哀公十一年冬，孔子自卫反鲁。是时周礼在鲁，然诗乐亦颇残阙失次。孔子周流四方，参互考订，以知其说。晚知道终不行，故归而正之。”

明·张居正：“《雅》是《大雅》《小雅》。《颂》是《周颂》《鲁颂》《商颂》。都是《诗经》的篇名。其中的诗词就是乐章。”

子曰：“吾自卫反鲁，然后乐正，《雅》《颂》[1]各得其所。”

【注释】

[1] 雅颂：这是《诗经》中两类不同的诗的名称。也是指《雅》乐、《颂》乐等乐曲名称。

【译文】

孔子说：“我从卫国返回到鲁国，然后把乐章整理出来，《雅》乐和《颂》乐都各自有适当的安排。”

【解读】

鲁哀公十一年，孔子从卫国返回到鲁国。针对当时鲁国虽然保存周礼最多，可是已不完备的状况，孔子首先修正了《诗经》

中的“雅”“颂”两部分，将其中顺序错乱的作了调整：正其乐音，使音律不致于错乱；正其乐章，使乐章各得所宜，合乎体制。可见，孔子认为正音可以端正人的性情，寓教于乐，可以更好地教化百姓。

子曰：“出则事[1]公卿，入则事父兄，丧事不敢不勉[2]，不为酒困[3]，何有于我哉。”

明·张居正：“夫此四者，皆人伦日用庸德之行，而我犹有所未能。况君子之学更有大于此者乎？此吾之进修所以惕然而不宁，汲汲然而匪懈也，此圣人谦己诲人之词，然其至诚无息之心，躬行实践之学，于此亦可见矣。”

【注释】

[1] 事：服侍。
[2] 勉：尽力。
[3] 困：困扰。

【译文】

孔子说：“在外服侍公卿，在家服侍父兄，办理丧事不敢不尽礼，不被酒肉所困扰，这些事我做得怎么样呢？”

【解读】

孔子自谦，说自己在孝悌忠敬方面都没有做到完美的境地。从中可以看出孔子在修养仁德方面，主张人们从自己身边的小事做起，积善成德。忠孝悌礼这些美好的道德是要靠日积月累慢慢修成的。工作中，我们要跟上司搞好关系，但不能谄媚逢迎；在家庭里，我们要孝敬父母尊敬兄长，但不是事事顺从；参加丧礼的时候要按照礼仪规范办事；喝酒不要过量，免得酒后乱性，胡作非为。

子在川上曰：“逝者[1]如斯[2]夫，不舍昼夜。”

【注释】

[1] 逝者：时光的流逝。

[2] 斯：指河水。

【译文】

孔子在河边感叹说：“时光的流逝就像这河水一样啊！日夜不停地流淌。”

【解读】

孔子站在河岸上，面对滔滔奔流的江河水，发出了如此意味深长的感叹。这也是圣人临川而作的哲学思考，世界万事万物都在运动变化发展，不分白天黑夜运行不息，犹如江湖河流之水，奔腾而去。时间对我们每个人来说，都是公平的；但是每个人对这相同时间的运用，却各有不同。有的人珍惜分分秒秒，有的人则挥霍光阴。时光一去不复返，所以我们应该抓紧一切时间去拼搏奋斗。

宋·程颢、程颐：“此道体也。天运而不已，日往则月来，寒往则暑来，水流而不息，物生而不穷，皆与道为体，运乎昼夜，未尝已也。是以君子法之，自强不息。及其至也，纯亦不已焉。”又注：“自汉以来，儒者皆不识此义。此见圣人之心，纯亦不已也。纯亦不已，乃天德也。有天德，便可语王道，其要只在谨独。”

宋·朱熹：“天地之化，往者过，来者续，无一息之停，乃道体之本然也。然其可指而易见者，莫如川流。故于此发以示人，欲学者时时省察，而无毫发之间断也。”又注：“自此至篇终，皆勉人进学不已之辞。”

子曰：“吾未见好德[1]如好色[2]者也。”

【注释】

[1] 德：仁德。
[2] 色：美也。

明·张居正："人若能以好色之心好德，则如《大学》所谓自慊而无自欺。推之以正心、修身、齐家、治国、平天下又何难哉？孔子此言，其勉人之意深矣。"

【译文】

孔子说："我没有见过喜好仁德像喜好美色一样的人。"

【解读】

鲁定公十四年，卫灵公和其夫人南子同车出游，为了提高自己的名声却把孔子放在后车上，招摇过市。孔子感到十分耻辱，于是很感慨地说："吾未见好德如好色者也。"这句话显然是孔子感叹当时社会道德观念淡薄。爱好美色是心态健全的表现，爱好美德是仁义君子的追求。人之所以不同于动物，关键不在于美色，而在于美德。

子曰："譬如为山，未成一篑[1]，止，吾止也；譬如平地，虽覆一篑，进，吾往[2]也。

宋·朱熹："书曰：'为山九仞，功亏一篑。'夫子之言，盖出于此。言山成而但少一篑，其止者，吾自止耳；平地而方覆一篑，其进者，吾自往耳。盖学者自强不息，则积少成多；中道而止，则前功尽弃。其止其往，皆在我而不在人也。"

【注释】

[1] 篑：土筐。
[2] 往：坚持下去，一往无前。

【译文】

孔子说："譬如堆土成山，还差一筐

明·张居正："大抵人之为学，莫先于立志，所谓止吾止者，其志隳也。志一隳，则何功不废？进吾往者，其志笃也，志一笃，则何功不成？故汤圣人也，而仲虺犹以志自满为戒，高宗令主也，而傅说犹以逊志时敏为言，武王之学可谓成矣，召公犹防其玩物丧志，而譬之于为山九仞，功亏一篑，夫子之言盖防于此。有事于帝王之学者，可不坚持其志哉？"

完成，就停止了，这是我自己半途而废。譬如用土平地，虽然只刚倒一筐土，但是如果继续下去，那是靠我继续坚持啊！"

【解读】

孔子用堆土成山这一比喻，说明功亏一篑和持之以恒的深刻道理。他鼓励自己和学生们无论在学问和道德上，都应该坚持不懈，不能半途而废。一切都要通过自己本身而起作用。要想成就事业，就要有坚持到底、百折不挠的精神，还要树立坚定不移的执着信念。进退成败的关键就是自己能不能坚持到底，是否能不前功尽弃不半途而废。

明·张居正："观孔子以不惰称回，以不厌自处，可见圣贤造诣，都自勤学中来，读者所当深玩也。"

子曰："语之而不惰[1]者，其回[2]也与！"

【注释】

[1] 惰：懒惰，懈怠。
[2] 回：指孔子弟子颜渊。

【译文】

孔子说："听我的话而始终不懈怠，大概只有颜回吧！"

【解读】

颜回是好学的典范，他能够闻一知十，并且十分谦虚，孔子非常赞赏他。颜回听孔子讲课，总是聚精会神，专心致志，从不懈怠，这也是他“好学”的具体表现。学问和道德的修成，并非一日之功，而需要坚持不懈的努力。不论命运如何，我们都不能放弃努力。即便结果可能无所成就，只要我们心怀希望，不懒惰不懈怠，就不会留下悔恨。

子谓颜渊曰：“惜乎！吾见其进[1]也，未见其止[2]也。”

【注释】

[1] 进：前行进步状。
[2] 止：停止不前。

【译文】

孔子谈到颜渊，说：“可惜啊！我只看见他不断地进步，没有看见他停止过。”

【解读】

孔子经常以颜渊为榜样教育其他学生。进德修业和功课学问都要求具备自强不息、坚持到底的精神。所谓“学如逆水行舟，不进则退”，学习是这样，修养仁德也是如此。

宋·朱熹：“颜子既死而孔子惜之，言其方进而未已也。”

明·张居正：“盖人或资禀有限，则欲进而不能，或立志不专，则进锐而退速。故能进为难，进而不止者为尤难。惟回之为学，真能勇往直前，惟日不足，必欲造乎精微纯粹之域而后已，吾未见其有止息也。夫进而不已，则其进未可量，虽至于圣人不难，而今不幸死矣！岂不深可惜乎？孔子深惜颜回，亦勉励门弟子之深意义也。”

如果不寻求进步，就要退步；人没有进步停留在原地，同样也是退步。我们应该像颜渊那样，只知进取而不知停留，成为自强不息的楷模。

宋·朱熹：“谷之始生曰苗，吐华曰秀，成谷曰实。盖学而不至于成，有如此者，是以君子贵自勉也。”

明·张居正：“诚能戒始勤终怠之失，为功深力到之图，则进退不已，未有不底于成者，是在自勉而已矣！”

子曰：“苗而不秀[1]者有矣夫；秀而不实者有矣夫！”

【注释】

[1] 秀：稻、麦等庄稼吐穗扬花叫秀。

【译文】

孔子说：“庄稼只长苗而不开花的情况有，只开花而不抽穗的情况也有。”

【解读】

苗而秀，秀而实，循序而进，有始有终。真正的成就是循序渐进取得的，所以我们都应该具备一颗善始善终、持之以恒的心。不是每一粒种子都会发芽，不是每一次努力都会有所收获。面对挫折和失败，很多人中途放弃了，实在是很可惜。由此可见，要想取得成功，就必须坚持不懈地去努力去奋斗，善始善终，竭尽全力。

子曰：“后生[1]可畏，焉知来者[2]之不如今也？四十、五十而无闻焉，斯亦不足畏也已。”

【注释】

[1] 后生：指年轻人。
[2] 来者：指将来、未来的时日。

【译文】

孔子说："年轻人是可畏的，怎么知道他将来赶不上现在呢？一个人到了四十、五十而没有名声，那他也就没什么可畏的了。"

宋·朱熹："孔子言后生年富力强，足以积学而有待，其势可畏，安知其将来不如我之今日乎？然或不能自勉，至于老而无闻，则不足畏矣。言此以警人，使及时勉学也。"

明·张居正："盖四十、五十乃君子道明德立，学有成效之时，于此而犹无可称，则终不免为庸人之归而已，又何足畏之有？"

【解读】

年轻人是不可轻视的力量，他们年富力强，精力旺盛，记忆力好；如果能勤奋好学，其势便不可阻挡，常常后来居上。而一个人如果到了四五十岁的年龄还没有名声，只要发奋学习，也没什么可怕的。

子曰："法语之言[1]，能无从乎？改之为贵。巽与之言[2]，能无说[3]乎？绎之为贵。说而不绎，从而不改，吾末[4]如之何也已矣。"

宋·朱熹："法言人所敬惮，故必从；然不改，则面从而已。巽言无所乖忤，故必说；然不绎，则又不足以知其微意之所在也。"

【注释】

[1] 法语之言：法，指礼仪规则。这里指以礼法规则正言规劝。
[2] 巽与之言：巽，恭顺，谦逊。与，称许，赞许。这里指恭顺

赞许的话。

[3] 说：同“悦”。

[4] 末：没有。

【译文】

孔子说：“合乎礼仪准则的话，能不服从吗？但改正错误了才是可贵的。迎合自己心愿的话，能不高兴吗？但分析思考才是可贵的。高兴而不思考，服从而不改正，我就不知道该怎么办了。”

【解读】

法语之言就是忠言，听起来不那么入耳，但却有利于我们的行动。而听忠言的关键是要将听到的话牢记在心里，并落实到行动上。阿谀讨好的话往往蕴藏着害人的“陷阱”，我们必须冷静分析，辨清是非，千万不能被它吹捧得昏昏然。

宋·程颢、程颐：“人道惟在忠信，不诚则无物。且出入无时，莫知其乡者，人心也。若无忠信，岂复有物乎？”又曰：“学问之道无他也，知其不善，则速改以从善而已。”“君子自修之道当如是也。”

子曰：“主忠信，毋友不如己者，过则勿惮改。”[1]

【注释】

[1] 此章系重出，见《学而》篇第8章。

【译文】

孔子说：“要以忠信为主，不要和不如自己的人交朋友，有了过错就不要怕改正。”

【解读】

此章系重出，见《学而》篇第 8 章。

宋·朱熹："友所以辅仁，不如己，则无益而有损。"又曰："轻乎外，必懈怠于内，则所学不深，所知肤浅，所行虚浮，自然德威无所从树。"

子曰："三军[1]可夺帅也，匹夫[2]不可夺志也。"

明·张居正："夫以匹夫之志胜于三军之帅如此，则志之于人岂不大哉？所以为学而有志于圣贤，则便可以为圣贤，为君而有志于帝王，则便可以为帝王。盖其机在我，夫孰得而御之？是以君子贵立志也。"

【注释】

[1] 三军：12500 人为一军，三军包括大国所有的军队。此处形容人数之多。

[2] 匹夫：平民百姓，主要指男子。

【译文】

子说："一国军队可以使它失去主帅，但匹夫却不可能使他动摇自己的意志。"

【解读】

军队的主帅可以夺，但是人的志向不可夺。因为军队虽然人多势众，但如果人心不齐，纪律松散，其主帅就可能被敌方抓去，而主帅一旦被抓，整个军队就会全面溃败。匹夫虽然只有一个人，但只要他志向坚定，那就任凭谁都没办法使他改变。做人应该有骨气有尊严，不能蝇营狗苟地活着，不能为了锦衣玉食而放弃自己高贵的尊严。

宋·朱熹："子路之志如此，则能不以贫富动其心，而可以进于道矣，故夫子称之。"又注："言能不忮不求，则何为不善乎？此《卫风·雄雉》之诗，孔子引之，以美子路也。"

明·张居正："盖仲由识见已进于高明，志趣不安于卑陋。故能有以自重，而不动心于贫富之间如此。昔子贡以无谄无骄为至，而夫子益之以乐而好礼，子路以不忮不求自足，而夫子抑之以何足以臧，皆取其所已能，而勉其所未至也。"

子曰："衣敝缊袍，与衣狐貉者立而不耻者，其由也与？'不忮不求，何用不臧？'"子路终身诵之。子曰："是道也，何足以臧？"

【译文】

孔子说："穿着破旧的丝棉袍子，和穿着狐貉裘的人站在一起，却并不觉得羞耻的，大概只有仲由吧！这正如《诗经》上说的'不嫉妒，不贪求，用到哪里不好？'"子路听后终身背诵这首诗。孔子说："只做到这样，怎么能说够好了呢？"

【解读】

孔子认为能够做到不嫉妒不贪婪，不失为一种难得的生活态度，但又不足以心安理得。表明孔子希望子路不要只满足于目前已经达到的水平，还要有更高更远的志向，成就一番大事业。在市场经济的今天，有的人在富人面前往往自惭形秽，与子路这种不忮不求的健康心理相比，相去甚多。

明·张居正："知君子之有守，则虽治平之世，亦不可视君子如常人。如必待有事，然后思得君子而用之，岂不晚哉？"

子曰："岁寒，然后知松柏[1]之后凋[2]也。"

【注释】

[1] 松柏：喻栋梁之才。

[2] 凋：凋谢。

【译文】

孔子说："天气寒冷了，然后才能知道松柏是最后才凋落的。"

【解读】

身临危难，才能看出一个人的品质如何。著名的宋代宰相文天祥平时是一个风流才子，但在国家危难的时刻，他却表现出了令人敬佩的浩然正气，不仅写下了流传千古的《正气歌》和"人生自古谁无死，留取丹心照汗青"的著名诗句，而且还以身殉国，献出了自己的宝贵生命。和平年代，我们仍然要像松柏那样，历练高贵的品质，培养自己高尚凛然的气节操守。

子曰："知[1]者不惑[2]，仁者不忧，勇者不惧。"

宋·朱熹："明足以烛理，故不惑；理足以胜私，故不忧；气足以配道义，故不惧。此学之序也。"

【注释】

[1] 知：明智，智慧。

[2] 惑：疑惑，被世事所迷惑。

明·张居正："盖智、仁、勇三者，乃天下之达德，学者之修己，帝王之治天下国家，皆本于此，故智至于不惑，然后足以照临四海；仁至于不忧，然后足以并包九有；勇至于不惧，然后足以裁决万机。欲学为帝王者，可不勉哉？"

【译文】

孔子说："明智的人不会被迷惑，仁德的人没有忧虑，勇敢的人无所畏惧。"

【解读】

仁德的人不感到忧虑。勇敢的人应该以仁德要求自己，并且以智慧作为指导。因为符合礼义的勇才是真正的勇，才能真正做到无所畏惧。我们的人生不尽如意，生活也不可能时时完美。面对纷繁复杂的现实生活，我们只有努力修养仁德，透彻理解人生，按照仁德的要求运用大智大勇来解除我们内心的束缚和生活中的苦痛。

宋·程颢、程颐："可与共学，知所以求之也。可与适道，知所往也。可与立者，笃志固执而不变也。权，称锤也，所以称物而知轻重者也。可与权，谓能权轻重，使合义也。"又注："汉儒以反经合道为权，故有权变权术之论，皆非也。权只是经也。自汉以下，无人识权字。"

子曰："可与共学，未可与适道[1]；可与适道，未可与立[2]；可与立，未可与权[3]。"

【注释】

[1] 适道：适，往。这里是志于道、追求道的意思。

[2] 立：坚持道而不变。

[3] 权：秤锤。这里引申为权衡轻重。

【译文】

孔子说："可以在一起学习的人，未必可以一同取得成就；可以一同取得成就的人，未必可以一起有所建树；可以有共同的建树的人，未必可以共同享有权势。"

宋·朱熹："先儒误以此章连下文'偏其反而'为一章，故有反经合道之说。程子非之，是矣。然以《孟子》'嫂溺援之以手'之义推之，则权与经亦当有辨。"

【解读】

同学之间能够共同学习共同进步，但是每个人的志向并不相同，所以，要想共同取得成就必然很难。就是说，人们在一起学习容易，但是能志同道合就十分困难了。即便能达成共识，也未必能步调一致地同时进步，所以在共同有所建树方面又显得困难重重。人和人的追求有所不同，其内心想法必然有异，即便是好朋友也不能避免为了权势利益而分道扬镳。

"唐棣[1]之华，偏其反而[2]。岂不尔思，室是远而[3]。"子曰："未之思也，夫何远之有？"

宋·程颢、程颐："圣人未尝言易以骄人之志，亦未尝言难以阻人之进。但曰：'未之思也，夫何远之有？'此言极有涵蓄，意思深远。"

明·张居正："这是孔子借诗词以勉人之意。然人心至灵，思在于善则为善固不难，思在于恶则为恶亦甚易。故先儒言，哲人知几，诚之于思，学者又不可不审察于念虑之萌也。"

【注释】

[1] 唐棣：一种植物，属蔷薇科，落叶灌木。

[2] 偏其反而：形容花摇动的样子。

[3] 室是远而：只是住的地方太远了。

【译文】

"唐棣树的花，翩翩摇荡。哪里是我

不思念？是家住得太遥远。”孔子说：“还是没有去想念，如果想念的话哪里有什么遥远之说呢？”

【解读】

孔子四处游说诸侯，要求他们节制自己的行为，恢复周礼并重新统一中国，以期达到天下大同的目的。在孔子眼中，推行仁道是一项重大使命，但只要志向坚定，心理距离就会感觉很近。如果各国君主都能立志推行仁道，那么恢复周礼就指日可待。

乡党篇第十

孔子于乡党，恂恂[1]如也，似不能言者。其在宗庙、朝廷，便便[2]言，唯谨尔。

宋·朱熹："恂，相伦反。恂恂，信实之貌。似不能言者，谦卑逊顺。不以贤知先人也。乡党，父兄宗族之所在，故孔子居之，其容貌辞气如此。"

明·张居正："盖宗庙乃礼法之所在，在朝廷乃政事之所出，又与处乡党之时不同，故言之不容不尽，而辩之不容不明如此。此圣人盛德之至，故随所处而皆合乎礼之中也。"

【注释】

[1] 恂恂：温和恭顺的样子。

[2] 便便：辩，善于辞令。

【译文】

孔子在本乡地方上，非常恭顺谨慎，好像不能说话的样子。他在宗庙或朝廷里，便很善于讲话，只是很谨慎。

【解读】

爱说话不代表会说话，有的人走到哪儿都喜欢夸夸其谈，不分场合不分对象，丝毫不在意别人的感受，仿佛这个世界只有他最爱表达。这样的人自然不受大家欢迎。我们要学会说话的技巧，说该说的，不要肆意表达惹人厌烦。

朝，与下大夫言，侃侃[1]如也；与上大夫言，訚訚[2]如也。君在，踧踖如也，与与[3]如也。

宋·朱熹："君在，视朝也。踧踖，恭敬不宁之貌。与与，威仪中适之貌。"

明·张居正："盖不惟可以见盛德之仪容，亦可以知其事君之尽礼矣。"

【注释】

[1] 侃侃：说话理直气壮、不卑不亢、温和快乐的样子。

[2] 訚訚：正直，和颜悦色而又能直言诤辩。

[3] 与与：小心谨慎、威仪适中的样子。

【译文】

孔子上朝时，与下大夫说话，是从容不迫的样子；与上大夫说话，是态度和悦的样子。国君在场时，是小心谨慎、庄重严肃的样子。

【解读】

对待下大夫，从容不迫；对待上大夫，态度和悦；而对待国君，庄重严肃。真正的礼教，最重要的就是要内心诚挚，以发自内心的情感与人交往。现实生活中，有的人倚仗自己地位高，对属下就蛮横嚣张；有的人身居下位，就对上卑躬屈膝，谄媚逢迎，甚至不顾尊严，丧失人格。这些行为都是圣人所不齿的，我们现代人要引以为戒，做一个雍容而中正的人。

君召使摈[1]，色勃如也[2]，足躩[3]如也。揖所与立，左右手，衣前后，襜[4]如也。趋进，翼如也[5]。宾退，必复命曰："宾不顾矣。"

宋·朱熹："所与立，谓同为摈者也。摈用命数之半，如上公九命，则用五人，以次传命。揖左人，则左其手；揖右人，则右其手。"

【注释】

[1] 摈：动词，接待宾客。
[2] 色勃如也：脸色立即庄重起来。
[3] 足躩：脚步快的样子。
[4] 襜：整齐之貌。
[5] 翼如也：如鸟儿展翅一样。

明·张居正："古者列国诸侯，朝聘往来，其相见之时，都选平日礼仪习熟的人为之摈相。主谓之摈，言其接待宾客也。客谓之相，言其辅相行礼也。"

【译文】

鲁国国君召孔子去接待外国宾客，孔子面色矜持庄重，行走迅速。向左右站立的人拱手作揖，身着礼服，前后协调而整齐。宾客来了以后，他趋步向前，像鸟展开翅膀。宾客告辞以后，他一定回报国君说："宾客已经走远了。"

【解读】

孔子奉鲁国国君之命，接待外宾，他的仪态举止无一不符合礼节。古今中外，任何国家迎接外宾，都按照本国的礼节规格安排，以此表示国与国之间互相尊重。

入公门，鞠躬如[1]也，如不容。立不中门，行不履阈[2]。过位，色勃如也，足躩如也，其言似不足者。摄齐升堂，鞠躬如也，屏气似不息者。出，降一等[3]，逞[4]颜色，怡怡如也。没阶，趋进，翼如也。复其位，踧踖如也。

宋·朱熹："君虽不在，过之必敬，不敢以虚位而慢之也。言似不足，不敢肆也。"

明·张居正："夫臣子见君，未有不敬畏者，至于未见君之先而敬已至，既见君之后而敬不忘。此所以为事君尽礼，而非常人之所能及也。"

【注释】

[1] 鞠躬如：谨慎而恭敬的样子。

[2] 履阈（yù）：阈，门槛。脚踩门槛。

[3] 降一等：从台阶上走下一级。

[4] 逞：舒展开，松口气。

【译文】

孔子走进朝廷的门，恭敬谨慎的样子，好像难以容身。不在朝廷中门站立，走路不踏门槛。经过君主的座位，面色矜持庄重，脚步加快，说话也好像气力不足。走上堂时提起衣服下摆，恭敬谨慎，屏住气好像不呼吸一样。走出朝廷门，走下一层台阶，脸色便放松些，神情舒展些。走完了最后一层台阶，便加快了脚步，像鸟展开翅膀。回到自己的位置，是恭敬而内心不安的样子。

【解读】

孔子在上朝时，如此小心翼翼，在国君面前甚至大气都不敢出。有些人可能会对这位我们推崇的圣人感到失望，很不理解他为什么这样拘谨畏缩。其实，圣人这么做只是为了尽到职责，用一份谦卑恭敬的心忠诚侍奉国君。圣人也是一个普通人，只不过他的智慧和仁爱是我们无法企及的。我们要从圣人的仪容举止中，学习谦恭做人的道理，努力做一个谨慎处事、恭敬待人的人。

执圭，鞠躬如也，如不胜。上如揖，下如授。勃如战色[1]，足蹜蹜[2]，如有循[3]。享礼[4]，有容色。私觌[5]，愉愉如也。

宋·朱熹："聘问邻国，则使大夫执以通信。如不胜，执主器，执轻如不克，敬谨之至也。上如揖，下如授，谓执圭平衡，手与心齐，高不过揖，卑不过授也。战色，战而色惧也。蹜蹜，举足促狭也。如有循，记所谓举前曳踵。言行不离地，如缘物也。"

明·张居正："夫子既聘而行享献之礼，此正展尽情意之时，故有至和之容色。既享而用私礼以见于君，所以将己之诚，又与公礼不同，故益愉愉然其和悦焉。"

【注释】

[1] 战色：战战兢兢的样子。

[2] 蹜蹜：小步走路的样子。

[3] 如有循：循，沿着。好像沿着一条直线往前走一样。

[4] 享礼：享，献上。指向对方贡献礼物的仪式。使者受到接见后，接着举行献礼仪式。

[5] 觌（dí）：会见。

【译文】

孔子出使邻国行礼时，手里拿着圭，恭敬谨慎的样子，好像不能担负一样。向上举像在作揖，往下举好像要交给别人。面色紧张战兢，脚步碎小而快，规规矩矩向前走去。献上礼物时，面色和善。以私人身份和外国使臣相见，则是轻松愉快的样子。

【解读】

出使外国时，孔子的表现与在本国上朝时一样，都很恭敬庄重，私底下与外国使臣交往时，就变得轻松愉快，无拘无束了。可见，孔子公私分明，对待公务小心翼翼，对待私交则心态轻松。这就是说，人在对待不同场合，代表不同利益的时候，应当按照不同的礼仪规定行事。

宋·朱熹："孔子在鲁致仕时如此。此一节，记孔子衣服之制。"

君子不以绀緅饰，红紫不以为亵服。当暑，袗絺绤，必表而出之[1]。缁衣[2]，羔裘[3]；素衣，麑[4]裘；黄衣，狐裘。亵裘长，短右袂[5]。必有寝衣[6]，长一身有半。狐貉之厚以居。去丧，无所不佩。非帷裳，必杀之。羔裘玄冠不以吊。吉月，必朝服而朝。

【注释】

[1] 必表而出之：把麻布单衣穿在外面，里面还要衬有内衣。
[2] 缁衣：黑色的衣服。
[3] 羔裘：羔皮衣。古代的羔裘都是黑羊皮，毛皮向外。
[4] 麑：小鹿，白色。
[5] 短右袂：袂，袖子。右袖短一点，是为了便于做事。
[6] 寝衣：睡衣。

【译文】

孔子不用深青透红的颜色和绛红色镶衣领边；不用红色和紫色做居闲衣服。夏天，穿粗或细的葛布单衣，而且一定穿在外面。冬天穿羔皮袄配黑色罩衫；穿麑皮袄配白色罩衫；穿狐裘要配黄色罩衫。在家闲居时穿的皮袄长一些，右边的袖子短一些。睡觉要有小被，超过身体长度的一半。狐貉的厚毛作坐垫。除了丧服外，都要有玉佩戴。不是上朝和祭祀时穿的衣服，一定要先裁去多余的布，省工省料。不穿羔皮袄和礼帽去吊丧。每到初一日，一定穿上朝服去朝拜。

【解读】

衣着装扮如何体现着一个人的品位和精神情趣。穿衣一定要符合礼仪要求，在不同的场合要穿不同的衣服，还要考虑到自己的身份职业等。现在有些人穿衣喜欢标新立异，常常冬衣夏穿，夏衣冬穿，并不顺应季节变化。也有些人只追求奢华品牌，违背了俭朴的原则。这些都是值得我们现代人深思的问题。

齐，必有明衣，布。齐必变食，居必迁坐。

【译文】

斋戒沐浴时一定要有洁净的衣服，而且是用布做的。斋戒时，还必须改变日常的饮食，不与妻室同房。

【解读】

斋戒是祭祀前洁净身心的仪式，以表示自己的恭敬虔诚。古人祭祀之前一定要做斋戒，斋戒要焚香沐浴，沐浴时穿的衣服一定要用俭朴的布料做成，并且斋戒一定要改变饮食，夫妻分居。斋戒旨在以圣洁的灵魂面对鬼神。

宋·朱熹：“齐，侧皆反。齐，必沐浴，浴竟，即着明衣，所以明洁其体也，以布为之。此下脱前章寝衣一简。变食，谓不饮酒、不茹荤。迁坐，易常处也。此一节，记孔子谨齐之事。”

明·张居正：“明衣是洁净的衣服。变食是变其常日之食。迁坐是移其常处之地。圣人祭神如在，故其谨于斋戒如此。”

宋·程颢、程颐："不及乱者，非惟不使乱志，虽血气亦不可使乱，但浃洽而已可也。"

宋·朱熹："牛羊与鱼之腥，聂而切之为脍。食精则能养人，脍粗则能害人。不厌，言以是为善，非谓必欲如是也。割肉不方正者不食，造次不离于正也。"

食不厌精，脍[1]不厌细。食饐而餲，鱼馁[2]而肉败，不食。色恶，不食。臭恶，不食。失饪，不食。不时，不食。割不正，不食。不得其酱，不食。肉虽多，不使胜食气。唯酒无量，不及乱。沽酒市脯，不食。不撤姜食，不多食。

【注释】

[1] 脍：切细的鱼、肉。

[2] 馁：鱼腐烂，这里指鱼不新鲜。

【译文】

米不嫌舂得精，鱼和肉不嫌切得细。饭放久了变味了，鱼和肉腐烂了，都不吃。食物的颜色不正，不吃。气味难闻，不吃。烹调不当，不吃。不时新的东西，不吃。肉切得不方正，不吃。佐料放得不适当，不吃。肉虽然多，但不吃过量。只有饮酒不限量，但不喝醉了。从集市上买来的酒和肉干不吃。做食物里面要有姜，但也不多吃。

【解读】

孔子在饮食方面也颇有讲究，并不是他挑剔，而说明他讲究卫生，注意健康。技术的发展，让我们一年四季任何时候都能吃到任何想吃的瓜果蔬菜，那些不合节令的食品虽然看上去很光鲜漂亮，但其营养价值已大打折扣。所以，我们最好按时令购买新鲜食物，少吃一些不合时令的东西。

祭于公，不宿肉[1]，祭肉不出三日。出三日，不食之矣。

【注释】

[1] 不宿肉：不使肉过夜。古代大夫参加国君祭祀以后，可以得到国君赐的祭肉。但祭祀活动一般要持续两三天，所以这些肉就已经不新鲜，不能再过夜了。超过三天，就不能再吃了。

【译文】

参加国家的祭祀典礼，不能把肉留到第二天。祭祀祖先的肉不超过三天。如果超过三天，就不吃了。

宋·朱熹：“助祭于公，所得胙肉，归即颁赐。不俟经宿者，不留神惠也。家之祭肉，则不过三日，皆以分赐。盖过三日，则肉必败，而人不食之，是亵鬼神之余也。但比君所赐胙，可少缓耳。”

明·张居正：“夫子当助祭于公廷，所得的胙肉，即以颁赐，不待经宿。盖重神惠，而尊君赐，故不敢迟。至于家之祭肉，虽可以少缓，未能当日分赐，然亦不过三日，皆以颁之于人。若过三日，则肉败而人不食之。是亵神之余矣，故亦不久留矣。”

【解读】

孔子强调参加国家祭祀典礼分回家的肉，一定要当天晚上就处理好。因为肉在祭祀时已经耽搁了一两天了，如果当晚不吃完再留到第二天，那么肉肯定会变质而不能再吃了。由此可见，孔子特别重视食品保鲜，十分讲究饮食卫生。

食不语，寝不言。

【译文】

吃饭时不交谈，睡觉时不说话。

明·张居正：“语是答述。言是自言。夫子当食之时，不与人语。盖人喉中有食、气二管。食管以纳饮食，气管以出声音。当食而语，则气管为食所碍，或致哽咽之患，故慎之也。当寝之时，不自发言，盖人脏腑虚悬，然后声气之发，出而无窒。当寝而言，或致损气，故亦慎之也。”

【解读】

孔子认为人应该养成吃饭时不交谈，睡觉时不说话的好习惯。很多人喜欢热闹，常常约上一堆朋友聚餐，既然是聚餐就肯定要吆三喝四，你一言我一语地谈天说地。这样边吃饭边聊天的事情，在如今似乎已经司空见惯。然而，越是习惯了的事情越应该引起重视。

宋·朱熹：“孔子虽薄物必祭，其祭必敬，圣人之诚也。此一节，记孔子饮食之节。”

明·张居正：“其祭虽小，亦必斋如其严敬，有若神明在上者焉。这都是圣人饮食之节，无不中礼者如此，盖不止于养身，而亦所以养德。学者能随事而体察焉，固莫非道之所在也。”

虽疏食菜羹，瓜祭[1]，必齐如也。

【注释】

[1] 瓜祭：古人在吃饭前，把席上各种食品分出少许，放在食具之间祭祖。

【译文】

吃的虽然是粗茶淡饭和菜汤，但也一定要先祭祭祖先，并且一定恭恭敬敬和正式斋戒一样。

【解读】

孔子在平时吃饭时，也一定认真例行祭祀。虽然吃的是粗茶淡饭，清汤寡水，也必须在自己食用之前，先祭祀祖先。祭祀的时候就像正式斋戒一样，内心虔诚，从不懈怠。这种平日的祭祀是一种饮水思源的表现。

席[1]不正，不坐。

明·张居正："席是坐席。古人皆席地而坐。观其一坐之不苟，而其出入起居之无不正可知矣。"

【注释】

[1] 席：古代没有椅子和桌子，都坐在铺于地面的席子上。

【译文】

席放得不端正，不坐。

【解读】

孔子所在的时代还没有椅子和桌子，人们都是坐在铺于地面的席子上。如果席子放得不端正，就不符合礼制。这种情况下，孔子是不会坐的。可见孔子时时处处按礼严格要求自己。我们的生活质量提高了，但是在礼节方面仍然要求坐有坐相。尤其是在公共场合，一定要注意自身形象。

乡人饮酒[1]，杖者[2]出，斯出矣。

宋·朱熹："杖者，老人也。六十杖于乡，未出不敢先，既出不敢后。"

明·张居正："杖者是年老的人。古人六十岁以上，则用杖以出入，以其血气既衰，必用扶持故也。盖乡党尚齿，长幼有序，故夫子之恭谨如此。"

【注释】

[1] 乡人饮酒：指当时的乡饮酒礼。
[2] 杖者：拿拐杖的人，指老年人。

【译文】

乡人举行饮酒礼，等老人出来后，孔子自己才出来。

【解读】

我国古代每年都要举行乡饮酒礼。孔子的威望在乡人中是最高的，但他同样重视乡饮酒礼，跟乡亲们一同聚会饮酒，并不仰仗自己的名声而不屑参加。并且，在聚会散去的时候，孔子一定要等拄着拐杖的老人起身离席，自己才站起来走出去。表明了孔子对长者十分恭敬，强调尊卑长幼顺序之礼；同时也表现了孔子对同乡人民的深情厚谊。

乡人傩，朝服而立于阼阶[1]。

【注释】

[1] 阼（zuò）阶：指东面的台阶。主人立在大堂东面的台阶，在这里欢迎客人。

【译文】

乡里人举行驱鬼迎神的礼俗仪式，孔子就穿着朝服站在东边的台阶上。

【解读】

本章与上一章前后联接，同样是讲孔子对乡亲们的深厚情谊。傩是古代驱鬼迎神的宗教活动，意在免灾求福。乡亲们在那里举行驱鬼迎神的活动时，孔子穿着朝服站在东边的台阶上，欢迎客人。孔子身着朝服，说

宋·朱熹：“傩，乃多反。傩，所以逐疫，《周礼》方相氏掌之。阼阶，东阶也。傩虽古礼而近于戏，亦必朝服而临之者，无所不用其诚敬也。或曰：‘恐其惊先祖五祀之神，欲其依己而安也。’此一节，记孔子居乡之事。”

明·张居正：“傩是古时逐疫之礼。周礼方相氏，主索疫鬼而驱除之。季冬之月，则命有司大傩以驱除鬼祟，而迎纳吉祥也。阼阶是主阶。夫子家居遇乡人行大傩之礼，此时乡俗皆欲驱除鬼邪，恐家中先祖五祀之神或致惊动，乃致其诚敬，穿着朝服，立于主阶之上，使之依己而安也。”

明了他对祭祀活动怀着虔诚之心，认真对待；同时也表明他十分尊重乡人的习俗。

问[1]人于他邦，再拜而送之。

宋·朱熹：“拜送使者，如亲见之，敬也。”

【注释】

[1] 问：问候。古代人在问候时往往要致送礼物。

【译文】

孔子派人到外乡去问候朋友，总是先拜两次然后送人上路。

【解读】

孔子托人到外乡去问候朋友，对所托之人一拜再拜，表明了他对所托之人的无限谢意，同时也是对要拜访的友人的尊敬。在访亲拜友方面，孔子也以正人君子的标准严格要求自己，使自己的行为尽量符合礼的规定。我们现代社会，通讯高度发达，交通也极为便捷，一通电话就能为朋友送去问候。我们所需要的是内心要真诚地惦念朋友，只有心诚才能获得永恒的友谊。

康子馈药，拜而受之。曰：“丘未达，不敢尝。”

明·张居正：“康子是鲁大夫季康子。达是通晓。盖药有未达，自不可尝。然受而不饮，则又虚人之赐，故直以不敢尝告之。圣人交人，无往而非诚意之流通如此。”

【译文】

季康子给孔子赠送药品，孔子拜谢之后接受了，说："我对药性不了解，不敢尝。"

【解读】

我们国家自古讲究礼尚往来，对送礼十分重视。赠送礼物，是对受赠者的尊敬。送礼时要衡量赠受双方的地位和身份，还要考虑双方的交情深浅，这样才能选择合适的礼物。送礼旨在表达敬意，所以只要内心诚挚，哪怕礼品是轻于鸿毛，也会令受赠者感到高兴。有些人送礼不是为了表达敬意，也不是为了表示谢意，而是别有用心，要么是有求于你要么就是想加害于你。所谓"无功不受禄"，这是我们大家，尤其是身居高位的人，必须谨记的教诲。

宋·朱熹："非不爱马，然恐伤人之意多，故未暇问。盖贵人贱畜，理当如此。"

明·张居正："厩是马房，焚是烧。盖贵人贱畜，理当如此，而仓卒之际，尤见圣人用爱之真心也。"

厩[1]焚。子退朝，曰："伤人乎？"不问马。

【注释】

[1] 厩：马棚。

【译文】

孔子家的马棚失火了。孔子退朝回来，问道："有人受伤了吗？"没有问马。

【解读】

孔子只问人而不问马，并不是他不关心马，而是在他心里人比马更重要，表现了他以人为本的思想。孔子主张“仁人爱物”，但是人比物要重要。在灾难面前，如果只问物而不顾及人，那是对人的不敬。

君赐食，必正席先尝之。君赐腥[1]，必熟而荐[2]之。君赐生，必畜之。侍食于君，君祭，先饭。

【注释】

[1] 腥：牛肉。
[2] 荐：供奉。

【译文】

国君赐的熟食，孔子一定摆正座位自己先尝一尝。国君赐给生肉，孔子一定把肉煮熟了再进奉给祖先。国君赐给活的牲畜，孔子一定把它养起来。陪国君吃饭，国君先举行饭前的祭礼，孔子就先吃饭不吃菜。

宋·朱熹：“食恐或馂余，故不以荐。正席先尝，如对君也。言先尝，则余当以颁赐矣。腥，生肉。熟而荐之祖考，荣君赐也。畜之者，仁君之惠，无故不敢杀也。”

明·张居正：“腥是生肉。荐是献于祖考。畜是养。侍食是赐食于君侧。饭即是食。夫子或侍君侧而赐之以食，则其心尤加敬慎。”

【解读】

按《周礼》介绍，君主平时吃饭时，先由厨师尝食，而有臣子陪着国君吃饭时，就不用厨师尝食了，而改由臣子尝食。所以，孔子陪同国君吃饭时，他会先为国君尝食。国君赐给孔子熟食，孔子一定摆正席子先尝一下，这是他对国君的尊敬。国君赐给他生肉，他煮熟了一定先供奉给祖先，这是为了让祖先也体会到君赐的光荣。

宋·朱熹：“东首，以受生气也。病卧不能着衣束带，又不可以亵服见君，故加朝服于身，又引大带于上也。”

明·张居正：“其敬君之至，不以疾而废礼如此。”

疾，君视之，东首[1]，加朝服，拖绅[2]。

【注释】

[1] 东首：头朝东。

[2] 绅：束在腰间的大带子。

【译文】

孔子生病了，国君来探望他，孔子便在病榻上头朝东，披上朝服，拖一条腰带，以表示敬意。

【解读】

孔子生病了，鲁国的国君来探望他，他便头朝东，以使国君能像上朝那样背北向南对着自己。并且还要披上朝服，束上腰带，虽然在病中仍然以君臣的礼节相见。由此可见，孔子绝对是周礼的忠实维护者，自己总是身体力行以恢复周礼。

君命召[1]，不俟[2]驾行矣。

【注释】

[1] 召：召见，召唤。
[2] 俟：等候。

宋·朱熹："急趋君命，行出而驾车随之。"

明·张居正："其敬君之命不敢以劳而废礼如此。"

【译文】

国君命令人召唤孔子，他不等车驾好自己先步行。

【解读】

国君想要召见孔子，派人给孔子传信。孔子接到传召后，不等下人备好车马，自己就先急匆匆地步行前往了。说明孔子极度重视国君的命令。

入太庙，每事问[1]。

明·张居正："圣人之心极其谦虚，故每事问人，不厌详细，其与尧之钦明、舜之问察，一而已矣。学圣人者，当于此求之。"

【注释】

[1] 此章系重出，参见《八佾》篇第 15 章。

【译文】

孔子进入太庙，每件事都要问一问。

【解读】

此章系重出，参见《八佾》篇第 15 章。

宋·朱熹：“朋友以义合，死无所归，不得不殡。”

明·张居正：“朋友五伦之一，遇死丧而能收之，人情所难也。夫子于朋友不幸而死，别无亲属可以依归者，即自任说，当于我而殡殓之，盖不忍其暴露而转于沟壑也。此可见圣人之交朋友，一于道义。义所当殡而殡，不以凶为嫌，义所不当拜而不拜，不以财为重也。”

朋友[1]死，无所归，曰：“于我殡[2]。”

【注释】

[1] 朋友：指与孔子志同道合的人。

[2] 殡：停放灵柩和埋葬都可以叫殡，这里是泛指丧葬事务。

【译文】

朋友死了，没有人殡葬，孔子说：“由我来料理殡葬的事吧！”

【解读】

孔子的一个朋友去世了，但是没有亲人为他料理后事，孔子知道了便为他操持安葬事宜。可见孔子是个十分重情义的君子。孔子在与朋友交往的过程中，不但能够“善始”，而且能够“善终”。直到现代，能够为朋友置办丧事的人，也一定是有大情大义的君子。

宋·朱熹：“朋友有通财之义，故虽车马之重不拜。祭肉则拜者，敬其祖考，同于己亲也。”

明·张居正：“此可见圣人之交朋友，一于道义。义所当殡而殡，不以凶为嫌，义所不当拜而不拜，不以财为重也。”

朋友之馈[1]，虽[2]车马，非祭肉，不拜。

【注释】

[1] 馈：馈赠，礼物。

[2] 虽：即便是。

【译文】

朋友送的礼物，即使是车马，没有祭肉，孔子也不行拜礼。

【解读】

朋友送车马这样贵重的礼物，孔子不会拜谢；可是朋友送来祭肉的话，孔子则一定行拜谢之礼。因为祭肉理应属于朋友的祖先，是祭祀他们用的肉。在接受祭肉时行拜谢之礼，是对朋友祖先的尊敬。现代人的交友观念已与古人有所不同了，知心朋友、酒肉朋友、君子之交、点头之交……交友似乎多了很多目的性。我们坚决不能为了自己的物质利益，而损害朋友间的深厚友情。

寝不尸[1]，居不客[2]。

宋·朱熹：“尸，谓偃卧似死人也。居，居家。容，容仪。”

明·张居正：“盖寝而尸，则过于肆，居而容则过于拘。夫子不然，所以为有道之气象也。”

【注释】

[1] 尸：像尸体那样。
[2] 客：如客人般。

【译文】

孔子睡觉时不像尸体那样直挺挺的，平时在家闲居也不像客人那样端坐。

【解读】

科学研究表明，仰卧式的睡姿不利于睡眠，影响身体健康。正确的睡姿应该向右屈体侧卧，这样既不压迫心脏，又呼吸顺畅。所以，我们最好养成向右屈体侧睡的好习惯。

宋·朱熹：“《记》曰：‘若有疾风、迅雷、甚雨则必变，虽夜必兴，衣服冠而坐。’此一节，记孔子容貌之变。”

明·张居正：“夫圣人一动容之间，皆各攸当如此。”

见齐衰[1]者，虽狎[2]，必变。见冕者与瞽者[3]，虽亵[4]，必以貌。凶服[5]者式之。式负版者。有盛馔，必变色而作[6]。迅雷风烈必变。

【注释】

[1] 齐衰（zī cuī）：指丧服。

[2] 狎：亲近的意思。

[3] 瞽者：盲人，指乐师。

[4] 亵：常见、熟悉。

[5] 凶服：丧服。

[6] 作：站起来。

【译文】

孔子看见穿齐衰一类丧服的人，即使关系很密切，也要改变态度，表现出哀伤。看见当官的人和盲人，即使是平常相见，也很有礼貌。孔子在车上，看见穿丧服的人，就用手扶着车前横木，表示哀戚之情。看见有背负着国家图籍的人，也手扶横木表示敬意。有丰盛的酒席，一定神色庄重表示谢意。遇到疾风暴雨一定改变平常神态（以示对上天的敬畏）。

【解读】

这些都是生活中的细节，我们平时有几个人注意了且像圣人这样做了呢？现代的礼节不可能跟古代一模一样，但是礼貌待人、谦卑做人的道理是不变的。小细节能够体现一个人的德行和素质，所以，我们在生活中要多注意一下细微之处，以免在细小的地方失礼而得罪于人。

升车，必正立，执绥[1]。车中，不内顾[2]，不疾言[3]，不亲指[4]。

宋·朱熹："内顾，回视也。《礼》曰：'顾不过毂。'三者皆失容，且惑人。此一节，记孔子升车之容。"

明·张居正："盖三者不但失己之容仪，且足以惑人之视听。故夫子谨之如此。"

【注释】

[1] 绥：上车时扶手用的索带。
[2] 内顾：回头看。
[3] 疾言：大声说话。
[4] 不亲指：不用自己的手指比划。

【译文】

孔子上车时，一定先端正站好，手持拉绳。在车中，他不向四处回顾，不高声说话，也不指手划脚。

【解读】

圣人举手投足之间都为别人考虑，表现了其仁者之心和仁者风范。现代社会，有些人完全没有公德心，在公共场合，说话时嗓门极高，行为也极不端正，丝毫不在乎别人的感受甚至安危。我们要做有素质的文明人，在大庭广众之下，要学会考虑别人的感受，尽量不做出令人厌恶或者危害别人利益的事情。

色斯举矣[1]，翔而后集。曰："山梁雌雉[2]，时哉时哉！"子路共[3]之，三嗅而作。

宋·朱熹："言鸟见人之颜色不善，则飞去，回翔审视而后下止。人之见几而作，审择所处，亦当如此。然此上下，必有阙文矣。"

明·张居正："盖虽蠢然无知之物，而犹能见几知止如此。"

【注释】

[1] 色斯举矣：色，脸色。举，鸟飞起来。

[2] 山梁雌雉：聚集在山梁上的母野鸡。

[3] 共：同"拱"。

【译文】

山鸡举起美丽的翅膀飞了起来，在天空盘旋一阵后落了下去。孔子说："山顶上的雌雉啊，得其时啊，得其时！"子路向它们拱拱手，它们又抖动翅膀飞走了。

【解读】

孔子看到山上的野鸡能够自由飞翔，想飞就飞，想停就停，就发出了"得其时"这样的感叹。其实这是孔子在见景抒情，借物言志。人生的每一阶段都有每一阶段的特点和机遇，因时而动，识时而作，这是一种智慧，也是灵魂的自由。

先进篇第十一

子曰："先进[1]于礼乐，野人[2]也；后进[3]于礼乐，君子也。如用之，则吾从先进。"

宋·程颢、程颐："先进于礼乐，文质得宜，今反谓之质朴，而以为野人。后进之于礼乐，文过其质，今反谓之彬彬，而以为君子。盖周末文胜，故时人之言如此，不自知其过于文也。"

宋·朱熹："孔子既述时人之言，又自言其如此，盖欲损过以就中也。"

【注释】

[1] 先进：指先学习礼乐而后再做官的人。
[2] 野人：朴素粗鲁的人或指乡野平民。
[3] 后进：先做官后学习礼乐的人。

【译文】

孔子说："先学习礼乐而做官的人，是平常人；先有官职而后学习礼乐的人，是卿大夫之类的人。如果让我选用人才，那我选用先学习礼乐的人。"

【解读】

孔子认为，那些没有接受礼乐知识的系统教育，还不知道怎样做官，就做了官；这样的人是不可选用的。而那些生来没有爵禄的平民，他们在当官以前会先全面系统地学习礼乐知识，这样的人才是合适做官的人才。要想成就光辉的事业，都要努力学习，提高自己的道德修养和处事能力。

子曰："从我于陈、蔡[1]者，皆不及门[2]也。"

宋·朱熹："孔子尝厄于陈、蔡之间，弟子多从之者，此时皆不在门。故孔子思之，盖不忘其相从于患难之中也。"

明·张居正："盖以其相从于患难之中，故念之而不忘也。"

【注释】

[1] 陈、蔡：都是国名。

[2] 不及门：门，这里指受教的场所。不及门，是说不在跟前受教。

【译文】

孔子说："当初跟从我在陈国、蔡国的学生，现在都不在我门下了。"

【解读】

孔子带着弟子们周游列国，四处讲学。公元前484年，孔子回到鲁国以后，子路、子贡等先后离开了他，他们有的做了官，有的回了老家。颜回也病死了。孔子到了晚年，面对物是人非的现状，回忆起曾经共患难的弟子们悲从中来。

宋·程颢、程颐："四科乃从夫子于陈、蔡者尔，门人之贤者固不止此。曾子传道而不与焉，故知十哲世俗论也。"

宋·朱熹："弟子因孔子之言，记此十人，而并目其所长，分为四科。孔子教人各因其材，于此可见。"

德行[1]：颜渊、闵子骞、冉伯牛、仲弓。言语[2]：宰我、子贡。政事[3]：冉有、季路。文学：子游、子夏。

【注释】

[1] 德行：指能实行孝悌、忠恕等道德。

[2] 言语：指善于辞令，能办理外交。

[3] 政事：指能从事政治事务。

【译文】

孔子的学生中，德行好的有颜渊、闵子骞、冉伯牛、仲弓。口才好的有宰我、子贡。能执掌政事的有冉有、季路。能掌握文化典籍的有子游、子夏。

【解读】

颜回性格内向，勤思善学，不迁怒、不贰过、不伐善、不施劳。闵子骞是一个沉静寡言的人，他为人恭敬谨慎，以修德为终身目标。冉伯牛性格宽厚，做事认真，善于处理日常事务。仲弓即冉雍，他为人仁笃厚道，任劳任怨，不善言辞，孔子称他有帝王之资。宰我好学善思，能言善辩，语言平实，但能一语中的。子贡天性聪颖，思路敏捷，善于交际，他是孔门弟子中最富有的一个，家累千金。冉有性格开朗、多才多艺。季路耿介正直，粗鲁率直，重信守诺。子游爱好文学，对孔子倡导的“仁”有特别的领悟，常常能提出自己独到的看法。子夏刻苦勤奋，崇尚“博学而笃志，切问而近思”，强调知行结合。可见，孔子的这十个弟子各有所长，各有特点。

子曰：“回也非助我者也，于吾言无所不说[1]。”

宋·朱熹：“颜子于圣人之言，默识心通，无所疑问。故夫子云然，其辞若有憾焉，其实乃深喜之。”

明·张居正：“盖颜子于圣人之言，默识心融，有非群弟子所可及者，夫子盖深喜之，故抑扬其词以称之如此。”

【注释】

[1] 说：同“悦”，喜欢。

【译文】

孔子说："颜回不是对我有所帮助的人，他对我的话没有不喜欢的。"

【解读】

学生的性格不同，有的喜欢发问，有的则喜欢自己思考。老师不能因为某些学生不提问题就否认其是爱学习的好学生。教学讲究教学相长，相互辩论，在为人处世方面也一样。大家的一致赞成并不代表我们的观点就一定是准确无误的。所以，我们还要乐于倾听不同的声音，学会接纳别人的质疑。

子曰："孝哉闵子骞！人不间[1]于其父母昆[2]弟之言。"

【注释】

[1] 间：非难、批评、挑剔。
[2] 昆：哥哥，兄长。

【译文】

孔子说："孝顺啊，闵子骞！人们对他父母兄弟称赞他的话从没异议。"

明·张居正："盖凡人之孝，见称于父母兄弟者有矣，然或溺于爱、蔽于私，而外人未必以为然也。今闵子骞之孝，不独父母兄弟称之，而外人亦皆称之，初无异于其父母兄弟之言，使非孝友之实，积于中而著于外，何以得此乎？此闵子骞所以为纯孝也。"

【解读】

据《韩诗外传》记载：闵子骞早年丧母，他的父亲又娶了一个妻子，生了两个儿子。闵子骞的这位后母给两个亲生儿子穿棉袄，但是给闵子骞穿芦花袄。他父亲发现了之后很愤怒，要休了他的后母。闵子骞不但没有怨恨后母，还替她向父亲求情，请求父亲宽容后母，说："母在一子寒，母去三子单。"后母听了之后，就彻底悔改了。所以，孔子对闵子骞的德行赞不绝口。

南容三复白圭[1]，孔子以其兄之子妻之。

【注释】

[1] 白圭：白圭指《诗经·大雅·抑》的诗句："白圭之玷，尚可磨也，斯兰之玷，不可为也。"意思是白玉上的污点还可以磨掉，我们言论中有毛病，就无法挽回了。这是告诫人们要谨慎自己的言语。

宋·朱熹："《诗·大雅·抑》之篇曰：'白圭之玷，尚可磨也；斯言之玷，不可为也。'南容一日三复此言，事见《家语》，盖深有意于谨言也。此邦有道所以不废，邦无道所以免祸，故孔子以兄子妻之。"

明·张居正："夫惟君子为能谨言，南容之欲谨言如此，可谓君子矣。"

【译文】

南容反复诵读《诗经·大雅·抑》篇中"白圭的污点可以磨掉；我们言语中的污点无法去掉"这几句话，孔子便把自己哥哥的女儿嫁给他做妻子。

【解读】

南容反复吟诵，说明他懂得时常提醒自己要慎于言。正因为他做人谨慎，能做到"邦有道，不废；邦无道，免于刑戮"，善于保护自己，才深得孔子的赏识，并将自己的侄女嫁给了他。

范祖禹：“哀公、康子问同而对有详略者，臣之告君，不可不尽。若康子者，必待其能问乃告之，此教诲之道也。”

季康子问：“弟子孰为好学？”孔子对曰：“有颜回者好学，不幸短命死矣，今也则亡。”

【译文】

季康子问孔子：“你的学生中谁是最好学的？”孔子回答说：“有一个叫颜回的学生很好学，却不幸短命死了。现在再也没有像他那样的了。”

【解读】

天资再出色，如果后天不努力，不好学，也不可能取得好成绩；有的甚至还会聪明反被聪明误。相反，有些人虽然天生的资质一般，但是后天却十分好学，懂得刻苦钻研，最终取得了光辉的成就。

宋·朱熹：“言鲤之才虽不及颜渊，然己与颜路以父视之，则皆子也。孔子时已致仕，尚从大夫之列，言后，谦辞。”

明·张居正：“夫颜渊死，孔子至有丧子之叹，岂吝一车而不以周之乎？盖义有所不可故耳，此可以观圣人之用情矣。”

颜渊死，颜路请子之车以为之椁。子曰：“才不才，亦各言其子也。鲤[1]也死，有棺而无椁。吾不徒行以为之椁。以吾从大夫之后[2]，不可徒行也。”

【注释】

[1] 鲤：孔子的儿子，字伯鲁，去世的时候50岁，当时孔子70岁。

[2] 从大夫之后：跟随在大夫们的后面，意

即当过大夫。孔子在鲁国曾任司寇，是大夫一级的官员。

【译文】

颜渊死了，他的父亲颜路请求孔子卖了车给颜渊买外椁。孔子说："有没有才，也都是自己的孩子。我儿子孔鲤死了，只有内棺而无外椁。我不能不要车子步行来给颜渊买外椁。因为我曾经作过大夫，是不能步行的。"

【解读】

孔子做过鲁国司寇这样的大夫，根据礼制，是不可以步行的。孔子拒绝颜路的时候，没有拐弯抹角，而是用很坦诚的态度直言相告。我们在生活中难免遇到自己不想去做或者做不到的事情，这个时候就要学会拒绝。

颜渊死，子曰："噫！天丧予！天丧予！"

【译文】

颜渊死了。孔子说："唉！是天要亡我！是天要亡我！"

【解读】

颜渊病逝时，孔子已经是71岁高龄了。孔子对颜渊特别器重，认为他是自己最得意的学生，并且把推行仁政的希望寄托在他的

宋·朱熹："丧，去声。噫，伤痛声。悼道无传，若天丧己也。"

明·张居正："噫，是伤痛声。昔者颜渊死，夫子伤痛叹息说道：'吾之道，实赖颜回以传。今颜回死，则吾身虽存，而道已无传，就如丧子的一般，是天之丧予也！是天之丧予也！'重言以发叹，盖深惜之也。"

身上。可是不幸的是，现在颜渊死了，自己又年老体衰了，传道的使命却未完成。孔子既对颜渊的死感觉万分悲痛，又担心仁道无人传承，所以，发出了“天要亡我”这样的悲叹！

宋·朱熹：“夫人，谓颜渊。言其死可惜，哭之宜恸，非他人之比也。”

明·张居正：“恸，是哀之过。”

颜渊死，子哭之恸[1]。从者曰：“子恸矣。”曰：“有恸乎？非夫[2]人之为恸而谁为？”

【注释】

[1] 恸：哀伤过度，过于悲痛。

[2] 夫：指示代词，此处指颜渊。

【译文】

颜渊死了，孔子哭得很伤心。跟从孔子的人说：“您太悲伤了！”孔子说：“太悲伤了吗？不为这样的人悲伤那为谁悲伤呢？”

【解读】

颜渊是孔门弟子中最好学也最善学的一个，并且他对老师毕恭毕敬。在好学和尊师方面，颜渊在同门弟子中起到了榜样作用。孔子把传道的希望寄托在他身上，可是没想到颜渊竟然早孔子一步先离开人世。从孔子悲恸的热泪中，我们看到了师生之间的深情厚谊，也看到了孔子对学生们“为师如为父”的大爱精神。

颜渊死，门人欲厚葬[1]之，子曰：“不可。”门人厚葬之。子曰：“回也视予犹父也，予不得视犹子也[2]。非我也，夫[3]二三子也。”

宋·朱熹：“丧具称家之有无，贫而厚葬，不循理也。故夫子止之。”又注：“叹不得如葬鲤之得宜，以责门人也。”

明·张居正：“门人，是孔门弟子，二三子即指门人说。昔颜渊既殁，其家甚贫，不能具葬事，于是孔门弟子以朋友之义，欲相与厚葬之。”

【注释】

[1] 厚葬：隆重地安葬。

[2] 予不得视犹子也：我不能把他当亲生儿子一样看待。

[3] 夫：语助词。

【译文】

颜渊死了，孔子的学生想丰厚地埋葬他。孔子说：“不行。”学生们仍然很丰厚地埋葬了颜渊。孔子说：“颜回对我像父亲一样，我却不能像对儿子一样对你。这不是我，是你的同学们要这么做的呀！”

【解读】

颜回家境贫穷并且社会地位低下，不具备厚葬的条件。颜渊的同门师兄弟们却想要厚葬他，孔子说不可以。孔子亲生儿子孔鲤去世的时候，只有内棺而没有外棺材，现在埋葬颜渊要跟孔鲤一样的待遇，才能表现出自己视颜渊如孔鲤一样。但是最后学生们没有听从老师意思，仍然厚葬了颜渊，所以，孔子发出了如此慨叹。

宋·程颢、程颐："昼夜者，死生之道也。知生之道，则知死之道；尽事人之道，则尽事鬼之道。死生人鬼，一而二，二而一者也。或言夫子不告子路，不知此乃所以深告之也。"

宋·朱熹："盖幽明始终，初无二理，但学之有序，不可躐等，故夫子告之如此。"

季路[1]问事鬼神。子曰："未能事人，焉能事鬼？"曰："敢问死。"曰："未知生，焉知死？"

【注释】

[1] 季路：即子路，姓仲，名由，鲁国卞人。孔子的弟子。

【译文】

子路问侍奉鬼神的问题。孔子说："不能很好地侍奉活人，怎能去侍奉鬼神？"子路又说："请问死是怎么回事？"孔子说："还没有弄明白生的问题，怎么能了解死的事呢？"

【解读】

在春秋那个生产力水平低下的时代，科学技术相当不发达，恐怕没有人能说清楚神秘难测的鬼神问题。孔子却提出"事神先事人""知死先知生"的观点，强调"事人""知生"的首要地位。从中不难看出，儒家教育人重视今生今世，强调如何做一个君子。显示了孔子对鬼神问题持有理性而宽容的态度。

闵子侍侧，訚訚[1]如也；子路，行行[2]如也；冉有、子贡，侃侃[3]如也。子乐。"若由也，不得其死然。"

【注释】

[1] 訚（yín）訚：和颜悦色的样子。
[2] 行行：刚强的样子。
[3] 侃侃：说话理直气壮。

宋·朱熹："闇、侃，音义见前篇。行，胡浪反。乐，音洛。行行，刚强之貌。子乐者，乐得英材而教育之。"

明·张居正："四子气象虽不同，然皆禀刚明正直之资，而绝无阴邪柔暗之病。这等的人，熏陶造就，将来皆可以副传道之寄，而入于圣贤之域者。"

【译文】

闵子骞站在孔子身边，态度和悦的样子；子路刚强威武的样子；冉有和子贡从容不迫的样子。孔子高兴了。接着说："像仲由这样的人，恐怕不能善终吧！"

【解读】

据《史记·仲尼弟子列传》记载，子路在卫国大夫孔悝的家里做家臣，后来卫国发生内乱，子路本在城外，但他抱着"食其食者不避其难"的信念，回到危城与暴徒血战而死。可见，一个人的性格和气质决定着他的行动。子路的刚强注定了他不会委曲求全，宁为玉碎而不为瓦全。

鲁人[1]为长府[2]。闵子骞曰："仍旧贯，如之何？何必改作？"子曰："夫人[3]不言，言必有中。"

宋·朱熹："言不妄发，发必当理，惟有德者能之。"

明·张居正："夫子之称闵子者，所以警鲁人也。"

【注释】

[1] 鲁人：这里指鲁国的当权者。
[2] 为长府：为，这里是改建的意思。藏财货、

兵器等的仓库叫“府”，长府是鲁国的国库名。

[3] 夫人：这个人。

【译文】

鲁国的人要修建府库。闵子骞说：“照老样子修，怎么样？为什么一定要改建呢？”孔子说：“这人平时不大说话，说话就一定符合情理。”

【解读】

我们现实生活中，也有很多像闵子骞这样的人。他们平时往往沉默寡言，不善言辞；但是遇到大是大非的原则问题，则会一鸣惊人，一语中的，一开口便能切中问题的要害。这些人说话往往很有分量，能得到大家的认可与信任。不言则已，言必有中。我们要时刻提醒自己，敏于事而慎于言，平时不要夸夸其谈，做一个说话有分量的人。

子曰：“由之瑟奚为于丘之门[1]？”门人不敬子路。子曰：“由也升堂矣，未入于室[2]也。”

宋·程颢、程颐：“言其声之不和，与己不同也。”

宋·朱熹：“门人以夫子之言，遂不敬子路，故夫子释之。升堂入室，喻入道之次第。言子路之学，已造乎正大高明之域，特未深入精微之奥耳，未可以一事之失而遽忽之也。”

【注释】

[1] 奚为于丘之门：奚，为什么。为，弹。为什么在我这里弹呢？

[2] 升堂入室：堂是正厅，室是内室，用以

形容学习程度的深浅。

【译文】

孔子说："仲由弹瑟，为什么弹到我这里来了？"学生们就不敬重子路，孔子说："仲由学问已经入门了，只是还没达到精通。"

【解读】

子路是孔门弟子中属于年长者的一位，他的性格刚强威猛。他弹奏的琴声中可能透出征伐杀戮的感觉，不像孔子提倡的《韶》乐那般中正平和，所以孔子批评他。这一批评可能仅限于子路的鼓瑟之音，并没有涉及其他方面。但是，同门师弟们听到老师对子路的批评以后，就不尊敬他了。孔子怕影响子路的威信，就向学生们解释说子路的技艺和学问已经入门了，只要再努力些就能达到精通的程度。

子贡问："师与商[1]也孰贤？"子曰："师也过，商也不及。"曰："然则师愈[2]与？"子曰："过犹不及。"

【注释】

[1] 师与商：师，颛孙师，即子张。商，卜商，即子夏。

[2] 愈：胜过，强些。

宋·朱熹："子张才高意广，而好为苟难，故常过中。子夏笃信谨守，而规模狭隘，故常不及。"又注："道以中庸为至。贤知之过，虽若胜于愚不肖之不及，然其失中则一也。"

明·张居正："师，是颛孙师。商，是卜商，都是孔子弟子。愈字，解作胜字。"

【译文】

子贡问："颛孙师和卜商相比较谁更贤呢？"孔子说："颛孙师太过，卜商还不够。"子贡说："这么说颛孙师更好一些了？"孔子说："过和不够是一样的。"

【解读】

生活中我们也像子贡那样，常常认为做过头比没做到要好一些，其实这种想法的错误的。做过了与没做到同样都有违中庸之道，其结果同样都很糟糕。所以，我们说话做事最好都要恰到好处，既不过头也无不及。

宋·朱熹："圣人之恶党恶而害民也如此。然师严而友亲，故已绝之，而犹使门人正之，又见其爱人之无已也。"

明·张居正："夫人之为恶，若党与不众，则其为害犹小，惟夫身据权要，而人又从而附丽之，则其虐焰滋甚，不可扑灭。故圣人于党恶之人，拒绝之严如此。"

季氏富于周公[1]，而求也为之聚敛[2]而附益[3]之。子曰："非吾徒也。小子鸣鼓而攻之可也。"

【注释】

[1] 季氏富于周公：季氏比周朝的公侯还要富有。

[2] 聚敛：积聚和收集钱财，即搜刮。

[3] 益：增加。

【译文】

季氏比周公富裕，而冉求还为他搜刮积

聚更多的财富。孔子说："这不是我的学生。学生们，你们大张旗鼓地攻击他好了。"

【解读】

冉求当时正担任季氏的家臣，他替季氏征收田赋，搜刮百姓，以积聚更多的财富。所以，孔子特别生气，不承认冉求是自己的学生，而且让其他学生共同声讨冉求。当今社会，面对屡次触犯法律违背道德的不义小人，我们要予以反对，积极回击，共同创建一个正义公平的社会环境，杜绝一切危害人民人身财产安全和社会稳定的行为。

柴也愚，参也鲁，师也辟，由也喭。

【译文】

高柴愚昧，曾参笨拙，颛孙师偏激，仲由鲁莽。

【解读】

孔子在本章中指出了这四位弟子的缺点，认为他们各有不足，应该加以改正。可见孔子对学生们的性格特点十分了解，这也是他能够因材施教的基础前提。

宋·程颢、程颐："参也竟以鲁得之。"

明·张居正："愚与鲁者，必须充之以学问。辟者，必须本之以忠信。喭者，必须文之以礼乐，然后可进于圣人之道。不然，亦卒偏而不得其中矣，可不知所自励哉。"

宋·程颢、程颐："子贡之货殖，非若后人之丰财，但此心未忘耳。然此亦子贡少时事，至闻性与天道，则不为此矣。"

宋·朱熹："不以贫窭动心而求富，故屡至于空匮也。言其近道，又能安贫也。言子贡不如颜子之安贫乐道，然其才识之明，亦能料事而多中也。"

子曰："回也其庶[1]乎，屡空[2]。赐不受命，而货殖[3]焉，亿[4]则屡中。"

【注释】

[1] 庶：庶几，相近。这里指颜渊的学问道德接近于完善。

[2] 空：贫困、匮乏。

[3] 货殖：做买卖。

[4] 亿：同"臆"，猜测，估计。

【译文】

孔子说："颜回的学问道德接近于完善，但常常是家里困顿。端木赐不安天命，去投机经商，猜测行情常常中的。"

【解读】

像子贡这样既在学问上取得成就，又在商贸中获取家财万贯，是千千万万读书人最理想的生活目标。可文人清贫淡泊，家境不佳，却是自古如此。无论贫富，重要的是要提高自身的道德水平。生活在贫穷中，能够拥有坦然的心态，安贫乐道；生活在富足中，能够有仁者之爱，兼济天下。

宋·程颢、程颐："践迹，如言循途守辙。善人虽不必践旧迹而自不为恶，然亦不能入圣人之室也。"

子张问善人[1]之道，子曰："不践迹，亦不入于室[2]。"

【注释】

[1] 善人：指本质善良但没有经过学习的人。

[2] 入于室：比喻学问和修养达到了精深地步。

明·张居正："夫其不践迹而自不为恶，此善人之所以为善人。不践迹而亦不能入室，此善人之所以止于善人也。"

【译文】

子张问善人之道是什么。孔子说："如果不踩着别人的脚印走，学问修养也很难达到高深的境界。"

【解读】

孔子认为本性善良的人，要使自己的道德学问达到高深的境界，必须向前人学习，踩着成功者的脚印前进。否则，就找不到自己的努力方向和应走的正确道路。循着前人走过的成功道路前进，能够少犯错误，避免走歪路而节省时间和力量。所以，我们做任何事情都要多获取一些间接经验，以期保质而又高效地完成任务。

子曰："论笃是与[1]，君子者乎？色庄者乎？"

宋·朱熹："言但以其言论笃实而与之，则未知其为君子者乎？为色庄者乎？言不可以言貌取人也。"

【注释】

[1] 论笃是与：论，言论。笃，诚恳。与，赞许。意思是对说话笃实诚恳的人表示赞许。

明·张居正："然人藏其心，情伪难测，外貌未足以尽人也。若不加深察，只论人于容貌词气之间，见以为笃实而遽许之，则斯人也，其果表里相符，而为有德之君子乎？抑亦矫饰外貌，假做个老实的模样，而为色庄者乎？"

【译文】

孔子说："言论笃实的人总会受到赞许，他们是君子还是表面庄重的人呢？"

【解读】

言行一致才是真君子。现实生活中，很多人只会说而不去做。这种人往往说的时候态度极其诚恳，让人不得不相信；可是却总是不见其行动，说过的话如同没说过一样。这种人就是令人讨厌的伪君子，他们总是给人希望而又让人失望；时间久了，就没人再相信他们。我们应努力追求言行一致，做一个堂堂正正的真君子。

明·张居正："可见圣人立教，与帝王出治，其斟酌化裁，操纵阖辟，皆不出此二者，所以能甄陶一世，而尽君师治教之责也。"

子路问："闻斯行诸[1]？"子曰："有父兄在，如之何其闻斯行之？"冉有问："闻斯行诸？"子曰："闻斯行之。"公西华曰："由也问'闻斯行诸'，子曰'有父兄在'；求也问'闻斯行诸'，子曰'闻斯行之'。赤也惑，敢问。"子曰："求也退，故进之；由也兼人[2]，故退之。"

【注释】

[1] 诸："之乎"二字的合音。

[2] 兼人：好勇过人。

【译文】

子路问："凡事听到就做吗？"孔子说："有父亲和哥哥在，怎么能听到就做呢？"冉有问："听到就做吗？"孔子说："听到了就做。"公西华说："仲由（子路）问您'听到了就做吗'，您说‘有父亲哥哥活着，不能这样做’；冉求(冉有)也问您‘听到就做吗’，您说‘听到了就做’。我糊涂了，我大胆问问为什么。”孔子说：“冉求做事总是退缩不前，所以我鼓励他大胆做；仲由胆大好胜，所以我要让他退一退。”

【解读】

子路的刚强鲁莽，勇敢好胜，是出了名的，孔子总是担心他因为勇敢而丧命。所以，子路问“事情听到了就去做吗？”这个问题时，孔子给予了否定的回答。而冉有性格内向，沉静寡言，且胆小退缩。所以，在冉有问同一个问题时，孔子给予了肯定的回答。其实，这正是孔子“因材施教”的具体体现。

子畏于匡，颜渊后[1]。子曰：“吾以女[2]为死矣。”曰：“子在，回何敢死？”

明·张居正：“于此不独见其师生相与，恩谊甚深，抑且死生在前，审处不苟。盖由平日涵养纯粹，见理分明故耳。”

【注释】

[1] 后：方位名词，这里活用为动词，意为后到。
[2] 女：通“汝”。你的意思。

【译文】

孔子被囚禁在匡地，颜渊后来才到。孔子说：“我以为你已经死了。”颜渊说：“您还活着，我怎么敢去死呢？”

【解读】

孔子从匡地逃出来，颜渊奔跑在后，见到颜渊之后，孔子道："我以为你已经死了呢！"颜渊也很幽默地回复老师："先生还在，弟子哪敢先死呢！"可见，师徒二人的感情非比寻常，他们心心相印，息息相通。

宋·朱熹："以道事君者，不从君之欲。不可则止者，必行己之志。"

明·张居正："此可见天下有大臣、有具臣、有乱臣，若人君能尊德乐道，则大臣得以尽其忠；能随材器使，则具臣得以勉其职；能防微杜渐，则乱臣无所容其奸，此又明主所当加意也。"

季子然[1]问："仲由、冉求可谓大臣与？"子曰："吾以子为异之问，曾[2]由与求之间。所谓大臣者，以道事君，不可则止。今由与求也，可谓具臣[3]矣。"曰："然则从之[4]者与？"子曰："弑父与君，亦不从也。"

【注释】

[1] 季子然：鲁国季氏的同族人。
[2] 曾：乃。
[3] 具臣：普通的臣子。
[4] 之：代名词，这里指季氏。当时冉求和子路都是季氏的家臣。

【译文】

季子然问："仲由、冉求可以称得上是大臣吗？"孔子说："我以为你问的是别人，竟是仲由与冉求啊。可以称得上大臣的，是用仁道来事奉君主，如果不能实行仁道，宁可辞职不干。如今仲由和冉求呀，可以说是具备臣子的条件吧！”季子然又问：“这么说他们应该听从君主的了？”孔子说：“谋杀父亲与君主的事，是不能听从的。”

【解读】

子路和冉求做季氏的家臣，对于季氏越礼犯上的行为，他们没有劝阻，还为季氏扩大领土，增加田赋。作为季氏同族人的季子然认为子路和冉求对季氏很有功劳，就问孔子子路和冉求能否称得上大臣。孔子只说子路和冉求只是具备做臣子的条件，现在并不是大臣。言外之意就是讽刺季氏不过是个大夫，子路和冉求只是他的家臣而已，怎么可能称作大臣呢？当然，孔子对自己学生的为人是了如指掌，所以又说子路和冉求是不会顺从杀父杀君这样的事情的。这又表明了孔子对自己学生的人品道德充满了信心。

子路使子羔为费宰。子曰：“贼[1]夫人之子[2]。”子路曰：“有民人焉，有社稷焉，何必读书，然后为学？”子曰：“是故恶夫佞者。”

宋·朱熹：“治民事神，固学者事，然必学之已成，然后可仕以行其学。若初未尝学，而使之即仕以为学，其不至于慢神而虐民者几希矣。子路之言，非其本意，但理屈辞穷，而取辩于口以御人耳。故夫子不斥其非，而特恶其佞也。”

【注释】

[1] 贼：害。

[2] 夫人之子：指子羔。孔子认为他没有经过很好的学习就去从政，这会害了他自己的。

明·张居正：“子羔，是高柴的字。宰，是邑宰。贼，是害。夫人之子，就指子羔说。佞，是强辩饰非。子路于未学而使仕，则夫子责之。可见出治有本，务学为先，凡有天下国家之责者，其职任愈大，则其学当愈充，其关系愈重，则其学当愈勤，诚不可一时而少闲也。”

【译文】

子路让子羔做费地方的长官。孔子说：“这是害了子羔这个人。”子路说：“那里有百姓，有土地，为什么非要读书呢？”孔子说：“正因为这样我才讨厌你们这些能言善辩的人。”

【解读】

子路担任鲁国大夫季氏的总管，颇得季氏信任。所以子路想推举小自己 21 岁的同门师弟子羔去担任季氏辖区的费邑做官，但孔子却认为子羔年纪太小，学问德行都不圆满，为人处事方面也不懂得通达权变，不具备出仕的条件。更何况费邑本来就是多事之地，民情多变，不好治理。在老师讲明道理之后，子路不但没有认错，反而还强词夺理，进行辩解。所以，孔子表示自己特别讨厌子路这样能言善辩的人。

子路、曾皙[1]、冉有、公西华侍坐。子曰：“以吾一日长乎尔，毋吾以也[2]。居[3]则曰：‘不吾知也！’如或知尔，则何以哉[4]？”子路率尔[5]而对曰：“千乘之国，摄[6]乎大国之间，加之以师旅，因之以饥馑，由也为之，比及[7]三年，可使有勇，且知方也[8]。”夫子哂[9]之。“求，尔何如？”对曰：“方六七十[10]，如[11]五六十，求也为之，比及三年，可使足民。如其礼乐，以俟君子。”“赤，尔何如？”对曰：“非曰能之，愿学焉。宗庙之事[12]，如会同[13]，端章甫[14]，愿为小相[15]焉。”“点，尔何如？”鼓瑟希[16]，铿尔，舍瑟而作[17]，对曰：“异乎三子者之撰。”子曰：“何伤乎？亦各言其志也。”曰：“莫春者，春服既成，冠者五六人，童子六七人，浴乎沂，风乎舞雩，咏而归。”夫子喟然叹曰：“吾与点也！”三子者出，曾皙后。曾皙曰：“夫三子者之言何如？”子曰：“亦各言其志也已矣。”曰：“夫子何哂由也？”曰：“为国以礼。其言不让，是故哂之。”“唯求则非邦也与？”“安见方六七十如五六十而非邦也者？”“唯赤则非邦也与？”“宗庙会同，非诸侯而何？赤也为之小，孰能为之大？”

宋·程颢、程颐：“三子皆欲得国而治之，故夫子不取。曾点，狂者也，未必能为圣人之事，而能知夫子之志。故曰浴乎沂，风乎舞雩，咏而归，言乐而得其所也。孔子之志，在于老者安之，朋友信之，少者怀之，使万物莫不遂其性。曾点知之，故孔子喟然叹曰：吾与点也。”

明·张居正：“盖君子藏器于身，待时而动，穷不失意，达不离道，乃出处之大节也。若负其才能，汲汲然欲以自见于世，则出处之际，必有不能以义命自安，而苟于所就者。子路仕卫辄冉有从季氏，病皆在此，故夫子独与曾点，以其所见超于三子也。”

【注释】

[1] 曾皙：名点，字子皙，曾参的父亲，也是孔子的学生。
[2] 以吾一日长乎尔，毋吾以也：不要因为我比你们的年龄稍长一些，而不敢说话。
[3] 居：平日。
[4] 则何以哉：何以，即何以为用。
[5] 率尔：轻率、急切。
[6] 摄：迫于、夹于。
[7] 比及：等到。
[8] 方：方向。
[9] 哂：讥讽地微笑。
[10] 方六七十：纵横各六七十里。
[11] 如：或者。
[12] 宗庙之事：指祭祀之事。
[13] 会同：诸侯会见。
[14] 端章甫：端，礼服的名称。章甫，礼帽的名称。
[15] 相：赞礼人，司仪。
[16] 希：指瑟声渐淡。
[17] 作：站起来。

【译文】

子路、曾皙、冉有、公西华陪孔子坐着。孔子说："不要因为我比你们年龄都大，而不敢讲真话。平常你们说：'没人了解我呀！'如果有人了解你们，你们准备干什么呢？"子路轻率地回答说："拥有千辆兵车的国家，被挟制在两个大国之间，外有军队侵犯，内有灾荒饥饿；让我去治理，不出三年，可以使百姓既有勇气，又懂得治国的道理。"夫子笑了笑。孔子又问："冉求，你怎么样？"冉求回答说："方圆六七十里或五六十里的小国家，让我去治理，不出三年，使百姓富足。至于礼乐之事，还要等待君子来做。”“公西赤，你怎么样？”孔子又问。公西赤回答说：“不敢说我能做什么，我愿意学习。祭祀宗庙的事，或者同外国盟会的事，我愿意穿上礼服，戴上礼帽，做一名小相。”“曾点，你怎么样？”曾点正在弹瑟，已经接近尾声，听到孔子问话，铿地一声把瑟放下，站起来回答说：“我和他们三个人说的都不一样。”孔子说：“那有什么妨碍？都是各谈自己的志向！”曾点说：“暮春时节，春天的服装已经做好，领着五六个人，带上六七个孩子，在沂水边沐浴，在舞雩台上任风吹拂，唱着歌一路归来。”孔子感慨地赞叹说：“我赞同曾点的主张啊！”子路、冉有、公西华都出去了，曾皙留在后面。曾皙说：“那三个人谈得怎么样呢？”孔子说：“不过是都谈自己的志向罢了。”曾皙说：“那您为什么要笑仲由呢？”孔子说：“治理国家要靠礼，可他说话一点礼让也没有，所以我笑他。”“那冉求谈的不是治理国家的事吗？”孔子答道：“怎见得方圆六七十或五六十的地方就不是国家呢？”“那么公西赤谈的不是国家事了？”孔子说：“宗庙祭祀与国家间的盟会，不是国家的事又是什么呢？公西赤做小相，那谁能做大相呢？”

【解读】

从四个弟子的言谈中，我们可以清楚地看到他们性格的不同之处。孔子不仅没有赞许豪气冲云天的子路，反而笑他不知用礼治理国家，对谦逊的冉求和委婉的公西华也不置可否。却唯独由衷地赞叹不谈国事的曾皙，因为曾皙所描绘的图画正是儒家所推崇的人际关系和谐、人与自然和谐、政治清明百姓安居乐业的美好理想。

颜渊篇第十二

颜渊问仁。子曰："克己复礼[1]为仁。一日克己复礼，天下归仁焉[2]。为仁由己，而由人乎哉？"颜渊曰："请问其目[3]。"子曰："非礼勿视，非礼勿听，非礼勿言，非礼勿动。"颜渊曰："回虽不敏，请事[4]斯语矣。"

宋·朱熹："此章问答，乃传授心法切要之言。非至明不能察其几，非至健不能致其决。故惟颜子得闻之，而凡学者亦不可以不勉也。程子之箴，发明亲切，学者尤宜深玩。"

【注释】

[1] 克己复礼：克己，即克制自己。复礼，使自己的言行符合于礼的要求。

[2] 归仁：归，归顺。仁，即仁道。

[3] 目：具体的条目。目和纲相对。

[4] 事：从事，照着去做。

【译文】

颜渊问孔子什么是仁。孔子说："克制自己的欲望，使自己的言行都符合礼就是仁。一天做到克制自己而言行符合礼的规范，天下的人就会称你为仁人。做到仁德要靠自己，难道还靠别人吗？"颜渊说："请问仁的纲领是什么？"孔子说："不符合礼的不要看，不符合礼的不要听，不符合礼的话不说，不符合礼的事不做。"颜渊说："我虽然不聪敏，也要遵照您的话去做。"

【解读】

颜渊问仁于孔子，孔子将仁解释为"克己复礼"。"克己复礼"就是严格要求自己，控制自己的欲望，使自己的言行都符合礼的规范。没有规矩不成方圆，克己复礼是对我们行为加以约束的道德规范，并不是有些人标榜的扼杀个性。克己复礼也是自尊自爱的表现，我们现代人仍然要遵纪守法，按照规章制度的要求办事，处处克制自己的不当欲望。

宋·程颢、程颐：“孔子言仁，只说出门如见大宾，使民如承大祭。看其气象，便须心广体胖，动容周旋中礼。惟谨独，便是守之之法。”

宋·朱熹：“敬以持己，恕以及物，则私意无所容而心德全矣。内外无怨，亦以其效言之，使以自考也。”

仲弓问仁。子曰：“出门如见大宾，使民如承大祭；己所不欲，勿施于人；在邦无怨，在家无怨[1]。”仲弓曰：“雍虽不敏，请事[2]斯语矣。”

【注释】

[1] 在邦无怨，在家无怨：邦，诸侯统治的国家。家，卿大夫统治的封地。

[2] 事：从事，照着去做。

【译文】

仲弓问孔子什么是仁德。孔子说：“出门到外面工作就好像去接见高贵的宾客一样恭敬，役使老百姓就好像承办重大的祭祀一样严肃认真。自己不喜欢的，不要强加于别人。在朝廷没有怨言，在家里也没有怨言。”仲弓说：“我虽然不聪敏，也要按照您的话去做。”

【解读】

“己所不欲，勿施于人”被圣人视为做人的基本行为准则。自己不想要的也不要强加到别人身上，如果人们都能按照这一准则来处理人际关系，人与人之间就会减少很多怨恨。以己度人，推己及人，是一种价值观念，它承认了别人有着与自己平等的价值和人格。同时，这种价值观也提醒人们既要自爱也要爱别人，既要自尊也要尊重别人。

司马牛[1]问仁。子曰："仁者，其言也讱[2]。"曰："其言也讱，斯[3]谓之仁已乎？"子曰："为之难，言之得无讱乎？"

宋·程颢、程颐："虽为司马牛多言故及此，然圣人之言，亦止此为是。"

宋·朱熹："盖圣人之言，虽有高下大小之不同，然其切于学者之身，而皆为入德之要，则又初不异也。读者其致思焉。"

【注释】

[1] 司马牛：姓司马，名耕，字子牛，是孔子的学生。

[2] 讱（rèn）：话难说出口。这里引申为说话谨慎。

[3] 斯：就。

【译文】

司马牛问什么是仁德。孔子说："仁德的人，不随便发表自己的意见。"司马牛道："不随便发表自己意见就可以称为仁德的人吗？"孔子说："做起来很困难呢，说话能总是很谨慎吗？"

【解读】

据司马迁《史记·仲尼弟子列传》说，司马牛是一个"语多而躁”的人，他性格浮躁，喜欢多言。孔子想要他克服“语多而躁”的毛病，逐渐培养仁德。有的人说话从来不加思考，遇事脱口而出，想到什么说什么，这样不仅于事无补，甚至可能得罪人。

司马牛问君子。子曰：“君子不忧不惧。”曰：“不忧不惧，斯谓之君子已乎？”子曰：“内省不疚，夫[1]何忧何惧？”

宋·朱熹：“牛之再问，犹前章之意，故复告之以此。言由其平日所为无愧于心，故能内省不疚，而自无忧惧，未可遽以为易而忽之也。”

明·张居正：“司马牛因其兄桓魋作乱常怀忧惧，故孔子开慰之如此。然内省不疚，实自常存敬畏中来，非徒悍然不顾而已。”

【注释】

[1] 夫：语气助词，无实际意义。

【译文】

司马牛问怎样可以成为君子。孔子说：“君子不忧愁不畏惧。”司马牛道：“不忧愁不畏惧，就可以称为君子了吗？”孔子说：“自己反省自己没有内疚，那还有什么忧愁和畏惧呢？”

【解读】

据说司马牛是宋国大夫桓魋的弟弟。桓魋在宋国“犯上作乱”，遭到宋国执政者的打击，司马牛全家便被迫出逃。逃到鲁国后，司马牛拜孔子为师，并声称桓魋不是他的哥哥与之划清界线。所以，当他向孔子请教怎样做才是君子时，孔子很有针对性地回答他说：君子不忧愁也不畏惧，反省自己的时候能做到问心无愧。

司马牛忧曰：“人皆有兄弟，我独亡。”子夏曰：“商闻之矣：死生有命，富贵在天。君子敬而无失[1]，与人恭而有礼，四海之内，皆兄弟也。君子何患乎无兄弟也？”

宋·朱熹：“既安于命，又当修其在己者。故又言苟能持己以敬而不间断，接人以恭而有节文，则天下之人皆爱敬之，如兄弟矣。盖子夏欲以宽牛之忧，故为是不得已之辞，读者不以辞害意可也。”

明·张居正：“子夏欲以宽司马牛之忧，故为是不得已之词。然要之至理，亦不外此。”

【注释】

[1] 敬而无失：孔子曾赞扬晏子“善与人交，久而敬之”，这里的敬而无失就是久而敬之的意思。

【译文】

司马牛忧愁地说道：“别人都有兄弟，唯独我没有。”子夏说：“我听说过，人的生死由命运安排，富贵与否也是天意。君子做事慎重而没有差错，待人恭敬而有礼貌。那么，就会天下到处都有兄弟——您何必忧虑没有兄弟呢？”

【解读】

人所处的境遇由命所定，但我们如何生活，做一个什么样的人，却是可以自主选择的。我们常说“谋事在人，成事在天”，只要我们努力过好每一天，艰苦奋斗，就能够无怨无悔。只要我们将自己塑造成一个仁人君子，哪怕自己没有同胞兄弟姐妹也不必担心忧愁。

宋·朱熹："二者难察而能察之，则可见其心之明，而不蔽于近矣。此亦必因子张之失而告之，故其辞繁而不杀，以致丁宁之意云。"

子张问明。子曰："浸润之谮，肤受之愬[1]，不行焉，可谓明也已矣。浸润之谮，肤受之愬，不行焉，可谓远[2]也已矣。"

【注释】

[1] 肤受之愬（sù）：愬，诬告。这是说像皮肤感觉到疼痛那样的诬告，即直接的诽谤。

[2] 远：明之至，明智的最高境界。

【译文】

子张问怎样才可以做到心地清明。孔子说："像水润物那样暗中挑拨的坏话，像切肤之痛那样直接的诽谤，在你这里都行不通，可以称得上心地清明。暗中挑拨的坏话和直接的诽谤，在你这里都行不通，那你可以称得上是高远了。"

【解读】

俗语说"哪个人前不说人"，有的人喜欢挑拨离间，并善用丑恶卑鄙的手段谋算别人。所以，我们要有一双明察秋毫的慧眼和一颗坚强明智的心灵，保护自己不受谗言与诽谤的伤害。生活中，我们要冷静思考，明辨是非，不给谗言和诽谤留一点生存空间。

宋·程颢、程颐："孔门弟子善问，直穷到底，如此章者。非子贡不能问，非圣人不能答也。"

子贡问政。子曰："足食，足兵[1]，民信之矣。"子贡曰："必不得已而去，于斯三者何先？"曰："去兵。"子贡曰："必不得已而去，于斯二者何先？"曰："去食。自古皆有死，民无信不立。"

宋·朱熹："以人情而言，则兵食足而后吾之信可以孚于民。以民德而言，则信本人之所固有，非兵食所得而先也。是以为政者，当身率其民而以死守之，不以危急而可弃也。"

【注释】

[1] 兵：这里的"兵"指军备。

【译文】

子贡问如何处理政事。孔子说："使粮食充足，使军队强大，使百姓对国家有信心。"子贡说："如果迫不得已一定去掉一项，这三者当中先去掉哪一项呢？"孔子说："去掉军队。"子贡又说："如果迫不得已还要去掉一项，在这二者当中先去掉哪一项呢？"孔子说："去掉粮食。自古以来谁都难免一死，百姓对国家没有信心，国家就难以立足。"

【解读】

足食，足兵，取信于民，这三者既有关联性又有独立性。百姓丰衣足食，国家兵力强盛，才能创建出稳定和谐的社会。国泰民安，百姓能够安居乐业，则自然认为领导人和政府的政策是正确的，自然信任政府。然而，如果三者只能做到一点，那就一定要取信于民。因为人民对国家有信心，内心才能树立坚定的信仰，誓死保卫祖国、建设祖国。

棘子成曰："君子质而已矣，何以文为？"子贡曰："惜乎夫子之说君子也！驷不及舌[1]。文犹质也，质犹文

宋·朱熹："若必尽去其文而独存其质，则君子小人无以辨矣。"

明·张居正："若求其尽善而无弊，则必如孔子所谓文质彬彬，乃为定论也。"

也，虎豹之鞟[2]犹犬羊之鞟。"

【注释】

[1] 驷不及舌：指话一说出口，就收不回来了。驷，拉一辆车的四匹马。

[2] 鞟：去掉毛的皮，即革。

【译文】

棘子成说："君子只要质朴就行了，要文采有什么用呢？"子贡说："可惜啊，您这样来谈论君子！一言既出，驷马难追。文采如同质朴，质朴如同文采。如果离开了文采，虎豹的皮革就与犬羊的皮革一样了。"

【解读】

棘子成认为君子只要有美好的品德就可以了，不需要有外在的文采。显然，棘子成不懂文质的关系。所以子贡批评了他的这种说法。子贡认为文和质同样重要，君子应该文质兼具，用适当的表现形式来表现其良好的本质。否则，本质再好，也无法显现出来。其实，这里的文与质就是内容与形式。君子既应该具备良好的内在品德，又应该用恰到好处的形式将其表现出来，文质彬彬，然后君子。

宋·朱熹："有若深言君民一体之意，以止公之厚敛，为人上者所宜深念也。"

哀公问于有若曰："年饥，用不足，如之何？"有若对曰："盍彻乎[1]？"曰："二[2]，吾犹不足，如之何其彻也？”对曰：“百姓足，君孰与不足？百姓不足，君孰与足？”

明·张居正：“然则孔子节用爱人一言，岂非治天下者之龟鉴哉！”

【注释】

[1] 盍彻乎：盍，何不。彻，西周奴隶主国家的一种田税制度。旧注曰：“什一而税谓之彻。”

[2] 二：抽取十分之二的税。

【译文】

鲁哀公向有若问道：“年成不好，国家费用不足，该怎么办呢？”有若回答说：“为什么不实行彻法，只抽十分之一的田税呢？”鲁哀公说：“现在抽取十分之二，我还怕不足，怎么还能实行彻法呢？”有若回答说：“百姓富足，您怎么能不富足？百姓不富足，您怎么能富足呢？”

【解读】

鲁哀公执政时期，有一年收成不好，国家的财政开支不足，鲁哀公十分忧虑，便向有若征求解决方法。有若建议他实行彻法，减少税收。这个方法使鲁哀公备感诧异，表示抽取十分之二的税都唯恐不够用，怎么还能再缩减税收呢？有若讲解道，国家降低税率，就能激励他们积极生产，百姓富足了就不必再担心国家财政收支不够用了。而如果加重百姓的税负，他们的生产积极性就会严重受挫，国家的经济就会越来越衰弱，这样国家又怎么会富强起来呢？

宋·程颢、程颐：“此错简，当在第十六篇齐景公有马千驷之上。因此下文亦有齐景公字而误也。”

宋·朱熹：“主忠信，则本立，徙义，则日新。人之生死有命，非可得而欲也。以爱恶而欲其生死，则惑矣。既欲其生，又欲其死，则惑之甚也。”

子张问崇德[1]辨惑[2]。子曰：“主忠信，徙义[3]，崇德也。爱之欲其生，恶之欲其死，既欲其生，又欲其死，是惑也。‘诚不以富，亦只以异。’”

【注释】

[1] 崇德：指提高道德修养的水平。

[2] 惑：迷惑，不分是非。

[3] 徙义：徙，迁移。向义靠拢。

【译文】

子张问怎样提高道德修养水平和辨别是非迷惑的能力。孔子说：“以忠诚信实为主，唯义是从，这就可以提高品德。喜欢一个人就希望他长寿，厌恶一个人就希望他马上死去；既希望他长寿，又希望他死去，这就是迷惑了。《诗经》说‘这确实对自己毫无好处，只是使人奇怪罢了’。”

【解读】

子张请教如何提高道德修养水平和辨别是非迷惑的能力，孔子认为能按照“忠信”“仁义”的原则去办事，就可以提高道德修养水平和辨别是非的能力，否则，感情用事，就会陷于迷惑之中。“忠信”指为人诚恳，对工作尽心尽力，并且能信守诺言，言行一致；而忠信又要符合仁义的规范。

齐景公[1]问政于孔子。孔子对曰："君君、臣臣、父父、子子。"公曰："善哉！信如君不君，臣不臣，父不父，子不子，虽有粟，吾得而食诸？"

宋·朱熹："此人道之大经，政事之根本也。是时景公失政，而大夫陈氏厚施于国。景公又多内嬖，而不立太子。其君臣父子之间，皆失其道，故夫子告之以此。公善孔子之言而不能用，其后果以继嗣不定，启陈氏弑君篡国之祸。"

【注释】

[1] 齐景公：名杵臼，齐国国君，公元前547年至公元前490年在位。

【译文】

齐景公向孔子问怎样治理国政。孔子回答说："君要像君，臣要像臣，父亲要像父亲，儿子要像儿子。"齐景公说："说得好啊！假如君不像君，臣不像臣，父不像父，子不像子，虽然有很多粮食，我能吃得着吗？"

【解读】

春秋时期的社会动乱，礼制受到严重威胁，等级制度也遭到破坏，弑君杀父的事情经常发生。当时齐国的国君齐景公，问孔子怎样治理国家，孔子就告诉他治理国家要恢复等级秩序，遵守"君君、臣臣、父父、子子"的名分规定。也就是说，治理国家首先要注意名分，不同等级不同辈分的人各司其职，各定其位。

子曰："片言[1]可以折狱[2]者，其由也与[3]？"子路无宿诺[4]。

宋·朱熹："子路忠信明决，故言出而人信服之，不待其辞之毕也。记者因夫子之言而记此，以见子路之所以取信于人者，由其养之有素也。"

明·张居正："盖仲由为人忠信明决，惟其有忠信之心，故人不忍欺；惟其有明决之才，故人不能欺，此所以言出而人信服之，不待其辞之毕也。"

【注释】

[1] 片言：诉讼双方中一方的言词，即片面之词，古时也叫"单辞"。

[2] 折狱：狱，案件。折狱即断案。

[3] 其由也与：大概只有仲由吧。

[4] 宿诺：宿，久。宿诺指拖了很久而没有兑现的诺言。

【译文】

孔子说："凭单方面的言辞可以判决案件的，大概就是仲由吧？"子路承诺的事从不隔夜。

【解读】

君子应该像子路这样有修养重承诺。我们总是希望得到别人的信任，其实办法很简单，做到言出必行，及时兑现自己的承诺。信用是靠日积月累的。守信一次不难，守信一时也不是特别困难，难的是长久地信守诺言而毫无疏忽。所以，我们必须严格要求自己，对于许下的诺言要时时记在心上，马上行动，绝不能拖泥带水。

明·张居正："听讼，是听断狱讼。犹人，是不异于人。"又注："盖治民而至于使之无讼，则潜消默夺之机，有出于政刑教令之外者，视彼片言折狱，又不足言矣。明君观此，可不以德化为首务哉。"

子曰："听讼[1]，吾犹人也。必也使无讼[2]乎！"

【注释】

[1] 听讼：讼，诉讼。听讼指审理诉讼案件。

[2] 使无讼：使人们之间没有诉讼案件之事。

【译文】

孔子说："判决断案，我和别人一样。但与别人所不同的是，我一定要使案件根本就不发生。"

【解读】

人的生存离不开社会，而社会又是各种矛盾的载体。人们由于生活环境、教育背景、性格习俗等方面的差异，为人处世必定出现矛盾争执的情况。大家各执己见、难以调和的时候，就产生了诉讼这件事。虽然我们无法消除人们之间的矛盾，但是我们可以提高人们的思想道德，以道德的力量教化民众。

子张问政。子曰："居之无倦，行之以忠。"

宋·程颢、程颐："子张少仁。无诚心爱民，则必倦而不尽心，故告之以此。"

宋·朱熹："居，谓存诸心。无倦，则始终如一。行，谓发于事。以忠，则表里如一。"

【译文】

子张问怎样治理国政。孔子说："在位要不懈地努力，执行政令要忠诚老实。"

【解读】

居之无倦，就是要求执政者有敬业精神，热爱自己所从事的工作。作为普通百姓的我们，从这八个字中也该有所借鉴。我们每个人都应当有一份属于自己的工作，因为劳动让生命充满阳光。

宋·程颢、程颐："博学于文而不约之以礼，必至于汗漫。博学矣，又能守礼而由于规矩，则亦可以不畔道矣。"

宋·朱熹："君子学欲其博，故于文无不考；守欲其要，故其动必以礼。如此，则可以不背于道矣。"

子曰："博学于文，约之以礼，亦可以弗畔矣夫！"[1]

【注释】

[1] 本章重出，见《雍也》篇第 27 章。

【译文】

孔子说："广博地学习文学典籍，用礼乐来约束自己的行为，就可以做到不背离正道！"

【解读】

本章系重出，见《雍也》篇第 27 章。

宋·朱熹："成者，诱掖奖劝以成其事也。君子小人，所存既有厚薄之殊，而其所好又有善恶之异。故其用心不同如此。"

明·张居正："盖小人之心，有恶而无善，故见人之恶，即喜其与己同，惟恐其不觉于己也，见人之善，即恶其与己异，惟恐其或胜于己也，其用心之相反如此。"

子曰："君子成人之美，不成人之恶[1]。小人反是[2]。"

【注释】

[1] 美、恶：形容词用作名词，意思是好事、坏事。

[2] 是：代词，这。

【译文】

孔子说："君子成就人的好事，不帮助别人去做坏事。小人正和这相反。"

【解读】

君子和小人在“成人之善恶”这件事上有着迥然的区别。君子心胸坦荡，厚德载物，不嫉妒别人，所以他们愿意以宽厚的仁德成就别人的好事，而坚决不促成别人的坏事。小人心胸褊狭，刻薄寡恩，嫉贤妒能，恨不能天下之人都生活得不如自己，所以他们往往阻碍别人的好事而善于促成别人的坏事。“成人之美，不成人之恶”，也体现了儒家“己欲立而立人，己欲达而达人”“己所不欲，勿施于人”的精神。

季康子问政于孔子。孔子对曰：“政者，正也。子[1]帅[2]以正，孰敢不正？”

明·张居正：“孔子斯言，不独以告鲁大夫，实治天下之要道也。汉儒董仲舒有言：‘正心以正朝廷，正朝廷以正百官，正百官以正万民。’亦是此意，君天下者念之。”

【注释】

[1] 子：你。
[2] 帅：率领，带领。

【译文】

季康子向孔子问怎样治理国政。孔子回答说：“政治，就是中正。你自己用正道来带领大家，谁敢不依正道行事呢？”

【解读】

孔子认为为官从政，最重要的就是自己要行为端正，只有这样对老百姓才能起到良好的表率作用。季康子是当时鲁国政治上最有权势的人，他却带头僭礼、欺君犯上，致使鲁国政治一片混乱，四处弥漫着不正之风。无论为人还是为官，最重要最起码的就是要走正道，光明磊落。做一个堂堂正正的君子。

宋·朱熹："言子不贪欲，则虽赏民使之为盗，民亦知耻而不窃。"

明·张居正："盖羞恶之心，人皆有之，未有上以不贪为宝，而下犹寇攘成俗者也，所以说虽赏之不窃。"

季康子患盗，问于孔子。孔子对曰："苟子之不欲，虽赏之不窃。"

【译文】

季康子担心偷盗的人多，向孔子请教。孔子回答说："假如你不贪求财利，即使奖赏人去偷窃，人们也不会偷窃。"

【解读】

孔子认为盗贼猖獗，是因为统治者贪得无厌，穷奢极欲，横征暴敛引起的。领导阶层如果能清正廉洁，不贪图财物，老百姓受其影响就不行盗窃之事。反之，如果领导阶层爱恋财物，贪污受贿，那下面的百姓就会因贪欲而起盗心。所以，领导者要勤政廉洁，为百姓起好正直坦荡的表率作用。

宋·朱熹："为政者，民所视效，何以杀为？欲善则民善矣。"

季康子问政于孔子曰："如杀无道[1]，以就有道[2]，何如？"孔子对曰："子为政，焉用杀？子欲善而民善矣。君子之德风，小人之德草，草上之风[3]，必偃[4]。"

【注释】

[1] 无道：指无道的人。
[2] 有道：指有道的人。
[3] 草上之风：指风加之于草。
[4] 偃：仆，倒。

【译文】

季康子向孔子询问怎样治理政事，他说："如果把无道的坏人杀了，使人们接近道，怎么样呢？"孔子回答说："你治理国政，哪里用得着杀人？你想要为善，那人民自然就为善了。君子的德行就像风，小人物的德行就是草。风吹草上，草一定会随风倒的。"

【解读】

与前两章一样，季康子问政，孔子对其阐述的都是上行下效的问题。本章中季康子想要以杀戮无道之人的方法来治理国家，孔子就用了"草上之风"这个比喻来谈上行下效。孔子反对杀戮百姓，主张实行"德政"。他认为在上位的人只要具有仁德，善理政事，百姓就不会犯上作乱；而那些暴虐无度，残杀百姓的统治者必然会引起百姓的反对。

子张问："士何如斯可谓之达[1]矣？"子曰："何哉，尔所谓达者？"子张对曰："在邦必闻[2]，在家必闻。"子曰："是闻也，非达也。夫达也者，

宋·程颢、程颐："学者须是务实，不要近名。有意近名，大本已失。更学何事？为名而学，则是伪也。今之学者，大抵为名。为名与为利虽清浊不同，然其利心则一也。"

宋·朱熹："善其颜色以取于仁，而行实背之，又自以为是而无所忌惮。此不务实而专务求名者，故虚誉虽隆而实德则病矣。"

质直而好义，察言而观色，虑以下人[3]。在邦必达，在家必达。夫闻也者，色取仁而行违，居之不疑。在邦必闻，在家必闻。"

【注释】

[1] 达：通达，显达。

[2] 闻：指有名望。

[3] 下人：下，动词。对人谦恭有礼。

【译文】

子张问："读书人怎样才可以称得上显达呢？"孔子说："你所说的显达是什么呢？"子张回答说："在国家一定有名望，在家也一定有名望。"孔子说："这是有名望，不是显达。显达，是品质正直而喜好义理，善于察言观色，甘居别人之下。这样在国家做官自然通达显贵，在家也必定通达显贵。至于有虚假的名声，表面上仁爱而行动上却与此相违背，以仁德自居毫不惭愧。这样的人在国家一定能有名望，在家也一定能有名望。"

【解读】

"闻"与"达"相似，但是本质却不同。"闻"是虚假的名声，这样的人虚假伪善，欺世盗名；而"达"重在务实，要求士大夫必须从内心深处具备仁、义、礼的德性，自修于内，注重自身的道德修养，而不仅仅是追求虚假的名声。有名的人不一定都是君子那样的人，他们也有名符其实和徒有虚名的分别。追求名誉无可非议，但是我们要做名实相符的达人，而不要做欺世盗名、名不符实的闻人。

樊迟从游于舞雩之下，曰：“敢问崇德、修慝[1]、辨惑。”子曰：“善哉问！先事后得[2]，非崇德与？攻其恶，无攻人之恶，非修慝与？一朝之忿[3]，忘其身，以及其亲，非惑与？”

宋·朱熹：“先事后得，犹言先难后获也。为所当为而不计其功，则德日积而不自知矣。专于治己而不责人，则己之恶无所匿矣。知一朝之忿为甚微，而祸及其亲为甚大，则有以辨惑而惩其忿矣。”

明·张居正：“非涵养，不足以培其源，非省察克治，不足以去其累。善学者，体验而密其功可也。”

【注释】

[1] 修慝（tè）：修，改正。慝，邪恶的念头。这里是指改正邪恶的念头。

[2] 先事后得：先致力于事，把利禄放在后面。

[3] 忿：愤怒，气愤。

【译文】

樊迟陪着孔子在舞雩台下闲游，樊迟说：“请问怎样提高自己的品德修养，清除邪念，辨别迷惑？”孔子说：“问得好啊！先做事而后收获，不是提高了品德修养了吗？批评自己的过错，不批评别人的过错，不是消除邪念了吗？一时忿恨，忘了自己的身份，也忘了亲人，不是迷惑吗？”

【解读】

樊迟问孔子如何提高自己“崇德、修慝、辨惑”的能力。孔子认为“崇德”就要先耕耘后收获，先奉献后索取，踏踏实实地做事，不去过多地考虑物质利益；做事不必过于注重会得到怎样的报酬，只要兢兢业业去努力了就行。凡事必定水到渠成，付出就一定会有收获，具有实干精神的人最终都会取得成功。

宋·程颢、程颐："圣人之语，因人而变化。虽若有浅近者，而其包含无所不尽，观于此章可见矣。非若他人之言，语近则遗远，语远则不知近也。"

宋·朱熹："不仁者远，言人皆化而为仁，不见有不仁者，若其远去尔，所谓使枉者直也。子夏盖有以知夫子之兼仁知而言矣。"

攀迟问仁。子曰："爱人。"问知。子曰："知人。"樊迟未达。子曰："举直错诸枉[1]，能使枉者直。"樊迟退，见子夏曰："乡[2]也吾见于夫子而问知，子曰'举直错诸枉，能使枉者直'，何谓也？"子夏曰："富哉言乎！舜有天下，选于众，举皋陶[3]，不仁者远[4]矣。汤[5]有天下，选于众，举伊尹[6]，不仁者远矣。"

【注释】

[1] 举直错诸枉：错，同"措"，放置。诸，"之于"两个字的合音。枉，不正直，邪恶。意为选拔正直的人，罢黜邪恶的人。

[2] 乡：同"向"，过去。

[3] 皋陶：传说中舜时掌握刑法的大臣。

[4] 远：作动词用，远离，远去。

[5] 汤：商朝的第一个君主，名履。

[6] 伊尹：汤的宰相，曾辅助汤灭夏兴商。

【译文】

樊迟问什么是仁。孔子说："就是爱人。"樊迟又问什么是知。孔子说："就是了解别人。"樊迟似乎没懂。孔子说："选拔正直的人置于邪曲的人之上，就能使邪曲的人正直起来。"樊迟退出去，看见子夏说："刚才我看见老师，向他问知，老师说：'选拔正直的人置于邪曲的人之上，就能使邪曲的人正直起来'，是什么意思呢？"子夏说："这话含义深刻呀！舜拥有天下后，在众多的人中，推举出皋陶，不仁德的人就躲远了。汤拥有天下以后，在众多的人中，推举出伊尹，不仁德的人也躲远了。”

【解读】

孔子认为智就是能了解人，在选拔人才时选拔正直的贤才，而罢黜邪恶奸佞的小人，并且将正直的人才放在邪恶的小人之上，邪恶的小人也就变得正直起来了。作为普通百姓的我们，虽然谈不上知人善任，但也要懂得察人观人，与人交往要了解对方的为人秉性，这样才能选择合适的交往方式。

子贡问友。子曰：“忠告而善道[1]之，不可则止，毋自辱也。”

【注释】

[1] 道：同“导”，开导、劝导的意思。

【译文】

子贡问怎样交朋友。孔子说：“忠诚地劝告他，善意地引导他，他不听就立刻停止，不要自找侮辱。”

宋·朱熹：“友所以辅仁，故尽其心以告之，善其说以道之。然以义合者也，故不可则止。若以数而见疏，则自辱矣。”

明·张居正：“忠告，是见人有过，尽心以告戒之。善道之，是委曲开导。朋友以义合者也。合则言，不合则止，乃理之当然者。处友者知此，交岂有不全者乎？”

【解读】

子贡向孔子请教交友之道。孔子给出了三点建议：第一，对待朋友要忠实诚恳，如果朋友违背仁德，犯了过错，就要尽朋友的责任对其加以规劝。第二，要善意恰当地开导朋友。第三，如果朋友不肯接受自己的意见，就不要勉强他，适可而止，以免导致朋友不愉快，自找羞辱。孔子多次谈到交友之道，其中说得最多的就是与朋友之间如何保持恰到好处的距离。

宋·朱熹：“学以会友，则道益明；取善以辅仁，则德日进。”

曾子曰：“君子以[1]文会[2]友，以友辅仁。”

【注释】

[1] 以：用。

[2] 会：结交的意思。

【译文】

曾子说：“君子用文章学问来结交朋友，用朋友的品德来帮助自己提高仁德。”

【解读】

古人崇尚以文会友，而现代人更多的是以酒会友。以文章学问相会，通过“文”来结识志同道合之人，相互尊重，相互学习，能使友谊长青。以酒肉相聚，以利相交，不过是为了吃喝玩乐的酒肉朋友。所以，正人君子交朋友要以志同道合为基础，而不要维系在酒肉关系之上。

子路篇第十三

子路问政。子曰："先之劳之[1]。"请益[2]。曰："无倦[3]。"

【注释】

[1] 先之劳之：先，引导，先导，即教化。之，指老百姓。做在老百姓之前，使老百姓勤劳。

[2] 请益：请求增加一些。

[3] 无倦：不厌倦，不松懈。

宋·程颢、程颐："子路问政，孔子既告之矣。及请益，则曰'无倦'而已。未尝复有所告，姑使之深思也。"

明·张居正："先，是倡率的意思。劳，是以身勤劳其事。倦，是厌怠。先劳无倦，不止居官任职者为然，人君之治天下，非躬行不足以率人，非久道不足以成化，尤当于此深加之意也。"

【译文】

子路问怎样治理政事。孔子说："自己率先去做并且不辞劳苦。"子路请求孔子多讲一点。孔子说："不要倦怠。"

【解读】

子路问孔子从政的道理，孔子告诉他三大原则：一个是"先"，一个是"劳"，还有一个就是"无倦"。考查历史不难发现，做一个政治上成功的领导人的确很辛苦。因为真正负起责任来，往往就没有私生活，难免有时会厌倦。可见，孔子关于为政的这三点忠告确实十分重要，它们仍然适用于我们今天的领导者。

仲弓为季氏宰，问政。子曰："先有司[1]，赦小过，举贤才。"曰："焉知贤才而举之？"曰："举尔所知。尔所不知，人其舍诸[2]？"

宋·程颢、程颐："人各亲其亲，然后不独亲其亲。仲弓曰'焉知贤才而举之'、子曰'举尔所知，尔所不知，人其舍诸'便见仲弓与圣人用心之大小。推此义，则一心可以兴邦，一心可以丧邦，只在公私之间尔。"

宋·朱熹："大者于事或有所害，不得不惩；小者赦之，则刑不滥而人心悦矣。"

【注释】

[1] 有司：古代负责具体事务的官吏。
[2] 诸："之于"二字的合音。

【译文】

仲弓做了季氏的家臣，向孔子问治理政事。孔子说："先让主管的人做事，赦免人的小过错，荐举贤良的人才。"仲弓说："怎么能知道谁是贤才而荐举他呢？""选拔你所知道的，至于你不知道的贤才，别人难道还会埋没他们吗？"

【解读】

仲弓曾总结出一种"居敬而行简"的管理方法，深得孔子的赞扬。他虽担任季氏总管，仍然虚心向老师求教管理之道，孔子便教了他九个字：先有司，赦小过，举贤才。有的领导只信任、重用身边亲近的人，这样往往会导致朋比结党，风气日坏。有的领导对选人用人很重视也很负责，对贤才的标准定得很高，这个不放心，那个也不满意，只好事必躬亲，鞠躬尽瘁，搞得自己很疲惫不说，还剥夺了下级锻炼的机会。所以，举贤的目的在于把合适的人选到合适的岗位。

子路曰："卫君[1]待子为政，子将奚[2]先？"子曰："必也正名[3]乎！"子路曰："有是哉，子之迂[4]也！奚其正？"

子曰："野哉，由也！君子于其所不知，盖阙[5]如也。名不正则言不顺，言不顺则事不成，事不成则礼乐不兴，礼乐不兴则刑罚不中[6]，刑罚不中，则民无所措手足。故君子名之必可言也，言之必可行也。君子于其言，无所苟而已矣。"

宋·程颢、程颐："名实相须。一事苟，则其余皆苟矣。"

宋·朱熹："迂，谓远于事情，言非今日之急务也。"

【注释】

[1] 卫君：卫出公，名辄，卫灵公之孙。其父蒯聩被卫灵公驱逐出国，卫灵公死后，蒯辄继位。蒯聩要回国争夺君位，遭到蒯辄拒绝。这里孔子对此事提出了自己的看法。

[2] 奚：什么。

[3] 正名：即正名分。

[4] 迂：迂腐。

[5] 阙：同"缺"，存疑的意思。

[6] 中：得当。

【译文】

子路对孔子说："卫君等着你去治理政事，你先干什么？"孔子说："一定先正名分！"子路说："还有这种想法，先生您太迂腐了，哪里需要正名啊？"孔子说："粗野呀，仲由！君子对他自己所不了解的事，是不随便发表意见的。名不正，则言语不顺；言语不顺，则办事不成；办事不成，则礼乐不能兴举；礼乐不兴举，则刑罚不得当；刑罚不得当，则百姓手足无措，不知如何是好。所以君子一定要先正名而后发言论，言论顺理成章才可实行。君子对于自己说的话，不能有所疏漏才行。"

【解读】

思想原则不确定，理论解释就紊乱；失去了理论解释，各项举措则不成；各项举措不成，文化事业就难以发达；文化不发达的社会，法律、制度就会混乱；法律、制度一旦混乱，人民群众就会手足无措，不知如何是好。因此，领导人确定的思想原则一定要在理论上解释得通，理论上能说通的也能够在实际中得以运用。所以，领导人对自己的理论言谈，决不能随便马虎。

宋·朱熹：“礼、义、信，大人之事也。好义，则事合宜。情，诚实也。敬服用情，盖各以其类而应也。襁，织缕为之，以约小儿于背者。”

明·张居正：“若学者所志，当以大人自期，又不宜屑屑于农圃之事，周孔之言，夫各有所当也。”

樊迟请学稼。子曰：“吾不如老农。”请学为圃[1]。曰：“吾不如老圃。”樊迟出。子曰：“小人哉，樊须也！上好礼，则民莫敢不敬，上好义，则民莫敢不服；上好信，则民莫敢不用情[2]。夫如是，则四方之民襁[3]负其子而至矣，焉用稼？”

【注释】

[1] 圃：菜地，引申为种菜。
[2] 用情：情，情实。以真心实情来对待。
[3] 襁：背婴孩的背篓。

【译文】

樊迟向孔子请求学种庄稼。孔子说：“我不如老农。”樊迟请求学种菜。孔子说：“我不如老菜农。”樊迟走了。孔子说：

“樊迟真是个小人！国君讲究礼仪，老百姓没有敢不恭敬的；国君的行为正当，老百姓就没有人敢不服从；国君诚恳信实，老百姓就没有人敢不讲实话。如果做到这一点，那么四方的老百姓都会背负着幼小的孩子前来归服，哪里还用得着种庄稼？”

【解读】

孔子的教育是仁德教育、政治教育，而不是教授学生生存技艺的职业教育。本章中孔子毫不客气地指责想学种庄稼和种菜的樊迟是小人，可以清楚地看出他的教育思想。俗话说得好，“专业的事交给专业的人”。我们在自己的领域里做好分内之事，把自己不熟悉的事情交给懂得的人去办，不仅可以在最大程度上节约社会资源，还可以最大限度地提高效率，何乐而不为呢?

子曰：“诵诗三百，授之以政，不达[1]；使于四方，不能专对[2]。虽多，亦奚以[3]为？”

宋·程颢、程颐：“穷经将以致用也。世之诵诗者，果能从政而专对乎？然则其所学者，章句之末耳，此学者之大患也。”

宋·朱熹：“诗本人情，该物理，可以验风俗之盛衰，见政治之得失。其言温厚和平，长于风谕。故诵之者，必达于政而能言也。”

【注释】

[1] 达：通达。这里是会运用的意思。
[2] 专对：独立对答。
[3] 以：用。

【译文】

孔子说：“背诵《诗经》三百首，交给他治理政事，却不胜任；叫他出使外国，又不能独立应酬。《诗经》读得再多，又有什么用呢？”

【解读】

孔子主张读书，但更重视其中的教化作用，而不是读死书。诗，也是孔子教授学生的主要内容之一。他教学生诵诗，不单纯是为了诵诗，而为了把诗的思想运用到指导政治活动之中，我们要多观察多思考，将书里的知识运用到实际生活中。

明·张居正：“若其身不正，伦理不能尽，言动不能谨，声色乱其聪明，便佞惑其心志，则民心不服，虽教令谆切，使之为善，亦有不从者矣。”

子曰：“其身[1]正，不令[2]而行；其身不正，虽令不从。”

【注释】

[1] 身：指为官者本身。

[2] 令：发布政令。

【译文】

孔子说：“统治者自己要行得正，不用命令百姓也能照着做，自己身行不正，即使发号施令，百姓也不会听从。”

【解读】

为政者自己身不正，你下命令去强制他们做什么，纵然三令五申，他们也不会服从。

如果嘴上说得很好，但是自己却不能做到，那样即使你气急败坏，责罚打骂，也不会得到遵从。我们只是普通的老百姓，在日常生活中，当我们挑剔别人的时候，是否也该反省一下我们自身是不是已经做好了呢？端正自我，才有资格面对别人。

子曰："鲁卫之政，兄弟也。"

宋·朱熹："鲁，周公之后。卫，康叔之后。本兄弟之国，而是时衰乱，政亦相似，故孔子叹之。"

【译文】

孔子说："鲁国和卫国的政治，就好像兄弟一样。"

【解读】

孔子的这句话应该是赞许鲁、卫两国的政事。鲁国是周公旦的封地，卫国是康叔的封地，周公旦和康叔是兄弟，当时两国的政治情况确实很相似。而孔子本人也在鲁卫两国都做过大夫，对这两个国家都比较了解。所以他说，鲁国的国事和卫国的国事，就像兄弟一样。

子谓卫公子荆[1]："善居室[2]。始有，曰：'苟[3]合[4]矣'。少有，曰：'苟完矣。'富有，曰：'苟美矣。'"

宋·朱熹："公子荆，卫大夫。苟，聊且粗略之意。合，聚也。完，备也。言其循序而有节，不以欲速尽美累其心。"

【注释】

[1] 卫公子荆：卫国大夫，字南楚，卫献公的儿子。

[2] 善居室：善于管理经济，居家过日子。

[3] 苟：差不多。

[4] 合：足够。

【译文】

孔子谈论卫公子荆时说："他善于居家过日子。他刚有一点家产时，说：'差不多够了。'稍稍增加一点，又说：'差不多完备了。'当他富有时，说：'差不多已经完美了。'"

【解读】

孔子赞赏公子荆对财物的态度，这其中包括两点：一是对财富没有过多的欲望，二是容易满足。卫公子荆为卫国的大夫，位高权重，孔子通过述说他善于居家理财，来赞美循序有节，容易知足，不求华美，以讽刺当时奢侈的人。一个人知道满足，心里面就时常是快乐的，达观的、有利于身心健康。相反，贪得无厌，不知满足，就会时时感到焦虑不安。

子适卫，冉有仆[1]。子曰："庶矣哉！"冉有曰："既庶[2]矣，又何加焉？"曰："富之。"曰："既富矣，又何加焉？"曰："教之。"

宋·朱熹："庶而不富，则民生不遂，故制田里，薄赋敛以富之。富而不教，则近于禽兽。故必立学校，明礼义以教之。"

明·张居正："适字，解作往字。卫，是卫国。冉有，是孔子弟子。仆，是御车。庶，是众多的意思。圣贤一问答之间，而王道之规模、施为之次第，皆具于此，岂非万世之法程哉！"

【注释】

[1] 仆：驾车。

[2] 庶：众多，这里指人口众多。

【译文】

孔子到卫国去，冉有为他赶车。孔子说："人口真多呀！"冉有说："人口已经繁多了，又该给他们增加什么呢？"孔子说："使他们富起来。"冉有说："已经富起来了，再给他们增加什么呢？"孔子说："使他们受教育。"

【解读】

当一个人的基本生存都是问题的时候，一切的道德都只是虚言。但是，仅仅"富之"就行了吗？当然是不行的。当一个个体的利益无限地扩大，最后到了损害整体利益的时候，就必然会产生一种规则来达到互相制约的目的。否则这个种群就必然会灭绝。在互相制约、互相妥协的基础上，用来保证种群利益的相对最大化，而产生的东西，就是道德。

子曰："苟有用我者，期月[1]而已可也，三年有成。"

宋·朱熹："期月，谓周一岁之月也。可者，仅辞，言纲纪布也。有成，治功成也。"又注："《史记》，此盖为卫灵公不能用而发。"

【注释】

[1] 期月：一周年。

【译文】

孔子说："假如有人用我治理政事，一年差不多见成效，三年便会有成就。"

【解读】

“如果有人起用我，一年时间就差不多了，三年就会大见成效。”这是孔子自信的表现，也说明他对“仁政”抱有极大的信心。孔子曾经说过，如果有君主能够任用我，我会先减轻人民的赋税劳役，让人民过上安稳的生活；然后再制定一定的礼制，以此来教导人民，这样国家一年就会有起色，三年后国家的强盛就指日可待了。然而，这一切永远都只是假设。这真是圣人的最大遗憾啊！

宋·程颢、程颐：“汉自高、惠至于文、景，黎民醇厚，几致刑措，庶乎其近之矣。”

宋·朱熹：“为邦百年，言相继而久也。胜残，化残暴之人，使不为恶也。去杀，谓民化于善，可以不用刑杀也。盖古有是言，而夫子称之。”

子曰：“善人[1]为邦百年，亦可以胜残去杀矣。诚哉是言也！”

【注释】

[1]善人：指君子阶层中具有儒家美德的人。

【译文】

孔子说：“‘善人治理国家一百年，便可以去掉残暴，免除刑戮。’这话说得确实对呀！”

【解读】

孔子十分认同“善人治理国家一百年，就能够去除残暴，免除刑戮了”这个观点，并且时常以此鼓励学生们，希望他们心怀仁德，有朝一日能出仕为官的话，一定要努力推行仁政。敦厚善良成为一种民风，重刑杀戮这样的酷刑也就没有必要了。当然，实行仁政以净化民风并不像说说这么简单，也不是一朝一夕能收到效果。这就需要执政者有恒心，有耐心，自始至终将“仁政”实行到底。

子曰：“如有王者，必世[1]而后仁。”

宋·程颢、程颐：“周自文武至于成王，而后礼乐兴，即其效也。”又注：“三年有成，谓法度纪纲有成而化行也。渐民以仁，摩民以义，使之浃于肌肤，沦于骨髓，而礼乐可兴，所谓仁也。此非积久，何以能致？”

【注释】

[1] 世：古人以三十年为一世。

【译文】

孔子说：“如果有称王的人兴起，一定经过三十年之后才实行仁政。”

【解读】

以仁义之道来治理国家的，我们称之为“仁道”；以武力暴力来治理国家的，我们称之为“霸道”。孔子所说的王者，就是“仁道”的意思。大家都要努力维护社会安定团结的和谐局面。如果将来有机会出仕为官，也要一代代地传承仁政思想，树立起为万世开太平的志向。这对今天的我们来说，仍然有借鉴意义。无论在生活中还是在职场上，我们都不能急功近利，要一步一个脚印，踏踏实实地往前走，只有这样才能有更好的发展。

明·张居正："从政，是为大夫而从事于政治。孔子说：'为政所以正人也，而其本在于正身。苟能居仁由义，动遵礼法，先自正其身矣，则上行下效，捷于影响，其于从政而正人也，何难之有？若立身行己，一有未善，不能自正其身，则表仪不端，焉能率下，其如正人何哉？'"

子曰："苟[1]正其身矣，于从政乎何有？不能正其身，如正人何？"

【注释】

[1] 苟：如果，假使。

【译文】

孔子说："如果端正了自己，那么治理政事还有什么难的？不能端正自己，又怎么能够使别人端正呢？"

【解读】

孔子反复强调"正身以为政，正身以治人"的道理。先正自身，再治理他人。作为一个管理者，一定要有以身作则的意识。只有自己先做到了身心端正，仁善天下，下属和民众才有可能被善化。但如果管理者自己都身心不正，狭隘自私，那么必定会上梁不正下梁歪。作为领导者，首先要立身端正。如果仅仅依靠职务所赋予的权力，自我感觉良好，端着架子，硬把自己摆在领导的位置上发号施令，是做不好领导工作的。

宋·朱熹："大夫虽不治事，犹得与闻国政。是时季氏专鲁，其于国政，盖有不与同列议于公朝，而独与家臣谋于私室者。故夫子为不知者而言，此必季氏之家事耳。"

冉有退朝。子曰："何晏[1]也？"对曰："有政。"子曰："其事也？如有政，虽不吾以，吾其与闻之。"

【注释】

[1] 晏：迟，晚。

【译文】

冉有退朝回来。孔子说："为什么这么晚？"冉有说："有政事。"孔子说："那只是一般的事，如果有政事，虽然不用我，我也会知道。"

【解读】

季氏只不过是个大夫，而冉求只是季氏的家臣，他们所谈论的只能是私事，不可能是国家大事。所以，冉求说"有政"实际上是一种越礼犯上的行为。孔子就纠正他说那不是一国之政，而只是大夫的家事而已。"政"和"事"表面上看仅是一个词语的纠正，但是实际上却涉及国君安危，反映了季氏欲行篡权的野心。

定公问："一言而可以兴邦[1]，有诸？"孔子对曰："言不可以若是其几也。人之言曰：'为君难，为臣不易。'如知为君之难也，不几乎一言而兴邦乎？"曰："一言而丧邦，有诸？"孔子对曰："言不可以若是其几也。人之言曰：'予无乐乎为君，唯其言而莫予违也。'如其善而莫之违也，不亦善乎？如不善而莫[2]之违也，不几乎一言而丧邦乎？"

宋·朱熹："因此言而知为君之难，则必战战兢兢，临深履薄，而无一事之敢忽。然则此言也，岂不可以必期于兴邦乎？为定公言，故不及臣也。"

明·张居正："夫邦之兴亡，非细故也，而皆始于一言。《大学》所谓一人定国，一言偾事，意亦如此。人君审其所以兴，鉴其所以亡，则可以永保天命而长守其社稷矣。"

【注释】

[1] 邦：指国家。
[2] 莫：没有人的意思。

【译文】

鲁定公问孔子："一句话可以使国家兴盛起来，有这事吗？"孔子回答说："言谈不可以像这样期望过高。人常说：'做国君难，做臣子也不容易。'如果了解了做国君的难处，不就是差不多一句话而使国家兴盛吗？"鲁定公又问："一句话而丧失了国家，有这事吗？"孔子回答说："言谈不可以像这样期望过高。人常说：'我做国君没有什么快乐，只是我的话没有人敢违抗。'假如那话是正确的而没有人违抗，不是很好吗？如果不正确而没有人敢违抗，不几乎是一句话而丧失了国家吗？"

【解读】

鲁定公在治理国家上试图走捷径，所以向孔子讨教，提出了"一言兴邦""一言丧邦"的问题。对于鲁定公的提问，孔子实际上作了肯定性的回答。他劝告定公，应当行仁政和礼治，不应以国君所说的话无人敢违抗而感到高兴。只凭统治者一人的言论来作为标准，如果说得不对，没人敢提出反对意见，国家治理开始就向着错误的方向走去，最终就要自食恶果。统治者的一个不当的念头或者一句不对的话，都有可能导致亡国丧天下的悲剧。

宋·朱熹："被其泽则悦，闻其风则来。然必近者悦，而后远者来也。"

叶公问政。子曰："近者悦，远者来[1]。"

【注释】

[1] 近者悦，远者来：这句话指的是一个国家的内政外交，一语而囊括。

【译文】

叶公问怎样治理政事。孔子说："使国内的人高兴，使国外的人来投奔。"

【解读】

孔子周游列国，来到当时属于楚国的叶邑。叶公请教怎样治理好叶邑。对于这样一个政治问题，孔子回答：使境内的人民高兴而无怨恨，使境外的人民心向往之，愿意投奔。近悦远来，似乎是为政者老生常谈的话题，但是却没有几个人能真正做到。做官的人如果不能让自己辖区内的老百姓幸福地生活，那么他一定是个失败的领导者。今人也是如此，所以能够让远方的人迁移到自己辖区内生活的领导者，一定是清明廉洁而又一心为民的好官。

明·张居正："叶公，是楚大夫。叶公问政于孔子。孔子说：'为政之道，在得民心。若能使民之近者被其泽而喜悦，远者闻其风而来归，则为政之道得矣。然人心至愚而神。苟非有实心实政足以感人，而欲以欢虞小术违道干誉，则四境之内且不能服，况其远者乎？'此盖夫子言外之意也。"

子夏为莒父[1]宰，问政。子曰："无欲速，无见小利。欲速则不达，见小利则大事不成。"

【注释】

[1] 莒父：鲁国的一个城邑，在今山东省莒县境内。

宋·程颢、程颐："子张问政，子曰：'居之无倦，行之以忠。'子夏问政，子曰：'无欲速，无见小利。'子张常过高而未仁，子夏之病常在近小，故各以切己之事告之。"

宋·朱熹："欲事之速成，则急遽无序，而反不达。见小者之为利，则所就者小，而所失者大矣。"

【译文】

子夏做了莒父的邑长，向孔子问治理政事。孔子说："不要求快，不要贪图小利。求快，则反而不能达到目的；贪图小利，则办不成大事。"

【解读】

做什么事都要循序渐进，不能不顾客观条件限制，盲目地强求速度。成大事者，必定有一定的远见和耐心，能够客观地评估环境，从而制订出详细的计划和步骤，把握好节奏，一步一步地实施到底，这样才能得到想要的效果。

宋·朱熹："父子相隐，天理人情之至也。故不求为直，而直在其中。"

明·张居正："此可见道不远于人情，事必求夫当理。矫情以沽誉，立异以为高，流俗之所慕，而圣人之所不取也。"

叶公语孔子曰："吾党[1]有直躬者[2]，其父攘羊[3]，而子证[4]之。"孔子曰："吾党之直者异于是：父为子隐，子为父隐，直在其中矣。"

【注释】

[1] 党：乡党，古代以五百户为一党。

[2] 直躬者：正直的人。

[3] 攘羊：偷羊。

[4] 证：告发。

【译文】

叶公告诉孔子说："我家那里有一个坦率正直的人，他父亲偷了别人的羊，他告发了父亲。"孔子说："我家那里坦率正直的人和你那里的不同：父亲为儿子隐瞒，儿子为父亲隐瞒——正直就在其中了。"

【解读】

孔子没有直接说这种行为不能算作正直，但他显然认为这种正直的层次不高。他提出了另一种看似不"直"而"直"却在其中的表现，那就是"父为子隐，子为父隐"。告发自己父亲偷羊的正直是一种偏激而又简单的正直。"父为子隐，子为父隐"的做法看上去很不正直，但实际上确实有"直在其中"。因为"直"应该是追求最大程度的合理化结果。

樊迟问仁。子曰："居处恭，执事敬，与人忠[1]。虽之夷狄，不可弃也。"

【注释】

[1] 恭、敬、忠：这里孔子对"仁"的解释，是以此三个德目为基本内涵。

【译文】

樊迟问怎样可以称为仁。孔子说："平日闲居时态度谦恭，做起事来认真谨慎，与人相处忠诚。即使到了夷狄之国，也不可丢弃这些。"

宋·程颢、程颐："此是彻上彻下语。圣人初无二语也，充之则睟面盎背；推而达之，则笃恭而天下平矣。"

宋·朱熹："恭主容，敬主事。恭见于外，敬主乎中。之夷狄不可弃，勉其固守而勿失也。"

【解读】

孔子对“仁”的解释，是以恭、敬、忠三种美德为基本内涵的。在家恭敬有礼，就是要符合“孝”的道德要求；办事严肃谨慎，就是要符合“礼”的要求；待人忠厚诚实，这是“仁德”的本色。不论做什么事情，面对什么样子的人，都要从做好自己开始，然后再去要求别人。

子贡问曰：“何如斯可谓之士[1]矣？”子曰：“行己有耻，使于四方，不辱君命，可谓士矣。”曰：“敢问其次。”曰：“宗族称孝焉，乡党称弟焉。”曰：“敢问其次。”曰：“言必信，行必果，硁硁[2]然小人哉！抑亦可以为次矣。”曰：“今之从政者何如？”子曰：“噫！斗筲之人[3]，何足算也？”

宋·程颢、程颐：“子贡之意，盖欲为皎皎之行，闻于人者。夫子告之，皆笃实自得之事。”

宋·朱熹：“其志有所不为，而其材足以有为者也。子贡能言，故以使事告之。盖为使之难，不独贵于能言而已。其本末皆无足观，然亦不害其为自守也，故圣人犹有取焉，下此则市井之人，不复可为士矣。子贡之问每下，故夫子以是警之。”

【注释】

[1] 士：士在周代贵族中位于最底层。此后，士成为古代社会知识分子的通称。

[2] 硁硁：象声词，敲击石头的声音。这里引申为像石块那样坚硬。

[3] 斗筲之人：筲，竹器，容一斗二升。比喻器量狭小的人。

【译文】

子贡问道："怎么样才可以称为士呢？"孔子说："自己行为处事要有羞耻之心。出使外国，不侮辱君王交给的使命。这样就可以称士了。"子贡又问："请问次一等的怎么样。"孔子说："同宗族的人称他孝顺父母，乡里人称赞他尊敬长者。"子贡问："请问再次一等的怎么样。"孔子答道："说话要守信用，做事要果断。虽然是浅陋的小人呀！——也还可以称为次一等的士了。"子贡道："现在从事治理国政的人怎么样呢？"孔子说："咳，见识狭小的人，不值得一数。"

【解读】

孔子观念中的"士"，首先是有知耻之心、不辱君命的人，能够担负一定的国家使命。其次是孝敬父母、顺从兄长的人，再次才是"言必信，行必果"的人。他认为他那个时代的当政者是器量狭小的人，根本算不得士。士之智者，能做到说话算数，做事认真负责，但是被孔子认为是士的最低等级。因为在孔子看来，言必信，行必果，只是个人的修养而已；相对于匡扶社稷，治理天下来说，还只是小成就。

子曰："不得中行[1]而与之，必也狂狷乎！狂者进取，狷者有所不为也。"

【注释】

[1] 中行：行为合乎中庸。

宋·朱熹："盖圣人本欲得中道之人而教之，然既不可得，而徒得谨厚之人，则未必能自振拔而有为也。故不若得此狂狷之人，犹可因其志节，而激厉裁抑之以进于道，非与其终于此而已也。"

【译文】

孔子说："如果不能与遵守中庸之道的人交朋友，也一定要和激进的人与保守的人相交！激进的人锐意进取，保守的人不做超越规范的事。"

【解读】

孔子认为如果不能与合乎中庸的人在一起，那么就选择两种人做朋友吧：一种是积极进取，常常有些冒进的人；一种是做人十分低调，情绪消极低沉，甚至有些玩世不恭的人。选择这两种人，也比庸庸碌碌、四平八稳过日子的人强很多。因为这两种人，前者有勇气，有实干精神；后者有自己的主意，有自己的操守和品质。在现实生活中，"中庸之道"也并不适合所有的场合，有的时候，能够"狂狷"一些会更好。

子曰："南人有言曰：'人而无恒，不可以作巫医[1]。'善夫！""不恒其德，或承之羞。"[2]子曰："不占[3]而已矣。"

宋·朱熹："虽贱役，而犹不可以无常，孔子称其言而善之。"

明·张居正："若以卤莽灭裂之心，而尝试漫为天下之事，是百为而百不成者也。"

【注释】

[1] 巫医：用卜筮为人治病的人。

[2] 不恒其德，或承之羞：此二句引自《易经·恒卦·爻辞》。

[3] 占：占卜。

【译文】

孔子说："南方人有一句话说：'人如果没有恒心，连巫医都做不了。'说得好啊！""没有恒心守德，有时就要承受羞侮。"孔子说，"《易经》上的这句话是说没有恒心的人就不要去占卜了。"

【解读】

孔子认为当时文化不发达的南方人尚且知道无恒的弊端，作为学做君子的人，更应该理解和实践恒德的道理。在古代，人们认为巫术是很浅薄的事情，可是如果没有恒心，也同样做不好。如果不能一而贯之，最后就会遭人侮辱、被人责骂。

子曰："君子和[1]而不同[2]，小人同而不和。"

宋·朱熹："和者，无乖戾之心。同者，有阿比之意。"

明·张居正："公则为和，私则为同，此君子、小人之攸分，而世道污隆之所系。欲进退人才者，所宜慎辨于斯也。"

【注释】

[1] 和：不同的东西和谐地配合叫做和，各方面之间彼此不同。

[2] 同：相同的东西相加或与人相混同，叫做同。各方面之间完全相同。

【译文】

孔子说："君子讲求遵循道的基础上的和谐，而不是盲目的随从，小人讲求无原则的盲目随从与附和而不是和谐。"

【解读】

从为人处世方面看，君子能够与周围的人保持和谐融洽的关系，但他对待任何事情又都有自己独到的见解，从来不会人云亦云，盲目附和；而小人则没有自己独立的见解，只求与别人完全一致，并不讲求原则。“君子和而不同”被很多人作为处事的原则。一个有道德有修为的君子，在为人处事上，总有自己的原则和底线，有独立的思考能力，遇到与自己不同意见的时候，既能坚持自己独立的见解，也能够尊重别人的想法。

宋·朱熹：“一乡之人，宜有公论矣，然其间亦各以类自为好恶也。故善者好之而恶者不恶，则必其有苟合之行。恶者恶之而善者不好，则必其无可好之实。”

明·张居正：“此可见观人之法，徒取其同，则群情或有所蔽；各稽其类，则实行自不能掩。”

子贡问曰：“乡人皆好[1]之，何如？”子曰：“未可也。”“乡人皆恶[2]之，何如？”子曰：“未可也。不如乡人之善者好之，其不善者恶之。”

【注释】

[1] 好：意为喜欢。
[2] 恶：意为厌恶。

【译文】

子贡问孔子说：“乡里人都喜欢的人怎么样？”孔子说：“不怎么样。”子贡又问：“乡里人都厌恶的人怎么样？”孔子说：“不怎么样。不如乡里的好人喜欢他，而乡里的坏人厌恶他。”

【解读】

正确评价别人不是容易的事，但是孔子在如何评价别人的时候把握住了一个原则。那就是不以众人的好恶为依据，而应以善恶为标准。听取众人的意见是应当的，也是判断一个人优劣的依据之一，但这决不是唯一的依据。那种没有原则、没有是非观念人的话，是绝对不足取的。舆论是可以引导的，是可以操纵的。人都有从众心理，大多数人都是人云亦云。所以对于舆论，有时还是小心为妙，不可相信所有的舆论。

子曰："君子易事[1]而难说[2]也。说之不以道，不说也；及其使人也，器之[3]。小人难事而易说也。说之虽不以道，说也；及其使人也，求备焉。"

【注释】

[1] 易事：易于与人相处共事。
[2] 难说：难于取得他的欢喜。
[3] 器之：量才使用他。

【译文】

孔子说："与君子相处做事容易而让他高兴却很难。不用正当的方法讨他高兴，他是不会高兴的；等到他使用人的时候，他要衡量人的才能。与小人在一起做事难而让他高兴却很容易。虽然不用正当的方法却能讨他高兴；等到他使用人的时候，他便求全责备了。"

宋·朱熹："君子之心公而恕，小人之心私而刻。天理人欲之间，每相反而已矣。"

明·张居正："事，是服事。说，是喜悦。器之，是随才器使。求备，是求全责备。要之君子悦人之顺理，小人悦人之顺己；君子则爱惜人才，故人乐为之用，小人则轻弃人才，故正人日远而邪人日亲。天理人欲之间，每相反而已矣，用人者可不辨哉。"

【解读】

君子不会对人百般挑剔，与他处事十分容易；但是想让君子高兴却不容易，因为君子从不轻易表明自己的喜好，而用不正当的方法去取悦他又行不通。君子在选用人才的时候，能够量才而用，不会求全责备。在这几个方面，小人则正好相反。这就是孔子对君子和小人不同之处的认识。小人做了领导，不但喜欢别人讨好恭维他，还总是对人吹毛求疵，嫉妒贤能而难以相处。

子曰："君子泰[1]而不骄，小人骄而不泰。"

宋·朱熹："君子循理，故安舒而不矜肆。小人逞欲，故反是。"

明·张居正："盖泰若有似于骄，而有道之气象与逞欲者自殊；骄若有似于泰，而负势之气习，与循理者迥别。欲知君子小人之分，观诸此而已矣。"

【注释】

[1] 泰：指平和大方，安静坦然。

【译文】

孔子说："君子平和大方而不骄恣，小人骄恣而不平和大方。

【解读】

小人胸无大志，喜欢张扬，凡事总是患得患失，缺少气定神闲的修养；所以表现出来就是得意忘形而不安详。从处世态度上看，正人君子谦逊内敛，小人则狂妄自大。俗话说，"小人得志便猖狂"，在现实社会中，仍然如此。"泰而不骄"，按照现在的话来说就是"宠辱不惊"的超然心态。

子曰："刚、毅、木、讷，近[1]仁。"

宋·程颢、程颐："木者，质朴。讷者，迟钝。四者，质之近乎仁者也。"

明·张居正："木讷，则不至于外驰。心不驰于外，自然能存于内矣，岂不与仁相近乎？"

【注释】

[1] 近：接近的意思。

【译文】

孔子说："刚强、坚毅、质朴、不随便说话的人接近于仁。"

【解读】

有些东西必须要坚持。应该做的事情一定去做，即便困难重重也毫不畏惧。木讷的人好像总让人感觉很愚笨，实则不然，这样的人往往很厚道很朴实。这里孔子并不是不让人说话，而是让人说话要谨慎，少说话多做事。如果我们具备了这四种品质，那么我们就接近于"仁"的本质了。

子路问曰："何如斯可谓之士矣？"子曰："切切偲偲[1]，怡怡[2]如也，可谓士矣。朋友切切偲偲，兄弟怡怡。"

明·张居正："于处朋友，则当切切偲偲以尽箴规之道；处兄弟，则当怡怡以敦天性之爱。"

【注释】

[1] 偲偲：勉励、督促、诚恳的样子。
[2] 怡怡：和气、亲切、顺从的样子。

【译文】

子路问孔子说："什么样的人可以称为士呢？"孔子说："互相勉励，和睦相处，可以称为士了。朋友之间要互相勉励，兄弟之间要和睦相处。"

【解读】

子路问什么样的人可以称作"士"，孔子给予的回答十分浅显，说"士"是能够互相勉励切磋、和睦相处的人，并且举例指明朋友之间要互相勉励，兄弟之间要和睦相处。士不管是对待朋友还是对待兄弟，不但要和颜悦色，还要有所规劝。只有既能尊重别人，又能规劝别人，才有资格被称为知书达理的君子。

子曰："善人[1]教民七年，亦可以即戎矣。"

宋·程颢、程颐："七年云者，圣人度其时可矣。如云期月、三年、百年、一世、大国五年、小国七年之类，皆当思其作为如何乃有益。"

明·张居正："若夫圣人在上，以善教民，自将无敌于天下，岂但可以即戎，而又何待于七年哉。"

【注释】

[1] 善人：指君子阶层中具有儒家美德的人。

【译文】

孔子说："善人教导人民有七年的时间，人民也可以从军打仗了。"

【解读】

本章中，孔子又说，一个有学问有道德的善人来领导人民，只要七年的时间，人民就可以保家卫国了。孔子对战事和战备向来持谨慎和重视的态度，他虽然看重军备，但却始终把军事作为为政的辅助手段。因为他清楚战争会对生产力产生巨大的破坏作用，也深知战争会给百姓带来沉痛的伤害。这其中也体现了孔子的“仁政”思想。

子曰：“以不教民战，是谓弃之。”[1]

宋・朱熹：“言用不教之民以战，必有败亡之祸，是弃其民也。”

明・张居正：“此两章，总是见兵不可以不慎之意。盖天下虽安，忘战则危，所以古之帝王，常于太平之日，不忘儆戒之心。”

【注释】

[1] 以不教民战，是谓弃之：反映了孔子的爱民思想，同时强调对百姓教育很重要。

【译文】

孔子说：“用没有经过训练的人民去打仗，这就是让他们白白去丢掉生命。”

【解读】

孔子心中理想的国家应当是：君主广施仁政，百姓有保家卫国的义务，但是君主也有爱惜民力的职责。国君在调用百姓之前，必须教会他们兵阵作战的技法，让他们熟悉战阵，知道进退以及适应战场的方法。否则，就是抛弃民众，草菅民命。

宪问篇第十四

宪[1]问耻。子曰："邦有道，谷[2]；邦无道，谷，耻也。""克、伐[3]、怨、欲不行焉，可以为仁矣？"子曰："可以为难矣，仁则吾不知也。"

宋·程颢、程颐："人而无克、伐、怨、欲，惟仁者能之。有之而能制其情使不行，斯亦难能也。"

宋·朱熹："邦有道不能有为，邦无道不能独善，而但知食禄，皆可耻也。"

【注释】

[1] 宪：姓原名宪，孔子的学生。
[2] 谷：这里指做官者的俸禄。
[3] 伐：自夸。

【译文】

孔子的学生原宪问什么叫耻辱。孔子说："国家政治清明时，做官吃俸禄；国家政治混乱时，做官的还拿俸禄，这就是耻辱。"原宪又问："争强好胜，自我夸耀，怨恨别人，贪图私利，这四种行为都不做，算是做到仁了吧？"孔子说："可以说做到这些是很难的，但至于是不是做到了仁，那我就不清楚了。"

【解读】

对于一个君子，不管是不是为官从政，都不能放弃仁义和责任，不能不加强自身的修养。所谓的"仁"，不但是外表言行举止上的克己复礼，也包括运用自身的智慧与坚定精神，彻底清除内心深处的那些恶习。我们无论是选择哪种生活方式，都需要加强个人的修养，从内心深处修炼自己高尚的情操。

宋·朱熹："居，谓意所便安处也。"

明·张居正："或怀于宫室器用之美，或怀于声色货利之私。则心为形役，而志以物损，处富贵则必淫，处贫贱则必移，其卑陋甚矣，恶足以为士乎？"

子曰："士而怀居[1]，不足以为士矣。"

【注释】

[1] 怀居：怀，思念，留恋。居，家居。指留恋家居的安逸生活。

【译文】

孔子说："士怀恋安逸，就不配称为士了。"

【解读】

孔子认为"士"不应该贪恋故土安逸的生活，应当志存高远，行走四方。"行己有耻，使于四方，不辱君命"，这和我们今天所说的"好男儿志在四方"是一个意思。"士"，是指培养有道的政治家而言。现代社会给予我们多元化的选择，但是一个真正想要做大事的人，是不会安于现状的。

宋·朱熹："行、孙，并去声。危，高峻也。孙，卑顺也。"

明·张居正："危，是高峻的意思。孙，是卑顺的意思。可见行无时而不危，君子守身之节也；言有时而可孙，君子保身之智也，然有国者而使人孙言以苟容，岂国之福也哉！"

子曰："邦有道，危[1]言危行；邦无道，危行言孙[2]。"

【注释】

[1] 危：直，正直。

[2] 孙：同"逊"。

【译文】

孔子说："国家政治清明时，言语正直，行为正直；国家政治混乱时，还要正直，但说话要随和谨慎。"

【解读】

这是孔子要求自己的学生，当国家有道时，可以直述其言；但国家无道时，虽然行为依然要正直，但是要注意说话的方式方法。这体现了儒家的一个基本思想，即在言语与行为之间，更重视行为及其后果。孔子所说的这个方法巧妙机智，既保持了自己正直的人品，又保护了自己的生命。有时候面对不同的人，面对一些棘手的问题，采取婉转的方式能取得更好的效果。

子曰："有德者必有言，有言者不必有德。仁者必有勇，勇者不必有仁。"

【译文】

孔子说："有德行的人一定有好的言论，有好的言论的人不一定有德行。仁德的人一定有勇气，有勇气的人不一定有仁德。"

【解读】

这是孔子谈论的关于"德"与"言"，"仁"与"勇"的辩证关系。一个有德行修养的人，一定会有好的言论、好的著作传世；

宋·朱熹："有德者，和顺积中，英华发外。能言者，或便佞口给而已。仁者，心无私累，见义必为。勇者，或血气之强而已。"

明·张居正："德可以兼言，言不可以兼德，仁可以兼勇，勇不可以兼仁。自修者固当知所以务本，而观人者亦乌可徒取其末哉。"

可是反过来却不一定。勇和仁的关系也一样，一个有仁德的人一定有勇气，这种勇气是指大智大勇，而不是打架斗狠的匹夫之勇。反过来说，一个有勇气的人却不一定有仁德。有精妙言论的人未必都是有道德的人。现实生活中，有不少人言之凿凿，却并无多少担当。有些人徒有匹夫之勇，却缺少仁德智慧。

南宫适[1]问于孔子曰："羿善射，奡荡舟[2]，俱不得其死然。禹稷[3]躬稼而有天下。"夫子不答。南宫适出。子曰："君子哉若人！尚德哉若人！"

宋·朱熹："适之意盖以羿奡比当世之有权力者，而以禹稷比孔子也。故孔子不答。然适之言如此，可谓君子之人，而有尚德之心矣，不可以不与。故俟其出而赞美之。"

明·张居正："南宫适，即南容。奡，是有穷国之君。异，是羿臣寒浞之子。荡舟，是陆地行舟。"

【注释】

[1] 南宫适：适，同"括"，即南容。

[2] 荡舟：用手推船。传说中奡力大，善于水战。

[3] 禹稷：禹，夏朝的开国之君，善于治水，注重发展农业。稷，传说是周朝的祖先，又为谷神，教民种植庄稼。

【译文】

南宫适向孔子问道："羿擅长射箭，奡擅长水战，这两个人都没得到好死。禹和后稷自己亲自耕种而拥有了天下。"孔子没有回答。南宫适出去后，孔子说："这个人啊，是君子！这个人啊，崇尚仁德！"

【解读】

孔子赞许南宫适，说他是尚德的君子。崇尚道德，不崇尚武力，这是君子最高的品德。南容说这两个人到底哪一种对呢？孔子听了以后，并没有答复他，因为南容的见解非常高明，无需答复。

子曰："君子而不仁者有矣夫[1]，未有小人而仁者也。"

明·张居正："如君子之心纯乎天理，固宜无不仁也。然毫忽之间心不在焉，则人欲有时而窃发，天理有时而间断，间断即非仁矣。"

【注释】

[1] 矣夫：语气助词，无实义。

【译文】

孔子说："君子当中有不仁德的人，小人当中却没有仁德的人。"

【解读】

一个真正的君子，一定常怀仁德之心，所做仁义之事自是数不胜数。但是人非圣贤，谁能无过？有时不仁也是难免的事。小人往往是无德无位之人，常常做坏事，以致形成了习惯，坏已经滋生到骨髓里，很难根除掉。凡事都是从点滴中积累出来的，所以我们在日常生活中，要从身边小事要求自己，培养自己的仁德之心。"由俭入奢易，由奢入俭难"，由好人变成坏人也是同样的道理。

明·张居正："劳，是劳苦之事。诲，是规谏之言。夫知爱之必劳，则为子者不可以惮劳，惮劳，非所以自爱也。知忠之必诲，则为君者不可以拒诲，拒诲，非所以劝忠也。君臣父子之间，贵乎各尽其道而已。"

子曰："爱之，能勿劳乎？忠焉，能勿诲乎？"

【译文】

孔子说："爱他，能不让他勤劳吗？忠实于他，能不教诲他吗？"

【解读】

爱一个人，就要顺应他的爱好，让他发挥潜能和特长，使他劳而无怨；忠于他，就要多加劝勉，而不能愚忠。当他做了错事坏事的时候，要及时提点、劝阻，做到了这些，才真正叫爱护一个人。比如在生活中，每个父母都希望孩子好，但是父母对孩子却不能娇生惯养。我们爱护我们身边亲近的人，也要多为他考虑，从他的角度出发想问题，让他做自己擅长的、感兴趣的事情；当发现我们爱护的人有错时，要及时地劝慰。

宋·朱熹："郑国之为辞命，必更此四贤之手而成，详审精密，各尽所长。是以应对诸侯，鲜有败事。孔子言此，盖善之也。"

子曰："为命[1]，裨谌[2]草创之，世叔[3]讨论之，行人子羽[4]修饰之，东里子产润色之。"

【注释】

[1] 命：指国家的政令。

[2] 裨谌：人名，郑国的大夫。

[3] 世叔：即子太叔，名游吉，郑国的大夫。

子产死后，继子产为郑国宰相。

[4] 子羽：郑国大夫公孙挥的字。

明·张居正："众贤毕集而各效其长，郑之能国也宜哉。然四子之贤，亦自有不可及者。观其同心共济，略无猜嫌，此不以为矜所长，彼不以为形所短，仿佛虞廷师师相让之风，非同有体国之诚意，忘己之公心者，其能若是乎？真可为人臣事君之法矣。"

【译文】

孔子说："制定外交辞令，由裨谌起草，世叔研究，外交官子羽进行修改，东里的子产在文字上加工润色。"

【解读】

郑国长期生活在几个大国的夹缝之中，内理政务，外需周旋。外交无小事，对外周旋需要靠严密周详而又文采不错的外交辞令。因此，他们在起草外交文书的时候，十分慎重，一定要大家齐心协力，做得尽善尽美才好。工作和生活也应如此，无论是面对工作的时候，还是对于我们自身的修养，我们都要多注意一些细节，从多个角度来完善。认真是一种态度，我们的生活需要这种完美主义的态度。只要勤奋努力认真去做，没有什么事情是不能成功的。

或问子产。子曰："惠人也。"问子西[1]。曰："彼哉！彼哉！"问管仲。曰："人也[2]。夺伯氏[3]骈邑[4]三百，饭疏食，没齿[5]无怨言。"

宋·朱熹："子产之政，不专于宽，然其心则一以爱人为主。故孔子以为惠人，盖举其重而言也。盖桓公夺伯氏之邑以与管仲，伯氏自知己罪，而心服管仲之功，故穷约以终身而无怨言。"

【注释】

[1] 子西：这里的子西指楚国的令尹，名申。

明·张居正："子产、子西、管仲三人，皆春秋之名臣，然当时议论犹有未定，子产以法严而掩其德爱，管仲以器小而昧其大功，子西以能让千乘之国，而盗一时之名，非夫子一言以定其人品，则万世之公论几不白矣。"

[2] 人也：即人才也。
[3] 伯氏：齐国的大夫。
[4] 骈邑：地名，伯氏的采邑。
[5] 没齿：死。

【译文】

有人问子产。孔子说："他是一个仁慈的人。"问子西。孔子说："他呀！他呀！"问管仲。孔子说："他是个人才呀。夺取了齐国大夫伯氏在骈邑三百户的土地，使伯氏吃粗饭，却终生没有怨言。"

【解读】

从孔子对三个人的不同评价中，可以看出孔子为政的态度：为政者太宽或者太严都不是一件好事，能够给人民带来好处才是最重要的。而究竟怎么评判是否会给老百姓带来真正的好处呢？那就是提高领导者的素质，尽量地做到用人得当，赏罚公正，否则无论宽严都是没用的。

宋·朱熹："处贫难，处富易，人之常情。然人当勉其难，而不可忽其易也。"

明·张居正："贫为逆境，非心无愧怍，而真有所得者，必不堪其忧，故贫而无怨，实乃人之所难。"

子曰："贫而无怨难，富而无骄易。"

【译文】

孔子说："贫穷而没有怨言很难做到，富有而不骄傲容易做到。"

【解读】

孔子谈论“贫无怨”和“富无骄”的难易区别。很多饥寒困苦的穷人，都不能停止长叹短吁，怨天尤人；而一个生活安定富饶的人，则大多傲慢无礼，有骄矜之气。这些都是人之常情。能安于贫，然后无怨贫之心；不恃其富，斯可无骄富之气；这些都是少有的。而孔子是希望能够“贫而无怨难，富而无骄易”。

子曰：“孟公绰[1]为赵魏老[2]则优，不可以为滕薛[3]大夫。”

宋·朱熹：“滕薛国小政繁，大夫位高责重。然则公绰盖廉静寡欲，而短于才者也。”

明·张居正：“人各有能有不能，任当其才，皆可以奏功；用违其器，适足以偾事。图治者，可不知人而善任之哉？”

【注释】

[1] 孟公绰：鲁国大夫，属于孟孙氏家族。

[2] 老：这里指古代大夫的家臣。

[3] 滕薛：滕，诸侯国家，在今山东滕县。薛，诸侯国家，在今山东滕县东南一带。

【译文】

孔子说：“鲁国大夫孟公绰做赵氏和魏氏的家臣绰绰有余，却没有能力做滕、薛这样小国的大夫。”

【解读】

孟公绰擅长处理大国的政务，但是不一定会处理小国的事情。有许多人担任某种比较高的职位，会做得很好，但是如果要他做琐碎的实际工作，他做得未必会很好。要清楚地认识人才，了解每个人的长处和短处，从而合理地利用每个人的优势。

宋·程颢、程颐：“知之明，信之笃，行之果，天下之达德也。若孔子所谓成人，亦不出此三者。”

明·张居正：“成人，是完全成就的人。”

子路问成人[1]。子曰：“若臧武仲[2]之知，公绰之不欲，卞庄子[3]之勇，冉求之艺，文之以礼乐，亦可以为成人矣。”曰：“今之成人者何必然？见利思义，见危授命，久要[4]不忘平生之言，亦可以为成人矣。”

【注释】

[1] 成人：人格完备的完人。

[2] 臧武仲：鲁国大夫臧孙纥。

[3] 卞庄子：鲁国卞邑大夫。

[4] 久要：长久处于穷困中。

【译文】

子路问怎样可以成为完人。孔子说：“如果有鲁国大夫臧武仲那样的智慧，有孟公绰那样的清心寡欲，有卞庄子那样的勇敢，有冉求那样的才艺，再以礼乐来制约，就可以成为完人。”接着又说道：“现在的完人何必这样呢？能够见到利益先想到义，遇到危险能献出生命，久居贫困而不忘平生的诺言，这样也可以成为完人了。”

【解读】

所有这些，并不是说要你全部做到而成为一个完人，而是说我们可以用圣人关于完人的标准来衡量自己，在人生的程途上尽力做得好一点，使自己成为一个堂堂正正的人。

子问公叔文子[1]于公明贾[2]曰："信乎，夫子[3]不言，不笑，不取乎？"公明贾对曰："以[4]告者过也。夫子时然后言，人不厌其言；乐然后笑，人不厌其笑；义然后取，人不厌其取。"

子曰："其然？岂其然乎？"

宋·朱熹："事适其可，则人不厌，而不觉其有是矣。是以称之或过，而以为不言、不笑、不取也。然此言也，非礼义充溢于中，得时措之宜者不能。"

明·张居正："公叔文子，是卫大夫公孙拔。公明贾，是卫人。厌，是苦其多而恶之的意思。夫不直言其非，而但致其疑信之词如此，圣人与人为善之心，含洪忠厚之道也。"

【注释】

[1] 公叔文子：卫国大夫公孙拔，卫献公之子。谥号"文"。

[2] 公明贾：姓公明字贾。卫国人。

[3] 夫子：文中指公叔文子。

[4] 以：此处是"这个"的意思。

【译文】

孔子向卫人公明贾询问卫国大夫公叔文子的为人，说："有这样的事吗？老人家不说话，不笑，不索取？"公明贾回答说："告诉你这话的人说过了，他老人家是到该说话的时候说话，别人不讨厌他说的话；他是到高兴了才笑，人们也不讨厌他的笑；他是先做到义然后索取，所以人们也不反对他的取。"

孔子说："是这样吗？难道他真是这样吗？"

【解读】

公叔文子在当时的社会上很有声望，政治上很有影响力，大家都说他很好。公叔先生平常不随便说话，说一句话就相当有分量。现在有太多的人，在面对别人的时候，"你对我玩深沉，我对你假天真”。更有一些人说着言过其实的话，做着不符合自己身份的事情，没有自己的原则和修养。公叔文子作为一个政界要人，能做到言行恰到好处，实属非常不易。

宋·朱熹：“武仲得罪奔邾，自邾如防，使请立后而避邑。以示若不得请，则将据邑以叛，是要君也。”

明·张居正：“夫人臣之罪，莫大于要君，武仲之所以敢于为此者，亦以鲁君失政故耳。”

子曰：“臧武仲[1]以防求为后于鲁，虽曰不要君，吾不信也。”

【注释】

[1]臧武仲：鲁国大夫臧叔纥，著名的聪明人。

【译文】

孔子说：“臧武仲以防这块封地来请鲁君立他的后代为鲁国卿大夫，虽然说不是要挟，但我不相信。”

【解读】

臧武仲是鲁国的大夫，因为得罪了孟孙氏而逃离鲁国。可是他不肯放下权力，在防区上整兵振武，要求鲁君封他的儿孙永远做这个地方的领导人，这样他才肯离开防区。他用这个方法，直到得到了想要的为止。孔子认为他这样做，表面上虽然说是提出退让的要求，不说要挟，但是他实际上是用要挟取得富贵功名与政权。犯上作乱，犯下了不忠的大罪。其实不光是孔子不信，臧武仲的意图是路人皆知。尤其是对于孔子这样重视君臣纲要的圣人来说，更是极端，一句话就揭穿了臧武仲虚伪的外交辞令。

子曰："晋文公[1]谲而不正，齐桓公正而不谲。"

宋·朱熹："二公皆诸侯盟主，攘夷狄以尊周室者也。虽其以力假仁，心皆不正，然桓公伐楚，仗义执言，不由诡道，犹为彼善于此。文公则伐卫以致楚，而阴谋以取胜，其谲甚矣。二君他事亦多类此，故夫子言此以发其隐。"

明·张居正："二公他事，亦多类此，其优劣判然矣。然夫子亦就二公之事论之耳，推其心，则皆假借仁义，同归于谲而已，其于王者之道，岂可同日而语哉。"

【注释】

[1] 晋文公：姓姬名重耳，春秋时期有作为的政治家，著名的霸主之一。公元前636年至公元前628年在位。

【译文】

孔子说："晋文公奸诈而不正直，齐桓公正直而不奸诈。"

【解读】

晋文公和齐桓公都有称霸之心，但是齐桓公合乎礼，遇事总看天子的脸色，打着天子的旗号；晋文公则不同，他自行其事。所以孔子认为齐桓公是正的，晋文公是谲的。孔子对晋文公的为人评价不好，批评他善于利用权术和手段来称霸。而齐桓公就不是这样，孔子认为他是以礼行事。由此可以看出，孔子对"礼仪"的重视。

子路曰："桓公杀公子纠[1]，召忽死之，管仲不死。"曰："未仁乎？"子曰："桓公九合诸侯，不以兵车[2]，管仲之力也。如其仁[3]，如其仁。"

宋·朱熹："盖管仲虽未得为仁人，而其利泽及人，则有仁之功矣。"

明·张居正："齐世家，桓公兄也，子纠弟也，以弟夺兄，于义已悖。是以忽之于纠，虽有可死之义，而仲之于桓，亦无不可仕之理，况实有可称之功彰彰如是乎。圣人权衡而折衷之，其义精矣。"

【注释】

[1] 公子纠：齐桓公的哥哥。齐桓公与他争位，杀掉了他。

[2] 不以兵车：即不用武力。

[3] 如其仁：这就是他的仁德。

【译文】

子路说："齐桓公杀死了公子纠，公子纠的师傅召忽也殉国了，但是另一师傅管仲却还活着。"接着又说："管仲不能称为有仁德了吧？"孔子说："桓公多次与各诸侯国盟会，不用兵力，这都是管仲的力量啊。像他这样的就是仁啊，像他这样就是仁啊！"

【解读】

孔子的见识要比子路高深得多，他认为公子纠死而管仲不死，并且管仲后来还为公子纠的政敌齐桓公效力，单单就这一件事而言，管仲是必遭唾骂的，至少可以称为没有义气，不讲信用。但是从管仲的一生来看，他的功劳却很大。

子贡曰："管仲非仁者与？桓公杀公子纠，不能死，又相之。"子曰："管仲相桓公，霸诸侯，一匡天下，民到于今受其赐。微[1]管仲，吾其被发左衽矣。岂若匹夫匹妇之为谅[2]也，自经[3]于沟渎[4]而莫之知也。"

【注释】

[1] 微：无，没有。
[2] 谅：遵守信用。这里指小节小信。
[3] 自经：上吊自杀。
[4] 渎：小沟渠。

【译文】

子贡说："管仲不是仁德的人吧？齐桓公杀了公子纠，他没有死，还去辅佐齐桓公。"孔子说："管仲辅佐桓公，称霸诸侯，匡正天下，人民到今天还受到他们的好处。假如没有管仲，我们这些人早就披散着头发，向左敞开衣襟，成为野蛮人了。他怎么能够像匹夫匹妇那样谨守诚信，自杀于沟壑之中而没人知道呢？"

宋·程颢、程颐："桓公，兄也。子纠，弟也。仲私于所事，辅之以争国，非义也。桓公杀之虽过，而纠之死实当。仲始与之同谋，遂与之同死，可也；知辅之争为不义，将自免以图后功亦可也。故圣人不责其死而称其功。"

宋·朱熹："管仲有功而无罪，故圣人独称其功；王魏先有罪而后有功，则不以相掩可也。"

【解读】

子贡从小的角度，拿个人的人格来看管仲，可以说他是不仁不义。齐桓公和公子纠是政敌，齐桓公杀了公子纠，按照道理来说，作为公子纠臣子的管仲也应该跟随着以死尽忠。可是他不仅没有死，反而投靠了齐桓公。孔子说，对于政治道德和人生道德，很难评论得公平中肯。管仲投降了齐桓公以后，帮助齐桓公在诸侯中称霸，把当时混乱的社会辅正过来，对历史的贡献、对国家民族社会的贡献太大了。如果不是因为管仲，我们可能都会成为野蛮民族，并且我们的文化说不定也已经灭绝了。所以孔子认为，像管仲这样有仁德的人，不必像匹夫那样，斤斤计较他的节操与信用。

宋·朱熹："文者，顺理而成章之谓。谥法亦有所谓'锡民爵位曰文'者。"

明·张居正："荐贤为国，乃人臣之盛节，以人事君者，所当知也。"

公叔文子之臣大夫僎[1]与文子同升诸公[2]。子闻之，曰："可以为文矣。"

【注释】

[1] 僎：人名。公叔文子的家臣。

[2] 升诸公：公，公室。这是说僎由家臣升为大夫，与公叔文子同位。

【译文】

公叔文子的家臣大夫僎和文子一同晋升为国家大臣。孔子听说了这件事，说："可以称他为文了。"

【解读】

公孙文子让自己的家臣和自己做到一样的官职，这在当时封建等级制度很严格的社会，非常难得。公叔文子做了别人很难做到的事，可称之为楷模和典范。孔子得知这件事之后，认为公叔文子死后的谥号可以称为"文"。而在中国古代，谥法称"文"是很难的，由此可见孔子对公叔文子十分赞赏。

宋·朱熹："三人皆卫臣，虽未必贤，而其才可用。灵公用之，又各当其才。"

明·张居正："夫卫灵以无道之君，得人而任之，尚可以保国，况于有道之世，得天下之贤才而善用之乎？"

子言卫灵公之无道也，康子曰："夫如是，奚而不丧？"孔子曰："仲叔圉[1]治宾客，祝鮀治宗庙，王孙贾治军旅，夫如是，奚其丧？"

【注释】

[1] 仲叔圉：圉，即孔文子。他与后面提到的祝鮀、王孙贾都是卫国的大夫。

【译文】

孔子谈到卫灵公的无道，康子说："既然如此，为什么没亡国呢？"孔子答道："有仲叔圉为他管理接待宾客，有祝鮀为他管理宗庙祭祀，有王孙贾为他管理军队。像这样，怎么能亡国呢？"

【解读】

卫灵公虽然昏乱无道，不是个好国君，但他却知道谁在什么岗位上能做得好。所以他任用贤才，且能让他们各尽所能，各司其职。这样内政、外交、军事都有人管理，所以不仅没有败亡，反而当了两年的国君，比许多勤政廉洁的国君都当得长。范围有所不同，但是道理却是一样的，实际上这也是与事必躬亲相对的领导艺术。

子曰："其言之不怍[1]，则为之也难。"

【注释】

[1] 怍：惭愧的意思。

【译文】

孔子说："一个人说大话而不知惭愧，那么他实行诺言也很难了。"

宋·朱熹："大言不惭，则无必为之志，而不自度其能否矣。欲践其言，岂不难哉？"

明·张居正："所以君子贵夫实胜，而听言者又当观其行也。"

【解读】

如果一个人说话轻而易举却毫无惭愧之意，这样的人真要做起事情来，是不值得信任的。孔子的提示不仅给了我们考察人的方法，更给了我们为人处事的有益启迪。事实上，在我们的生活中，有很多事情都不像看着那样简单，日常生活中，我们一定要为人谦虚，谨言慎行。

宋·程颢、程颐：“当是时，天下之乱极矣，因是足以正之，周室其复兴乎？鲁之君臣，终不从之，可胜惜哉！”

陈成子弑简公[1]。孔子沐浴而朝，告于哀公曰：“陈恒弑其君，请讨之。”公曰：“告夫三子[2]。”孔子曰：“以吾从大夫之后[3]，不敢不告也。君曰‘告夫三子’者。”之三子告，不可。孔子曰：“以吾从大夫之后，不敢不告也。”

【注释】

[1] 简公：齐简公，姓姜名壬。公元前484年至公元前481年在位。

[2] 三子：指季孙、孟孙、叔孙三家。

[3] 从大夫之后：孔子曾任过大夫职，但此时已经去官家居，所以说从大夫之后。

【译文】

陈成子杀了齐简公。孔子斋戒沐浴后上朝，告诉鲁哀公说：“陈恒杀了他的君主，请出兵征讨他。”鲁哀公说：“你去告诉那三个大夫吧！”孔子说：“因为我曾经做过大夫，不敢不来报告。可国君却说‘去告诉那三个大夫吧’！”孔子向那三个大夫报告，他们都不肯出兵。孔子说：“因为我做过大夫，不敢不报告啊！”

【解读】

一个国家的政治清明不仅表现在内部管理的有序和正义上，还表现在对外交往中对正义的维护和对非正义的抵制上。尽管当时他已经71岁了，也得不到群臣和国君的支持，但是仍旧要表达自己的主张，履行自己的职责。君子深知其道，会坚持自己的原则。

子路问事[1]君。子曰：“勿欺也，而犯之。”

明·张居正：“盖子路刚直敢言，不患其不能犯，患其无忠爱之诚耳，故孔子以是勉之。然勿欺在于臣，而纳谏系于君。大舜合己从人，闻一善言，即从之若决江河，惟求有裨于君德，有利于国家耳，何必问其心之诚与不诚乎？此又在上者所当知也。”

【注释】

[1] 事：侍奉，服侍。

【译文】

子路问怎样服侍君主。孔子说：“不要欺骗国君，但可以为进谏而触犯他。”

【解读】

作为下属，做到不欺瞒上级并不是特别困难，只要做好自己的本分，有问题的时候做到勇于承担责任就可以了。但是要做到直接给上级或者领导提意见，那就不是一件简单的事情了。对待领导的错误，要有耐心、能忍让、有智慧，这样才能把自己的意见有效地传达出去。人都喜欢听溢美之词，所以采取恰当的方式就显得非常重要。

宋·朱熹：“君子循天理，故日进乎高明；小人殉人欲，故日究乎污下。”

明·张居正：“小人凡有所为，都是一团私欲，故其志气昏昧，物欲牵引，良心则日以丧失，邪行则日以恣肆，渐至于为愚为不肖，而与禽兽不远。”

子曰：“君子上达，小人下达[1]。”

【注释】

[1] 上、下：向上、向下的意思。方位名词用作状语。

【译文】

孔子说：“君子通达仁义，小人通达财利。”

【解读】

孔子所说的上达，是说君子追求的是仁义道德等精神层面的东西；君子能够通达于事物的本质和规律；而小人则通达于财利，遇事着眼于表面现象，见事不明，甚至通于邪道、歪道。君子往往不能面面俱到，更不会在某些小事上要小聪明。而小人则往往在细节处大做文章，突出表现。

子曰：“古之学者为己，今之学者为人[1]。”

【注释】

[1] 人：意指别人。

【译文】

孔子说："古代学者做学问在于提高自己，当今的学者做学问是为了给别人看。"

【解读】

这里说的"古人"怎么样，其实也就是在告诉我们"今人"应该怎么样；而说的"今人"怎么样，实际上是在说不应该怎么样，其实归根到底是要告诉我们正确的学习态度。在现实中此类"今之学者为人"现象普遍存在，很多人学习知识都只是泛泛而谈而不解其中真实含义。为了充门面而学习的人，不可能领悟知识的真正精髓。学习是为了不断地提高自己，我们必须要认清这一点。

宋·程颢、程颐："为己，欲得之于己也。为人，欲见知于人也。"又注："古之学者为己，其终至于成物。今之学者为人，其终至于丧己。"

宋·朱熹："圣贤论学者用心得失之际，其说多矣，然未有如此言之切而要者。于此明辨而日省之，则庶乎其不昧于所从矣。"

蘧伯玉[1]使人于孔子，孔子与之坐而问焉。曰："夫子何为？"对曰："夫子欲寡其过而未能也。"使者出，子曰："使乎！使乎！"

宋·朱熹："欲寡过而犹未能，则其省身克己，常若不及之意可见矣。使者之言愈自卑约，而其主之贤益彰，亦可谓深知君子之心而善于辞令者矣。故夫子再言'使乎'以重美之。"

明·张居正：“大抵天下之义理无穷，人心之出入无定，故寡过未能，非使者为伯玉谦词，乃真实语也。”

【注释】

[1] 蘧伯玉：人名，卫国的大夫，名瑗，孔子到卫国时曾住在他的家里。

【译文】

蘧伯玉派一位使者来探望孔子。孔子让了座之后问道：“老人家在做什么？”使者回答说：“他想减少自己的过失却还没办到。”使者出去以后，孔子说：“好使者呀！好使者呀！”

【解读】

蘧伯玉是卫国有名的贤大夫，孔子和他私交很好。孔子问蘧伯玉的近况，使者非常巧妙地回答说，蘧伯玉在不停地反省自身的错误，但是他感觉还做不到，没有达到这个标准。孔子非常赞赏蘧伯玉使者的言谈。现实永远不会有绝对的完美，人的道德修养自然也无法说已经达到了完善。如果犯了过错，要先从自己身上找原因，不能把过错归于外在条件，这就需要我们时刻有谦逊的心态。

宋·朱熹：“此艮卦之象辞也。曾子盖尝称之，记者因上章之语而类记之也。”

明·张居正：“君子则身之所居在是，心之所思亦在是，凡夙夜之所图虑者，惟求以尽其本分所当为之事。”

子曰：“不在其位，不谋[1]其政。”曾子曰：“君子思不出[2]其位。”

【注释】

[1] 谋：考虑。

[2] 出：越出，僭越的意思。

【译文】

孔子说："不在那个职位上，不谋那个政事。"曾子说："君子考虑的事情不超出自己岗位的范围。"

【解读】

孔子生活的时代，礼崩乐坏，很多人在其位而不谋其政。所以，孔子面对混乱的社会现状，提出了"不在其位，不谋其政"的理论。一个正常的国家，应该是上下都各按名分，各尽其职。这样，国家机器才能有效而稳定地运转。我们在工作中，同样要找准自己的位置。隔行如隔山，对于自己不了解的事物，不要强行去干涉，踏踏实实做好自己的本职工作就是在为社会做贡献了。

子曰："君子耻其言而过其行。"[1]

【注释】

[1] 这句话含义深刻。孔子希望人们少说多做，而不要只说不做或多说少做。

【译文】

孔子说："君子以说得多做得少为耻辱。"

宋·朱熹："行，去声。耻者，不敢尽之意。过者，欲有余之辞。"

明·张居正："人之言行贵于相顾。若喜为高论，轻肆大言，而考其所行未能如是，则为言过其行。"

【解读】

君子要真诚坦荡，言行一致，表里如一，把言过其实作为一种耻辱。人们应当少说多做，先做后说，说到做到，说了大话却做不到是很令人厌恶的事情。一个人说话一定要注意，大言不惭，夸夸其谈，把牛皮吹出去了却不能兑现，就会被人看贬。言行一致，不仅是我们为人处世的原则，也是我们必须具备的美好品德。

宋·朱熹：“知，去声。自责以勉人也。道，言也。自道，犹云谦辞。”

明·张居正：“大抵圣人深见义理之无穷，其自视常以为不足，故圣而益圣。有志于希圣者，当知所惕励矣。”

子曰：“君子道者三，我无能焉：仁者不忧，知者不惑，勇者不惧[1]。”子贡曰：“夫子自道也。”

【注释】

[1] 仁、知、勇：此三者为孔子强调的作为君子所必需的三方面的品格。

【译文】

孔子说：“君子遵行的道有三点，我没有做到：仁德的人没有忧虑，智慧的人没有迷惑，勇敢的人没有畏惧。”子贡说：“这正是他老人家自己所遵循的道。”

【解读】

仁者，有正确的世界观，以仁义之道面对他人，济世利人。所以不忧。智者，学识渊博、视野开阔、明辨事理，能够做到不迷惑。勇者，凡是应该做的事情，都不计较艰难险阻而勇往直前，努力达到，所以勇者不惧。这些都不是轻易能做到的。如果我们能具备“仁”“知”“勇”的品质，那么在任何方面我们都能取得成功。

子贡方人[1]。子曰："赐也贤乎哉[2]？夫我则不暇。"

【注释】

[1] 方人：评论、诽谤别人。
[2] 赐也贤乎哉：疑问语气，批评子贡不贤。

【译文】

子贡对别人品头论足。孔子说："赐啊，你就比别人好吗？我没有闲工夫去这样论人长短。"

宋·朱熹："比方人物而较其短长，虽亦穷理之事。然专务为此，则心驰于外，而所以自治者疏矣。故褒之而疑其辞，复自贬以深抑之。"

明·张居正："夫方人之事，在圣人犹以为未暇，况学者乎？孔子言此，其所以警子贡者，至深切矣。"

【解读】

子贡有时候恃才傲物，说话刻薄不够委婉，经常对别人品头论足。孔子就对他的这种行为加以批评，并且告诫他不要议论别人的是非，不要对别人吹毛求疵。俗话说"静坐惟思己过，闲谈莫论人非"，一个有道德有修养的人，对于自己个人修养的提升和关注，远远大于对别人家长里短的兴趣。

子曰："不患人之不己知[1]，患其不能也。"

【注释】

[1] 不己知：即不知己。意为不了解自己。

宋·朱熹："凡章指同而文不异者，一言而重出也。文小异者，屡言而各出也。此章凡四见，而文皆有异。则圣人于此一事，盖屡言之，其丁宁之意亦可见矣。"

明·张居正："惟夫学焉而未能明其理，行焉而未能践其实，此则在己本无可知之具，反之吾心而有歉者，正学者所当患也。"

【译文】

孔子说："不怕别人不了解自己，只怕自己没有能力。"

【解读】

真是有才德的贤士不担心别人不了解自己，而担心自己不了解别人。不了解别人，也就不能做到在与人交往的时候站在对方的立场上考虑问题。所以，一个真正懂得与人为善的聪明人，在与人交往的时候，更多地是去提高充实自己，多去了解别人，多倾听别人的心声，站在对方的立场上考虑问题。如果我们能够做到这些，一定会成为受大家欢迎的人。

宋·朱熹："虽不逆不亿，而于人之情伪，自然先觉，乃为贤也。"

明·张居正："至明之人，物至即知，孰得而欺之乎？然非有居敬穷理之功，讲学亲贤之助，则此心虚灵之体，未免为物所蔽。"

子曰："不逆[1]诈，不亿[2]不信，抑亦先觉者，是贤乎！"

【注释】

[1] 逆：迎。预先猜测。

[2] 亿：同"臆"，猜测的意思。

【译文】

孔子说："不预先猜测别人欺诈自己，也不揣度别人不诚实，然而能事先觉察别人的欺诈和不诚实，这就是贤人了。"

【解读】

孔子反对预先猜测别人，但他认为能洞察别人的欺诈行为的人，是贤人。过度地怀疑别人，有时候会是以小人之心度君子之腹，这也是对自己的不尊重，会影响到自己对别人的正确判断。我们应该始终保持“察觉”的心态，但也要心存仁厚，尽量不要误会别人。

微生亩[1]谓孔子曰：“丘，何为是[2]栖栖[3]者与？无乃为佞乎？”孔子曰：“非敢为佞也，疾固[4]也。”

宋·朱熹：“圣人之于达尊，礼恭而言直如此，其警之亦深矣。”

明·张居正：“微生亩是齿德俱尊的人，但其所见偏执，故圣人对之礼恭而言直如此，其警之亦深矣。”

【注释】

[1] 微生亩：鲁国人。
[2] 是：如此。
[3] 栖栖：忙碌不安、不安定的样子。
[4] 疾固：疾，恨。固，固执。

【译文】

微生亩对孔子说：“您为什么这样忙忙碌碌呢？不是为了显示自己的口才吧？”孔子说：“哪里敢显示自己的口才，而是痛恨人们的顽固无知啊！”

【解读】

生活在世间的每个人，都深受“固”的伤害。固的形成，与人的性格、从小到大所处的环境乃至我们的生活习惯和思维模式都紧密相关。比如说，一个人的饮食起居，一旦形成一定的习惯，就很少有人想着去改进。因为改良的行动，有时需要付出极大的努力。所以我们在“固”这个问题上，应该“有所为，有所不为”，坚持自己该坚持的，放弃该放弃的，这样人生才会走向更开阔的境地。

宋·朱熹：“骥，善马之名。德，谓调良也。”

明·张居正：“人虽有才，而苟无其德，是亦小人而已，何得为君子乎？”

子曰：“骥[1]不称其力，称其德也。”

【注释】

[1] 骥：千里马。古代称善跑的马为骥。

【译文】

孔子说：“对千里马不是称赞它的力量，而是称赞它的品质。”

【解读】

人才的品质要比能力重要。这是我们在考察干部、选拔人才时不能不遵循的原则。当然，也不能因此而走向另一个极端，即只看重品德而忽略人的能力，不尊重知识，不尊重人才。比较全面地说，应该是德才兼备最好，如果二者不能得兼时，德重于才。

宋·朱熹：“必如夫子之言，然后二者之报各得其所。然怨有不雠，而德无不报，则又未尝不厚也。”

或曰：“以德报怨，何如？”子曰：“何以报德？以直报怨[1]，以德报德。”

【注释】

[1] 以直报怨：孔子不同意“以德报怨”，

认为应当是“以直报怨”。

明·张居正：“夫观或人之言，非不近厚，而反不得其平；圣人之论，既得其平，而亦未尝不厚。诚权衡万事者之准也。”

【译文】

有人说：“用恩德来回报仇怨，这样做怎么样？”孔子说：“那用什么来回报恩德呢？应该是用正直回报仇怨，用恩德来回报恩德。”

【解读】

孔子认为应该以正直来报仇怨，用恩德来回报恩德，即以直报怨。现实生活中，对待别人给予我们的帮助和恩德，我们要懂得感恩，做到“投我以木瓜，报之以琼琚”。当遭遇伤害、被人冒犯的时候，我们不要一味地逆来顺受，而要用正当的方法来保护自己，以直报怨。

子曰：“莫我知也夫！”子贡曰：“何为其莫知子也？”子曰：“不怨天，不尤[1]人。下学而上达[2]，知我者其天乎！”

宋·程颢、程颐：“不怨天，不尤人，在理当如此。”又曰：“下学上达，意在言表。”又注：“学者须守下学上达之语，乃学之要。盖凡下学人事，便是上达天理。然习而不察，则亦不能以上达矣。”

【注释】

[1] 尤：责怪、怨恨。
[2] 下学上达：下学学人事，上达达天命。

宋·朱熹：“盖在孔门，惟子贡之智几足以及此，故特语以发之。惜乎其犹有所未达也！”

【译文】

孔子说："没有人了解我啊！"子贡说："怎么会没人了解您呢？"孔子说："不怨恨天，不责备人，学习知识而通达高深的学问。了解我的只有上天吧！"

【解读】

孔子虽然是圣人，但毕竟不是不食人间烟火的仙人。他在宣扬儒家之道的路上，一再受挫，不可能一点怨言都没有，这就是理想和现实发生矛盾后的一种十分自然的反映。但是他提醒自己，做到不怨天、不尤人，尽力改变现实以实现理想。

公伯寮[1]愬[2]子路于季孙。子服景伯[3]以告，曰："夫子固有惑志于公伯寮，吾力犹能肆诸市朝[4]。"子曰："道之将行也与？命也；道之将废也与？命也。公伯寮其如命何！"

宋·朱熹："言此以晓景伯，安子路，而警伯寮耳。圣人于利害之际，则不待决于命而后泰然也。"

明·张居正："圣人于得失利害之际，惟义是安，本不待决之于命而后泰然也，其言命者，特以晓景伯、安子路、而警伯寮耳，然所谓不怨天、不尤人者，即此亦可见其一端矣。"

【注释】

[1] 公伯寮：姓公伯名寮，字子周，孔子的学生，曾任季氏的家臣。

[2] 愬：同"诉"，告发，诽谤。

[3] 子服景伯：鲁国大夫，姓子服名伯，景是他的谥号。

[4] 肆诸市朝：古时处死罪人后陈尸示众。

【译文】

公伯寮在季孙面前毁谤子路。大夫子服景伯告诉了孔子，说：“季氏孙已经被公伯寮迷惑了，我的力量能让他陈尸在集市上。”孔子说：“我的道德理想将会施行，那是天命决定的；我的道德理想将会被废弃，那也是天命决定的，公伯寮能把天命怎么样呢！”

【解读】

“道”能否推行，在天命而不在人为，即所谓“谋事在人，成事在天”。孔子所说的道，是指历史发展的客观规律，不可逆转，不可违背，不是小人所能够破坏的。反对暗杀，反对暴力，坚信道义的力量，坚信历史发展的客观规律。这既反映出孔子仁义的道德品质，也体现出他博大的胸怀和高远的见识。

子曰：“贤者辟[1]世，其次辟地，其次辟色，其次辟言。”子曰：“作者七人[2]矣。”

宋·程颢、程颐：“四者虽以大小次第言之，然非有优劣也，所遇不同耳。”

明·张居正：“七人，今不知其姓名，夫子叹之，盖深为世道虑也。”

【注释】

[1] 辟：同“避”，逃避。

[2] 七人：即伯夷、叔齐、虞仲、夷逸、朱张、柳下惠、少连。

【译文】

孔子说：“贤良的人逃避乱世而隐居，次一等的逃避到别的地方而居，再其次回避不好的脸色，再其次回避不好的言论。”孔子说：“这样做的已经有七个人了。”

【解读】

孔子认为贤者归隐有四种方式：避世，避地，避色，避言。孔子离开齐国，是避开齐景公；离开鲁国，是避开季桓子和鲁定公；离开卫国，是避开卫灵公。但是无论孔子怎样避地、避色、避言，却都没有真正避世，他一直在坚持着向世人布道，宣扬儒家的思想。

子路宿于石门[1]。晨门[2]曰：“奚自？”子路曰：“自孔氏。”曰：“是知其不可而为之者与？”

宋·朱熹：“石门，地名。晨门，掌晨启门，盖贤人隐于抱关者也。自，从也，问其何所从来也。”

明·张居正：“圣人道高德大，视天下无不可为之时，特时君不能用耳，此又非晨门之所知也。”

【注释】

[1] 石门：地名。鲁国都城的外门。

[2] 晨门：早上看守城门的人。

【译文】

子路在鲁城外门过了一夜。第二天清晨开门的人说：“你从哪里来的？”子路说：“从孔大人那里来。”开门人说：“就是那位知道做不到而还要去做的人吗？”

【解读】

一个人明明知道自己所要达到的理想，在自己的有生之年不可能取得成功，但他还是一丝不苟地执著坚持，不惜为自己的信念和理想而献身。孔子周游列国，屡次受挫，但是却越挫越勇，从不曾放弃施行仁政的政治理想。他以天下为己任，生命不息，奋斗不止，我们现代人正需要这种坚持不懈的奋斗精神。

子击磬[1]于卫，有荷蒉[2]而过孔氏之门者，曰：“有心哉，击磬乎！”既而曰：“鄙哉！硁硁[3]乎！莫己知也，斯己而已矣。深则厉[4]，浅则揭。”子曰：“果哉！末[5]之难[6]矣。”

宋·朱熹：“圣人心同天地，视天下犹一家，中国犹一人，不能一日忘也。”

明·张居正：“荷蒉之讥孔子如此，是不知圣人之心者矣。圣人心同天地，天地不以时之闭塞而废生物之心，圣人不以时之衰乱而忘行道之志，诚上畏天命，下悲人穷，非得已也。”

【注释】

[1] 磬：一种打击乐器的名称。
[2] 荷蒉：荷，肩扛。蒉，草筐。肩背着草筐。
[3] 硁硁：击磬的声音。
[4] 深则厉：穿着衣服涉水过河。
[5] 末：无。
[6] 难：责问。

【译文】

孔子在卫国，一次正在敲击磬，有一位背扛草筐的人从门前走过说：“有心思啊，击磬以宣泄！”一会儿又说：“浅薄啊，硁硁的声音好像是说没有人理解自己啊！那么，你自己应该知道自己，没有人能理解你就算了吧。就好像过河，水深就踩着石头过去，水浅就撩起衣服过去。”孔子说：“说得好干脆啊！像那样就没有什么难处了。”

【解读】

孔子的理想是，恢复周礼，使国家社会安定，百姓幸福。挑筐者只顾及个人的安危，而没有为百姓和国家着想；孔子却对自己的理想执著追求。这也正是孔子成为圣人的原因。对于我们今人来讲，也是同样的道理，明哲保身虽然能顾全得了一时，但是终究不是长久之计。

宋·朱熹：“百官听于冢宰，故君得以三年不言也。”

明·张居正：“总己，是总摄己职。冢宰，是宰臣之长。”

子张曰：《书》云：‘高宗谅阴[1]，三年不言。’何谓也？”子曰：“何必高宗？古之人皆然。君薨[2]，百官总己以听于冢宰[3]三年。”

【注释】

[1] 谅阴：古时天子守丧之称。

[2] 薨：周代时诸侯死称此。

[3] 冢宰：官名，相当于后世的宰相。

【译文】

子张说：“《尚书》上说：‘殷高宗守孝，三年不说话。’这是为什么呢？”孔子说：“哪里只是高宗呢，古人都是这样。国君死了，各部门官员管理自己的事务，要听从宰相三年。”

【解读】

本章记载了孔子与子张关于三年丧制的讨论。三年之丧，这个礼制并不是从孔子而来的，但是孔子对此持肯定态度并进一步加以倡导。他认为即使国君，其父母去世了，也要在继位后三年内不理政事。国君守丧期间，正是考验大臣是否尽责的时候。这期间，各级臣子应该履行自己身上的职责，自觉听命于宰相，为国君分担政事。

子曰："上[1]好礼，则民易使也。"

明·张居正："若上之人，先自畏拘检而乐简傲，则下皆化之，而僭逾凌迫，固其所也，岂民之难治哉。"

【注释】

[1] 上：指在上位的人。

【译文】

孔子说："国君喜好以礼行事，那么也就容易使百姓听从了。"

【解读】

君主自身能做好，臣子定会全力以赴做好分内之事；老百姓也会效仿上位者，自觉听从上级命令；这样整个国家的风气端正，国家繁荣昌盛便指日可待。一个实际的行动，往往胜过无数宣言。只有自己做到言行一致，率先作出表率，才能让别人心悦诚服。

子路问君子。子曰："修己以敬。"曰："如斯而已乎？"曰："修己以安人[1]。"曰："如斯而已乎？"曰："修己以安百姓[2]。修己以安百姓，尧舜其犹病诸？"

宋·程颢、程颐："君子修己以安百姓，笃恭而天下平。惟上下一于恭敬，则天地自位，万物自育，气无不和，而四灵毕至矣。此体信达顺之道，聪明睿知皆由是出，以此事天飨帝。"

宋·朱熹："圣人之心无穷，世虽极治，然岂能必知四海之内，果无一物不得其所哉？故尧舜犹以安百姓为病。若曰'吾治已足'，则非所以为圣人矣。"

【注释】

[1] 安人：使上层人物安乐。
[2] 安百姓：使老百姓安乐。

【译文】

子路问怎样可以成为君子。孔子说："提高自己的修养以达到恭谨待人。"子路说："这样就可以了吗？"孔子说："修养自己以使别人安乐。"子路说："这样就可以了吗？"孔子说："修养自己以使百姓安乐。修养自己以使百姓安乐，尧舜能够完全做到吗？"

【解读】

孔子在本章中再次谈到君子的标准问题，他认为修养自己是君子立身处世和管理政事的关键所在。只有不断地修养自己，待人恭敬，才可以使别人得到安乐。孔子认为就连尧舜那样贤德的上古帝王都不能完全做到"修己以安人"，可见这是十分困难的事情。

原壤[1]夷俟[2]。子曰："幼而不孙弟[3]，长而无述焉，老而不死，是为贼。"以杖叩其胫。

宋·朱熹："原壤，孔子之故人。母死而歌，盖老氏之流，自放于礼法之外者。"

明·张居正："昔原壤见孔子之来，而蹲踞以待之，其疏放不检如此。"

【注释】

[1] 原壤：鲁国人，孔子的旧友。他母亲死了，他还大声歌唱，孔子认为这是大逆不道。
[2] 夷俟：夷，双腿分开而坐。俟，等待。
[3] 孙弟：同"逊悌"。

【译文】

孔子的老朋友原壤叉开两腿坐在地上等着孔子。孔子说道：

“你小时候不懂礼貌不讲孝悌，长大了也没有什么可以称道的，老了还不死，真是个害人精。”说完用手杖敲他的小腿。

【解读】

孔子和原壤是从小一起长大的好朋友，可是孔子“发愤忘食，乐以忘忧”，最终成为德高望重的圣人；而原壤却从小就不知道孝悌之道，终日无所事事，成了老而不死的害人精。原壤傲慢不知礼，实际上说明了他是因不学无术而感到空虚。人生是短暂的，我们要以原壤为戒，学礼知礼，有所建树。

阙党[1]童子将命[2]。或问之曰：“益者与？”子曰：“吾见其居于位[3]也，见其与先生并行也。非求益者也，欲速成者也。”

宋·朱熹：“或人疑此童子学有进益，故孔子使之传命以宠异之也。孔子言：吾见此童子，不循此礼。非能求益，但欲速成尔。故使之给使令之役，观长少之序，习揖逊之容。盖所以抑而教之，非宠而异之也。”

【注释】

[1] 阙党：即阙里，孔子家住的地方。
[2] 将命：在宾主之间传言。
[3] 居于位：童子与长者同坐。

【译文】

乡党的童子给孔子传递消息。有人问孔子说：“这是求上进的人吗？”孔子说：“我看见他坐在正位上，看见他与长辈并排走。他不是求上进的人，是想赶快成人的人。”

【解读】

古代礼法规定，儿童与成人在一起时，儿童应该站着，不应该坐在大人的位子上。如果与成人同行，也不能跟大人并肩而行或者超过大人。乡里的这个儿童还没有成人，却坐在大人的位子上，与大人并排走路。孔子认为他想要快点长大，是急于求成而不是积极上进。对我们现代人来说，为人处世都要从容适度，既不违背法律道德，又不丧失自己的尊严人格。

灵公篇第十五

卫灵公问陈[1]于孔子。孔子对曰："俎豆[2]之事，则尝闻之矣；军旅之事，未之学也。"明日遂行。

宋·程颢、程颐："固穷者，固守其穷。"

宋·朱熹："圣人当行而行，无所顾虑，处困而亨，无所怨悔，于此可见。学者宜深味之。"

【注释】

[1] 陈：同"阵"，军队作战时，布列的阵势。

[2] 俎豆：俎豆是古代盛食物的器皿，被用作祭祀时的礼器。

【译文】

卫灵公向孔子请教关于军队作战布阵的事。孔子回答说："有关祭祀礼仪的事，我曾听说过；军队作战的事，我从来没有学习过。"第二天就离开了卫国。

【解读】

孔子一生追求的是推行自己的学说，实现自己的政治理想。在现代这个灯红酒绿的社会，还有多少人在固守着我们心灵的家园，还有多少人在一次次遭遇困难挫折的情况下，失败不是最可怕的，可怕的是我们被那些挫折磨灭了最初的志气，变得畏畏缩缩，裹足不前，不敢再坚持自己，不敢再去追求我们最初的理想。

在陈绝粮，从者病，莫能兴。子路愠[1]见曰："君子亦有穷乎？"子曰："君子固穷[2]，小人穷斯滥矣。"

宋·程颢、程颐："固穷者，固守其穷。"

宋·朱熹："圣人当行而行，无所顾虑，处困而亨，无所怨悔，于此可见。学者宜深味之。"

【注释】

[1] 愠：怒，怨恨。

[2] 固穷：固守穷困，安守穷困。

【译文】

孔子在陈国断绝了粮食，跟随他的人都病得起不来了。子路很生气地来见孔子，说："难道君子也有穷困的时候吗？"孔子说："君子虽然穷，但能坚持节操，小人穷困便会胡作非为。"

【解读】

人到了穷途末路，都可以理解为"穷"的范围。而凡是到了这些关头，君子都应该具有"固穷"的胸襟和气度。在人生的漫漫长路上，大大小小的挫折会层出不穷，不断地向我们的毅力宣战。坦坦荡荡，泰然处之，坚守君子该具有的高尚情操，我们一定能找到属于自己的一片蓝天。

宋·朱熹："夫子之于子贡，屡有以发之，而他人不与焉。则颜曾以下诸子所学之浅深，又可见矣。"

明·张居正："非子贡学将有得，孔子亦未遽以语之也。学圣人者，宜究心焉。"

子曰："赐也！女[1]以予[2]为多学而识之者与？"对曰："然，非与？"曰："非也，予一以贯之。"

【注释】

[1] 女：通"汝"，你。

[2] 予：我。

【译文】

孔子说："赐啊，你以为我是多学而又博记的人吗？"赐回答说："是呀，不是这样吗？"孔子说："不对呀，我只用一个最基本的思想把它贯穿起来的。"

【解读】

"一以贯之"，就是在学习的基础上，认真思考，从而悟出其中内在的东西。圣人在这里告诉我们，要学与思相结合，认真学习，深切领悟。我们在学习中，要注意认真总结规律，找到解决同一类问题的根本方法，用这种根本方法和原则来指导我们的学习。

子曰："由[1]！知德者鲜[2]矣。"

宋·朱熹："由，呼子路之名而告之也。德，谓义理之得于己者。非己有之，不能知其意味之实也。自第一章至此，疑皆一时之言。此章盖为'愠见'发也。"

明·张居正："义理之得于心者谓之德，非实有是德者，不能知其意味之真也。"

【注释】

[1] 由：孔子弟子子路。

【译文】

孔子说："由！懂得德的人太少了。"

【解读】

孔子对他的弟子由说，懂得"德"的人太少了。而什么是"德"呢？"德"者，得也。看来，它是某种仁义品德的成果和行为的最高标准，"德"在远古时期是与氏族有关重大行为的习惯法规，而后才解作“直心为德”的内在品质，最终演化为人们行为的道德规范和标准。孔子感慨真正懂得德的人太少了，也看出他对“德”的重视。

子曰：“无为而治[1]者，其舜也与？夫[2]何为哉？恭己正南面而已矣。”

宋·朱熹：“无为而治者，圣人德盛而民化，不待其有所作为也。独称舜者，绍尧之后，而又得人以任众职，故尤不见其有为之迹也。恭己者，圣人敬德之容。既无所为，则人之所见如此而已。”

明·张居正：“无为而治者，惟舜为然也，然无为者，有虞之治，而无逸者，圣人之心。”

【注释】

[1] 无为而治：国家的统治者不必有所作为便可以治理国家了。

[2] 夫：代词，他。

【译文】

孔子说：“能够无所作为而治理天下的人，大概只有舜吧？他做了些什么呢？只是庄严端正地坐在朝廷的王位上罢了。”

【解读】

所谓“无为而治”，并不是无所作为，而是强调统治者的行为要顺应自然和人性，不强作干预，让下属和老百姓各得其所。我们应该明白自己需要的是什么，明白自己身上的优势和缺点，按照事情的发展规律办事，虽然看似“无为”，而实际上却“大有所为”。

子张问行[1]。子曰："言忠信，行笃敬，虽蛮貊[2]之邦，行矣。言不忠信，行不笃敬，虽州里，行乎哉？立则见其参[3]于前也，在舆则见其倚于衡[4]也，夫然后行。"子张书诸绅。

宋·程颢、程颐："质美者明得尽，渣滓便浑化，却与天地同体。其次惟庄敬以持养之，及其至则一也。"

明·张居正："诚能忠信笃敬，则所谓至诚与天地参者，亦不外此，而况于人乎，所以说王道本于诚意。"

【注释】

[1] 行：通达的意思。

[2] 蛮貊：古人对少数民族的贬称，蛮在南方，貊在北方。

[3] 参：列，显现。

[4] 衡：车辕前面的横木。

【译文】

子张问如何才能使自己到处都能行得通。孔子说："说话要忠诚老实，行为要忠厚恭谨，即使到了南蛮、北貊的部落里，也都能行得通。说话不忠诚老实，行为不忠厚恭谨，能行得通吗？站着时就好像忠信笃敬立在眼前，坐在车上就好像看见它刻在车前的横木上，只有这样才能处处行得通。"子张把这些话写在腰间的衣带上。

【解读】

语言是一个人内心世界的流露，是表达思想的工具。话一说出来就要对别人甚至是社会产生影响，所以我们要做到慎言。一个"言必信，行必果"的正人君子，值得每个人尊敬也会受到别人的真诚相待。

宋·朱熹："史鱼自以不能进贤、退不肖，既死犹以尸谏，故夫子称其直。"

明·张居正："惟治朝为能用君子，有世道之责者，当知所辨矣。"

子曰："直哉史鱼[1]！邦有道，如矢[2]；邦无道，如矢。君子哉蘧伯玉！邦有道，则仕；邦无道，则可卷[3]而怀之。"

【注释】

[1] 史鱼：卫国大夫，名鰌，字子鱼，他多次向卫灵公推荐蘧伯玉。

[2] 如矢：矢，箭，形容其直。

[3] 卷：同"捲"。

【译文】

孔子说："史鱼真是正直啊！国家政治清明，他的言行像箭一样直；国家政治混乱，他的言行像箭一样直。蘧伯玉也真是一位君子啊！国家政治清明时，就出来做官，国家政治混乱时，就把本领收藏起来而隐居。"

【解读】

恰到好处地处理好种种利害关系。而只有真正懂得急流勇退，在"进取"与"归隐"之间拿捏好分寸。在生活和工作中，当我们遇到一些绕不过去的弯儿时，不妨变通一下，说不定东方不亮西方亮，同样，人生总是有起有伏，当攀上令人仰慕的高峰时，我们应该谦虚谨慎，努力发挥自己的最大能力；而如果暂时陷入人生的低谷，我们也不要妄自菲薄，而应该踏踏实实，虚心学习，积蓄能量。

子曰："可与言而不与之言，失人；不可与言而与之言，失言。知[1]者不失人，亦不失言。"

明·张居正："遇着可与言的人，即与之言，既不至于失人；遇着不可与言的人，即不与之言，亦不至于失言，此其所以可法也。"

【注释】

[1] 知：通"智"，智慧。

【译文】

孔子说："可以同他谈的话，却不同他谈，这就是失掉了朋友；不可以同他谈的话，却同他谈，这就是说错了话。有智慧的人既不失去朋友，又不说错话。"

【解读】

孔子非常重视语言的技巧，他认为说话应该看对象并把握说话契机。对方值不值得你跟他说，这是首要的问题。聪明人的做法就是孔子说的，值得说的人就对他讲，这样你不会失去一个朋友，而不值得说的人，就保持沉默，这样也不会说错话。说话其实是天底下最难的事。一个人能不能说到对方的心坎里，他所说的话在多大程度上能够使人信服，这都需要一定的技巧。言者无心，听者有意；言者有意，听者无心，这都是没说到点子上。

子曰："志士仁人，无求生以害[1]仁，有杀身以成[2]仁。"

宋·程颢、程颐："实理得之，于心自别。实理者，实见得是，实见得非也。"

宋·朱熹："志士，有志之士。仁人，则成德之人也。理当死而求生，则于其心有不安矣，是害其心之德也。当死而死，则心安而德全矣。"

【注释】

[1] 害：损害。

[2] 成：成全。

【译文】

孔子说："志士仁人，不能为求生而损害仁德，只能牺牲自己来成全仁德。"

【解读】

"仁"是孔子学说的核心，"成仁"是孔子追求的最高境界。而实际上，孔子在"求生以害仁"与"杀身以成仁"二者必选其一的时候，他才赞成"杀身以成仁"。无论是"杀身成仁"，还是"舍生取义"，在某种程度上都是道德和正义的胜利。在今天这个"莺歌燕舞庆升平"的和平年代，我们不用再为求自由和解放而放弃自己的生命。但是在平时生活中，我们还是应该把做人的原则和人类最基本的道德放在首位。

宋·程颢、程颐："子贡问'为仁'，非问'仁'也，故孔子告之以为仁之资而已。"

宋·朱熹："贤以事言，仁以德言。夫子尝谓子贡悦不若己者，故以是告之。欲其有所严惮切磋以成其德也。"

子贡[1]问为仁。子曰："工欲善其事，必先利其器。居是邦也，事其大夫之贤者，友其士之仁者。"

【注释】

[1] 子贡：姓端木，名赐。孔子七十二门徒中最富有的人。

【译文】

子贡问怎样实行仁德。孔子说："工匠想要做事，一定要先使工具锋利起来。居住在一个国家，要敬重那些大夫中的贤良的人，和当中仁德的人友好相处。"

【解读】

选择品德高尚的人交往，与他们做朋友，受他们的影响熏陶，自己的思想境界和品德修养就会在无形中得到提高。从另一个角度来说，便是"近朱者赤，近墨者黑"。我们在平时交友时，是否也注意到了这一点呢？我们周围的环境是个大染缸，它直接对我们的气质谈吐甚至人生轨迹产生一定的影响。我们要想成功，首先要在平时给自己多一些磨砺，为自己的成功增加一些砝码，"机遇总是偏向有所准备的人"；其次就是要多接近贤能的人，远离小人，受到好的熏陶和影响。这样，我们的人生道路才能越走越开阔。

颜渊问为邦。子曰："行夏之时[1]，乘殷之辂[2]，服周之冕[3]，乐则《韶》舞[4]。放郑声，远佞人。郑声淫，佞人殆。"

宋·程颢、程颐："问政多矣，惟颜渊告之以此。盖三代之制，皆因时损益，及其久也，不能无弊。周衰，圣人不作，故孔子斟酌先王之礼，立万世常行之道，发此以为之兆尔。由是求之，则馀皆可考也。"

【注释】

[1] 夏之时：夏代的历法，便于农业生产。

[2] 殷之辂：辂，天子所乘的车。殷代的车是木制成，比较朴实。

宋·朱熹："古者以木为车而已，至商而有辂之名，盖始异其制也。周人饰以金玉，则过侈而易败，不若商辂之朴素浑坚而等威已辨，为质而得其中也。"

[3] 周之冕：周代的帽子。

[4] 韶舞：是舜时的舞乐，孔子认为是尽善尽美的。

【译文】

颜渊问怎样治理国家。孔子说："推行夏朝的历法，乘坐殷朝的车子，戴周朝的帽子，采用《韶舞》音乐。抛弃郑国的乐曲，远离谗佞小人。郑声淫荡，小人危险。"

【解读】

任何时代都有为其政治思想服务的主流文化，而文化的发展是在历史继承中进行的。我们对待古人的政治文化时，不能全盘接受也不能全盘否定，而应该取其精华去其糟粕，有选择性地加以取舍。政府要及时将那些误导百姓的错误思想扼杀在萌芽之中，注意防范那些反主流思想的古代文化，以清除文化遗产中的垃圾，达到净化社会风气的目的。

明·张居正："圣帝明王，身不下堂序，而虑周四海之外，事不离日用，而计安万年之久，正有见于此也。"

子曰："人无远虑，必有近忧。"

【译文】

孔子说："一个人如果没有长远打算，就一定会有眼前的忧患。"

【解读】

《中庸》里说“凡事豫则立，不豫则废，言前定则不跲，事前定则不困，行前定则不疚，道前定则不穷”。“远虑”也可以说成是远大的志向。志向是对未来的思考，是对未来的美好追求。远大的志向能对人起到激励作用。所以，理想的本质力量，是用长远来支配眼前。一个人如果没有远大的理想，就一定目光短浅，会不自觉地贪图眼前小利，每日计较于如何获利则必然会徒生很多忧虑。所以，我们要树立远大的志向，防患于未然，用健康的心态对待眼前的忧虑。

子曰：“已矣乎！吾未见好德如好色者也。”[1]

明·张居正：“孔子此言，所以激励天下，欲其移好色之心以好德也。”

【注释】

[1] 本章系重出，见《子罕》篇第18章。

【译文】

孔子说：“完了！我从来没见过喜好仁德像喜好美貌一样的人。”

【解读】

本章系重出，见《子罕》篇第18章。

子曰："臧文仲其窃位[1]者与！知柳下惠[2]之贤而不与立也。"

宋·朱熹："'者与'之与，平声。窃位，言不称其位而有愧于心，如盗得而阴据之也。柳下惠，鲁大夫展获，字禽，食邑柳下，谥曰惠。与立，谓与之并立于朝。"

明·张居正："臧文仲，是鲁大夫。柳下惠，是鲁之贤人。窃位，是无德而居乎其位，如偷盗的一般。夫人臣蔽贤而不举，则为窃位，使人臣举之而君不能用，岂不亦有负于大君之任哉？"

【注释】

[1] 窃位：身居官位而不称职。

[2] 柳下惠：春秋中期鲁国大夫，姓展，名获，又名禽，他受封的地名是柳下，惠是他的私谥，所以，人称其为"柳下惠"。

【译文】

孔子说："臧文仲是个窃居官位的人吧！知道柳下惠贤良却不荐举他给他官位。"

【解读】

荐举贤良人才是为官之人的职责，身居高位的领导应该具有知人善任的能力。举荐人才不能出于自己的私心，只推荐对自己有利的人；而应该大公无私，不以自身的利害关系评定人才。现代社会在用人方面，制定出台了一系列的任用规范，但是仍然没有彻底达到任人唯贤的理想境界。现实中仍然存在着权钱交易这样的丑陋行为，这就需要我们的领导加强自身的道德修养，谨遵举贤任能的古训。

子曰："躬自厚而薄责于人，则远怨矣。"

宋·朱熹："责己厚，故身益修；责人薄，故人易从。所以人不得而怨之。"

【译文】

孔子说："人如果多责备自己而少责备别人，就很少有怨恨了。"

明·张居正："此修己待人之法，古帝王检身若不及，与人不求备，正此意也。"

【解读】

孔子向来主张严以律己，宽厚待人。做一个君子，要严格地要求自己；而对人要采取宽容的态度，在责备和批评别人的时候应该尽量做到和缓宽厚。这样，自然就不会招致别人的怨恨了。责己严，待人宽，这是保持良好和谐的人际关系所不可缺少的原则。

子曰："不曰'如之何[1]，如之何'者，吾末[2]如之何也已矣。"

宋·朱熹："'如之何如之何'者，熟思而审处之辞也。不如是而妄行，虽圣人亦无如之何矣。"

明·张居正："如之何，如之何，是熟思而审处之辞。末如之何，是无奈他何的意思。"

【注释】

[1] 如之何：怎么办的意思。

[2] 末：这里指没有办法。

【译文】

孔子说："不考虑'怎么办，怎么办'的人，我也不知道该怎么办了。"

【解读】

孔子主张凡事要有自己的主见，多开动脑筋思考问题，有的人不重视也不思考自己的选择，遇到困难挫折的时候，一味地在人情世故中去向别人求助，而不问问自己该怎么明白道理、区分善恶好坏。这样很容易误入歧途，甚至被别人控制自己的命运。我们应该常常聆听自己内心的声音，问问自己究竟要“怎么办”，该“怎么办”，多观察多总结多思考。自己的命运自己把握，用自己的力量来创造属于我们自己的未来。

子曰：“群居终日，言不及义，好行小慧[1]，难矣哉！”

宋·朱熹：“言不及义，则放辟邪侈之心滋。好行小慧，则行险侥倖之机熟。‘难矣哉’者，言其无以入德，而将有患害也。”

明·张居正：“放辟邪侈之心滋；行险侥幸之机熟。不惟无以切磋而相成，且同归于污下而有损矣。欲以入德而免患，岂不难矣哉？”

【注释】

[1] 好行小慧：爱耍小聪明。现已衍为成语。

【译文】

孔子说：“整天和大家聚在一起，却不说一句涉及仁义的话，只喜欢卖弄小聪明，这种人真是难办了！”

【解读】

在明朝末年，顾亭林就引用孔子的这两句话批评明末的社会风气。他说南方的知识分子“群居终日，言不及义”；北方的知识分子“饱食终日，无所用心”。

凡是有人群的地方，都会有善与不善的区分。有些人卖弄小聪明，搬弄是非，不计利害。更有甚者，乘机套取秘密，危害国家，或使他人遭受名誉和人格的损害，影响社会安定团结。我们在生活中不仅要注意自己的言行，也要对身边的环境有所选择；要踏踏实实地做事，不要卖弄小聪明，这样我们才能获得成功。

子曰："君子义以为质，礼以行之，孙[1]以出之，信以成之。君子哉！"

宋·程颢、程颐："义以为质，如质干然。礼行此，孙出此，信成此。此四句只是一事，以义为本。"又注："'敬以直内'，则'义以方外。''义以为质'，则'礼以行之，孙以出之，信以成之。'"

宋·朱熹："义者制事之本，故以为质幹；而行之必有节文，出之必以退逊，成之必在诚实：乃君子之道也。"

【注释】

[1] 孙：同"逊"，意为谦逊。

【译文】

孔子说："君子行事应以义为根本，以礼义来实行，以谦逊的语言说出，以诚信的态度完成。这才是真的君子啊！"

【解读】

孔子十分重视君子的仁义和礼仪。儒家强调君子应该追求高尚的精神境界，追求道德的完善和心灵的净化，鄙视那些只顾蝇头小利的人。不讲信用的人可以欺人一时，但不能欺人一世。否则一旦被人识破，就很难在社会上立足；而诚信精神应该从小培养。在中华传统文化中有诸多美德，君子注重修养，具备许多美德而为人称赞。沐浴在正统文化中，重德行善，才是今人的正途。

子曰："君子病[1]无能焉，不病人之不己知[2]也。"

【注释】

[1] 病：忧虑。
[2] 不己知：即不知己。意为不了解自己。

明 · 张居正：“病字，解作患字。孔子说：‘今之学者为人，故每以人不己知为患。君子学以为己，其所患者惟在道不加进，德不加修，碌碌焉一无所能而已。若身有道德之实，而人莫我知，于我本无所损，于人果何足尤？故君子不以为患焉。’此可见自修之道，当务实而毋务名矣。”

【译文】

孔子说：“君子忧虑自己没有能力，不忧虑别人不了解自己。”

【解读】

孔子要表达的意思是说，真正的强者在面对社会的时候，只担心自己的能力不够；而不是担心别人不够了解他的才能。不要发愁现在社会上没有让你去尽忠的那个职位，真正要发愁的是你自己有安身立命的本事吗？不要苛求他人的表扬或赞美，时刻把目光放在自己的进步与提高上，关心自己的发展与成长；不与他人攀比，不与他人争风吃醋，不断超越自我，战胜自我！

明 · 张居正：“疾，是疾恶。没世，是终身。孔子说：‘君子学以为己，固无意于求名，然人德有诸己，则名誉自彰，是名所以表其实者也。若从少到老，至于下世的时候，而其声名终不见称于人，则其无一善之实可知。这等的人，虚过了一生，与草木同腐焉耳，岂非君子之所恶者哉？’然则君子之所恶，非恶其无名也，恶其无实也。修己者当知所勉矣。”

子曰：“君子疾没世[1]而名不称焉。”

【注释】

[1] 没世：死亡之后。

【译文】

孔子说：“君子最担忧的是，自己直到死也不能称名于世。”

【解读】

孔子认为君子最担忧的是，直到自己离开这个世界的那一天，也没有好的声名被世人称颂。可见，孔子抑或说中国的文人是非常在乎名誉的，尤其在乎逝后是否流芳百世甚至千世。

人们通常把儒家思想概括为“修身、齐家、治国、平天下”，先从学习提高自己开始，希望我们的心胸和境界应该从关心自己到关心别人，从关心小范围的人到关心大范围的人。我们都是平凡人，不求名垂青史，流芳百世，但是我们可以在平凡的生活中从一点一滴做起，追求美好，至少在百年之后能够让子孙后代以我们为荣。

子曰：“君子求诸[1]己，小人求诸人。”

明·张居正：“夫求诸己者，己无所失，而其德自足以感人，求诸人者，人未必从，而其弊徒足以丧己。观于君子小人之分，而立心可不慎哉？”

【注释】

[1] 诸：“之于”的合音。

【译文】

孔子说：“君子事事严格要求自己，小人事事严格要求别人。”

【解读】

孔子认为作为一个君子，应该首先从自己这方面来要求，靠自己的努力去获取成功。《易经》提倡“君子厚德载物，自强不息”。现实生活中，我们在个人发展的道路上必然会遇到各种自身无法改变的情况，恐惧时、茫然时、委屈时、愤怒时，多问自己有什么地方做得不足，有什么地方还能做得更好，此时心中的不快可能就转而变成了进步的契机。

宋·朱熹:“庄以持己曰矜。然无乖戾之心，故不争。和以处众曰群。然无阿比之意，故不党。”

子曰：“君子矜[1]而不争，群而不党。”

【注释】

[1] 矜：庄重的意思。

【译文】

孔子说：“君子庄重而不与人争长论短，能与众人相处而不搞帮派。”

【解读】

孔子认为，真正的君子是庄重自尊的，对自己很有信心，但却并不骄傲自满，所以也就不会去和他人争强斗胜。“君子不争”，不是说君子没有进取心。我们要对自己有信心，用尽自己的全力去争取我们应得的，我们要与人为善，结交志同道合的朋友；但是却不要从彼此之间的利害关系出发，存营私之心而结交朋友。只有为人坦坦荡荡有君子之风，我们的人生道路才会越走越开阔。

子曰："君子不以言举人，不以人废言。"[1]

明·张居正："夫用人审，既不至于失人，取善弘，又不至于失言，可以见君子至公之心矣，尧舜静言是惩，迩言必察，正此意也。"

【注释】

[1] 此句也是孔子所论及的君子的一部分特征。

【译文】

孔子说："君子不单凭语言来荐举人，也不单凭人来排斥他的言论。"

【解读】

孔子认为，在选拔人才时要考察他的品德和实际才能，不能仅凭听他的言谈就提拔他；在听取意见时，不管他的人品、地位如何，只要是正确的意见都要采纳。有些用人者常常被别人的言辞迷惑而轻率地用人，结果要么是任务不能完成，要么是造成资源的浪费。言行一致并且有实干精神的人，才是真正值得我们器重的。

子贡问曰："有一言而可以终身行之者乎？"子曰："其恕乎[1]！己所不欲，勿施于人。"

宋·朱熹："推己及物，其施不穷，故可以终身行之。"

明·张居正："此恕字与《大学》'絜矩'二字之义相同。盖平天下之道，亦不过与民同其好恶而已。推心之用，其大如此，不但学者之事也。"

【注释】

[1] 其恕乎：孔子把"忠恕之道"看成是处

理人际关系的一条准则，这也是儒家伦理的一个特色。

【译文】

子贡问孔子说：“有没有一句可以终身奉行的话呢？”孔子说：“那就是恕道吧！自己所不喜欢的，不要强加给别人。”

【解读】

“己所不欲，勿施于人”，孔子所说的就是指人应当以对待自身的行为为参照物来对待他人。我们心里都有一个自然的要求，就是要求别人能够很圆满地处理事情。但是不要忘了，对方也是一个人，既然是人就有缺点。在遇到事情的时候，我们要多站在别人的角度，去理解他人。

宋·朱熹：“圣人善善之速，而无所苟如此。若其恶恶，则已缓矣。是以虽有以前知其恶，而终无所毁也。”

明·张居正：“孔子此言，盖深为世道虑，而欲挽之于三代之隆也。要之公道在人，以之命德讨罪、褒善贬恶者，都是此理。”

子曰：“吾之于人也，谁毁谁誉？如有所誉者，其有所试矣。斯民也，三代[1]之所以直道而行也。”

【注释】

[1] 三代：此指夏、商、周三代。

【译文】

孔子说：“我对于别人，诋毁过谁？赞誉过谁？如果我赞誉谁了，那一定是经过考验了的。夏、商、周三代的人都是这样做的，所以三代能以正直之道而行世。”

【解读】

孔子生性正直，又主张直道而行，这很符合他主张的君子之道，听到别人毁人誉人，自己不要马上就下结论。同样，听到别人毁誉自己，也不要过分往心里去。对待一个人的毁誉之名，我们要有自己的判断，不要人云亦云，失去了自己的原则和立场。

子曰：“吾犹及史之阙文[1]也，有马者借人乘之[2]，今亡矣夫。”

宋·朱熹：“此必有为而言。盖虽细故，而时变之大者可知矣。”

明·张居正：“执己自用，不顾是非之实，能知史文之当阙者何人哉？悭吝自私，全无公利之意，能以马借人者何人哉？盖人心日漓，而风俗日薄矣，有世道之虑者，岂不可慨也哉！”

【注释】

[1] 阙文：史官记史，遇到有疑问的地方便缺而不记，这叫做阙文。

[2] 有马者借人乘之：有人认为此句系错出。另有一种解释为：有马的人自己不会调教，而靠别人训练。本书依从后者。

【译文】

孔子说：“我还能看到史书上因存在疑问而缺少文字记载的现象，如有马的人因自己不会调教而先借给别人骑——这样的事现在没有了。”

【解读】

孔子所在的时代，礼崩乐坏，人们道德水准下降得非常严重。子路所说的“愿车马、衣轻裘，与朋友共，敝之而无憾”，如果我们都能够怀着一颗热心，在别人遇到困难的时候，伸出援手，给他一个微笑，我们这个社会的风气一定会更好，人与人的相处也会更加和谐。

宋·朱熹："巧言，变乱是非，听之使人丧其所守。小不忍，如妇人之仁、匹夫之勇皆是。"

明·张居正："至若谋大事者，必有忍乃有济，使或小有不忍，而任情动气，当断不断，而以妇人之姑息为仁，不当断而断，而以匹夫之果敢为勇。如此，则牵于私爱，或以优柔而养奸，激于小忿，或以轻躁而速祸，适足以乱大谋而已。"

子曰："巧言乱德。小不忍则乱大谋。"

【译文】

孔子说："花言巧语能败坏德行。小事不能忍耐就会败坏大事情。"

【解读】

"小不忍则乱大谋"，这句话体现了儒家思想中的忍耐精神。有远大理想的人，不会斤斤计较个人得失，更不应该在小事上纠缠不清，实现自己的梦想。在人生的一切事业上，都存在着忍耐、克制的需要。古今中外，无论士农工商，能成大事的人都是有大忍之心的人。不断加强自己的道德修养，我们就能形成忍耐克制的品质。

子曰："众恶之，必察焉；众好之，必察焉。"[1]

【注释】

[1] 此句孔子强调了一定要用自己的标准去评判一个人的好坏。

【译文】

孔子说："大家都讨厌的人，一定要考察他；大家都喜欢的人，也一定要考察他。"

明·张居正："盖天下有众论，有公论，众论未必出于公，公论未必尽出于众，能于此而加察焉，则朋党比周之人，不得以眩吾之明，而孤立无与之士，咸得见知于上矣，此用人者所当知。"

【解读】

本章旨在告诉我们：一个人无论是受到大多数人的厌恶还是欢迎，我们都应该仔细分析他受欢迎或被讨厌的原因。深一层的含义是，君子应当明辨是非，不从众。在纷繁芜杂的社会，我们看待身边的人，不要人云亦云，不要随波逐流，不要因为别人的是非标准而影响自己的判断，要经过自己的独立思考和理性判断，然后作出结论。另外，人性都是复杂的，一个人的好坏不是绝对的，所以我们应该用自己的标准去评判别人。

子曰："人能弘道，非道弘人。"

宋·朱熹："弘，廓而大之也。人外无道，道外无人。然人心有觉，而道体无为；故人能大其道，道不能大其人也。"

【译文】

孔子说："人能够使道发扬光大，而不是用道来光大人。"

明·张居正："夫人能弘道，则道所当自尽，非道弘人，则人不可自诿矣。"

【解读】

孔子认为，人应该尽自己的努力让"道"

发扬光大，在这个过程中人不断加强自身修养，从而由浅入深地认识自己，认识这个世界。如果仅仅将“道”作为装点门面、哗众取宠的工具，并非真的去领悟人生之真谛，并非真心诚意地做仁者之事，必将在浑沌的人生困境中，在“人生是苦难”的低级层次中，苦苦挣扎。

宋·朱熹：“过而能改，则复于无过。惟不改，则其过遂成，而将不及改矣。”

明·张居正：“于此见人固以无过为难，而尤以改过为贵。”

子曰：“过而不改，是谓过矣。”[1]

【注释】

[1] 孔子以“过而不改，是谓过矣”的简练语言，向人们道出了对待错误的唯一正确态度。

【译文】

孔子说：“有了过错不改正，那是真正的过错了。”

【解读】

孔子认为，任何人都可能会有过错，但关键不在于过，而在于能否改过，保证今后不再犯同样的错误。曾子说“吾日三省吾身”，是说人要每天反省自己三次。忠言逆耳却利于行，我们只有做到过而能改，才能让生活更有意义，生命更有价值。让我们弘扬中华民族传统美德，多反省，多检讨，乐于听忠言，善于讲真话，知错能改，使自己成为境界更高尚的人吧！

子曰："吾尝终日不食，终夜不寝，以思，无益，不如学也。"[1]

宋·朱熹："此为思而不学者言之。盖劳心以必求，不如逊志而自得也。"

明·张居正："孔子此言特以警夫徒思而不学者耳，其实学与思二者功夫相因，阙一不可，善学者，当知有合一之功焉。"

【注释】

[1]孔子在此进一步阐述学和思的关系问题。

【译文】

孔子说："我曾经整天不吃，整夜不睡，冥思苦想，没有得到什么，不如踏踏实实去学习。"

【解读】

孔子十分强调学习与思考相结合的重要性。西方的哲人康德说过"感性无知性则盲，知性无感性则空"，与孔子的这句"学而不思则罔，思而不学则殆"可以说是惊人的一致。可见人类在知识的认知和获取上，不论地域、种族如何差异，其根本性的原则往往是一致的。我们要把学习和独立思考结合起来，只有这样才能学到有用的真知。

子曰："君子谋道不谋食。耕也，馁[1]在其中矣；学也，禄[2]在其中矣。君子忧道不忧贫。"

宋·朱熹："耕所以谋食，而未必得食。学所以谋道，而禄在其中。然其学也，忧不得乎道而已，非为忧贫之故，而欲为是以得禄也。"

【注释】

[1]馁：饥饿。

明·张居正："君子之心，惟忧不得乎道，无以成性而成身，不忧无禄而贫，而欲假此以求禄而致富也。"

[2] 禄：做官的俸禄。

【译文】

孔子说："君子要谋求道而不要谋求食。种地，常常会挨饿；学习，就会得到官禄。君子忧虑道能不能实行，而不忧虑是否贫穷。"

【解读】

孔子认为，君子念念不忘的不是生活用具，而是礼仪道德、典章制度等精神形态的社会正义。在现代多元化的社会中，我们的选择多了起来，这种时候我们更应该找准自己的定位，努力坚持走下去，相信我们每个人都会有属于自己的成功之路。

宋·朱熹："学至于仁，则善有诸己而大本立矣。莅之不庄，动之不以礼，乃其气禀学问之小疵，然亦非尽善之道也。故夫子历言之，使知德愈全则责愈备，不可以为小节而忽之也。"

明·张居正："容貌端严叫作庄。莅字，解作临字。动是鼓舞作兴的意思。道合内外，兼本末，有一边，不可缺一边，而德愈全，则责愈备；进一步，更当深一步。体道之功，庸可以自足乎哉！"

子曰："知及之[1]，仁不能守之；虽得之，必失之；知及之，仁能守之，不庄以莅[2]之，则民不敬。知及之，仁能守之，庄以莅之，动之不以礼，未善也。"

【注释】

[1] 知及之：知，同"智"。之，一说是指百姓，一说是指国家。此处我们认为指禄位和国家天下。

[2] 莅：临、到的意思。

【译文】

孔子说："智慧所能得到的，却不能靠仁德守住它；即使得到了，也一定会失去。智慧所能得到的，靠仁德又能守住它。不以庄严的态度面临百姓，百姓则不会敬重你。智慧所能得到的，仁德又能守住它，以庄严的态度面对百姓，假如不以礼义治理国家，也是不完善的。"

【解读】

在这里，孔子把仁德的重要性提到非常高的地位，甚至认为仁德是万事的主宰物。我们在做人做事的过程中，要合理科学地对待聪明才智与仁德礼义，否则我们历尽千辛万苦而追求的目标很有可能会在一瞬间全部消失。

子曰："君子不可小知[1]而可大受[2]也，小人不可大受而可小知也。"

宋·朱熹："盖君子于细事未必可观，而材德足以任重；小人虽器量浅狭，而未必无一长可取。"

【注释】

[1] 小知：知，作为的意思，做小事情。
[2] 大受：受，责任，使命的意思，承担大任。

【译文】

孔子说："君子不能让他们做那些小事，但可以让他们承担重大的使命。小人

明·张居正：“夫君子小人，才各有能有不能，则辨别固不可不精；而用各有适有不适，则任使尤不可不当矣，但大受之器厚重而难窥，小知之才便捷而易见，自非端好尚识治体则断断大臣。或以无他技而见疏，碌碌庸人，或以小有才而取宠，而蠹国偾事，有不可胜言者矣。欲鉴别人才者，必先有穷理正心之功焉。”

不能让他们承担重大的使命，但可以让他们做那些小事。”

【解读】

孔子所说的，就是一个大智慧与小聪明的问题。真正有才华的君子，不计小节，为人胸怀大气，即使遇到一些暂时的挫折，也能扛得起。所以，大凡这样能屈能伸的人，都会取得相应的成功。所谓“寸有所长，尺有所短”，任何一个人不可能所有的事情都做得比别人好。才气纵横、心比天高的君子，做起平凡琐屑小事情，未必比一般人做得好，但却可以承担普通人无法担负的责任。

宋·朱熹：“民之于水火，所赖以生，不可一日无。其于仁也亦然。但水火外物，而仁在己。无水火，不过害人之身，而不仁则失其心。是仁有甚于水火，而尤不可以一日无者也。况水火或有时而杀人，仁则未尝杀人，亦何惮而不为哉？”

明·张居正：“夫仁至切于人，而又无害于人，人亦何惮而不为乎？孔子此言，所以勉人之为仁者至矣！”

子曰：“民之于仁也，甚于水火。水火，吾见蹈而[1]死者矣，未见蹈仁而死者也。”

【注释】

[1] 而：连词，此处表顺承关系。

【译文】

孔子说：“人民对仁德的需要，超过了对水火的需要。水火，我看见进入水火中而死的人，却从没见过履行仁德而死的人。”

【解读】

孔子把老百姓对仁爱的需要做了比喻，认为民众有死于洪水烈火之中的，但没有为实践仁德而死的。就强调人的精神需求、人的社会属性方面而言，的确可以说老百姓对仁的需求超过了对水与火的需求。至于说到“杀身成仁”，那也不是“仁”本身杀人，而是为了“仁”自愿献出自己的生命，这不能归罪于“仁”本身。所以，“仁”是人类真正的朋友，也是老百姓的精神支柱。

子曰：“当仁，不让于师。”[1]

宋·程颢、程颐：“为仁在己，无所与逊。若善名为外，则不可不逊。”

【注释】

[1] 这里把“仁”作为衡量一切是非善恶的最高标准。

宋·朱熹：“虽师亦无所逊，言当勇往而必为也。盖仁者，人所自有而自为之，非有争也，何逊之有？”

【译文】

孔子说：“在仁德面前，就是自己的老师也不能谦让。”

【解读】

孔子说的这句话，又包含两个方面的意思。一是，当自己的意见和老师的意见发生分歧时，应该坚持自己正确的看法。另一个意思是说，只要是行仁义的事，就要积极主动上前，而不要谦让于其他的人。在中国，老师承担传播真理的伟大使命。但谁都不能代表真理，老师讲的也不一定都是真理；真理高于一切，每一个人都必须通过自己的理性去领悟真理。

宋·朱熹："贞，正而固也。谅，则不择是非而必于信。"

明·张居正："贞而不谅，此君子之所以异乎人，而疑似之间，学者可不深辨乎？"

子曰："君子贞[1]而不谅[2]。"

【注释】

[1] 贞：一说是"正"的意思，一说是"大信"的意思。这里选用"正"的说法。

[2] 谅：信，守信用。

【译文】

孔子说："君子有坚定的性格但不固执。"

【解读】

君子守大信，不守小信。这里的"贞"就是大信，"谅"就是小信。所以，随机应变，与物迁移，不固守一端，不顽固一辞。万事万物都在兴衰生灭，沉浮起伏，一种原则、规律或规范都有光阴、地点和条件的限制。当我们遇到问题、屡战屡败的时候，不妨通达一些，换个角度去想一想，这条路，真的是为我而准备的吗？

宋·朱熹："君子之仕也，有官守者修其职，有言责者尽其忠。皆以敬吾之事而已，不可先有求禄之心也。"

子曰："事君，敬其事而后其食[1]。"

【注释】

[1] 食：食禄，俸禄。

【译文】

孔子说："侍奉君主，要恭敬地做事然后再想着俸禄。"

【解读】

很多人都是在和别人攀比收入，却从来没有去考虑自己做事的多少。难道我们的工作就只是为了工资吗？也许你现在的收入低，但如果你在现在的低收入岗位积累了足够的经验，达到了一定的高度之后就必定会获得丰厚的待遇，那么以后你一定能够得到丰美的食物。

明·张居正：“必须一心敬谨，办理所管的事务。如有官守者，则兢兢焉思以尽其职；有言责者，则兢兢焉思以效其忠。惟求职业之无忝，委托之不负而已。至于所食之常禄，则不必以是为先，而汲汲以图之也。”

子曰：“有教无类。”

宋·朱熹：“人性皆善，而其类有善恶之殊者，气习之染也。故君子有教，则人皆可以复于善，而不当复论其类之恶矣。”

【译文】

孔子说：“教育人不分任何类别。”

【解读】

“有教无类”的本义是不分贵族和平民，也不分国界，只要有心向学，都可以入学受教。据史料记载，孔子的弟子中有商人，甚至还有强盗。好的教育就可以使不同的人都趋向于善。我们不应该因为某人表现出恶的倾向而不对他施教。为人师长者，在面对学生时，更应该做到一视同仁，因材施教。我们也有理由相信，每个人都有成功的潜能，合理地挖掘是帮助他们成才的必要条件。

明·张居正：“类，是等类。孔子说：‘人性虽同，而气禀或异。其中有智的，有愚的；有贤的，有不肖的，种种不齐。然君子之心，惟欲使人人皆复于善而后已。’智的、愚的、贤的、不肖的，都是一般样教训化导他，何尝分别等类，而有所拣择于其间哉？盖天地无弃物，圣人无弃人，故尧舜之世，比屋可封；文武之民，遍为尔德，亦有教无类之一验也。”

子曰："道[1]不同，不相为谋。"

宋·朱熹："不同，如善恶邪正之异。"

明·张居正："谋，是谋议。孔子说：'人必道同而后其心同，心同而后可与谋议。若各人行的道路不同，则心术异趣，意见相反，与之商量计议，必乖违而阻格矣，是岂可相与为谋哉？'凡图议国事，与讲明学术者，皆不可以不慎矣。"

【注释】

[1] 道：此处指彼此的主张。

【译文】

孔子说："主张不同，不能在一起相互谋事。"

【解读】

本章中的"道"，外延较广，既指人生志向，也指思想观念、学术主张等。圣贤之人不屑与小人同道相谋，圣人之间因为禀赋不同、志向不同，也难于共成大事。换句话说就是，君子与小人共事必败，君子与君子共事亦未必不败。原因何在呢？就是因为意见不同。想要成就大事，就必须寻找志同道合的同伴。相互之间能够和谐相处，共同谋划，才不会因为意见不同而半途而废。

子曰："辞达而已矣。"[1]

宋·朱熹："辞，取达意而止，不以富丽为工。"

明·张居正："是时周末文胜，真意日漓，故孔子言此以救其弊也。"

【注释】

[1] 此句强调言辞以表达意思为目的，反对雕琢浮夸的花言巧语。

【译文】

孔子说："言辞只要能表达意思就可以了。"

【解读】

"辞达而已矣"，意思就是说话只要能恰当地表达自己的思想和内容就行了。与人交流的时候看我们如何通过这些词语、这种结构来准确无误地表达我们心里的意思。我们在与他人的交流中，既需要听，也需要表达。话说出来，一是要能清楚表达自己的想法，二是要能说服对方接受自己的想法，三是即便对方不同意，也不会产生反感，这就达到了沟通的效果。

师冕[1]见，及阶，子曰："阶也。"及席，子曰："席也。"皆坐，子告之曰："某在斯，某在斯。"师冕出，子张问曰："与师言之，道与？"子曰："然，固相[2]师之道也。"

宋·朱熹："古者瞽必有相，其道如此。盖圣人于此，非作意而为之，但尽其道而已。"

明·张居正："古时乐师多用瞽者，以其听专能审音也。圣人矜不成人之情动于中，故扶持教导之宜详于外，乃其盛德之至，自然而然。岂作意而为之哉？而其范围曲成，欲使天下无一物不得其所之心，于此亦可见矣。"

【注释】

[1] 师冕：乐师，这位乐师的名字是冕。
[2] 相：帮助。

【译文】

盲人乐师冕来见孔子，走到台阶前，孔子说："这是台阶。"走到座席前，孔子说："这是座席。"大家坐下以后，孔子告诉乐师冕说：“某人在这里，某人在这里。”乐师冕出去以后，子张问道：“这是同乐师谈话的方式吗？”孔子说：“是的，这本来是帮助乐师的方式。”

【解读】

孔子接待盲乐师，礼节细致周到，反映了他“君子以诚相待”的态度，同时也通过言传身教给弟子们上了一堂礼仪之课。在这个知识经济时代，常常有很多人看到贵人则知敬，看到弱者往往不能以礼相待，始终受功利思想操纵而不自觉。所以，时时刻刻注意处事待人的礼仪，不仅对我们自身修养的形成非常重要，对社会风气的形成也非常重要。

季氏篇第十六

季氏将伐颛臾[1]。冉有、季路见于孔子曰："季氏将有事[2]于颛臾。"孔子曰："求！无乃尔是过与？夫颛臾，昔者先王以为东蒙主[3]，且在城邦之中矣，是社稷之臣也。何以伐为？"冉有曰："夫子欲之，吾二臣者皆不欲也。"孔子曰："求！周任[4]有言曰：'陈力就列[5]，不能者止。'危而不持，颠而不扶，则将焉用彼相[6]矣？且尔言过矣，虎兕[7]出于柙[8]，龟玉毁于椟[9]中，是谁之过与？"冉有曰："今夫颛臾，固而近于费[10]。今不取，后世必为子孙忧。"孔子曰："求！君子疾夫舍曰欲之而必为之辞。丘也闻有国有家者，不患寡而患不均，不患贫而患不安[11]。盖均无贫，和无寡，安无倾。夫如是，故远人不服，则修文德以来之。既来之，则安之。今由与求也，相夫子，远人不服而不能来也，邦分崩离析而不能守也；而谋动干戈于邦内。吾恐季孙之忧，不在颛臾，而在萧墙[12]之内也。"

明·张居正："是时鲁国公室四分，家臣屡叛。所以说邦分崩离析。萧墙，是门内的屏墙，言其近也。"又注："夫子此章，反复论辩，虽明正门人长恶之罪，实阴折季氏不臣之心，所以强公室、杜私门者，意独至矣。"

【注释】

[1] 颛臾（zhuān yú）：鲁国的附属国，在今山东省费县西。
[2] 有事：指有军事行动，用兵作战。
[3] 东蒙主：东蒙，蒙山。主，主持祭祀的人。主持祭祀蒙山的人。
[4] 周任：人名，周代史官。
[5] 陈力就列：陈力，发挥能力，按才能担任适当的职务。
[6] 相：搀扶盲人的人叫相，这里是辅助的意思。
[7] 兕（sì）：雌性犀牛。
[8] 柙：用以关押野兽的木笼。
[9] 椟：匣子。
[10] 费：季氏的采邑。
[11] 贫、寡：可能有错误，应为寡、贫。
[12] 萧墙：照壁屏风。这里指宫廷之内。

【译文】

季氏将要讨伐颛臾。冉有、季路来见孔子说："季氏将要对颛臾使用兵力。"孔子说："冉求！难道这不该责备你吗？颛臾，先王曾封它为东蒙山主持祭祀的，而且又在鲁国境域之内，是守卫社稷的臣啊！为什么要去讨伐它呢？"冉有说："季氏要这么做，我们两个人不愿意这样做啊！"孔子说："冉求，古代史官周任有一句话说：'能施展自己能力就在位上，不能的就辞职。'国家倾危而不能相持，颠覆而不能扶正，那还用你们这些辅佐的人干什么呢？况且你的话本身就错了，老虎和犀牛从槛里跑出来，龟甲和美玉毁坏在匣子里，是谁的过错？"冉有说："如今颛臾，城墙坚固而又离费邑很近。现在不攻取它，必定为后代子孙留下祸患。"孔子说："冉求，君子痛恨那种不肯实说自己想要那样做而一定要另找托辞来为之辩解的作法。我听说治理国家和治理封地的人，不担忧人少而担忧不平均，不担忧贫穷而担忧不安定。

人人均等便没有贫穷，和平安定便不觉得人少，国家平定便没有倾危。如果能做到这样，远方的人还不归服，就用修正礼乐仁德来招致他们。他们已经来了，就安抚他们。如今冉求和仲由，辅佐季孙，颛臾不能归服也不能招致来，国家分裂而又不能守卫，却想在国境内使用武力，我担心季孙的忧患不在颛臾，而在自己家的宫墙之内了。”

【解读】

季氏将要去讨伐颛臾，孔子的两个学生冉求和子路向孔子报告这件事情。在孔子看来，冉求的说辞毫无逻辑，一针见血地批判他说，君子最厌恶心里想要做这件事嘴上还要找各种借口来掩饰的人。点明了这种推卸责任、强词夺理的行为，不是君子之为。现代社会，仍然有很多人善于编造理由推卸责任。面对这种人，我们要提防小心，并且引以为戒，时刻警醒自己千万不要学这样的人，去做这样的事。

孔子曰：“天下有道，则礼乐征伐自天子出；天下无道，则礼乐征伐自诸侯出。自诸侯出，盖十世希不失矣；自大夫出，五世希不失矣；陪臣执国命，三世希不失矣。天下有道，则政不在大夫。天下有道，则庶人不议。”[1]

宋·朱熹：“先王之制，诸侯不得变礼乐，专征伐。陪臣，家臣也。逆理愈甚，则其失之愈速。大约世数，不过如此。言不得专政。上无失政，则下无私议。非箝其口使不敢言也。此章通论天下之势。”

明·张居正:“考春秋之时，五伯迭兴，世主夏盟，是政自诸侯出矣；六卿专晋，三家分鲁，是政自大夫出矣，阳虎作乱，囚逐其主，是陪臣执国命矣。周天子从拥虚名，政教号令，不及于天下久矣。夫子言此，盖伤之也。然则人君威福之权，岂可使一日不在朝廷之上哉？”

【注释】

[1] 孔子对“天下无道”的情况极为不满，希望回到“天下有道”的时代，那样就会政治清明，百姓相安无事。

【译文】

孔子说：“天下政治清明，礼乐征伐的诏令都出自于天子；天下政治昏暗时，礼乐征伐的命令都出自于诸侯。出自于诸侯，大概十代之内很少有国家不垮台的；出自于大夫，五代之内很少有国家不垮台的；由大夫的家臣执掌国家政权，三代之内很少不失去政权的。天下政治清明，那么政权就不会掌握在大夫的手中。天下政治清明，那么百姓就不会对国家政事议论纷纷了。”

【解读】

天下政治清明，君是君，臣是臣，君臣有礼，社会稳定，百姓也安居乐业。天下政治昏暗、世风日下，君不是君，臣不是臣，这样的国家必定动乱不安，百姓也恐慌遭殃。政权从天子下落到诸侯，再由诸侯下落到大夫，甚至不断下落至大夫的家臣，这是一个中央集权旁落的演变过程。并且这样的演变斗争越来越激烈。

孔子曰："禄之去公室五世[1]矣，政逮[2]于大夫四世[3]矣，故夫三桓[4]之子孙微矣。"

宋·朱熹："此章专论鲁事，疑与前章皆定公时语。"

明·张居正："夫政逮于大夫，宜大夫之强也，而三桓以微，可见名分不可以僭逾，大权不可以窃据，而以僭逆得之者，终当以僭逆失之耳。"

【注释】

[1] 五世：指鲁国宣公、成公、襄公、昭公、定公五世。

[2] 逮：及。

[3] 四世：指季孙氏文子、武子、平子、桓子四世。

[4] 三桓：鲁国仲孙、叔孙、季孙都出于鲁桓公，所以叫三桓。

【译文】

孔子说："鲁君失去国家政权已经五代了，政权到大夫手里已经四代了，所以桓公的三房子孙也该衰微了。"

【解读】

本章同前章意思相近，孔子通过观察鲁国的政局变化，说明权臣当国，必然导致中央集权衰落。权力旁落，国家危亡在即，家族也面临被倾覆的危险，这显然是"天下无道"的表现。孔子基于他的以礼治国的思想，希望回到"天下有道"的时代。

孔子曰："益者三友，损者三友。友直，友谅[1]，友多闻，益矣。友便辟[2]，友善柔[3]，友便佞[4]，损矣。"

宋·朱熹："友直，则闻其过。友谅，则进于诚。友多闻，则进于明。便，习熟也。便辟，谓习于威仪而不直。善柔，谓工于媚悦而不谅。便佞，谓习于口语，而无闻见之实。三者损益，正相反也。"

明·张居正："与不正人居，声色狗马之是娱，阿谀逢迎以为悦，亦所谓损友也。养德者可不辨哉？"

【注释】

[1] 谅：诚信，信实。

[2] 便辟：惯于走邪道，谄媚逢迎，主要指举止行为方面。

[3] 善柔：善于和颜悦色骗人，即当面恭维，背后诽谤。

[4] 便佞：惯于花言巧语。

【译文】

孔子说："有益的朋友有三种，有害的朋友也有三种。与正直的人交朋友，与诚信的人交朋友，与知识广博的人交朋友，是有益的。与谄媚逢迎的人交朋友，与表面奉承而背后诽谤人的人交朋友，与善于花言巧语的人交朋友，是有害的。"

【解读】

孔子说益友有三种，损友也有三种。我们要与正直的人交朋友，与诚信的人交朋友，与知识广博的人交朋友，这三种人是对我们有益的朋友。近朱者赤近墨者黑，朋友的善恶对我们有着深刻而长远的影响，交友不慎就会贻误终生。我们在与人交往的过程中，要不断提高自己的辨别能力，端正自己的交友目的，分清善恶，亲近益友，远离损友。

孔子曰："益者三乐，损者三乐。乐节礼乐[1]，乐道人之善，乐多贤友，益矣。乐骄乐[2]，乐佚[3]游，乐晏乐[4]，损矣。”

宋·朱熹：“骄乐，则侈肆而不知节。佚游，则惰慢而恶闻善。宴乐，则淫溺而狎小人。三者损益，亦相反也。”

明·张居正：“孔子此言，其警人之意切矣。”

【注释】

[1] 节礼乐：孔子主张用礼乐来节制人。
[2] 骄乐：骄纵不知节制的乐。
[3] 佚：同“逸”。
[4] 晏乐：沉溺于宴饮取乐。

【译文】

孔子说：“有益的快乐有三种，有害的快乐也有三种。以节制礼乐为快乐，以宣扬别人的优点为快乐，以广交贤良的朋友为快乐，是有益的快乐。以骄恣淫乐为快乐，以放荡无度为快乐，以宴玩荒淫为快乐，是有害的快乐。”

【解读】

现代社会，一些人喜欢流连于灯红酒绿之中，寻求视觉的冲击和感官的刺激，放纵自己以此为乐。这样的快乐是短暂的，也是有百害而无一利的。因此，我们不能一味放纵而要积极进取，把精力和时间花费在健康高尚的乐趣上，使自己的灵魂在有益的快乐中得以升华。

孔子曰：“侍于君子有三愆[1]：言未及之而言谓之躁，言及之而不言谓之隐，未见颜色而言谓之瞽[2]。”

宋·朱熹：“君子，有德位之通称。愆，过也。瞽，无目，不能察言观色。”

明·张居正："此皆心失其养，故语默失宜，招尤致辱，皆由于此。学者可不加养心之功，以为慎言之地哉？"

【注释】

[1] 愆（qiān）：过失的意思。

[2] 瞽（gǔ）：盲人。

【译文】

孔子说："服侍君子陪他说话容易犯三种错误，不应该说的时候却先说了这叫急躁，该说话的时候而不说这叫做隐瞒，不看君子的脸色而随意说话这叫做瞎子。"

【解读】

孔子在本章指出了我们与君子说话交谈时常犯的三个错误：不等对方张口就急于回答，显得急躁、鲁莽、爱出风头；对方问了却闷口不答，让人感觉有所隐瞒，毫不坦诚；交谈时只顾自己说而不观察对方的脸色，像是瞎子不顾别人感受。别人不问的不说，别人问了的一定要给予回答，不能莽撞急躁也不能沉默不语。要学会观察别人的表情变化，把握说话的时机。

宋·朱熹："血气，形之所待以生者，血阴而气阳也。得，贪得也。随时知戒，以理胜之，则不为血气所使也。"

明·张居正："其实自天子以至于庶人，从少至老，皆当以三者为戒也，修己者可不警哉？"

孔子曰："君子有三戒：少之时，血气未定，戒之在色；及其壮也，血气方刚，戒之在斗；及其老也，血气既衰，戒之在得。"[1]

【注释】

[1] 这是孔子对人从少年到老年这一生需注意的问题作出的忠告。

【译文】

孔子说："君子要戒备三件事：年轻时，血气未定，要戒女色；到了壮年，血气方刚，要戒争斗。到了老年，血气已经衰弱，要戒贪得无厌。"

【解读】

现在很多青少年沉迷于黄色读物和影像制品，这对他们的身心健康产生了十分不利的影响。圣人所谓的"斗"，还包括精神层面的争强好胜。很多贪污腐败案件的调查结果显示，其当事人很多都是即将退休的老干部，这是因为他们感觉自己马上要离任了，权力马上要转交，所以趁没退休之前赶紧捞一把。还有的老年人因为自己身体渐衰，担心子女不孝，害怕没有足够的钱财养老送终，而变得小气吝啬。所以，圣人告诫老年人要戒贪。

孔子曰："君子有三畏：畏天命，畏大人[1]，畏圣人之言。小人不知[2]天命而不畏也，狎大人，侮圣人之言。"

宋·朱熹："不知天命，故不识义理，而无所忌惮如此。"

明·张居正："盖人之所以勉于为善而不敢为恶者，只因有个天理的念头在心，所以凡事点检，不敢妄为，若天理之心不存，则骄淫放逸，将何所不至乎？"

【注释】

[1] 大人：指有修养有地位的人。
[2] 知：懂得。

【译文】

孔子说："君子应该有三种畏惧：畏惧天命，畏惧身居高位的人，畏惧圣人的言论。小人因不懂得天命而无畏惧，轻侮大人，蔑视圣人的言论。”

【解读】

孔子认为君子处事应该心存敬畏，这样才能约束自己，警醒自己不犯错误。而小人因为不懂得天命而无所畏惧，从而肆无忌惮，为所欲为。能感知生命的力量，心中感到有寄托有快乐。一旦人没有了这些敬畏，没有信仰没有寄托，就会无视法律法规，恣意妄为，不学无术，从而变成一个堕落又危险的人。

孔子曰：“生而知之者，上也；学而知之者，次也；困[1]而学之，又其次也；困而不学，民斯为下矣。”

宋·朱熹：“困，谓有所不通。言人之气质不同，大约有此四等。”

明·张居正：“不知务学以求通，这等昏愚蠢浊的人，虽圣贤与居，亦不能化，终归于凡庸而已，所以说民斯为下矣。’”

【注释】

[1] 困：这里指遇到困难、遇到问题。

【译文】

孔子说：“生来就知道的人是上等人；通过学习知道的是第二等的；遇到问题才学习的人，是又次一等的；遇到问题仍不学习的人是最下等的。”

【解读】

人的智力水平高低是与生俱来的，我们无法选择也无法控制，但是我们任何一个人都可以通过后天的努力来弥补先天的不足。如果后天不勤奋刻苦，即使是天赋再好也无济于事；知识的学习，品行的修养，都离不开我们日积月累的积极进取。俗话说：艺多不压人。学无止境，我们掌握了一门知识，还有其他的知识在等待我们钻研学习。凡事有备无患，积累的知识越多对我们越有利，不要平时不学无术，等到需要知识的时候悔恨晚矣。

孔子曰："君子有九思：视思明，听思聪，色思温，貌思恭，言思忠，事思敬，疑思问，忿思难，见得思义。"[1]

明·张居正："此九思者，其本在心，若能存养此心，使之湛然虚明，澄然宁静，则应事接物，自然当理。不然，本原之地，妄念夹杂，虽有所思，安能胜其物交之引哉？此正心诚意所以为修身之本也。"

【注释】

[1] 孔子所谈"九思"把人的言行举止各方面都考虑到了。所有这些都是孔子关于道德修养学说的组成部分。

【译文】

孔子说："君子有九件事要认真考虑：看的时候要考虑是否明白，听的时候要考虑是否清楚，脸色要考虑是否温和，容止要考虑是否谦恭，语言要考虑是否忠诚，做事要考虑是否谨慎，有疑问要考虑如何向人请教，心里不平时要考虑会有什么后患，得到利益时要考虑是否符合道义。"

【解读】

孔子通过观察人的言行举止各个方面得出"君子有九思"的论断，他告诫我们要想成为君子就要做到以下九点：看事情要看得明白，听事情要听得清楚，要学会看人脸色，容貌要谦卑，说话要忠诚，做事要谨慎，请教别人要注意方式，发怒之前先考虑后果，获取利益要符合道义。这九点是儒家关于道德修养学说的重要组成部分。

宋·朱熹："真知善恶而诚好恶之，颜、曾、闵、冉之徒，盖能之矣。求其志，守其所达之道也。达其道，行其所求之志也。盖惟伊尹、太公之流，可以当之。当时若颜子，亦庶乎此。然隐而未见，又不幸而蚤死，故夫子云然。"

子曰："见善如不及[1]，见不善如探汤[2]。吾见其人矣，吾闻其语矣。隐居以求其志，行义以达其道。吾闻其语矣，未见其人也。"

【注释】

[1] 及：赶得上。

[2] 汤：指热水、沸水。

【译文】

孔子说："见到善良的行为就好像赶不上一样去努力追赶，见到不良行为就好比把手伸到沸水中要极力避开。我见过这样的人，也听过这样的话。隐居避世来保全自己的节操，按照礼义行事来达到自己所主张的道。我听过这样的话，却没见过这样的人。"

【解读】

隐居求其志、行义以达其道。前者关键在于自己，只要积极发挥主观能动性，自己管住自己的行为就可以达到。后者除了主观愿望跟努力外，还需要适当的客观条件和良好的形势机遇。有些人经常说自己不看重功名利禄，但是一旦他有机会飞黄腾达，就立刻变得神采奕奕，唯利是图。面对物质诱惑，现代人就连独善其身都难以做到，更别说“隐居以求其志，行义以达其道”了，这实在值得我们深思。

齐景公有马千驷[1]，死之日，民无德而称焉。伯夷叔齐饿于首阳之下，民到于今称之。其斯之谓与？

【注释】

[1] 千驷：驷，四匹马。古代用四匹马驾一辆车。千驷，即四千匹马。

【译文】

齐景公有四千匹马，可是他死的时候，却没有什么德行值得百姓称颂。伯夷和叔齐饿死在首阳山下，百姓直到今天还称赞他们的气节。人们就是这样评论他们吧？

【解读】

人生在世不过数十载，总要留下点能够被人称道的东西才不遗憾。可是我们没听说过谁因为家财万贯而被千代歌颂的。当然，如果我们能够有财又有德就更好了，那样我们可以用手里的物质财富帮助需要帮助的人，能够有经济基础去做公益事业，行善事。

宋·朱熹：“胡氏曰：‘程子以为第十二篇错简‘诚不以富，亦只以异’，当在此章之首。今详文势，似当在此句之上。言人之所称，不在于富，而在于异也。’愚谓此说近是，而章首当有孔子曰字，盖阙文耳。大抵此书后十篇多阙误。”

明·张居正：“自古君天下为天子者多矣，《书》《传》所载二帝、三王及汉、唐、宋英君明主，可传于后世者，亦不过十数君而已，其余皆湮灭无闻，而孔、颜以匹夫为百世之师，其他闾巷韦布之贱，以道德行谊闻于世者尤不可胜数也，然则人可徒恃其势位而不修德哉？”

但如果财富和品德不能同时具备的时候，我们还是选择高尚的品德吧！

宋·朱熹：“亢以私意窥圣人，疑必阴厚其子。事理通达，而心气和平，故能言。品节详明，而德性坚定，故能立。当独立之时，所闻不过如此，其无异闻可知。”

明·张居正：“陈亢始则疑其有私，终则喜其能远，不惟不知圣人待子之心，且不知圣人教人之法，陋亦甚矣。”

陈亢[1]问于伯鱼曰：“子亦有异闻[2]乎？”对曰：“未也。尝独立，鲤趋而过庭。曰：‘学诗乎？’对曰：‘未也’。‘不学诗，无以言。’鲤退而学诗。他日又独立，鲤趋而过庭。曰：‘学礼乎？’对曰：‘未也’。‘不学礼，无以立。’鲤退而学礼。闻斯二者。”陈亢退而喜曰：“问一得三：闻诗，闻礼，又闻君子之远[3]其子也。”

【注释】

[1] 陈亢：亢，即陈子禽，孔子的学生。
[2] 异闻：这里指不同于对其他学生所讲的内容，指特别的教导。
[3] 远：不亲近，不偏爱。

【译文】

陈子禽向孔子的儿子伯鱼问道：“你在老师那里听到有与别人不同的教诲吗？”伯鱼回答说：“没有啊。他曾自己站在那里，我快步从前庭经过。他问我：‘学诗了没有？’我说：‘没有。’他说：‘不学诗，就不懂得怎么说话。’我回去就马上学诗。还有一天，他又独自站在那里，我又从前庭经过，他说：‘学礼了吗？’我回答说：‘没有。’他说：‘不学礼，不能树立自己的德行。’我马上又学礼。我只听到这两件事。”陈子禽退出来以后高兴地说：“我问了一件事却有三点收获：知道了学诗的意义，知道了学礼的意义，又知道了君子并不偏爱他的儿子。”

【解读】

圣人关于“诗”与“礼”的教诲，直到今天仍然受用。无论社会制度怎么演变，人们生活怎样富足，仍旧不能不学“诗”与“礼”。在这个知识日新月异的时代，不学习文化知识不通晓做人的道理，怎么可能适应各种社交场合呢？如今社会虽然法律法规不断完善，但是如果人们不自觉不自律，不懂法律知识，社会仍然会不安定不和谐。所以，即便到了今天，我们也不能放松对“诗”与“礼”的学习，不能忘记圣人的谆谆教导。

邦君之妻，君称之曰“夫人”，夫人自称曰“小童”；邦人[1]称之曰“君夫人”，称诸异邦曰“寡小君”；异邦人[2]称之亦曰“君夫人”。

明·张居正：“邦君之妻，是诸侯的正妻。寡，是谦言寡德的意思。夫以邦君之妻，一称谓之间，截然不紊如此，名实之际，可不谨哉？”

【注释】

[1] 邦人：国内人民。

[2] 异邦人：异邦，指外国，别的国家。异邦人就是外国人。

【译文】

国君的妻子，国君称她为“夫人”，夫人自称为“小童”；国内的百姓称她为“君夫人”，在别国的人面前就称她为“寡小君”；别国的人也称她为“君夫人”。

【解读】

古代对国君之妻的称谓问题十分讲究，非常严格。邦君之妻就是国君的妻子，国君称她为夫人，她在国君面前称自己为小童，老百姓要称她为君夫人。外交场合，在外国人面前她又要称自己为寡小君。外国人要像国内的人一样称她为君夫人。这是古代的礼节。

阳货篇第十七

阳货[1]欲见孔子，孔子不见，归孔子豚[2]。孔子时其亡[3]也，而往拜之，遇诸涂[4]。谓孔子曰："来！予与尔言。"曰："怀其宝而迷其邦[5]，可谓仁乎？"曰："不可。""好从事而亟[6]失时，可谓知乎？"曰："不可。""日月逝矣，岁不我与[7]。"孔子曰："诺，吾将仕矣。"

宋·朱熹："阳货之欲见孔子，虽其善意，然不过欲使助己为乱耳。故孔子不见者，义也。其往拜者，礼也。必时其亡而往者，欲其称也。遇诸涂而不避者，不终绝也。随问而对者，理之直也。对而不辩者，言之孙而亦无所诎也。"

明·张居正："阳货所言，皆讥讽孔子的意思。不知夫子抱拯溺亨屯之志，本未尝怀宝失时，而亦非不欲仕也，但不仕于货耳。故直据理答之，不复与辩。盖圣人之待恶人，不激不随如此。"

【注释】

[1] 阳货：又叫阳虎，是季氏的家臣。

[2] 归孔子豚：归，赠送。豚，小猪。赠给孔子一只烹熟的小猪。

[3] 时其亡：等他外出的时候。

[4] 遇诸涂：涂，同"途"，道路。在路上遇到了他。

[5] 迷其邦：迷，使动用法，乱，使乱。听任国家混乱。

[6] 亟：屡次。

[7] 与：在一起，等待的意思。

【译文】

阳货想要见孔子，孔子不见，他送给孔子一头烹熟的乳猪。孔子趁他不在家时，便去他家拜谢，正巧在路上遇到了他。阳货对孔子说："你来，我有话对你说。"阳货说："胸怀本领却任凭国家混乱，可以称为仁人吗？"孔子说："不可以。"

阳货说："想做大事却多次错过机会，可以称为明智吗？"孔子说："不可以。"阳货说："时光流逝，岁月是不等人的。"孔子说："好吧，我准备去做官了。"

【解读】

阳货，又叫阳虎，是鲁国大夫季氏的家臣。春秋末年，中央集权衰落，权势下移，阳货曾经一度掌握了季氏家族的大权，甚至掌握了鲁国的大权。他为了发展自己的势力，想拉拢孔子给他做事，但孔子憎恶他这样的越礼篡权之人，不愿为他效力。不义之财不可取，不当的升官方式也令人不齿，我们不能为这样的机遇而违背道义，沾沾自喜。踏实认真地做好每一件事，让心灵感觉充实愉悦，这就是我们最大的收获。

子曰："性[1]相近也，习相远也。"

【注释】

[1] 性：指人的本性。

【译文】

孔子说："人的本性是相近的，只不过因为生活的环境不同而相差远了。"

【解读】

孔子认为人的本性是相近的，相差无几，只不过因为后天的生活习惯、所受教育、生

宋·程颢、程颐："此言气质之性。非言性之本也。若言其本，则性即是理，理无不善，孟子之言'性善'是也。何相近之有哉？"

宋·朱熹："此所谓性，兼气质而言者也。气质之性，固有美恶之不同矣。然以其初而言，则皆不甚相远也。但习于善则善，习于恶则恶，于是始相远耳。"

存环境等社会因素的不同造成了很大的区别。这就说明，人是可以通过教育塑造发生改变的。习分主动和被动，自己决定学好还是学坏属于主动，受环境影响潜移默化学好了或者学坏了则属于被动。孟母三迁就是为了给孟子选择一个好的成长环境。

子曰："唯上知与下愚不移[1]。"

【注释】

[1] 移：改变的意思。

【译文】

孔子说："只有最上等的聪明人和最下等的愚笨的人是不能改变的。"

【解读】

智慧与愚蠢本没有明显的界定，也并非上天注定，一切都受环境的影响。我们不能被动地适应环境，而是应该积极努力地改造环境，选择一个适合于自己学习发展的环境，努力向着善的方面进步。此外，智慧的高低与品德的好坏并非完全一致，善恶总在一念之间，所以不管聪明还是愚笨，我们都应该加强品行道德的修养。

宋·程颢、程颐："人性本善，有不可移者何也？语其性则皆善也，语其才则有下愚之不移。所谓下愚有二焉：自暴自弃也。人苟以善自治，则无不可移，虽昏愚之至，皆可渐磨而进也。惟自暴者拒之以不信，自弃者绝之以不为，虽圣人与居，不能化而入也，仲尼之所谓下愚也。然其质非必昏且愚也，往往强戾而才力有过人者，商辛是也。圣人以其自绝于善，谓之下愚，然考其归则诚愚也。"

明·张居正："世间极智之人，固不常有；极愚之人亦不多见。惟半清半浊，可善可恶者最多。此变化气质之功，在中人所不容已也。然尧舜犹谨微危之畿，汤武不废反身之学，虽圣人不敢以上智自恃如此。桀纣恃其才智，荒淫暴虐，拒谏饰非，卒与下愚同辙，岂不悖哉？故曰：'气质之用小，学问之功大。'"

宋·朱熹："子游所称，盖夫子之常言。言君子小人，皆不可以不学。故武城虽小，亦必教以礼乐。嘉子游之笃信，又以解门人之惑也。治有大小，而其治之必用礼乐，则其为道一也。但众人多不能用，而子游独行之。故夫子骤闻而深喜之，因反其言以戏之。而子游以正对，故复是其言，而自实其戏也。"

明·张居正："武城是邑名，在今山东兖州府地方。莞尔是小笑的模样。偃是子游的名。君子是有位的人。小人是细民。"

子之武城[1]，闻弦歌[2]之声。夫子莞尔而笑，曰："割鸡焉用牛刀？"子游对曰："昔者偃也闻诸夫子曰：'君子学道则爱人，小人学道则易使也。'"子曰："二三子！偃之言是也。前言戏之耳。"

【注释】

[1] 武城：鲁国的一个小城，当时子游是武城宰。

[2] 弦歌：弦，指琴瑟。以琴瑟伴奏歌唱。

【译文】

孔子到子游做城宰的武城，听到了弹瑟和唱歌的声音。孔子微微一笑说："杀鸡哪里用得着宰牛的刀？"子游回答说："以前我也听到老师说：'君子学道就有了仁爱之心，百姓学道则容易指挥。'"孔子说："你们这些学生，子游的话是对的，我刚才说的那些话是开玩笑啊！"

【解读】

孔子言外之意是赞扬子游德才兼备，完全可以治理国家，却如此大材小用只让他管辖一个小城镇。子游反驳孔子说，以前您说君子学道就会有仁爱之心，百姓学道则容易指挥，便于管理。圣人知道子游对自己的话理解有误，就回答说之前只不过是在开玩笑而已。礼乐要中正平和，用来节制约束我们的行为。我们听音乐，不仅要欣赏音乐的美妙，还要从中感悟出善。可是现代人要么爱听嘈杂动感的重金属，要么就爱听缠缠绵绵的小情歌，人们只享受其中的乐，而严重地忽视了礼，这是值得我们深思的问题。

公山弗扰[1]以费畔，召，子欲往。子路不悦，曰："末之也已[2]，何必公山氏之之也[3]。"子曰："夫召我者，而岂徒哉？如有用我者，吾其为东周乎[4]？"

宋·程颢、程颐："圣人以天下无不可有为之人，亦无不可改过之人，故欲往。然而终不往者，知其必不能改故也。"

宋·朱熹："道既不行，无所往矣，何必公山氏之往乎？"

【注释】

[1] 公山弗扰：人名，又称公山不狃，字子洩，是季氏的家臣。

[2] 末之也已：末，无。之，到、往。末之，无处去。已，止，算了。

[3] 之之也：第一个"之"字是助词，后一个"之"字是动词，去、到的意思。

[4] 吾其为东周乎：为东周，建造一个东方的周王朝，在东方复兴周礼。

【译文】

公山弗扰在费地兵变，召请孔子，孔子准备去。子路不高兴了，他说："没有地方就算了，为什么一定要到公山氏那里去呢？"孔子说："召我去的那个人，难道是白让我去吗？假如有人任用我，我不是可以使周代复兴吗？"

【解读】

公山弗扰在季桓子家里做家臣，与同为季氏家臣的阳货一起图谋叛乱。他派人邀请孔子前往费邑共图大事。孔子打算前往，想利用他们的矛盾来实现自己的政治主张。反映了孔子推行仁政的政治理想执著而又坚定。但是，如果孔子应邀前往费邑，就是支持为乱犯上的越礼行为，所以子路很不理解，对其加以阻拦。圣人便指出，他能够被任用的话就有机会复兴周礼，推行仁政了。可见，圣人心怀大志，想抓住机会以匡扶天下。

子张问仁于孔子。孔子曰："能行五者于天下为仁矣。""请问之。"曰："恭、宽、信、敏、惠。恭则不侮，宽则得众，信则人任焉，敏则有功，惠则足以使人。"

宋·朱熹："行是五者，则心存而理得矣。于天下，言无适而不然，犹所谓虽之夷狄不可弃者。五者之目，盖因子张所不足而言耳。任，倚仗也，又言其效如此。"

明·张居正："侮是侮慢。任是倚仗的意思。五者之效如此，汝能兼体而力行之，则天德流通，物我无间，而仁之体用皆备矣，可不勉哉？"

【译文】

子张向孔子问仁道。孔子说："能在天下实行五种品德的人就可以成为仁人了。"子张说："请问是哪五种品德呢？"孔子说："恭谨、宽厚、诚信、聪敏、慈惠。恭谨则不会遭侮辱，宽厚就能得到众人的拥护，诚信就能使人信任，聪敏就会有成绩，慈惠就可以差遣人。"

【解读】

孔子对仁有多种解释，但是万变不离其宗的就是一以贯之地爱人。这种爱是自觉的爱，发自内心的爱，是推己及人的爱。孔子所说的恭、宽、信、敏、惠五种美德，正是这种无私大爱的外在表现，既是为官从政的必备素养，又是我们待人接物的基本原则。只有具备了以上五种美德，才能畅行于天下，做一个堂堂正正的真君子。

佛肸[1]召，子欲往。子路曰："昔者由也闻诸夫子曰：'亲于其身为不善者，君子不入也。'佛肸以中牟[2]畔，子之往也，如之何？"子曰："然，有是言也。不曰坚乎，磨而不磷[3]；不曰白乎，涅[4]而不缁[5]。吾岂匏瓜[6]也哉？焉能系[7]而不食？"

宋·朱熹："子路恐佛肸之浼夫子，故问此以止夫子之行。亲，犹自也。不入，不入其党也。"

明·张居正："孔子前于公山之召，则以东周自期，此于佛肸之召，则以坚白自信，盖圣人道大德宏，故能化物而不为物所化。"

【注释】

[1] 佛肸：晋国大夫范氏的家臣，中牟城的地方官。
[2] 中牟：地名，在晋国，约在今天的河北邢台与邯郸之间。
[3] 磷：损伤。
[4] 涅：一种矿物质，可用作颜料染衣服。
[5] 缁：黑色。
[6] 匏瓜：葫芦中的一种，味苦而不能吃。
[7] 系：结，扣。

【译文】

佛肸召请孔子，孔子想去。子路说：“以前我听老师说：‘亲自做坏事的人那里，君子是不去的。’佛肸依凭中牟地方起兵叛乱，你却要到那里去，怎么可以呢？”孔子说：“对，我是说过这话。不是说坚硬的东西磨也磨不薄吗？不是说白色的东西染也染不黑吗？我怎能像匏瓜一样，只能挂在那里而不能吃呢？”

【解读】

前面谈到公山弗扰召请孔子前去共谋大事，孔子欲往，子路出面阻拦。本章又谈佛肸召请孔子，孔子想去时子路再次出面阻谏。子路之所以两次阻止孔子前去辅助叛乱之臣，就是担心坏了老师的声誉。而孔子表示，真正坚硬的东西磨也磨不薄，真正白色的东西染也染不黑。说明孔子认为真正的君子是不会被任何污浊的环境影响的，能够做到出淤泥而不染，时时处处保持高洁正直的美好品德。

子曰：“由也，女闻六言六蔽矣乎？”对曰：“未也。”“居[1]，吾语女。好仁不好学，其蔽也愚[2]；好知不好学，其蔽也荡[3]；好信不好学，其蔽也贼[4]；好直不好学，其蔽也绞[5]；好勇不好学，其蔽也乱；好刚不好学，其蔽也狂。”

宋·朱熹：“六言皆美德，然徒好之而不学以明其理，则各有所蔽。愚，若可陷可罔之类。荡，谓穷高极广而无所止。贼，谓伤害于物。勇者，刚之发。刚者，勇之体。狂，躁率也。”

明·张居正：“是以古之帝王不恃其聪明绝异之资，而必以讲学穷理为急，诚恐其流于过中失正而不自知也。”

【注释】

[1] 居：坐。
[2] 愚：作动词用，受人愚弄。
[3] 荡：放荡。好高骛远而没有根基。
[4] 贼：害。
[5] 绞：指说话尖酸刻薄。

【译文】

孔子说："仲由！你听说过六种美德与六种弊病吗？"仲由回答说："没有。"孔子说："你坐下，我告诉你。喜好仁德却不爱学问，它的弊端就是愚昧。喜好聪明却不爱学问，它的弊端就是放荡。喜好诚信而不爱学问，它的弊端就是被人利用而害了自己。喜好直率而不爱学问，它的弊端就是说话尖刻。喜好勇敢而不爱学问，它的弊端就是闯祸作乱。喜好刚强而不爱学问，它的弊端就是狂妄自大。"

【解读】

圣人反复强调学习对于完善德行的重要辅助作用，六种美德必须用学习来统摄，如果不学习，这六种美德就可能转变成六种弊病。由此可以看出学习真的非常重要。君子处处学习，不耻下问，四处拜师。人就应该活到老学到老，终生孜孜不倦学习知识。通过勤奋踏实的学习来克服自己的缺点与不足，逐渐完善自己的人生。

宋·朱熹："人伦之道，《诗》无不备，二者举重而言。其绪余又足以资多识。学《诗》之法，此章尽之。读是经者，所宜尽心也。"

明·张居正："兴是兴起。观是观感。群是群聚。怨是怨恨。诗之为教，不但学者所当诵习也，《关雎》《麟趾》为风化之原，《凫鹭》《既醉》乃太平之福。《天保》以上，所以治内；《采薇》以下，所以治外，王道莫备于斯矣，为人主者，亦不可以不究心焉。"

子曰："小子何莫学夫《诗》。《诗》，可以兴[1]，可以观[2]，可以群[3]，可以怨[4]。迩之事父，远之事君；多识于鸟兽草木之名。"

【注释】

[1] 兴：激发感情的意思。一说是诗的比兴。
[2] 观：观察了解天地万物与人间万象。
[3] 群：合群。
[4] 怨：讽谏上级，怨而不怒。

【译文】

孔子说："学生们为什么没有人学习《诗经》呢？诗，可以把人的意志、情感、艺术想象力激发出来；可以以此观察社会民俗与风情；可以教育感化人民，达到彼此和谐的作用；可以借此表达对时事政治的见解，达到针砭时弊的作用。所以，近可以以此侍奉父母，远可以以此侍奉君主，而且能从中多认识鸟兽草木的名称。"

【解读】

诗歌语言凝练，言简意赅，却最能表达人类的感情。它能够熏陶人们的性情，对百姓有教育感化的作用。诗歌中蕴含的真善美，为我们提供了向善求真的道德方向，给我们广阔的想象空间，能够创造性地激发人的内在感情。所以，我们应该多读好诗，提高自己认识社会认识自然的能力，也提升自己追求真善美的道德修养。

子谓伯鱼曰："女为《周南》《召南》[1] 矣乎？人而不为《周南》《召南》，其犹正墙面而立[2] 也与？"

宋·朱熹："《周南》《召南》，诗首篇名。所言皆修身齐家之事。正墙面而立，言即其至近之地，而一物无所见，一步不可行。"

明·张居正："《周南》之诗，自《关雎》以下，言文王后妃闺门之化行于南国也。《召南》之诗，自《鹊巢》以下，言南国诸侯夫人与大夫之妻皆被文王后妃之化而成德也。"

【注释】

[1]《周南》《召南》：是《诗经·国风》中的第一、二两部分的篇名。周南和召南都是地名。这是当地的民歌。

[2] 正墙面而立：面向墙壁站立着。

【译文】

孔子对伯鱼说："你研究过《周南》和《召南》这两首诗吗？人如果不研究《周南》和《召南》这两首诗，就好像面对墙壁站着而无法与人交谈呀！"

【解读】

孔子要求儿子伯鱼学习《周南》和《召南》两首诗，可能希望儿子能从中学到修身之道，从而处理好家庭关系。任何文艺作品都是它所处的那个时代的社会缩影，没有游离于社会之外的作品。所以，文艺对人民思想道德的引导功能不可小觑。作为社会成员的我们，在生活中要多接触高雅的文艺，远离那些低俗不堪的伪艺术，净化自己的心灵，杜绝不健康思想的侵害。

子曰："礼云礼云，玉帛云乎哉？乐云乐云，钟鼓[1] 云乎哉？"

宋·程颢、程颐：“礼只是一个序，乐只是一个和。只此两字，含蓄多少义理。天下无一物无礼乐。且如置此两椅，一不正，便是无序。无序便乖，乖便不和。又如盗贼至为不道，然亦有礼乐。盖必有总属，必相听顺，乃能为盗。不然，则叛乱无统，不能一日相聚而为盗也。礼乐无处无之，学者须要识得。”

明·张居正：“盖先王以礼乐教天下，皆本之和敬之实德，而发之于仪文节奏之间，后世徒事于文，而不求其本，故孔子叹之如此！”

【注释】

[1] 钟鼓：乐器。此处指钟鼓之类的乐器。

【译文】

孔子说：“所谓的礼啊，难道就是指玉帛等礼物而说的吗？所谓的乐啊，难道就是指钟鼓之类的乐器而说的吗？”

【解读】

孔子认为，精神内涵是礼乐的根本。所谓“礼”，并不只是物质往来的简单形式，玉帛等礼物只是表达内在情感的外在形式。如今礼成了教条化的礼貌行为，逢年过节走亲访友时，人们更多的是关心礼物是否豪华，唯恐礼轻了失面子，而丝毫没有重视内心是否诚敬；欣赏音乐时更是盲目追求感官刺激，完全忽视音乐的教化功能。这些行为对仁德的修养有害而无益。我们应该形式与内容并重，将礼乐的精神实质发扬光大。

子曰：“色厉而内荏[1]，譬诸小人，其犹穿窬[2]之盗也与？”

【注释】

[1] 色厉内荏：厉，威严。荏，虚弱。外表

严厉而内心柔弱。

[2] 窬（yú）：洞。

【译文】

孔子说："外表严厉而内心怯弱的人，以小人作比喻，就好像穿壁跳墙的小偷吧？"

【解读】

春秋末期，有些当权人物外表伪装得非常威严，内心却相当胆怯柔弱。他们装腔作势，表里不一，身居高位而欺世盗名。孔子对他们十分蔑视，将其比作爬墙挖洞的小偷。色厉内荏的人，时至今日仍然频繁出现在我们的生活之中。那些以权谋私、违法乱纪、欺世盗名的人，在罪行被揭发前，威风无比，俨然君子，可是一旦东窗事发就躲在阴暗角落里瑟瑟发抖，这确实跟穿壁跳墙的小偷一模一样。

宋·朱熹："荏，而审反。与，平声。厉，威严也。荏，柔弱也。小人，细民也。穿，穿壁。窬，逾墙。言其无实盗名，而常畏人知也。"

明·张居正："这等的人中实多欲，而貌与心违，譬之小人，就如盗窃一般。黑夜里剜墙凿壁偷了人家财物，外面却假装个良善的模样，惟恐人知，岂不可耻之甚哉？"

子曰："乡愿[1]，德之贼也。"

【注释】

[1] 乡愿：特指当时社会上那些不分是非、伪善欺世、表里不一、言行不一的伪君子。愿：是忠实，厚道的意思。

宋·朱熹："盖其同流合污以媚于世，故在乡人之中，独以愿称。夫子以其似德非德，而反乱乎德，故以为德之贼而深恶之。详见《孟子》末篇。"

明·张居正："盖行合乎道之中，事出乎理之正，这才叫作德，今乡愿不顾道理之是非，只图流俗之喜悦。人见他以此得人心、取声誉，便都慕效他，以是为德，而不复知有大中至正之道，其惑人心、坏风俗，岂不甚乎？所以说乡愿德之贼也。"

【译文】

孔子说："那些表里不一、言行不一的伪君子，就是败坏伦理道德的小人。"

【解读】

乡愿似德非德，善于取媚，精于取巧，不偏不倚，看上去公平公正，实际上首鼠两端，投机取巧，根本没有仁爱之心，颠倒黑白不明是非。可是又偏偏找不出他们的错误，想要责备却无从下手。所以，孔子对他们表现出极大的憎恶之情。现实生活中，我们也确实很容易对这样的人产生信任感。可是相处久了才发现，这类人遇事没有正义感，处世缺乏原则性，见风使舵，不辨是非。所以，我们应格外小心，将其拒之千里之外。

宋·朱熹："虽闻善言，不为己有，是自弃其德也。"

明·张居正："若有所闻而不体会于心，只把来放在口中谈论讲说，这是入耳出口之学。譬如道路上听了一句言语，就在途路上与人说了。如此，则虽闻善言，不过以资口说而已，何能有诸己哉？所以说德之弃也。'"

子曰："道[1]听而涂说，德之弃也。"

【注释】

[1] 道：名词作状语，在路上。

【译文】

孔子说："听到小道消息而四处传播，是背弃道德的行为。"

【解读】

从小道听来的传闻，没有事实依据，不足以取信；不加考证核实，就立刻随意传播出去，这是一种不负责任的违背道德准则的行为。只有那些胸无大志、心理不健康的小人喜欢搬弄是非，中伤他人，以传播闲言碎语为乐事。俗话说“流言止于智者”，学识渊博、知书达理的人很少有搬弄是非的，他们注重修养道德，从不盲目听信任何传言；遇事懂得深入分析，不轻易下结论，更不会随意传播听来的传闻。

子曰：“鄙夫可与事[1]君也与哉？其未得之也，患得之。既得之，患失之。苟[2]患失之，无所不至矣。”

【注释】

[1] 事：侍奉。
[2] 苟：如果。

【译文】

孔子说：“庸俗浅陋的人可以与他一起侍奉君主吗？功名利禄没有得到时，害怕得不到。得到了以后，又害怕失去。如果害怕失去，那就什么事都能干得出来了。”

【解读】

患得患失的小人令人厌恶，因为他们只

宋·朱熹：“小则吮痈舐痔，大则弑父与君，皆生于患失而已。”

明·张居正：“鄙夫是庸恶陋劣之人。患是忧患。君臣之义本无所逃，而忠君爱国之臣，亦鲜不以得君为念者，但忠臣志在得君，鄙夫志在得禄。忠臣得君，志在任事，鄙夫得君，志在窃权。心术之公私少异，而人品之忠奸顿殊，明主不可不察也。”

为自己打算，为了达到自己的欲望或者保住自己的某种利益总是不择手段，置他人和社会的利益于不顾。所以，孔子的言外之意是，君子不能同患得患失的庸俗浅陋之人共事。与其把时间和精力浪费在担心害怕上，还不如踏踏实实努力学习，用真正的才能换取和保住自己想要的东西。

子曰："古者民有三疾，今也或是之亡也。古之狂[1]也肆[2]，今之狂也荡[3]；古之矜也廉[4]，今之矜也忿戾[5]；古之愚也直，今之愚也诈而已矣。"

【注释】

[1] 狂：狂妄自大，愿望太高。
[2] 肆：放肆，不拘礼节。
[3] 荡：放荡，不守礼。
[4] 廉：不可触犯。
[5] 戾：火气太大，蛮横不讲理。

【译文】

孔子说："古代的百姓有三种毛病，现在有的连这三种毛病也没有了。古代的狂人是肆意直言，现在的狂人是放荡不羁；古代骄傲的人行为方正，不可触犯，现在骄傲的人容易愤怒而不讲理；古代的愚人梗直

宋·朱熹："气失其平则为疾，故气禀之偏者亦谓之疾。昔所谓疾，今亦无之，伤俗之益衰也。狂者，志愿太高。肆，谓不拘小节。荡则逾大闲矣。矜者，持守太严。廉，谓棱角稽厉。忿戾则至于争矣。愚者，暗昧不明。直，谓径行自遂。诈则挟私妄作矣。"

明·张居正："古者民有三疾，今也或是之亡也。夫子此言，盖深叹时习之偷，而望人以学问变化之功者至矣。"

坦率，现在的愚人却学会了欺骗装相了。”

【解读】

上古时期人们的“狂”“矜”“愚”虽然也是缺点毛病，但并没有达到让人无法接受的地步，而春秋时期人们的这三种毛病都变本加厉，变得令人难以忍受了。孔子认为上古时代狂、矜、愚三种人有肆、廉、直三种毛病，而到他所在的春秋时代则发展成了放荡、忿戾、狡诈，变得道德更加败坏。从春秋时代到现在，又过去了两三千年，这三种毛病不但没有改变，反而有增无减，到了令人无法理喻的地步。整个社会普遍缺失高尚与纯净。这就需要我们重视道德修养，将道德修养作为自己毕生坚持不懈的功课，从而用道德的力量惩治那些卑劣行为。

子曰：“巧言令色，鲜矣仁。”[1]

【注释】

[1] 本章系重出，请参见《学而篇》第3章。

【译文】

孔子说：“花言巧语，装模作样，这样的人很少有仁义之心。”

【解读】

本章系重出，请参见《学而篇》第3章。

宋·程颢、程颐：“知巧言令色之非仁，则知仁矣。”

宋·朱熹：“好其言，善其色，致饰于外，务以悦人，则人欲肆而本心之德亡矣。圣人辞不迫切，专言鲜，则绝无可知，学者所当深戒也。”

明·张居正："孔子此言，其意专恶利口之人，借紫与郑声为喻耳。从古至今，邪佞小人谗害正直，倾覆国家者不可悉数，如费无忌、江充之流，虽父子兄弟、骨肉至亲亦被其陷害，况臣下乎？是以，大舜疾谗说殄行。"

子曰："恶紫之夺朱也，恶[1]郑声之乱雅乐也，恶利口之覆邦家者。"

【注释】

[1] 恶，是厌恶、可恶、憎恶的意思。

【译文】

孔子说："我厌恶紫色，它夺去了红色的光彩；我厌恶郑国的俗乐，它破坏了和谐的雅乐；我厌恶伶牙俐齿倾覆国家的人。"

【解读】

孔子说他厌恶紫色夺去红色的光彩，厌恶郑声四起破坏雅乐的和谐，厌恶伶牙俐齿的人受重用颠覆国家。因为这些都是古代社会衰落动乱的表现，也是江山易主的先兆。孔子之所以憎恶这三件事，就是因为这些东西搅乱了人们的是非标准，歪斜了百姓的纯正思想。我们做事做人都要恪守正道，发扬纯正思想，提倡高尚的道德。在这个鱼目混珠的社会里，鞭策自己做一个正大光明、堂堂正正的正人君子，为社会风气的净化贡献一份自己的力量。

子曰："予欲[1]无言。"子贡[2]曰："子如不言，则小子何述焉？"子曰："天何言哉？四时行焉，百物生焉，天何言哉？"

【注释】

[1] 欲：想。

[2] 子贡：姓端木，名赐。是孔子弟子，擅长做生意，有“君子爱财，取之有道”之风。

【译文】

孔子说：“我不想说什么了。”子贡说：“你如果不说什么了，那我们还说什么呢？”孔子说：“天说什么了？一年四季运行不已，万物自然生长，天说什么了呢？”

宋·程颢、程颐：“孔子之道，譬如日星之明，犹患门人未能尽晓，故曰‘予欲无言’。若颜子则便默识，其他则未免疑问，故曰‘小子何述’。”又注：“‘天何言哉，四时行焉，百物生焉’，则可谓至明白矣。”

宋·朱熹：“此与前篇无隐之意相发，学者详之。”

【解读】

本章孔子运用类比法含蓄地为子贡说明了学习主要靠主观努力、靠自己的领悟和独立观察思考的道理。孔子认为天虽然沉默无语，无声无息，却操纵着四季轮回和万物的生生不息，并且还主宰着人间的生死祸福。以天不言不语作比，表明学习贵在思考领悟、独立分析。生活当中处处都有可学的东西。只要我们具备学习的自觉性，用心观察生活，就能从中悟出深刻的道理，那么人生到处是学问，我们时时刻刻都能学习。我们现代人除了注重语言的沟通外，还应该给自己一些独立思考的空间，这样才能得到更多的收获。

孺悲[1]欲见孔子，孔子辞以疾。将命者出户，取瑟而歌，使之闻之。

宋·程颢、程颐："此孟子所谓不屑之教诲，所以深教之也。"

宋·朱熹："孺悲，鲁人，尝学士丧礼于孔子。当是时必有以得罪者。故辞以疾，而又使知其非疾，以警教之也。"

【注释】

[1]孺悲：鲁国人，鲁哀公曾派他向孔子学礼。

【译文】

鲁国人孺悲要见孔子，孔子借口生病推脱了。传命的人刚出房门，孔子就取下瑟来弹唱，故意让孺悲听见。

【解读】

孺悲是鲁国人，鲁哀公曾派他去向孔子学礼，孔子不愿见孺悲，就以身体不适为借口打发他走，但是传话的人刚出门，孔子就弹瑟而歌，故意让孺悲知道自己是不想见他。圣人认为对孺悲不值得耳提面命、口授心传的教育方法，所以就根据他的自身情况以不屑之教教诲他。

宋·朱熹："初言女安则为之，绝之之辞。又发其不忍之端，以警其不察。而再言女安则为之以深责也。"

明·张居正："宰予不求先王制礼之意，而徒欲任情以为礼，故孔子责之如此！盖以垂教万世也。"

宰我问："三年之丧，期已久矣。君子三年不为礼，礼必坏；三年不为乐，乐必崩。旧谷既没，新谷既升，钻燧改火[1]，期[2]可已矣。"子曰："食夫稻[3]，衣夫锦，于女安乎？"曰："安。""女安则为之。夫君子之居丧，食旨[4]不甘，闻乐不乐，居处不安，故不为也。今女安，则为之！"宰我出，子曰：“予之不仁也！子生三年，然后免于父母之怀，夫三年之丧，天下之通丧也。予也有三年之爱于其父母乎？”

【注释】

[1] 钻燧改火：古人钻木取火，四季所用的木头不同，每年轮一遍，就叫改火。

[2] 期：一年。

[3] 食夫稻：古代北方很少种稻米，所以大米很珍贵。这里是说吃好的。

[4] 旨：甜美，指吃好的食物。

【译文】

宰我问孔子：“三年的守丧期，时间太久了。君子三年不学习礼仪，礼仪一定崩坏；三年不习音乐，音乐也一定崩坏。旧粮用完了，新粮又收成了，钻木取火木料更换经过了一个轮回，一年就可以了。”孔子说：“你吃着稻米，穿着锦缎，心里安宁吗？”宰我说：“安宁。”孔子说：“你心里安宁，那你就那样去做吧！君子守丧，吃美味不觉甘甜，听音乐不觉得快乐，住在家里不觉得舒适，所以君子不能像你那样做。如今你心里安宁，那你去做吧！”宰我走出去了。孔子说：“宰我不仁呀！孩子生下来三年，才能从父母的怀抱里脱离出来。为父母守孝三年，是天下公认的丧期，宰我也受过父母怀中的三年爱抚呀！”

【解读】

古代规定父母去世，子女要守丧三年，守丧是一种表现于外的孝行。但孔子认为“三年之丧”，不是一种外在的约束，也不是一种单纯的形式；而是出于子女内心之爱的情理；所以，他把原来强制性的规定，提升为基于生活的自觉理念。宰我却认为一年之内旧的生命结束，新的生命已经开始。所以，他建议守丧一年就可以了。孔子就问宰我父母去世，你却吃好的穿好的，这样做会心安理得吗？哪知宰我并不退让，毫不客气地回答说他心安。孔子见状，只能告诉宰我你觉得心安就请便吧。岁月流转到今天，由于各种条件的制约，我们已经不能守丧三年了，但是父母离世我们仍然要在精神上哀悼缅怀他们，以报父母养育之恩。

子曰："饱食终日[1]，无所用心，难矣哉！不有博弈者乎？为之，犹贤乎已。"

明·张居正："博是居戏。弈是围棋。贤是胜。已是止。孔子此言，非以博弈为可为，特甚言无所用心之不可耳。盖人之一心常运用斯常精明，是以尧舜兢业，大禹孜孜，文王日昃不遑暇食。古之圣人岂好为是焦劳哉？诚以心易放而难收，一念不谨，则庶事隳而天工旷，其关系治乱，非细故也。明主宜深省于斯。"

【注释】

[1] 终日：整天。

【译文】

孔子说："整天吃饱了饭，什么也不想，这种人太难办了！不是有掷骰子下棋的游戏吗？干点这个，也比闲着好啊！"

【解读】

孔子厌烦那些饱食终日、无所事事的人。肠肥脑满、无所用心的人不动脑筋，不爱学习，他们懈怠懒惰，很难有所成就。人如果不思考正事就容易想入非非，从而容易产生邪念而走歪路。孔子认为这些人不动脑筋去做正事，哪怕是玩掷骰子下棋之类的游戏也比闲着好。因为就算是下棋这样的游戏也可以开动脑筋，将心思用在怎么走棋上就没有多余的精力往邪门歪道上想了。人只要活着就不能无所事事碌碌无为，闲暇时刻也不能蹉跎时光，多读书或者参加一些有益健康的活动，人生就会变得五彩缤纷。

子路曰："君子尚[1]勇乎？"子曰："君子义以为上。君子有勇而无义为乱，小人有勇而无义为盗。"

宋·朱熹："君子为乱，小人为盗，皆以位而言者也。"

明·张居正："孔子因子路好勇而无所取裁，故深救其失如此！"

【注释】

[1] 尚：崇尚。

【译文】

子路说："君子崇尚勇敢吗？"孔子说："君子把义看做是最尊贵的。君子只有勇敢而不懂得义就会扰乱国家，小人只有勇敢而没有义就会成为盗贼。"

【解读】

子路生性好勇，所以向孔子请教君子是否崇尚"勇"的问题。孔子主张君子有勇，他认为君子应具备知、仁、勇三种美德。但是，孔子告诫我们"勇"要以"义"为前提，受到义的制约。君子有勇而无义就会挑起战乱，小人有勇而无义就会铤而走险。

符合道义的大勇为公众利益全力以赴，而不符合道义的小勇为一己私利偷窃抢劫。为人处世，应当以义为本。

子贡曰："君子亦有恶[1]乎？"子曰："有恶。恶称人之恶者，恶居下流[2]而讪[3]上者，恶勇而无礼者，恶果敢而窒[4]者。"曰："赐也亦有恶乎？""恶徼[5]以为知[6]者，恶不孙[7]以为勇者，恶讦[8]以为直者。"

宋·朱熹："称人恶，则无仁厚之意。下讪上，则无忠敬之心。勇无礼，则为乱。果而窒，则妄作。故夫子恶之。"

明·张居正："由此观之，圣贤所恶，虽有不同，而以忠顺长厚之道望天下，其意则一而已。盖天下之患，常始于轻薄恣睢之徒，横议凭陵，而纪纲风俗，遂因之以大坏。明主知其然，故务崇浑厚以塞排诋之端，揽权纲以消悖慢之气。故谗慝无所容，而凶人自伏也！审治体者宜辨之。"

【注释】

[1] 恶：厌恶的意思。
[2] 下流：指下等的，在下的。
[3] 讪：诽谤的意思。
[4] 窒：阻塞，不通事理，顽固不化。
[5] 徼（jiǎo）：窃取、抄袭的意思。
[6] 知：同"智"。
[7] 孙：同"逊"。
[8] 讦（jié）：攻击、揭发别人。

【译文】

子贡说："君子也有憎恶的事吗？"孔子说："有憎恶的事。憎恶总说别人不好的人，憎恶在下位却总毁谤在上者的人，憎恶只有勇敢而不懂得礼的人，憎恶做事倔强而不会变通的人。"孔子又说："赐你也有憎恶的事吗？"子贡说道："我憎恶窃取别人的成绩做为自己智慧的人，憎恶不谦逊却自以为自己勇敢的人，憎恶攻击别人的短处自以为自己直率的人。”

【解读】

我们常说“仁者爱人”，也许子贡就是因此而产生君子是否也憎恶人的疑问。圣人和子贡所憎恶的七类人在道德品质上都存在问题，他们都是不仁之人。而君子以修养仁德为毕生追求，所以，必然厌恶这些没有仁德的人。其实这正应了圣人曾说过的“唯仁者能好人，能恶人”。君子憎恶的这些人，在当今社会仍然频繁出现。自以为是，沽名钓誉，狂妄自大，极端偏执，窃取别人劳动果实……这些行为着实令人厌恶，真正的君子是不屑做这些事情的。

子曰：“唯女子与小人为难养也，近之则不孙，远之则怨。”[1]

宋·朱熹：“此小人，亦谓仆隶下人也。君子之于臣妾，庄以莅之，慈以畜之，则无二者之患矣。”

明·张居正：“诚能庄以临之，慈以畜之，则既有以消其怙恃之心，又有以弥其愤恨之意，何怨与不逊之足患乎？”

【注释】

[1] 近、远：都是形容词用作动词。表示亲近、远离的意思。

【译文】

孔子说：“只有女子和小人是最难教养的，亲近他们，他们就会无礼，远离他们，他们就会有怨气。”

【解读】

这个世界除了男人就是女人，这是先天生理决定的；而按照人的品德修养程度可以将人分为伟人和小人两种。孔子的这句话历来争议很大，其实本章是孔子对无德小人和无德女子的批评，男人和女人都有道德高尚和道德败坏的，过于接近品行低下的人，他们就会骄傲自大目中无人；而疏远他们，他们又会心生怨恨抱怨不止。对于难以调教的小人，则更需要控制尺度。与之交往必须距离合理适中，否则不是无礼就是怨恨。我们要反省自己，不要因为别人亲近自己就变得毫无礼貌，也不要因为别人疏远自己就心存怨恨。

子曰：“年四十而见[1]恶焉，其终也已。”

宋·朱熹：“四十，成德之时。见恶于人，则止于此而已，勉人及时迁善改过也。”

明·张居正：“这是孔子勉人及时进修的意思，人能以此自警于心，虽欲一时不汲汲学问，以求日新其德业，不可得矣。”

【注释】

[1] 见：被的意思。

【译文】

孔子说：“到了四十岁时而被人厌恶，那么这一生就完了。”

【解读】

人到了四十岁还没有可以被人称颂的善行，那么他成就功业的希望就十分渺茫了。所以，孔子说这样的人一生也就无可救药了。圣人的话为我们修德励学敲响了警钟，他在告诫我们从年轻时代就该修养仁德，不要等到年纪大了后悔莫及。我们必须从当下做起，警醒自己不断修养自己的美好德行，不要留下“少壮不努力，老大徒伤悲”的遗憾才好啊！

微子篇第十八

微子[1]去之，箕子[2]为之奴，比干[3]谏而死。孔子曰：“殷有三仁焉。”

宋·朱熹：“微、箕，二国名。子，爵也。微子，纣庶兄。箕子、比干，纣诸父。微子见纣无道，去之以存宗祀。箕子、比干皆谏，纣杀比干，囚箕子以为奴，箕子因佯狂而受辱。三人之行不同，而同出于至诚恻怛之意，故不咈乎爱之理，而有以全其心之德也。”

明·张居正：“大抵人臣之义，莫不愿世平主圣，服休宠而保荣名者，不得已而逃遁、而囚辱、而杀身，则所遇之不幸耳。”

【注释】

[1] 微子：名启，殷纣王的同母兄长。见纣王无道即将灭亡，劝他不听，为了保存祖宗的祭祀，以免同归于尽，遂离开纣王。

[2] 箕子：纣王的叔父，曾多次劝谏纣王，纣王不听，他便披发装疯，被纣王拘囚，降为奴隶。周武王灭殷后，才被释放。

[3] 比干：殷纣王的叔父。屡次强谏纣王，纣王大怒，将比干剖胸挖心，残忍地将其杀死。

【译文】

纣王凶暴残虐，同母兄长微子离开了他，他的叔父箕子被降为奴隶，另一个叔父比干因进谏纣王而被纣王处死。孔子说：“殷商时有三个仁人啊！”

【解读】

殷纣王是个凶暴残虐的君主，他肆意违反传统礼仪规范，残杀百姓，暴行无数。由于对他多次劝谏无果，他的哥哥微子离他而去；他的叔叔箕子被他贬为奴隶，另一个叔叔比干惨遭挖心。微子、箕子、比干三个人都没有什么丰功伟绩，但是因为他们都维护国家的礼仪制度，得到了孔子的特别赞赏，称赞他们是殷朝的三位仁者。

宋·朱熹："柳下惠三黜不去，而其辞气雍容如此，可谓和矣。然其不能枉道之意，则有确乎其不可拔者。是则所谓必以其道，而不自失焉者也。"

明·张居正："柳下惠以此解或人之言，盖自信其直道而行，不以三黜为辱也。要之，衰世昏乱，故正直见恶于时，惟治朝清明，斯君子得行其志，是以有道之君于秉公持正者，必崇奖而保护之，倾险邪媚者，必防闲而斥远之，则众正之路开，而群枉之门杜矣！"

柳下惠为士师[1]，三黜[2]。人曰："子未可以去乎？"曰："直道而事人，焉往而不三黜？枉道而事人，何必去父母之邦？"

【注释】

[1] 士师：古代的典狱官，掌管刑狱。

[2] 黜（chù）：罢免不用。

【译文】

柳下惠担任鲁国掌管司法刑狱的官员，多次被罢官。有人对他说："您不能离开鲁国吗？"柳下惠说："坚持正直之道为人做事，到哪里能不被多次罢免呢？以邪门歪道去为人做事，又为什么一定要离开生育自己的国家呢？"

【解读】

柳下惠是一个不可多得的仁人君子。他为人正直，办事公道，多次被罢官仍然秉性正直，坚持节操。他明白在春秋那个天下乌鸦一般黑的时代，世皆枉道，直道难行，纵使出走他国，情况也必定一样。所以，柳下惠怀着对祖国的深情厚谊，坚决不离开父母之邦。到了我们现在这个年代，来自外部环境的诱惑远远高于以前任何一个时代。我们更应该清醒自己的头脑，坚持走正路而绝不走歪路，做一个自律自重的君子。

齐景公待孔子曰：“若[1]季氏，则[2]吾不能；以[3]季、孟之间待之。”曰：“吾老矣，不能用也。”孔子行。

宋·程颢、程颐：“季氏强臣，君待之之礼极隆，然非所以待孔子也。以季、孟之间待之，则礼亦至矣。然复曰‘吾老矣不能用也’，故孔子去之。盖不系待之轻重，特以不用而去尔。”

宋·朱熹：“鲁三卿，季氏最贵，孟氏为下卿。孔子去之，事见《世家》。然此言必非面语孔子，盖自以告其臣，而孔子闻之尔。”

【注释】

[1] 若：像。
[2] 则：那么。
[3] 以：用。

【译文】

齐景公谈到怎样对待孔子时说：“像鲁君对待季氏那样对待他，那我做不到；我可以用对季氏和孟氏中间的态度对待他。”又说：“我老了，不能做什么了。”孔子便离开了齐国。

【解读】

齐景公是当时齐国的国君，是一个没有作为、没有主见的人。当时，齐国执政的大臣是晏婴，他反对儒家，反对孔子在齐国推行仁政的主张。齐景公听信晏婴的话，用“吾老矣，不能用也”作为借口，没有重用孔子。既然环境不允许，孔子不被齐国君主重用，也就只能离开齐国，决不枉道以事人。掌权执政的人并非都是贤人，其中不乏平庸之辈，在他们眼中离开谁都不会影响整个大局。像齐景公这样以自己老了为借口，辞退孔子这样的圣人，只能说明他没有什么宏图大志，没有察人用人的眼光。

齐人归[1]女乐，季桓子[2]受之，三日不朝。孔子行。

宋·朱熹："归，如字，或作馈。朝，音潮。季桓子，鲁大夫，名斯。按《史记》，'定公十四年，孔子为鲁司寇，摄行相事。齐人惧，归女乐以沮之'。"

明·张居正："盖礼貌衰则去，一见几之明也。合前章而观，景公知好贤矣，而耄倦于勤，好之而不能用，定公能用之矣，而中荒于欲，用之而不能终，无怪乎二国之不兢也。"

【注释】

[1] 归：同"馈"，赠送。

[2] 季桓子：鲁国宰相季孙斯。

【译文】

齐国送给鲁国许多歌女，季桓子都接受了，鲁君便三天不理朝政，孔子离开了鲁国。

【解读】

孔子极力反对接受齐国送来的美女，但是季桓子却贸然接受下来，君臣观看演出，被声色所惑，三天不视朝听政。孔子看到鲁国君臣如此贪恋女色，朝政日衰，不足有为，便大失所望，在无可奈何的心境下离开了父母之邦——鲁国。

楚狂接舆[1]歌而过孔子曰："凤兮凤兮！何德之衰？往者不可谏，来者犹可追。已而！已而！今之从政者殆而！"孔子下，欲与之言。趋而辟之，不得与之言。

宋·朱熹："夫子时将适楚，故接舆歌而过其车前也。凤有道则见，无道则隐，接舆以比孔子，而讥其不能隐为德衰也。孔子下车，盖欲告之以出处之意。接舆自以为是，故不欲闻而避之也。"

【注释】

[1] 楚狂接舆：一说是楚国的狂人接孔子之车；一说是楚国叫接舆的狂人；一说是楚国狂人姓接名舆。本书采用第二种说法。

明·张居正：“盖圣人抱拯溺亨屯之具，而又上畏天命，下悲人穷，是以周流列国，虽不一遇，而其心终不能一日忘天下也。彼接舆之徒，果于忘世，往而不返，何足以语此哉？”

【译文】

楚国的狂人接舆唱着歌从孔子车前走过，他唱道：“凤鸟啊，凤鸟啊！你的德行为什么衰退了呢？过去的事情已经不能挽回了，未来的事情还来得及呀。算了吧，算了吧！如今那些从政的人都危险啊！”孔子下车，想和他交谈。接舆却赶快走开了，孔子没能和他交谈。

【解读】

楚国的狂人接舆放浪形骸，从孔子的车前经过时引吭高歌。孔子想下车与之交谈，接舆却赶快离开了。“往者不可谏，来者犹可追”，过去无法挽回，但是我们还可以把握将来。道德沦丧的时代，不是我们理想的世界；世道衰微，也已经不能挽回，我们无法改变现在的环境了，那我们还是谋划未来吧！这就是隐士的洒脱与智慧。所以，生不逢时，现实不给我们发挥才智的空间，得不到合适的发展机会，我们也不必强求。命运现在与我们失之交臂，但是我们可以通过努力改变命运，在将来的某个时刻实现我们的宏图大志。

长沮、桀溺[1]耦而耕[2]。孔子过之，使子路问津[3]焉。长沮曰：“夫执舆[4]者为谁？”子路曰：“为孔丘。”曰：

宋·程颢、程颐："圣人不敢有忘天下之心，故其言如此也。"

宋·朱熹："言所当与同群者，斯人而已，岂可绝人逃世以为洁哉？天下若已平治，则我无用变易之。正为天下无道，故欲以道易之耳。"

"是鲁孔丘与？"曰："是也。"曰："是知津矣。"问于桀溺。桀溺曰："子为谁？"曰："为仲由。"曰："是鲁孔丘之徒与？"对曰："然。"曰："滔滔者天下皆是也，而谁以易之[5]？且而与其从辟[6]人之士也，岂若从辟世之士哉？"耰[7]而不辍。子路行以告。夫子怃然[8]曰："鸟兽不可与同群，吾非斯人之徒与而谁与？天下有道，丘不与易也。"

【注释】

[1] 长沮、桀溺：两位隐士，其真实姓名和身世不详。

[2] 耦而耕：指两个人合力耕作。

[3] 问津：津，渡口。问津指询问渡口。

[4] 执舆：即执辔。

[5] 之：与。

[6] 辟：同"避"。

[7] 耰：用土覆盖种子。

[8] 怃然：怅然失意的意思。

【译文】

长沮、桀溺两个人一起耕种，孔子从那儿经过，让子路去问渡口在哪里。长沮说："那位驾车的人是谁？"子路说："是孔丘。"长沮问："是鲁国的孔丘吗？"子路说："是的。"长沮说："那他已经知道渡口在哪里了。"子路又去问桀溺。

桀溺说："你是谁？"子路说："我是仲由。"桀溺问："你是鲁国孔丘的徒弟吗？"子路回答说："是的。"桀溺又说："社会纷乱就像滔滔的洪水一样弥漫，谁能把纷乱的社会变革过来呢？与其跟着像孔子这样的避人之士东奔西走，不如跟着我们这样避于世外的隐士隐居不出来呢！"说完继续耕种了。子路回来告诉了孔子。孔子若有所失地说："人是不能同鸟兽共处的，我不能同这些人相处，还同谁相处呢？如果天下有道，我就不参与政治改革了。"

【解读】

长沮用"津"借指人生的渡口，问津不答津，嘲笑孔子知津。再是桀溺劝子路，子路跟随孔子游历诸侯，志存天下，但是隐士们认为天下乌鸦一般黑，谁都不能改变。所以，桀溺劝子路放弃孔子的避人之行，跟随他们避世来做隐士。子路跟孔子复述了两位隐士的话，孔子说：隐居山林，是和鸟兽同群，我孔丘不能隐居山林做避世之人。我既不能与鸟兽同群而隐居，就一定要与世结合。如果世道安泰清平，我也就不参与政治改革了；但如果天下无道，我就应该挺身而出。

子路从而后，遇丈人，以杖荷蓧[1]。子路问曰："子见夫子乎？"丈人曰："四体不勤，五谷不分[2]，孰为夫子？"植其杖而耘。子路拱而立。止子路宿，杀鸡为黍[3]而食[4]之。见其二子焉。明日，子路行以告。子曰："隐者也。"

宋·朱熹："仕所以行君臣之义，故虽知道之不行而不可废。然谓之义，则事之可否，身之去就，亦自有不可苟者。是以虽不洁身以乱伦，亦非忘义以殉禄也。"

明·张居正：“丈人是老人。蓧是竹器。去草叫耘。盖春秋之时，天下无道，贤人隐遁，而孔氏之徒独周游四方，欲以行道济时，故动而见沮如此，可以观世矣！夫子每倦倦接引，各因其明以通其蔽，所以扶世教而正人心者，意独至哉！”

使子路反见之。至，则行矣。子路曰：“不仕无义。长幼之节，不可废也；君臣之义，如之何其废之？欲洁其身，而乱大伦。君子之仕也，行其义也。道之不行，已知之矣。”

【注释】

[1] 蓧（diào）：古代耘田所用的竹器。

[2] 四体不勤，五谷不分：一说这是丈人指自己。不，是语气词，意为：我忙于播种五谷，没有闲暇，怎么会知道你夫子是谁？另一说是丈人责备子路，说子路手脚不勤，五谷不分。很多人持第二种说法。本书也采用第二种说法。

[3] 黍：黏小米。

[4] 食：拿东西给人吃。

【译文】

子路跟着孔子，落在了后面，遇到一位老人，用手杖挑着耕田的用具担在肩上。子路问老人说：“您见过孔老先生吗？”老人说：“你这种人四肢不会劳动，五谷分不清楚。谁知道孔老先生是谁？”说完把手杖放到一边耕田去了。子路拱手站在那里。老人留下子路在他家过夜，他杀了鸡做了黄米饭给子路，又让他的两个儿子来见子路。第二天，子路赶上孔子并把见到老人的事告诉了孔子。孔子说：“这是个隐居避世的人。”并让子路返回去见老人。子路到了那里，老人却离开了。子路说：“不出来做官没有君臣之义。长幼之间的礼节，不可废除；君臣之义，怎么能废除呢？想要洁身自好，却违背了君臣之义。君子出来做官，是履行君臣之义。良好的道德秩序不能实行，我们早已经知道了。”

【解读】

老者对孔子和子路这样不参加生产劳动却热衷于政治事务而去周游列国的行为十分不满。但是，我们从他留子路在家里过夜并且提供丰盛的饭食，还让自己的两个儿子与子路见面的行为中，又可以看出他对长幼之节的重视。现代的隐者则有了新的身份，那就是移民。很多人为了自己有更好的发展，逃避自己的生长环境而移居到他国。这样的选择是否合理我们不予评价。我们现代人要在为个人幸福打拼的同时，勇敢地承担起社会责任，为国家做出力所能及的贡献。

逸[1]民：伯夷、叔齐、虞仲、夷逸、朱张、柳下惠、少连[2]。子曰：“不降其志，不辱其身，伯夷、叔齐与？”谓柳下惠、少连，“降志辱身矣，言中伦，行中虑，其斯而已矣”。谓虞仲、夷逸，“隐居放[3]言，身中清，废中权。我则异于是，无可无不可”。

宋·朱熹：“逸，遗逸。民者，无位之称。虞仲，即仲雍，与大伯同窜荆蛮者。夷逸、朱张，不见经传。少连，东夷人。”

明·张居正：“要之，七人之心有所倚，故止成其一节之高，圣人之心无所倚，故优入于时中之妙。所以说，观乎圣人，则见贤人，凡行己处世者，当知所取法矣！”

【注释】

[1] 逸：同“佚”，散失、遗弃。

[2] 虞仲、夷逸、朱张、少连：这四个人的身世无从考证，从文中意思看，应该是没落的贵族。

[3] 放：放置，指不再谈论世事。

【译文】

古代的隐者有：伯夷、叔齐、虞仲、夷逸、朱张、柳下惠、少连。孔子说："不降低自己的志向，不辱侮自己的人格，是伯夷、叔齐吧？"又说："柳下惠、少连降低了自己的意志，人格受到了侮辱，但是他们的言论合乎伦理之道，他们的行为符合大家的心愿，那也不过如此罢了。"接着又说道："虞仲、夷逸隐居山野，不再谈论世事，行为廉洁，抛弃了通达权变。我却和他们都不一样，没有绝对可以，也没什么绝对不可以。"

【解读】

逸民是节行超逸、不拘于世的人。孔子在对古代隐者的论述中指出了逸民的不同操守，并从对比中表达了自己与他们的不同之处。古代七位逸民把可以和不可以分得十分清楚。孔子认为自己与上面这些逸民都有所不同，他对自己的言行举止、出世入世都采取中庸原则，不偏执，不固执，不能画地为牢，自己给自己限定一个活动范围。圣人教导我们凡事要通权达变，既有坚定的原则，又有随机应变的灵活性。在为人处世上做到进退自如。

大师挚适齐，亚饭干适楚，三饭缭适蔡，四饭缺适秦[1]，鼓方叔[2]入于河，播鼗武入于汉，少师[3]阳、击磬襄[4]入于海。

【注释】

[1] 亚饭、三饭、四饭：都是乐官名。干、缭、缺是人名。

[2] 鼓方叔：击鼓的乐师名方叔。

[3] 少师：乐官名，副乐师。

[4] 击磬襄：击磬的乐师，名襄。

明·张居正：“夫礼乐所以为国者也，鲁失其政，下陵上替，礼坏乐崩，至使瞽师乐官皆不能守其职，而纷然四散。是尚可以为国乎？记者言此，盖伤鲁之衰也。”

【译文】

太师挚去了齐国，第二餐的乐师干去了楚国，第三餐的乐师缭去了蔡国，第四餐的乐师缺去了秦国，击鼓的方叔到了河内，摇小鼓的乐师武到了汉中，少师阳和击磬的襄到了海滨。

【解读】

邦有道，则人才聚，邦无道，则人才散；人才聚则国兴，人才散则国亡，这是亘古不变的治国真理。鲁哀公时期鲁国礼崩乐坏，乐师纷纷离开鲁国奔走四方。说明当时的鲁国，执政者日日沉迷于声乐歌舞之中，政事荒废，从而人才得不到重用，四处流散，预示着鲁国已走向衰败。

周公谓鲁公[1]曰：“君子不施[2]其亲，不使大臣怨乎不以[3]。故旧无大故，则不弃也。无求备于一人。”

宋·朱熹：“大臣非其人则去之，在其位则不可不用。大故，谓恶逆。”

【注释】

[1] 鲁公：指周公的儿子伯禽，封于鲁。

明·张居正："鲁公是周公之子伯禽。施字当作弛字，是废弃的意思。以，是用。周家以忠厚立国，故周公训其子治鲁之道，亦不外此。其后周祚八百，而鲁亦与周并传绵远，岂非德泽浃洽之深哉？此为国者所当法也。"

[2] 施：同"弛"，怠慢、疏远的意思。

[3] 以：用。

【译文】

周公对鲁公说："君子不慢待他的亲戚，不让大臣怨恨自己、不信任自己。故旧亲友没什么大的过错，就不要抛弃他。不对任何人求全责备。"

【解读】

西周初年，周公被封于鲁地，由于他要留在朝廷辅佐周王，不能亲自到封地去治理，所以就命令自己的儿子伯禽代替他去鲁地就封任职。伯禽前往鲁地就职之前，周公特意向他提了几点告诫：第一，要任人唯贤，不能只给亲近的人好处；第二，要取得大臣的信任，不能让他们怨恨自己；第三，对于故交老友，只要没有重大的过错，就不要抛弃他们，要推己及人地爱护他们。最后，对人才不要求全责备，待人要宽厚仁爱。

周有八士[1]：伯达、伯适、伯突、仲忽、叔夜、叔夏、季随、季騧。

【注释】

[1] 八士：本章中所说的八士已不可考。

【译文】

周朝有八个名士：伯达、伯适、仲突、仲忽、叔夜、叔夏、季随、季騧。

【解读】

八士指八位有修养的贤达人士，他们的事迹已经很难考证。本章意在说明人才的重要性。春秋末期，鲁国衰败，人才四散。面对这样的局面，向来重视人才任用问题的孔子发出了沉重的感叹！国家兴亡，匹夫有责。江山社稷，不是一个人或几个人能独立支撑的，而需要千千万万的仁人志士，大家同心协力，才能创造出国泰民安的兴盛场面。所以，人才的任用对于一个民族至关重要。国家得其才则兴，失其才则亡。

宋·朱熹：“此篇孔子于三仁、逸民、师挚、八士，既皆称赞而品列之；于接舆、沮、溺、丈人，又每有惓惓接引之意。皆衰世之志也，其所感者深矣。在陈之叹，盖亦如此。三仁则无间然矣，其余数君子者，亦皆一世之高士。若使得闻圣人之道，以裁其所过而勉其所不及，则其所立，岂止于此而已哉？”

明·张居正：“考之尧、舜之时，有八元八恺；成周则有八士，盖天将祚帝王以太平之业，则必有多贤应运而生，一气数之自然耳！顾天能生才而不能用才，举而用之，责在人主。是以，史称舜举十六相而天下治。《诗》云：济济多士，文王以宁。言其能用之也。”

子张篇第十九

子张[1]曰："士见危致命，见得思义，祭思敬，丧思哀，其可已矣。"

宋·朱熹："致命，谓委致其命，犹言授命也。四者立身之大节，一有不至，则馀无足观。故言士能如此，则庶乎其可矣。"

明·张居正："固修己之大闲，盖亦取人之要法。人君诚得是人而用之，以之当大任、托大事，何不宜哉？外此，而求其才艺之美，智巧之优，抑末也已。"

【注释】

[1] 子张：姓颛孙，名师，字子张。是孔子门下最著名的学生之一。

【译文】

子张说："士在国家遇到危难时献出生命，遇到利益时首先想到义，祭祀时想的是如何恭敬，居丧时想到如何致哀，这就可以了吧！"

【解读】

子张是孔子晚年的弟子，他认为做一名合格的"士"，就要具有忠、义、孝、敬四种美德。做到这四点，就可以称得起是一个达到"士"的人格标准的知识分子了。知识分子应该凡事严格以义来要求自己，勇于承担社会责任，面对物质利益的诱惑不为所动。在民族危难时刻，敢于奔走疾呼；在国家太平时期，坚持正直仁义。

子张曰："执德不弘，信道不笃，焉能为有？焉能为亡[1]？"

宋·朱熹："有所得而守之太狭，则德孤；有所闻而信之不笃，则道废。"

明·张居正："执是执守。弘是廓大。笃是坚确的意思。此等之人虽终身为学，毕竟无成，在世间，有之不为多，无之不为少，一凡庸人等耳，何足贵乎？所以说，焉能为有？焉能为亡？言不足为有无也。"

【注释】

[1] 亡：通"无"，没有。

【译文】

子张说："坚守道德却不能使它发扬光大，信奉道却不能坚定执著，这样的人有他或没他都能怎么样呢？"

【解读】

具有仁德，却不能弘扬仁德；信仰正道，但是不能坚守不移。这样徒有独善其身的虚名而没有笃实深厚实力的人多他一个不多，少他一个也不少，实在是无足轻重。曾子说："士，不可以不弘毅，任重而道远。"所以，人不仅要独善其身，还要兼善天下。弘扬仁德，笃行正道，以身作则来影响别人。

宋·朱熹："子夏之言迫狭，子张讥之是也。但其所言亦有过高之病。盖大贤虽无所不容，然大故亦所当绝；不贤固不可以拒人，然损友亦所当远。学者不可不察。"

子夏[1]之门人问交于子张。子张曰："子夏云何？"对曰："子夏曰：'可者与之，其不可者拒之。'"子张曰："异乎吾所闻：君子尊贤而容众，嘉善而矜不能。我之大贤与，于人何所不容？我之不贤与，人将拒我，如之何其拒人也？"

【注释】

[1] 子夏：孔子的弟子。姓卜，名商，字子夏。对孔子思想的传承和传播做出很大的贡献。

【译文】

子夏的学生问子张怎样交朋友。子张说："子夏怎么说？"学生回答说："子夏说：'可交的就与他交往，不可交的就拒绝往来。'"子张说："与我所听到的不同，君子尊重贤德的人而且容纳众人，赞赏好的而同情无能的人。我是最讲究贤德的人吗？对于众人有什么不能容纳的呢？我如果不贤德，人们就会拒绝和我交往，又何谈能拒绝别人呢？"

明·张居正："子夏之言，何其示人之不广乎。要之，子夏之论严择交之道矣，而乏待物之宏。子张之论，得待物之宏矣，而非择交之道。惟夫以主善为师之心辨贤否，以含宏光大之度待天下，则自无迫狭与泛滥之弊矣。此非但取友，亦用人者所当知也。"

【解读】

子夏的学生问子张交友之道，从中我们看出子夏和子张的主张并不一致。子夏主张交友要有所取舍，可以交往的就交往，不可以交往的就不交往。君子交友，见贤思齐，见不贤者自省。所以，子夏的主张不免有些褊狭。子张主张容纳众生，来者不拒。这种泛交而不择的交友方式往往是祸端的开始，许多人就因为交友不慎而走向犯罪的深渊。所以，子张的主张又未免有些过激。现代社会是开放的社会，人与人之间的交际日益频繁，我们既要广交天下朋友，又要仔细斟酌、慎重选择。

明·张居正："小道如农圃医卜之属。泥是窒塞不通的意思。"又注："盖道虽不遗于细微，而学贵知所当务，故孔子不以多能为圣，尧、舜不以百亩为忧。用心与大，自不暇及于其小耳！有志于帝王之大经、大法者，宜审图也。"

子夏曰："虽小道[1]，必有可观者焉，致远恐泥[2]，是以君子不为也。"

【注释】

[1] 道：指各种农、工、商、医、卜之类的技能。

[2] 泥（nì）：名词作动词用，阻滞、不通、妨碍的意思。

【译文】

子夏说："即使是小的技艺，也一定有可取的东西；但是要达到远大的目标恐怕行不通，所以君子不从事这些小技艺。"

【解读】

子夏认为即便是小道也有可取的地方，所以他主张博学多艺。同时他又说，技艺虽然重要，但是一个人如果只专心于小道是不行的，因为学习为人处世的大道理才是根本。君子要志向高远，不能被一些小技艺牵绊拖累以致无心学道。日常生活中，我们要重视修身养性，注重内在道德的修养，不能因为专于那些小技艺而忽视了如何做人如何处事。

子夏曰："日知其所亡，月无忘其所能[1]，可谓好学也已矣。"

【注释】

[1] 日、月：指每天、每月。

【译文】

子夏说："每天能知道自己所不知道的，每月都不忘自己所掌握的，可以说是好学的了。"

【解读】

"日知其所亡"是知新，"月无忘其所能"是温故，即孔子所提倡的"温故而知新"的学习方法。知识的海洋是无比浩瀚辽阔的，因此我们的学习永无止境。学习要持之以恒，温故知新。每天都要有所进步，都要懂得一点自己以前不明白的知识和道理。日日积累，就要有恒久的意志。

明·张居正："亡字与有无的无字同。所亡，是未知的道理。所能，是已得的道理。"又注："盖能知其所无，则既有知新之益，无忘其所能，则又加温故之功，日积月累，无时间断。非真知义理之可悦，而以远大自期者能如是乎？所以说，可谓好学也已矣。人能如是，则所知日进于高明；所行日就于光大，而为圣为贤不难矣，可不勉哉！"

子夏曰："博学而笃志[1]，切问[2]而近思，仁在其中矣。"

【注释】

[1] 笃志：志，意为"识"，这里是强记的意思。
[2] 切问：问与切身有关的问题。

【译文】

子夏说："广博地学习并且坚守自己的志向，恳切地发问并且不断思考问题，仁就在其中了。"

宋·程颢、程颐："学不博则不能守约，志不笃则不能力行。切问近思在己者，则仁在其中矣。"又注："近思者以类而推。"

宋·朱熹："四者皆学问思辨之事耳，未及乎力行而为仁也。然从事于此，则心不外驰，而所存自熟，故曰'仁在其中矣'。"

【解读】

子夏认为博学、笃志、切问、近思，是修身养德的重要方法。博学才能识广，坚守志向才能专心致力，请教别人有关切身的事情，才能不好高骛远，近思就是联系现实情况来自我思考。要想真正明白仁，要切问近思。切问就是请教自己切身的问题，这样解释疑惑，才会真正从中得益。近思要联系实际情况来自我思考，在循序渐进中把握大道。这样自然就明白“仁”的道理了。

子夏曰：“百工居肆[1]以成其事，君子学以致其道。”

【注释】

[1] 百工居肆：百工，各行各业的工匠。肆，古代社会制作物品的作坊。

【译文】

子夏说：“各种工匠在他们的作坊里才能完成他们的工作，君子只有学习才能达到所追求的仁道。”

宋·朱熹：“工不居肆，则迁于异物而业不精。君子不学，则夺于外诱而志不笃。”

明·张居正：“肆是工匠造作的公所。致是造到极处的意思。若徒慕为学之名，是外夺于纷华之诱，或做或辍，有始无终。纵然从事于学，毕竟何所成就哉？是反百工之不如矣。”

【解读】

子夏以各行各业的匠师在其作坊里完成他们的工作为喻，形象地说明踏实求学对于君子成就大业的重要性。三百六十行，每行都有每行的工作方法，做工匠要到作坊里磨炼手艺，从早到晚，勤勤恳恳。同样，要想成为一个君子，就必须兢兢业业努力学习，自始至终，在学习与实践中领悟仁道的真谛。所以，子夏强调“君子学以致其道”，否则，将一事无成。

子夏曰：“小人之过[1]也必文[2]。”

【注释】

[1] 过：过错，错误。
[2] 文：同“纹”，文饰、掩饰的意思。

【译文】

子夏说：“小人对自己的错误一定要加以掩饰。”

宋·朱熹：“小人惮于改过，而不惮于自欺，故必文以重其过。”

明·张居正：“盖其心中全是私欲蒙蔽，护短自是，不肯认错，反将无心差失都做了有心罪恶，所谓耻过作非，心劳而日拙也。小人所以徇欲忘返，卒至于败德亡身者，皆由于此，可不戒哉？”

【解读】

圣人常说“过则勿惮改”，“过而不改，是谓过矣”，总是告诫我们犯了错误要敢于承认，勇于改正。过而能改则不为过，勇于承认错误，不但不会影响君子的伟大形象，反而能够促进君子不断地完善自我。所以君子闻过则喜，非常欢迎别人对自己的过错进行批评指正。过而不改是为过。知错不改，反而加以掩饰，这样的行为是错上加错，实在很不明智。

子夏曰：“君子有三变：望之俨然[1]，即之也温，听其言也厉。”

宋·程颢、程颐："他人俨然则不温，温则不厉，惟孔子全之。"

明·张居正："始而俨然，中而温焉，既而厉焉，一接见之间而容貌词气屡变而不可测如此，所以说君子有三变。然君子岂有意而为之者哉？盖其德备中和，动容正辞，无非盛德所发，而人之得于瞻仰听闻，见其变动不拘若此耳，君子何心哉？"

【注释】

[1] 俨然：庄重严肃的样子。

【译文】

子夏说："君子有三变：远远看上去庄重严肃，与他接近则温柔敦厚，听他说话又严厉不苟。"

【解读】

君子的仪表形象庄重威严，远远望去浩然一身正气，凛然不可侵犯，令人尊重而敬畏。靠近他，却又感觉温暖可亲。并且君子宅心仁厚，心存忠恕，所以说起话来语气温和。实际上君子三变是其重视内在德行修养的结果，并不是他本身善变。我们的形象要随心境有所变化，精神也要及时调节。值得注意的是，我们所说的形象变化是发自内在感应的转化，不是故意装腔作势，矫揉造作。只有内心真诚，表露出来的形象变化才能被人感知并深切领悟；也只有这样别人才能更加深入地了解我们。

宋·朱熹："信，谓诚意恻怛而人信之也。厉，犹病也。事上使下，皆必诚意交孚，而后可以有为。"

子夏曰："君子信[1]而后劳其民；未信，则以为厉己也，信而后谏；未信，则以为谤己也。"

【注释】

[1] 信：取得信任。

【译文】

子夏说："君子一定要得到人民信任后再役使人民；没有得到信任，人民会以为你在危害他们。必须得到信任而后才能进谏；没有得到信任，君主会以为你在诽谤他。"

明·张居正："君子欲有为于天下，非积诚以感动之，未有能济者也。然此特就事君使民者言之耳。若夫下之事上，趋事赴功，乃其常分，君之于臣，听言纳谏乃为至明，上下各务自尽可也。"

【解读】

执政者能够取信于民，则政府派遣的任务就很容易被完成。因为百姓信任政府，信任执政者，自然觉得上面下达的命令是有意义的，会自觉地参与其中。领导层应该先取得部下的信任，然后再分配给他们工作，否则他们很可能心存芥蒂，有意拖拉完不成任务。部下对上司也一样，如果上司不信任你，你最好还是少提意见和建议，否则你的忠言很可能被上司以为你是在刻意反对他，毁谤他。总之，取信于人的确很重要。

子夏曰："大德[1]不逾闲[2]，小德出入可也。"

宋·朱熹："大德、小德，犹言大节、小节。闲，阑也，所以止物之出入。言人能先立乎其大者，则小节虽或未尽合理，亦无害也。"

【注释】

[1] 大德、小德：指大节、小节。

[2] 闲：木栏，这里指界限。

明·张居正："大德、小德譬如说大节、小节。闲是栏，所以限其出入者。不矜细行，终累大德，大者固所当谨，而小者亦岂可不慎哉？子夏此言，用以观人则可，用以律己则不可也。"

【译文】

子夏说："大的德行不能逾越界限，小的德行可以适当放宽。"

【解读】

子夏认为为人处世，要分辨和掌握行为的界线，判明这件事情是大节问题还是小节问题。他主张涉及大德、大原则的问题，不能越过范围，不能违法；对小节问题，则不要过于纠缠，不要求全责备，允许有伸缩的余地。小毛病可以谅解，但是却不能忽视。注重小节，才能保持大节。道德的修养是从我们日常生活中的小细节中积累出来的。如果平时不注重小节，不在自己的一言一行上注意修养，结果一定会有损于大德。

子游曰："子夏之门人小子，当洒扫应对进退，则可矣，抑[1]末也。本之则无，如之何？"子夏闻之，曰："噫，言游过矣！君子之道，孰先传焉？孰后倦[2]焉？譬诸草木，区以别矣。君子之道，焉可诬[3]也？有始有卒者，其惟圣人乎？"

【注释】

[1] 抑：连词，表转折。但是、不过的意思。
[2] 倦：诲人不倦。
[3] 诬：欺骗。

【译文】

子游说："子夏的学生们，担任洒水扫地、招待客人、应酬问答的事，那是可以的，不过那是末节小事。而实在的本事却没有，那怎么行呢？"子夏听了这话，说："噫！言游的话错了！君子之道，哪一项是先传授的？哪一项是后传授的呢？就好比草木，要区别不同类别。君子之道，怎么可以随意歪曲呢？有始有终的人，才是圣人啊！"

【解读】

子游是在批评子夏在教育学生时抓末弃本，本末倒置，认为他的教学顺序不合理。子夏针对子游的批评提出了自己的教学理念。他认为君子教学所传授的内容应该有先后之别，先教洒扫进退应对，后教仁孝忠信礼乐，由浅入深，由末入本，由小道而进君子之大道。我们要积极参与劳动实践，在实践中更好地认识自己，认识社会，体悟人生的大道理。

宋·程颢、程颐："君子教人有序，先传以小者近者，而后教以大者远者。非先传以近小，而后不教以远大也。"又注："洒扫应对，便是形而上者，理无大小故也。故君子只在慎独。"又注："圣人之道，更无精粗。从洒扫应对，与精义入神贯通只一理。虽洒扫应对，只看所以然如何。"又注："凡物有本末，不可分本末为两段事。洒扫应对是其然，必有所以然。"又注："自洒扫应对上，便可到圣人事。"

宋·朱熹："言君子之道，非以其末为先而传之，非以其本为后而倦教。但学者所至，自有浅深，如草木之有大小，其类固有别矣。若不量其浅深，不问其生熟，而概以高且远者强而语之，则是诬之而已。"

子夏曰："仕而优[1]则学，学而优则仕。"

【注释】

[1] 优：指有余力。

【译文】

子夏说："做官有了余力就可以去学习了，学习有了余力就可以做官了。"

【解读】

孔子的教育方针和办学目的在本章中被子夏集中概括了出来。做官以后，还有精力和时间，那就可以去学习礼乐等治国安邦的知识和为人处世的道理；而学习之余，如果还有精力和时间，就可以去做官从政，运用自己获得的知识才能为国家和百姓出力。我们应该大力提倡领导层积极地提高文化知识，增长理论修养，以便他们更好地发挥自己的才能管理政务，为社会建设做贡献。为学和出仕都是为了提高人们的道德意识，为人们获得美好生活而努力。

宋·朱熹："优，有余力也。仕与学，理同而事异。故当其事者，必先有以尽其事，而后可及其余。然仕而学，则所以资其仕者益深；学而仕，则所以验其学者益广。"

明·张居正："仕学不可偏废，而学尤终身受用之地。盖义理无穷，若不时时讲究，则临民治事之际，未免有差，此念始终典于学，古之贤臣所以惓惓为君告也。"

子游曰："丧致[1]乎哀而止。"

【注释】

[1] 致：极致、竭尽。

【译文】

子游说："居丧能够尽到哀思就可以了。"

【解读】

子游根据孔子的思想，认为内心哀痛就可以了，不必过于注重形式。如今，很多人为了厚葬父母不惜花费重金，大搞形式主义，在社会上产生了十分严重的负面影响。丧事固然要办，但是内心没有哀痛，只一味做表面功夫的话，丧礼再有排场再隆重又有什么意义呢？换言之，居丧时心里真正哀戚的人，怎么可能还有精力和心思去大办豪华丧礼呢？可气的是，有些人甚至还请人代哭，花钱雇人来哭丧是真正在尽孝道还是只为了给自己冠一个孝子之虚名，恐怕大家都心知肚明。

宋·朱熹："致极其哀，不尚文饰也。"又注："'而止'二字，亦微有过于高远而简略细微之弊。学者详之。"

明·张居正："考之《礼记》，子游平素究心于丧礼，非脱略于仪文者。此言盖为救时而发，即夫子丧与其易也，宁戚之意也。"

子游曰："吾友张[1]也为难能也，然而未仁。"

宋·朱熹："子张行过高，而少诚实恻怛之意。"

【注释】

[1] 张：指子张，孔子的弟子。

论语

明·张居正："盖仁者本心之德，实理具备，无假于外。人惟依著真心、本等做去，则事皆著己务内。乃所谓仁，何必为所难能哉？是以圣门教人专以求仁为本，而以徇外为戒也。"

【译文】

子游说："我的朋友子张已经难能可贵了，但还没完全做到仁。"

【解读】

子张是孔子众多弟子中年龄较小的一位，比孔子小48岁。他才高意广，是众人所不及的难得人才，所以他的同窗好友子游对他评价很高。但是，他身上还有很多缺点，缺乏内心修养，仍然离孔子所提倡的"仁"有一定的距离。同时，我们也可以得知子游是个不拘小节、为人公正的君子，他能够客观评价其同窗师兄弟，不谄媚也不诋毁。

宋·朱熹："堂堂，容貌之盛。言其务外自高，不可辅而为仁，亦不能有以辅人之仁也。"

明·张居正："堂堂是容貌之盛。曾子此言，盖救子张之失，欲其用心于内也。"

曾子曰："堂堂乎张也，难与并[1]为仁矣。"

【注释】

[1]并：一起，一同。

【译文】

曾子说："伟岸出众啊，子张，可是却很难与他一同达到仁。"

【解读】

曾子和子张都是孔子的弟子，曾子比孔子小46岁，子张比孔子小 48 岁。曾子是一个性格内向的人，他十分注重自我反省的内在修养；而子张却是一个性格外向并且有些偏激的人。曾子认为子张快言快语，仪表堂堂，但是却很难与他共同追求仁道。

曾子曰："吾闻[1]诸夫子，人未有自致者也，必也亲丧乎。"

【注释】

[1] 闻：听、听说的意思。

【译文】

曾子说："我听老师说：人没有主动流露真感情的，如果有一定是在办父母亲丧事的时候。"

宋·朱熹："致，尽其极也。盖人之真情所不能自已者。"

明·张居正："子与父母，本天性之至亲，而况居丧之时，又人道之大变，惟是这个时候，其哀痛迫切之诚，发于至情而不容已，乃能内尽其心，无一毫之勉强，外尽其礼，无一毫之欠缺也，使于此而不尽其心，恶乎尽其心哉？"

【解读】

曾子听孔子说，平时人们很难主动流露自己的真情实感，只有在自己双亲去世的时候，才会真情流露将内心的情感溢于言表。人们在日常生活中，感情很难自然流露，我们常说"站着说话不腰疼"，任何事情我们不去亲身经历，都无法真正体会其中的酸甜苦辣。凡事没有亲身经历过，就不可能表露出真情实感。

曾子曰："吾闻诸夫子，孟庄子[1]之孝也，其他可能也；其不改父之臣与父之政，是难能也。"

宋·朱熹："孟庄子，鲁大夫，名速。其父献子，名蔑。献子有贤德，而庄子能用其臣，守其政。故其他孝行虽有可称，而皆不若此事之为难。"

明·张居正："是盖志在立身行道，世济其美，以显亲扬名，乃孝之大者。非但不忍死其亲而已，岂人所易及者哉？所以说难能也。"

【注释】

[1] 孟庄子：即鲁国的大夫孟孙速。他的父亲是仲孙蔑，即孟献子。

【译文】

曾子说："我听老师说：孟庄子的孝，有些别人也可以做到；但他仍然任用父亲在世时的旧僚属，不改变他父亲的政治措施，这是别人难以做到的。"

【解读】

孝是儒家思想的重要组成部分，也是做人的最起码道德要求。孔子不止一次谈到孝，他在《里仁篇》中说："三年无改于父之道，可谓孝矣。"曾子说孟庄子的孝道中，除了"不改父之臣与父之政"外，其他的方面别人也能做到。这就表明做到"不改其父之道"是相当困难的事情。

宋·朱熹："阳肤，曾子弟子。民散，谓情义乖离，不相维系。"

明·张居正："阳肤是曾子弟子。士师是掌刑狱之官。散是离散。哀矜是哀怜的意思。昔鲁大夫孟氏使阳肤为士师之官，着他断理刑狱，阳肤因问治狱之道于曾子。"

孟氏使阳肤[1]为士师，问于曾子。曾子曰："上失其道，民散久矣。如得其情，则哀矜[2]而勿喜。"

【注释】

[1] 阳肤：据说是曾子的学生。

[2] 矜：怜悯。

【译文】

孟氏任用阳肤做法官，阳肤向曾子求教。曾子说："在上位的人失去了仁道，民心涣散很久了。如果了解到犯罪的真情，要同情他而不要自以为明察而沾沾自喜。"

【解读】

曾子的学生阳肤受到孟氏的提拔做了法官，他就向曾子请教如何做法官。曾子告诉他：如果你了解了犯罪的动机和案件的实情，不要因为自己能破案而沾沾自喜，而应该体察民情，法外开恩，同情犯罪的人。孔子希望立法执法的人都能够以真诚的爱心来实施法治。也就是说，在仁德的基础上推行法治。以仁德教育他们，变法律的强制为道德的自觉，恐怕收到的效果会更好。

子贡曰："纣[1]之不善，不如是之甚也。是以君子恶居下流[2]，天下之恶皆归焉。"

宋·朱熹："恶居之恶，去声。下流，地形卑下之处，众流之所归。喻人身有污贱之实，亦恶名之所聚也。子贡言此，欲人常自警省，不可一置其身于不善之地。非谓纣本无罪，而虚被恶名也。"

明·张居正："纣以一时之凶德，而被千载之恶名，遗臭无穷，终莫能洗，岂非万世之明戒哉？"

【注释】

[1] 纣：商代最后一个君主，名辛，纣是他的谥号，历来被认为是一个暴君。被周武王所败，自焚而死。

[2] 下流：即地形低洼、各处来水汇集的地方。

【译文】

子贡说："商纣的坏，没有现在说的

那么严重。所以君子不愿意居于下流，使天下一切坏名声都归到他的身上。”

【解读】

我国古代社会以伦理为本位，美好的事情自然会加附到德行高尚的人身上，而丑恶的坏事则一定会附会到德行低下的人身上。如此一来，好人的名声会越来越好，而坏人的名声则越来越坏。如今社会，仍然沿袭了古代这种评价人的方式。世态炎凉，如人饮水冷暖自知。一个人在飞黄腾达之时，身边必定围绕驱之不散的巴结者，而一旦星移斗转，富贵不再，就会墙倒众人推，以前再显赫再荣耀也被说得一文不值了。我们懂得了这个道理，就应该时刻提醒自已谨慎从事，避免居于“下流”的处境，以防众恶加诸吾身。

子贡曰：“君子之过也，如日月之食[1]焉：过也，人皆见之；更[2]也，人皆仰之。”

【注释】

[1] 日月之食：指日食和月食。
[2] 更：改正。

【译文】

子贡说：“君子的过错，就像日食和月食一样啊！有了过错，人人都看见了；

明·张居正：“盖日月以贞明为体，故虽暂食而无损于明，君子以迁善为心，故因有过而益新其德，若小人之遂非文过，只见其日流于卑暗而已，安望其能自新也哉？然过而使人见，更而使人仰，此其修德于昭昭者耳。若夫幽独之中，隐微之际，遏绝妄念，培养善端，此则君子慎独之功，修之于人所不见者也。欲立身于无过之地者，宜于此加谨焉。”

改正的时候，人人都仰望着。”

【解读】

身居高位的人就像太阳和月亮那样受人瞩目，这样的人犯了错误很容易被人觉察。所以，身居高位的人需要谨言慎行，严格要求自己，以免稍不注意犯了错误被众人关注。然而，犯错误在所难免，一旦有了过错也不必惊慌，只要敢于承认，勇于改正，人们依旧会信任你仰望你。普通百姓犯了错误不像身居高位的人那么受人关注，但不能因此就放任自己，将错就错。

卫公孙朝[1]问于子贡曰：“仲尼[2]焉学？”子贡曰：“文武之道，未坠于地，在人。贤者识其大者，不贤者识其小者，莫不有文武之道焉。夫子焉不学？而亦何常师之有？”

宋·朱熹：“文、武之道，谓文王、武王之谟训功烈与凡周之礼乐文章，皆是也。”

明·张居正：“夫孔子以生知之圣，犹且学无常师如此，诚以义理无穷，而取善贵广也。况人君以一身而膺天下国家之寄，尤当以务学为急，故高宗则逊志时敏，成王则日就月将，所以称殷周之盛王也。”

【注释】

[1] 卫公孙朝：卫国的大夫公孙朝。
[2] 仲尼：孔子的字。

【译文】

卫国的大夫公孙朝向子贡问道：“仲尼的学问从哪里得来的？”子贡说：“周文王、武王之道，并没有失传，还留在人们中间。贤德的人论述大的方面，不贤的人记述小的方面。没有哪个地方没有文武之道的。我们老师何处不学？为什么要有固定的老师专门传授呢？”

【解读】

圣人之所以能够成为圣人，关键就在于他能持之以恒地不停学习。想要成就大学问，就要博采众长，贯通古今。只要是向善的，合乎自然天理的，就是值得我们学习的。现代人很重视教育背景，见人先问人家的毕业院校；有的则喜欢自我炫耀，热衷于自报师门；这些行为实在是浅薄至极。圣人没有固定的老师，却做出了流传百世的大成就。而那些所谓师出名门的人，却未必有所作为。我们在羡慕别人拥有大学问的同时，要培养自己刻苦求学的精神，不耻下问，处处学习。这样即便我们没能在知名学校学习过，也同样可以获得学问，成就一番事业。

叔孙武叔[1]语大夫于朝曰：“子贡贤于仲尼。”子服景伯[2]以告子贡。子贡曰：“譬之宫墙[3]，赐之墙也及肩，窥见室家之好。夫子之墙数仞[4]，不得其门而入，不见宗庙之美，百官[5]之富。得其门者或寡矣。夫子之云，不亦宜乎！”

宋·朱熹：“不入其门，则不见其中之所有。言墙高而宫广也。”

明·张居正：“盖由其识见之未深，故其拟议之欠当耳。子贡以是而晓景伯，所以尊孔子鄙武叔者，可谓至矣。”

【注释】

[1] 叔孙武叔：鲁国的大夫，名州仇，三桓之一。
[2] 子服景伯：鲁国的大夫。

[3] 宫墙：宫也是墙。指围墙，不是房屋的墙。
[4] 仞：古时七尺为仞，一说八尺为仞，一说五尺六寸为仞。
[5] 官：这里指房舍。

【译文】

叔孙武孙在朝廷上告诉大夫说："子贡比仲尼要好。"子服景伯把这话告诉了子贡。子贡说："譬如房屋的围墙，我家的围墙只有肩膀那么高，在墙外可以看见室内的好东西。老师家的围墙有几丈高，找不到大门进去，就看不见他那宗庙的美好，房舍的富丽堂皇。能够找到门的人大概很少。叔孙武孙的话，不是很自然的吗？"

【解读】

人贵有自知之明，子贡听到别人赞美他比老师孔子更好时，没有得意忘形，沾沾自喜，而是实事求是地加以辩驳，这很值得我们现代人学习。现在很多人太爱抬举自己，仿佛自己就是天下第一，根本无视别人的存在。这样狂妄自大、没有自知之明的人，是很难真正成就大事业的。无论别人给予的是肯定还是否定，都无须太过重视，那只不过是别人的一句溢美之词或者无心之言。

叔孙武叔毁仲尼。子贡曰："无以为也！仲尼不可毁也。他人之贤者，丘陵也，犹可逾也；仲尼，日月也，无得而逾焉。人虽欲自绝，其何伤于日月乎？多[1]见其不知量也。"

宋・朱熹："无以为，犹言无用为此。土高曰丘，大阜曰陵。日月，逾其至高。自绝，谓以谤毁自绝于孔子。多，与只同，适也。不知量，谓不自知其分量。"

明·张居正："土坡高者叫作丘。冈阜大者叫作陵。逾是逾越，量是分量。叔孙武叔前说仲尼不及子贡，至是乃从而毁谤之，其诬圣之罪愈大矣。"又注："子贡前以宫墙喻圣道，此又以日月为喻，所以尊孔子而晓武叔者，其词愈峻，而意愈切矣。"

【注释】

[1] 多：作副词用，只是的意思。

【译文】

叔孙武孙诋毁仲尼。子贡说："不要这样做！仲尼是不可诽谤的。别人的贤良，就像丘陵，还可以越过；但是仲尼，就是太阳和月亮，是无法超越的。人们即使要自绝于日月，那么对日月又有什么伤害呢？只能更多地表现出他们的不自量力啊！"

【解读】

毁谤别人，实际上是在自损其德。人不应该以诋毁、否定别人来显示自己，那只不过是贻笑大方的低劣行径。德行高尚的君子从来不在人后搞小动作，而是本本分分做好自己的分内之事，发挥自己的才能，通过努力做出优异的成绩，以此来获取别人的尊敬。任何事情都有利弊两个方面，别人批评你，起码说明你很受关注，有一定的影响力。所以，我们不必在意别人的言论，只要管住自己不去毁谤别人，专心致志的修养德行就可以了。

宋·程颢、程颐："此圣人之神化，上下与天地同流者也。"

陈子禽谓子贡曰："子为恭[1]也，仲尼岂[2]贤于子乎？"子贡曰："君子一言以为知[3]，一言以为不知，言不可不慎也。夫子之不可及也，犹天之不可阶而升也。夫子之得邦家者，所谓立之斯立，道之斯行，绥之斯来，动之斯和。其生也荣，其死也哀，如之何其可及也？”

明·张居正：“子禽不知而妄议之陋亦甚矣。按古帝王治世之盛莫如尧舜。尧舜之治以时雍风动为极。而孔子之化，以绥来动和为成，于此见圣人功用其感通变化之机，一而已矣，故史臣赞尧之德曰如天，舜曰协帝。而子贡推尊孔子则曰犹天之不可阶而升，诚见其道之同也。有君师治教之责者，不可不深探其本焉。”

【注释】

[1] 恭：谦恭，恭敬。

[2] 岂：难道。

[3] 知：通“智”，聪明，智慧。

【译文】

陈子禽对子贡说：“你对仲尼太谦恭了吧，难道仲尼就比你好吗？”子贡说：“君子一句话可以使人认为他聪明，一句话也可以使人认为他不聪明，说话不能不慎重啊！仲尼他老人家是不能比的啊，就好比天是不可以用阶梯来攀登的。他老人家如果得到邦国来治理，就会如同我们所说的能立足的则立足，引导百姓向前走，百姓就会跟随着，安抚百姓，百姓就会来归附，动员百姓，大家就会同心协力。他老人家活着光荣，死了令人哀痛，我怎么能比得上呢？”

【解读】

我们常说“言为心声”，可见一个人的言谈的确很重要，有的人只说一句话就可以显露其聪明才智，而有的人却一开口就错，显得愚不可及。君子应该谨言慎行，在没有弄清楚事情的原委真相时，一定不要冒失轻浮地乱发议论。古人以讷于言而敏于行为仁，我们现代人却以夸夸其谈为聪明，言语迟缓为愚笨。巧言善辩的人看似才华卓著，往往得到领导的重用，然而真正工作起来却显得言行不一，力不从心。所以，如果没有真正的才能还是不要夸夸其谈的好，免得真相败露，被人耻笑。

尧曰篇第二十

尧曰[1]：“咨[2]！尔舜！天之历数在尔躬，允[3]执其中。四海困穷，天禄永终。”舜亦以命禹。曰：“予小子履[4]，敢用玄牡[5]，敢昭告于皇皇后帝：有罪不敢赦。帝臣不蔽，简[6]在帝心。朕[7]躬有罪，无以万方；万方有罪，罪在朕躬。”周有大赉[8]，善人是富。“虽有周亲[9]，不如仁人。百姓有过，在予一人。”谨权量[10]，审法度[11]，修废官，四方之政行焉。兴灭国，继绝世，举逸民，天下之民归心焉。所重：民、食、丧、祭。宽则得众，信则民任焉。敏则有功，公则说。

宋·程颢、程颐：“治众之道，在于遏恶扬善而已。”

宋·朱熹：“君有罪非民所致，民有罪实君所为，见其厚于责己薄于责人之意。此其告诸侯之辞也。”

【注释】

[1] 尧曰：下面引号内的话是尧在禅让帝位时给舜说的话。
[2] 咨：即“啧”，感叹词，表示赞誉。
[3] 允：真诚，诚实的意思。
[4] 履：这是商汤的名字。
[5] 玄牡：玄，黑色。牡，公牛。
[6] 简：阅，这里是知道的意思。
[7] 朕：我。从秦始皇起，专用作帝王自称。
[8] 赉（lài）：赏赐，赠与。下面几句是说周武王。
[9] 周亲：至亲。
[10] 权量：权，秤锤。指量轻重的标准。量，斗斛。指量容积的标准。

[11] 法度：指量长度的标准。

【译文】

尧说："唉！舜呀！帝位的兴替已经轮到了你身上，你要忠诚地遵守中正之道。如果天下的百姓陷入穷困，上天赐给你的禄位就会永远地终止了。"舜也把这话告诉了禹。商汤说："我履谨用黑色的牡牛作牺牲来祭祀，我可以明白地告诉尊贵的上天：有罪的人我不敢赦免。上天的臣子有罪我也不能庇护，这些都记在你上天的心里。我如果有罪，不要牵连天下万方；天下万方有罪，罪责都在我一人身上。"周朝大赏诸侯，善人因此富了起来。"虽有至亲，不如有仁德的人。百姓有过错，责任在我一人身上。"严格地检验和审定度量衡，修整废弃了的官职，使天下的政令通行起来。复兴被灭亡的国家，接续断绝了的后代，荐举隐逸的贤才，天下的民心就会归服了。要重视的是：百姓、衣食、丧礼、祭祀。宽厚就能得到民众的拥护，诚信就能得到民众的信任，勤勉就能取得功绩，公平就会使民众心悦诚服。

【解读】

忠实地坚持中庸之道，坚守公平，任何事情都要做到不偏不倚，恰到好处。只有这样，才能保证百姓顺服，普天之下共享太平；否则就会天下大乱，民不聊生。古代圣贤之君能够讲求仁德，心怀百姓，将所有罪责都揽在自己身上。这与后世那些"把所有功劳归于自己，把一切错误归于别人"的从政之人相比，简直不可同日而语。做领导就应该勇于承担责任，不能遇到问题就将责任推卸给部下。所谓"得民心者得天下"，想要获得部下的拥戴，自己就先要圣贤的风范。

子张问孔子曰："何如斯可以[1]从政矣？"子曰："尊五美，屏四恶，斯可以从政矣。"[2]子张曰："何谓五美？"子曰："君子惠而不费，劳而不怨，欲而不贪，泰而不骄，威而不猛。"子张曰："何谓惠而不费？"子曰："因民之所利而利之，斯不亦惠而不费乎？择可劳而劳之，又谁怨？欲仁而得仁，又焉贪？君子无众寡，无小大，无敢慢，斯不亦泰而不骄乎？君子正其衣冠[3]，尊其瞻视，俨然人望而畏之，斯不亦威而不猛乎？"子张曰："何谓四恶？"子曰："不教而杀谓之虐；不戒视成谓之暴；慢令致期谓之贼；犹之与人也，出纳之吝谓之有司。"

宋·朱熹："均之以物与人，而于其出纳之际，乃或吝而不果。则是有司之事，而非为政之体。所与虽多，人亦不怀其惠矣。项羽使人，有功当封，刻印刓，忍弗能予，卒以取败，亦其验也。"

明·张居正："这五件施之于民，则为善政；修之于身，则为令德，所谓五美之当尊者如此！"又曰："《论语》一书，孔子告问政者多矣，而美恶并陈，法戒具备，未如此章之明切者。故记者列此以继帝王之治，见圣人修身立政之道，一而已矣。"

【注释】

[1] 可以：可以用来。

[2] 这是子张向孔子请教为官从政的要领，孔子讲了"五美""四恶"，这是他政治主张的基本点，其中包含有丰富的"民本"思想。

[3] 衣冠：指衣服和帽子。

【译文】

子张问孔子说："怎么样做可以从政管理国事呢？"孔子

说："尊崇五种美德，摒弃四种恶行，就可以从政管理国事了。"子张问："五种美德是什么呢？"孔子回答说："君子为别人施以恩惠而不耗费财物；让百姓劳作却没有怨言；有所追求而不贪婪；安然处事而不骄恣；威严而不凶猛。"子张又问："什么叫惠而不费呢？"孔子说："从人民的利益出发使他们得到利益，这不是给人民以恩惠而又无所耗费吗？选择可以劳作的叫他们去做，又有谁能有怨言呢？需要仁德就得到了仁德，还贪求什么呢？君子处事不论人多少，无论势力大小，不怠慢他们，这不是安然处事而不骄恣吗？君子使自己衣帽整齐，目不斜视，庄重威严使人望而生畏，这不是威而不猛吗？"子张又问："什么叫四种恶行？"孔子说："对犯罪的人不进行教育就杀头叫做虐；事前不进行训诫而责令其成绩叫做暴；懈怠延迟政令下达，下达后限定时间让人完成，这就是残害人民。同样是赏赐于人，出手吝啬，这叫小气。"

【解读】

为官期间政绩如何不是自己说了算的，最终决定权永远把握在群众手中。真正的政绩应该让老百姓普遍受惠，而不是夸夸其谈凭空想象出来的。政治本来就是为百姓服务的，为政之人必须满足黎民百姓的实际需要，并且还要最大限度地提升百姓的道德素质。百姓犯罪要注重从源头上批评教育，不能动不动就杀戮；凡事事前训诫百姓，不能无所训诫就要求百姓做出成绩；由于自己的原因延迟了政令的下达，就不要限定过度紧张的时间让百姓完成；施惠于百姓要出手大方。为官从政能够做到这些，就不必担心做不出政绩了。

子曰：“不知命，无以为君子也；不知礼，无以立也；不知言，无以知人也。”[1]

宋·程颢、程颐：“知命者，知有命而信之也。人不知命，则见害必避，见利必趋，何以为君子？”

明·张居正：“《大学》一书，首先致知，《中庸》一书，要在明善，而《论语》一书则以三知终焉。诚以天下之理必知之明，而后能行之至，尧、舜、禹相授受，其大旨亦不过曰惟精惟一而已。有志于圣道者，可不以讲学明理为急务哉？”

【注释】

[1] 知命、知礼、知言：这三点是孔子再次对君子提出的要求，这也是君子立身处世需要特别注意的问题。

【译文】

孔子说：“不懂天命，就不能成为君子；不懂礼义，就不能立足于社会；不懂得分辨言语是非，就不能了解别人。”

【解读】

孔子所说的“命”，应该既指宇宙的自然规律，也指社会的发展和历史的变迁规律；甚至还包括所谓的命运和归宿。如果我们不知道这些，就不能够把握自己的命运，更谈不上成为君子了。“礼”主要指人际交往中应遵循的礼仪、礼节和尊重别人、维护自己尊严的行为规范。言为心声，了解一个人首先要从他的语言入手。所谓“观言而知人”，所以，圣人能够从人的言谈之中得出“巧言令色，鲜矣仁”的结论。人的语言和品德有着不可分割的关系，如果不能识别一个人的语言，那你就不能真正认识这个人，很可能被他所蒙骗。